Kurt Hirsch

Rechts von der Union

Personen, Organisationen,
Parteien seit 1945

Ein Lexikon

KNESEBECK & SCHULER

CIP-Titelaufnahme der Deutschen Bibliothek

Hirsch, Kurt:
Rechts von der Union : Personen, Organisationen,
Parteien seit 1945 ; ein Lexikon / Kurt Hirsch. – München :
Knesebeck u. Schuler, 1989
ISBN 3-926901-22-5

Copyright © 1989 by von dem Knesebeck & Schuler
GmbH & Co. Verlag KG, München
Umschlaggestaltung Hanno Rink & Team 86, München
Herstellung Jan Enns, Wentorf
Gesetzt aus der Melior
bei Dörlemann Satz, Lemförde
Druck und buchbinderische Verarbeitung
Ebner Ulm
Printed in Germany

Inhalt

Ich danke folgenden Personen und Institutionen für ihre hilfreiche Unterstützung:

Brigitte Grossmann, Institut für Zeitgeschichte, München,

Peter Munkelt, Archiv des SPD-Parteivorstandes, Bonn,

Privatarchiv Georg Herde, Frankfurt/Main,

Rudolf Schneider, Archiv der Vereinigung der Verfolgten des Naziregimes – Bund der Antifaschisten, Frankfurt/Main,

Peter B. Heim, München, für die konstruktive Zusammenarbeit.

Mein besonderer Dank gilt Dr. Richard Stöss, Zentralinstitut für sozialwissenschaftliche Forschung der Freien Universität Berlin, Herausgeber des *Parteien-Handbuches*, für sein großzügiges Entgegenkommen und seine Hilfe.

Vorwort

Dem Autor eines Buches, das sich mit Rechtsradikalen und Rechtskonservativen seit dem Ende des Dritten Reiches auseinandersetzt und bemüht ist, deren Verflechtung aufzuzeigen, obliegt es, auch an ihre geistigen Väter und Großväter zu erinnern.

Im Mai 1933 ließ die Regierung Hitlers in deutschen Städten Bücher verbrennen. Damals schrieb der emigrierte Schriftsteller Ernst Toller an Joseph Goebbels, Reichsminister für Volksaufklärung und Propaganda, einen offenen Brief, den er mit den Sätzen schloß: »Wir sind nicht schuldlos an unserem Schicksal, wir haben viele Fehler begangen, der größte war unsere Langmut. Wir werden, dank der Lehre, die Sie uns gaben, unsere Fehler überwinden, und das ist Ihr Verdienst.«

Ernst Toller sind in seinem Brief zwei Fehler unterlaufen. Der eine war, daß er ihn allein an Goebbels statt an das gesamte Kabinett der Nationalen Konzentration richtete, dem zu diesem Zeitpunkt neben Goebbels nur drei NSDAP-Mitglieder angehörten, nämlich Reichskanzler Adolf Hitler, Reichsinnenminister Wilhelm Frick und Reichsminister der Luftfahrt Hermann Göring. Alle anderen Kabinettsmitglieder, welche die Mitverantwortung für diese barbarische Maßnahme trugen, repräsentierten das konservative Lager: Franz von Papen, stellvertretender Reichskanzler; Konstantin Freiherr von Neurath, Reichsaußenminister; Generalleutnant Werner von Blomberg, Reichswehrminister; Lutz Graf Schwerin von Krosigk, Reichsminister der Finanzen; Paul Freiherr von Eltz-Rübenach, Reichspost- und Reichsverkehrsminister; Alfred Hugenberg, Reichswirtschaftsminister und Reichsminister für Ernährung und Landwirtschaft; Franz Seldte, Reichsarbeitsminister; Franz Gürtner, Reichsminister der Justiz. Der andere, gutgemeinte Irrtum Tollers war die Bereitschaft zu glauben, die Menschen wären in der Lage, aus der Geschichte zu lernen. Dem stehen tausendjährige Erfahrungen gegenüber, wonach gerade die Geschichte die Unfähigkeit großer Teile der Menschheit lehrt, aus der Geschichte zu lernen.

Dennoch will dieses Buch einen kleinen Beitrag leisten zu der für die demokratische Entwicklung notwendigen großen Auseinandersetzung mit Rechtsradikalismus und Rechtskonservativismus.

Es wäre naiv und im Grunde genommen unpolitisch gedacht, den Rechten rückblickend vorwerfen zu wollen, daß sie im Jahr 1933 jene »Macht ergriffen«, welche die anderen – ungeachtet der Schwächen und Fehler der Weimarer Republik – nicht bereit waren festzuhalten.

Dementsprechend kann von Kollektivschuld ebensowenig die Rede sein wie von Kollektivunschuld. Auch der versöhnende Satz des seinerzeitigen Bundespräsidenten Theodor Heuss von der Notwendigkeit der Kollektivscham ist abwegig, denn kein Volk, in dessen Namen Verbrechen begangen wurden, wird bereit sein, mit Asche auf den Häuptern herumzulaufen.

Hingegen gab und gibt es eine variierende Kollektivmitverantwortung. Sie reicht vom Organisator des Massenmordes über Schreibtischtäter und die große Partei der Neutralisten und Wegschauer bis zu jenem kleinen Prozentsatz aktiver Gegner, die es unterließen, ernsthaft den Versuch zu unternehmen, als noch die Möglichkeit dafür bestand, eine gemeinsame Front gegenüber der sich ankündigenden nationalsozialistischen Barbarei zu bilden.

Es sollen hier keine Zensuren für jene Linken und Liberalen ausgestellt werden, die sich als unfähig erwiesen, die ungeliebte Republik von Weimar zu verteidigen. Es soll aber sehr wohl daran erinnert werden, daß einer der wesentlichen Aspekte des Versagens darin bestand, das Vorhandensein nationaler Probleme nicht ausreichend zu berücksichtigen. Man überließ diese vielmehr den Rechten, die sie mit skrupelloser Agitation im Sinne ihrer nationalistischen Demagogie ausnutzten. Der nachstehende Polizeibericht über eine »vertrauliche Besprechung« zwischen Hitler und Hugenberg, dem Führer der Deutschnationalen, im Juli 1931 beweist, wie einig sich der Repräsentant der NSDAP und jener der Deutschnationalen in ihrem gemeinsamen Kampf gegen die Republik von Weimar waren.

Nachdem der Preußische Landtag am 9. 7. den Antrag auf Auflösung abgelehnt hatte, trafen sich zu einer vertraulichen

Besprechung über die politische Lage im Laufe des Nachmit-
tags in der Wohnung des M.d.R. [Mitglied des Reichstags]
Göring u.a. Dr. Hugenberg, Hitler, M.d.R. Dr. Frick. Zu Beginn
der Verhandlungen soll auch der Abgeordnete Stubbendorf
der DNVP, dessen Beziehungen zum Grafen Kalckreuth –
Landbund [Reichslandbund] – beachtlich sind, zugegen gewesen sein. Die Teilnehmer der Konferenz waren sich darüber
einig, daß ihre Hoffnungen auf eine baldige Wirtschaftska-
tastrophe durch das Eingreifen des Präsidenten der Vereinigten Staaten zunichte gemacht worden oder doch zum min-
desten stark gefährdet sind. Ihre politischen Ziele – die
Machtergreifung in Deutschland – seien nur durch eine Wirt-
schaftskatastrophe zu erreichen; deshalb müßten von der
NSDAP und von der DNVP sofort entsprechende Maßnahmen getroffen werden. Die Kreditaktion des Reichsbankprä-
sidenten Dr. Luther müsse auf jeden Fall zum Scheitern gebracht werden. Die Agitation der beiden Parteien in der Presse
und in Versammlungen würde zur Folge haben, daß in den
kommenden Wochen weitere erhebliche Inlandsgelder nach
dem Ausland abwanderten und so eine verstärkte Krisen-
stimmung erzeugten. Diese Krise würde – nach der einhelligen Meinung der Konferenzteilnehmer – zu dem vollständi-
gen Bankrott des Reichs führen und damit den Boden für die
Übernahme der Macht durch Hitler und Hugenberg bereiten.
    Für den Fall eines Erfolges der Luther-Aktion beabsichti-
gen beide Parteien, die Einberufung des Reichstags zu er-
zwingen, um so »dem Volk« die Möglichkeit der Mitbestim-
mung über die Verwendung der Gelder zu geben. Man erhofft,
daß sich in diesem Fall die Wirtschaftspartei und alle sonstigen Splitterparteien den Anträgen der Rechtsopposition an-
schließen würden.
    Den Auftakt zu der Besprechung bildet die Erklärung Hit-
lers, daß ihm infolge der Sperrung aller finanziellen Zuwendungen durch die Industrie seit dem 1. d.Mts. eine intensive
agitatorische Tätigkeit durch Presse, Flugblätter und Versammlungen nicht in dem erforderlichen Maße möglich gewesen sei. Für die gemeinsame Aktion der DNVP und der
NSDAP würde aber künftig der in Händen Hugenbergs befindliche Aktionsfonds verwendet werden; dadurch würden
künftighin die erwähnten Schwierigkeiten beseitigt werden.
    Unter den Konferenzteilnehmern bestand Einigkeit dar-
über, daß der für den August d.Js. zu erwartende Volksentscheid als ein Glied in der Kette der geplanten Maßnahmen
anzusehen sei. Die dieserhalb von der DNVP am 30. 6. 1931
herausgegebenen Funktionär-Mitteilungen Nr. 9 würden auch
für die nächste Zeit als Grundlage der Agitation für den
Volksentscheid anzusehen sein.
    Die Besprechung ließ klar erkennen, daß Hitler im Fahr-
wasser Hugenbergs segelte, von ihm die Direktiven erhielt

und für die Zukunft auch finanziell sichergestellt werden wird.

Als weiterer historischer Fehler erwies sich, daß mit Hilfe des angeblichen Kampfes gegen den Bolschewismus, in den man großzügigerweise alle antinationalistischen Kräfte, als kommunistisch diffamiert, einbezog, der Antikommunismus zu einem Teil der Staatsdoktrin der Republik von Weimar wurde. Es ist ein Verdienst Willy Brandts, in einem im September 1988 in Berlin gehaltenen Vortrag diesen Sachverhalt nachdrücklich in Erinnerung gerufen zu haben; u. a. sagte der Altbundeskanzler:

Mein Punkt ist die Legende von der drohenden bolschewistischen Gefahr, von der es hieß, sie habe vor allem anderen hier in Berlin Ende 1918/Anfang 1919 abgewehrt werden müssen; so war die parteiübergreifende Lesart. Sie half dem großen Teil jenes Bürgertums, das nicht ohnehin, nahezu unbedingt und verstockt, im antiliberalen Fahrwasser bleiben wollte, beim Ausweichen vor einer klaren republikanischen Entscheidung. Die sozialdemokratische Führungsschicht andererseits glaubte, zwischen Gärung und Ordnung wählen zu müssen, und da fiel die Wahl nicht schwer.
[...] Ein bolschewistisches Schreckgespenst war nützlich, damit die reaktionären Kreise, die in die höheren Ränge von Militär und Bürokratie zogen, nicht ernsthaft gestört, geschweige denn aufgebrochen würden. Nicht einmal den Respekt vor der neuen Flagge oder gar der Staatsform brauchten sie sich abtrotzen zu lassen. Der in anderer Hinsicht verdienstvolle und gewiß aller Ehren werte Reichspräsident Friedrich Ebert ließ sich einreden, die junge Republik würde nicht überleben, sichere sie sich nicht die Unterstützung der monarchistischen Rechten. Dies hatte nichts mit Mangel an Grundsatztreue zu tun, sondern mit dem Erbe einer deutschen Arbeiterbewegung, die imponierend groß geworden, der jedoch der Wille zur Macht weder in die Wiege gelegt noch nachgewachsen war – und die sich heillos über »Sozialismus« zerstritt, während »Demokratie«, deren Ausgestaltung und Verteidigung hätten auf der Tagesordnung stehen sollen und wohl auch können.

Die Kontinuität des Antikommunismus als Weltanschauung blieb nach 1945 erhalten, ebenso, wie ein wirklicher Neubeginn in der Verwaltung, der Justiz und vor allem in der Wirtschaft zu keinem Zeitpunkt stattfand. Symbolisch hierfür war die Tatsache, daß 1949 von den 402 Abgeordneten des ersten Bundestags 53 ehemalige NSDAP-Mitglieder waren, von denen wiederum 43 den damaligen Regierungsparteien CDU/CSU, FDP und DP angehörten.

Es kann nicht oft genug gesagt werden, daß die Gefahren des Rechtsradikalismus nicht allein an Wahlresultaten zu messen sind. Aufgrund der relativ labilen Wählerschaft können rechtsradikale Parteien ebenso schnell verlieren wie gewinnen. So stieg zum Beispiel der Stimmenanteil der NSDAP bei den Reichstagswahlen von 2,6 Prozent (810 000 Stimmen, 12 Mandate) im Mai 1928 auf 18,3 Prozent (6,4 Millionen Stimmen, 107 Mandate) im September 1930 und auf 37,8 Prozent (13,7 Millionen Stimmen, 230 Mandate) im Juli 1932.

In der Bundesrepublik suchen bereits rechtsradikale Kräfte die politische und organisatorische Gemeinsamkeit. Hier sei an die gemeinsamen Kandidaturen und die diesbezüglichen Absprachen zwischen Dr. Gerhard Freys Deutscher Volksunion und Martin Mußgnugs NPD erinnert, die sich als nicht ganz erfolglos erwiesen. Es ist nicht auszuschließen, daß dieses Bündnis ungeachtet persönlicher Querelen in Zukunft durch Franz Schönhubers Republikaner Erweiterung erfährt.

Nach dem Tod von Franz Josef Strauß wurden Befürchtungen laut, daß nun Rechtsradikale Auftrieb erhalten würden, da es Strauß mit seiner Politik gelungen sei, einen Teil der entsprechenden Wählerschaft an die CSU zu binden.

Die Realitäten jedoch waren andere. Die rechtsradikalen Wähler- und Freundeskreise wurden nicht im demokratischen Sinne von der CSU beeinflußt, sondern diese paßte sich vielmehr – sei es aus Überzeugung, sei es aus politischer Taktik – den nationalistischen Gedanken dieses Wählerpotentials an. Als Vorbild hierfür diente die Art und Weise, wie Bundeskanzler Konrad Adenauer die Repräsentanten eindeutig rechts von der Union stehender Parteien wie der Deutschen Partei und des BHE in seine Regierung integrierte und diese nicht Demokraten wurden, sondern im Sinne des extremen Nationalis-

11

mus in Wort und Schrift ihre seinerzeitigen Wähler den Regierungsparteien zuführten. Hieraus folgt, daß, wer sich mit rechtsradikalen Parteien, Gruppierungen und ihren Auswüchsen beschäftigt, aufgrund geschichtlicher Erfahrungen unglaubwürdig wird, wenn er nicht die fehlende Immunität Konservativer gegenüber rechtsradikaler Agitation aufzeigt.

Rechtsradikale Vereinigungen, Parteien und Sammlungsgruppen

Als charakteristisch können in der Geschichte der deutschen Rechtsradikalen die Versuche gelten, Sammlungsbewegungen zu gründen. Das heißt, man einigte sich auf bestimmte Programmpunkte und war bemüht, unterschiedliche Auffassungen als Nebenprodukte zu betrachten und dementsprechend auszuschalten. Die Gemeinsamkeiten seit 1945 finden ihren Ausdruck in Themen wie der Bagatellisierung der Verbrechen während der NS-Zeit und der damit verbundenen Rehabilitierung der Verantwortlichen; der Kriegsunschuldfrage; der »Auschwitzlüge«; der konzertierten Hetze gegen ausländische Mitbürger. In vielen Fällen bestehen diese Arbeitskreise aus dem Zusammenschluß mehrerer Tischgesellschaften, die sich aufgrund persönlicher Rivalitäten nach einiger Zeit zerstreiten, sich auflösen und schließlich unter anderem Namen neue Aktivitäten entfalten. Zu den unermüdlichen »Sammlern« gehören Edgar Geiß, Joachim von Ostau, Ernst Tag, Erwin Schönborn, Karl Jochheim-Armin und Gerhard Frey. Diese Sammlerwut zieht sich wie ein brauner Faden von den Alldeutschen vor 1918 über die Weimarer Republik bis zur NSDAP-Gründung 1920/1921 und in die Gegenwart. Sie sammeln und spalten sich so lange, bis es einem Mann gelingt, aufgrund seiner politischen Potenz und nicht zuletzt der finanziellen Unterstützung durch interessierte Kreise der Wirtschaft und der Industrie die verschiedenen Personen und Gruppen auf einen gemeinsamen Nenner zu bringen. Dies war eine wesentliche Voraussetzung für den Erfolg Adolf Hitlers und seiner NSDAP. Hitler und seinen Anhängern gelang es nach der Gründung der Partei, folgende militante und nichtmilitante Gruppen beziehungsweise deren Anhänger in ihre Reihen zu integrieren:
Generalsekretariat zum Studium und zur Bekämpfung des Bolschewismus (1918)
Deutsche Arbeiterpartei/DAP (1918)

13

Arbeiterausschuß gegen Wucher und Schiebertum (1918)
Deutschvölkischer Bund (1918)
Freier Arbeiterausschuß für einen guten Frieden (1918)
Thule-Gesellschaft (1918)
Vaterländischer Volksbund (1918)
Antibolschewistische Liga (1918)
Politischer Arbeiterzirkel (1918)
Arbeiterring (1918)
Deutschsozialistische Partei (1919)
Deutscher Schutzbund (1919)
Liga zum Schutz der deutschen Kultur (1919)
Deutschvölkischer Schutz- und Trutzbund (1919)
Marinefreikorps von Loewenfeld (1919)
Freiwilliges Landjägerkorps Georg Maerker (1919)
Freikorps von Hülsen (1919)
Brigade Reinhardt (1919)
Einwohnerwehren/EW (1919)
Organisation Escherich Orgesch (1919)
Reichskriegsflagge (1919)
Deutschsozialistische Arbeitsgemeinschaft (1919)
Deutscher Ostbund/DO (1920)
Freiheitlich-nationaler Gewerkschaftsring deutscher Arbeiter-, Angestellten- und Beamtenverbände (1920)
Germanischer Gewissensbund (1920)
Hochschulring deutscher Art (1920)
Nationalsozialistische Partei des deutschen Volkes (1920)
Arbeitsgemeinschaft der vaterländischen Kampfverbände (1920)
Brigade Ehrhardt (1920)
Bund Schwarzweißrot (1920)
Bürgerratsbewegung (1920)
Deutsche Legion (1920)
Eiserne Brigade (1920)
Eiserne Division (1920)
Eiserne Faust (1920)
Eiserne Schar (1920)
Essener Sicherheitswehr (1920)
Vaterländischer Schutzbund (1920)
Deutscher Frauenausschuß zur Bekämpfung der Schuldlüge (1920)
Organisation Consul (1921)
Arbeitsausschuß deutscher Verbände (1921)
Bund Oberland (1921)
Deutschsoziale Partei (1921)

Kampfbund vaterländischer Verbände (1921)
Selbstschutz Oberschlesien (1921)
Verband Bayern und Reich (1921)
Deutschvölkische Freiheitspartei/DVFP (1921)
Vereinigte Vaterländische Kampfverbände (1922)
Bund Wiking/BW (1923)
Deutscher Kampfbund (1923)
Verband Altreichsflagge (1923)
Völkischer Block in Bayern (1923)

Hierzu kamen noch Dutzende von Freikorps, so daß das organisatorische Potential von Hitlers NSDAP größer war, als dies heute in einer ähnlichen Situation der Fall sein würde. Doch ist die Möglichkeit einer Blockbildung deutsch-national gesinnter Gruppierungen mit eindeutig Rechtsradikalen durchaus denkbar. Es kann nach vielen erfolglosen Versuchen gelingen, aufgrund einer gemeinsamen Plattform und eventueller Wahlbündnisse eine Gruppierung zu bilden, aus der sich erst im Lauf der Zeit eine neue Rechts-Partei entwickelt. Dieser Weg kann für das rechtsradikale Potential mit Enttäuschungen und neuerlichen Spaltungen verbunden sein, aber die Möglichkeit eines Erfolges verpflichtet demokratische Kräfte zu ständiger Wachsamkeit.

Gleiche Wachsamkeit verdienen die Aktivitäten jener Vereinigungen und Parteien, die nach der Kapitulation 1945 in den damaligen drei Westzonen entstanden und sich mit frappierender Deutlichkeit zum Dritten Reich und zu dessen Politik bekannten.

Die Liste der hier genannten Gruppen und Parteien kann und will keinen Anspruch auf Vollständigkeit erheben, doch soll sie einen Überblick bieten, wie stark rechtsradikale Aktivitäten – wenn auch mit unterschiedlicher Wirkung – in den Jahren 1945 bis 1988 in Erscheinung traten. Diese Gruppen und Personen reichen von Verfechtern aufrichtig gemeinter nationalrevolutionärer Ideen wie etwa den Brüdern Strasser, die um eine Synthese nationaler und sozialer Probleme bemüht waren, über neonazistische Rowdys und eindeutig militante Formationen bis hin zu relativ großen rechtsradikalen Organisationen mit gut funktionierendem Parteiapparat.

Es ist auch für Kenner dieses Spektrums unmöglich, authentische Mitgliedszahlen anzugeben, denn der Kreis spannt sich von Tischgesellschaften bis zu Veranstaltern von Massenkundgebungen. Des weiteren ist in den meisten Fällen die Dauer der Aktivitäten ebensowenig bekannt wie ihre oftmaligen Selbstauflösungen und Spaltungen sowie Doppelmitgliedschaften. Manche von ihnen legten aus taktischen Erwägungen unverbindliche Bekenntnisse zur Demokratie ab, womit sie die Tradition der NSDAP fortsetzten, die den demokratischen Staat, wie ihr gemeinsamer Lehrmeister Joseph Goebbels schon 1928 gelehrt hat, als Plattform betrachteten, um sich, so Goebbels,

> im Waffenarsenal der Demokratie mit deren eigenen Waffen zu versorgen. Wir werden Reichstagsabgeordnete, um die Weimarer Gesinnung mit ihrer eigenen Unterstützung lahmzulegen. Wenn die Demokratie so dumm ist, uns für diesen Bärendienst Freifahrkarten und Diäten zu geben, so ist das ihre eigene Sache [...]
>
> Auch Mussolini ging ins Parlament [...] Man soll nicht glauben, der Parlamentarismus sei unser Damaskus [...] Wir kommen als Feinde! Wie der Wolf in die Schafherde einbricht, so kommen wir. Jetzt seid ihr nicht mehr unter euch!

Zwei Jahre später, 1930, erklärte Adolf Hitler:

> Wenn wir heute unter unseren verschiedenen Waffen von der Waffe des Parlamentarismus Gebrauch machen, so heißt das nicht, daß parlamentarische Parteien nur für parlamentarische Zwecke da sind. Für uns ist ein Parlament nicht ein Selbstzweck, sondern ein Mittel zum Zweck [...]
>
> Im Prinzip sind wir keine parlamentarische Partei, denn damit stünden wir im Widerspruch zu unserer ganzen Auffassung; wir sind nur zwangsweise eine parlamentarische Partei, und was uns zwingt, ist die Verfassung. Die Verfassung zwingt uns, solche Mittel anzuwenden.

Im Jahr 1934 versicherte Konrad Henlein, Führer des rechtsradikalen Teils der deutschen Minderheit in der Tschechoslowakei, der mit der Führung der NSDAP in Berlin in engster Verbindung stand, im Namen der von ihm geführten nationalsozialistischen Sudetendeutschen Heimatfront – die sich ein Jahr später als Sudetendeutsche Partei an den Parlamentswahlen beteiligte – am 21. Oktober 1934:

Es entspricht [. . .] unserer grundsätzlichen Überzeugung, daß sowohl Faschismus wie Nationalsozialismus an den Grenzen ihrer Staaten die natürlichen Voraussetzungen ihres Daseins verlieren und daher auf unsere besonders geartete Verhältnisse nicht übertragbar sind [. . .]

Wir stehen nicht an, zu bekennen, daß uns ein grundsätzlicher Unterschied vom Nationalsozialismus trennt, wir werden niemals auf die Freiheit des Individuums verzichten [. . .]

Man muß sich aber doch über das eine im Klaren sein, daß letzten Endes – und gerade vom Standpunkt der Demokratie! – ein Staat nur dann als konsolidiert betrachtet werden kann, wenn er sich auf die freiwillige und aus der inneren Überzeugung kommende Überzeugung seiner Bürger zu stützen vermag. Bajonette und Zwangsmaßnahmen haben auf die Dauer noch keinen Staat gesichert.

Wir sind gerne bereit, anzuerkennen, daß die Tschechoslowakei jener Staat ist, in dem Tschechen und Slowaken die gesicherte staatliche Grundlage ihres völkischen Lebens gefunden haben. Aber das Bedürfnis eines Volkes, sich auszuleben, muß seine unverrückbaren und unüberschreitbaren Grenzen in den Grundsätzen der Ethik und Humanität finden, auf die man sich tschechischerseits immer wieder beruft.

Im Jahr 1951 legte einer der »Führer« der Sozialistischen Reichspartei (SRP), Gerhard Krüger, folgendes taktisch bedingtes Legalitätsbekenntnis ab:

1. Die Sozialistische Reichspartei stellt sich auf den Boden der Demokratie.
2. Die SRP verteidigt den Reichsgedanken, lehnt aber jede chauvinistische Ideologie ab.
3. Die SRP beansprucht das Verdienst für sich, die Deutschen im Alter zwischen 20 und 45 Jahren für die parlamentarische Demokratie gewonnen zu haben.
4. Die SRP verteidigt die Achtung vor dem Menschen und begrüßt den Gedanken einer europäischen Gemeinschaft.

Ein Jahr später bescheinigte das Bundesverfassungsgericht derselben SRP:

Der Urteilsspruch des Bundesverfassungsgerichtes erhalte ein besonderes Gewicht dadurch, daß er eine Parteigründung unbelehrbarer Nationalsozialisten treffe und die Sozialistische Reichspartei als Nachfolgeorganisation der Nationalsozialistischen Deutschen Arbeiterpartei entlarve. Dies sei der klassische Anwendungsfall des Artikels 21 Absatz 2, der bestimme, wann eine Partei verfassungswidrig sei.

In der Begründung des Verbotsurteils des Bundesverfassungsgerichts über die formelle Loyalitätserklärung der SRP hieß es u. a.:

> Im modernen Staat werden die Machtkämpfe mit dem Ziel, die bestehende Ordnung zu beseitigen, immer weniger offen und mit unmittelbarer Gewalt geführt, vielmehr im steigenden Maße mit den schleichenden Mitteln innerer Zersetzung. Hitler gab vor 1933 mehrfach Loyalitätserklärungen ab und leistete [...] sogar den Eid auf die Weimarer Verfassung; und das Programm der NSDAP war so vieldeutig formuliert, daß es die wirklichen Ziele der Partei schwer erkennen ließ. Werden aber, wie Hitlers Beispiel zeigt, offizielle Erklärungen der Führenden einer verfassungswidrigen Partei zur Verschleierung benutzt und durch das Parteiprogramm bewußt »vorsichtig« gehalten, so sind der Wortlaut des Programms und Loyalitätserklärungen [...] ohne Beweiswert für die wahren Ziele der Partei.

Als führender Funktionär der Deutschen Reichspartei (DRP) versicherte Wilhelm Meinberg 1960:

> Wir unterscheiden uns von der verbotenen SRP fundamental dadurch, daß der Aufbau unserer Partei in der Weise seit Jahren erfolgt, wie er durch das nunmehr von Herrn Schröder veröffentlichte Parteiengesetz als allgemeine Norm festgelegt wird. Wir unterscheiden uns von der verbotenen SRP schließlich dadurch, daß unsere Vorstände keinerlei autoritäre Macht haben, wie es damals der Fall war und in dem Urteil der SRP angekreidet wurde. Wir unterscheiden uns schließlich dadurch, daß der SRP in vielen Fällen nachgewiesen werden konnte, daß sie gegen ausgesprochene Tendenzen der NS-Restauration nicht nur Front gemacht hat, sondern diese sogar noch gebilligt hat. Der SRP konnte aus ihrer Personalpolitik nachgesagt werden, daß sie ihre Leute vorzugsweise aus dem Bereich der ehemaligen NSDAP nicht nur holte, sondern holen wollte. Einen derartigen Willen kann man bei uns in keiner Weise feststellen. Es ist auch insofern ein Unterschied zur SRP bei uns, als inzwischen sieben Jahre vergangen sind und vielmehr eine junge Generation herangewachsen ist, die mit dem Nationalsozialismus aus Lebensaltergründen nichts zu tun haben konnte.

Im Jahr 1960 wurde der DRP-Landesverband Rheinland-Pfalz aufgelöst. Aus der Auflösungsbegründung verlautete u. a.:

Der Landesverband Rheinland-Pfalz der Deutschen Reichspartei hat in seiner Entwicklung vom Jahre 1956 gezeigt, daß
er in organisatorischer und agitatorischer Hinsicht sowie in
seinem Funktionärskörper und, abweichend von der Satzung
und dem Programm der Gesamtpartei, alle Wesenszüge der
1952 verbotenen Sozialistischen Reichspartei angenommen
hat. Dem Ministerium des Innern ist bekanntgeworden, daß
Hans Schikora mit mehreren anderen Funktionären der Sozialistischen Reichspartei (SRP) schon vor dem Verbot dieser
Partei Versuche unternommen hat, unter dem Deckmantel
der Deutschen Gemeinschaft die bisher in der SRP verfolgten
Ziele fortzusetzen.

Diese Bemühungen scheiterten, denn die Regierungs-
präsidenten in Koblenz und Montabaur verboten durch
Entschließung vom 9. beziehungsweise vom 24. Februar
1953 die Deutsche Gemeinschaft als Ersatzorganisation
der SRP.

In der Begründung des Verbotsurteils des Bundesverfassungsgerichts über die Grundhaltung der SRP hieß
es:

Erst in der Zusammenschau vieler Einzelakte wird das Ziel
deutlich [...] Der von der SRP mehrfach wiederholte Einwand, daß es sich mit dieser oder jener Einzelheit bei dieser
oder jener Partei ebenso oder ähnlich verhalte wie bei ihr,
liegt deshalb neben der Sache, so daß es der Erhebung der
hierzu angebotenen Beweise nicht bedurfte. Nicht auf die
Einzelheiten als solche kommt es an, sondern auf die Grundhaltung, aus der sie hervorgehen. Von einer Verkennung der
Sach- und Rechtslage zeugen auch alle Versuche der SRP,
den Beweiswert von Reden, Briefen und sonstigen Schrift-
stücken durch den Hinweis herabzusetzen, daß ihre Urheber
seinerzeit noch gar nicht Parteimitglieder gewesen [...] oder
später abgeschüttelt worden seien [...] und daß man im Parteivorstand den Inhalt der Beweisstücke nicht gekannt habe
[...], also dafür nicht verantwortlich sei. Art. 21 GG macht
nicht nur die Ziele der Partei, sondern auch das Verhalten der
Anhänger zum Tatbestandsmerkmal. Er rechnet der Partei
das Verhalten ihrer Anhänger zu [...] zu den Anhängern
gehören mindestens alle, die sich für die SRP einsetzen, auch
wenn sie nicht Mitglieder sind.

In der im Februar 1968 von der Bundeszentrale für politische Bildung herausgebrachten Schrift *Ideologie und
Propaganda der NPD* wird auch die Problematik und
die Unwahrhaftigkeit des formellen Bekenntnisses zum
Grundgesetz behandelt. Es heißt da:

Wichtiger als ein formelles Bekenntnis zum Grundgesetz (denn auch Adolf Hitler hat ein Bekenntnis zur Legalität abgelegt und einen Eid auf die Weimarer Verfassung geschworen) sind jedoch die ideologischen Leitbilder, an denen sich die Reden der NPD-Führer, das auf dem 3. Parteitag der NPD im November 1967 in Hannover verabschiedete Parteiprogramm, das vorausgegangene »Manifest« und die »Grundsätze«, die Parteizeitung »Deutsche Nachrichten« (DN), das im DN-Verlag erschienene Politische Lexikon und die NPD-Musterreden von 1966 orientieren. Und der Charakter der Ideologie ist für die Bestimmung der NPD als einer rechtsradikalen oder gar neonazistischen Partei wichtiger als die Feststellung, daß viele ehemals prominente NSDAP-Mitglieder dem Führungskorps der Partei angehören.

Mit Recht fragte der Polizeipräsident von Duisburg, Hans Jürgensen:

Warum wurde von Art. 18 GG kein Gebrauch gemacht, wenn alte Kämpfer und NS-Funktionäre politisch im alten Sinne weiter agitieren?

Warum wurde Art. 139 GG, wonach alte Nazis bei neonazistischer Agitation sich auf die Grundrechte überhaupt nicht berufen können, so völlig vergessen? Bewußt vergessen? Weil gar zu viele Vertreter und qualifizierte Diener des NS-Systems in maßgebliche Positionen des demokratischen Staates selbst gefunden haben?

Wieso dürfen ehemalige NS-Funktionäre und Funktionäre der verbotenen SRP sich überhaupt wieder politisch zusammenschließen? Warum wurden die Strafsanktionen des SRP-Urteils nicht zumindest individuell bzw. gruppenweise zur Anwendung gebracht? Die Verfahren aufgrund des KPD-Urteils wurden häufig ohne Rücksicht auf Erfolgsaussicht eingeleitet.

Warum wurde von § 93 StGB gegen das rechtsextreme Schrifttum nicht mehr Gebrauch gemacht? Nach den Ausführungen des früheren Bundesjustizministers sollte diese Vorschrift doch gerade nach dieser Seite benötigt werden. Die Verfahren nach § 93 gegen die andere Seite sind Legion, während die Verfahren nach rechts an den Fingern abgezählt werden können.

Ungeachtet ihrer nicht ernstgemeinten Legalitätsbeteuerungen schreien und schreiben sie in ihren Publikationen so, als ob es keinen durch die Politik der Nationalsozialisten verursachten Zweiten Weltkrieg gegeben, als ob das deutsche Volk nicht vor den Trümmern seiner Wohnungen und Städte gestanden, als ob nicht Frauen und Männer verzweifelt auf die Heimkehr ihrer Männer und Söhne gewartet hätten; als ob nicht allein von den im Gebiet der späteren Bundesrepublik ansässigen Soldaten 1,8 Millionen gefallen, 180 000 Zivilpersonen durch Kriegseinwirkungen ums Leben gekommen und 180 000 junge Menschen der deutschen Armee gefallen wären, die noch nicht das zwanzigste Lebensjahr erreicht hatten.

Sie schreien und schreiben so, als ob nicht die Anzahl der Kriegshalbwaisen nach dem von Hitler vorbereiteten und verursachten Zweiten Weltkrieg in der Bundesrepublik 1 309 573 betragen hätte; als ob sich die Anzahl der Kriegsvollwaisen nicht auf 450 369, die der Schwerkriegsbeschädigten nicht auf 10 427 beliefe; als ob die Anzahl der durch Krieg und Kriegseinwirkungen ihres Augenlichts beraubten Menschen nicht 6625, die der Doppel-Beinamputierten nicht 10 182 und die Anzahl der Querschnittsgelähmten nicht 1445 betragen hätte.

Sie schreien und schreiben, als ob nicht 186 Reichstagsabgeordnete der Weimarer Republik durch NS-Gerichte und Konzentrationslager ums Leben gekommen wären; als ob nicht bis zum Kriegsbeginn 225 000 deutsche Frauen und Männer wegen ihrer Zugehörigkeit zu illegalen Gruppen zu Freiheitsstrafen verurteilt worden wären; als ob nicht in der Zeit von 1940 bis 1945 durch Hitlers Sondergerichte 15 896 Menschen zum Tode verurteilt worden wären, unter denen Sechzehn- und Siebzehnjährige hingerichtet wurden; als ob nicht Zehntausende von Zigeunern als »Untermenschen«, Hunderttausende sowjetrussischer Kriegsgefangener durch Hunger und Massenerschießungen und als ob nicht 73,4 Prozent der in Europa lebenden Juden – 5 721 500 Personen – durch die Nationalsozialisten ausgerottet worden wären.

Sie artikulieren sich heute wieder ganz deutlich, marschieren auf den Straßen und halten öffentliche Veranstaltungen sowie Parteitage ab. Sie leugnen und beschönigen die Untaten des verbrecherischen NS-Regimes, als ob dies alles nicht geschehen wäre.

Aktion Deutschland

Im November 1970 gegründet. Als Mitveranstalter des Gründungstreffens zeichneten u. a. das Deutsche Kulturwerk Europäischen Geistes (DKEG), der Bund Heimattreuer Jugend (BHJ), die Wiking-Jugend (WJ) und der Jugendbund Adler (JBA). Zu den Organisatoren gehörten neben Adolf von Thadden (Vorsitzender der NPD) u. a. Erich Kernmayr (rechtsradikaler Publizist), Arthur Ehrhard (Herausgeber von *Nation Europa*), Dr. Herbert Böhme (Präsident des Deutschen Kulturwerks Europäischen Geistes) und Werner Petersmann (NPD).

Aktion 61

Einer der vielen Versuche Karl-Heinz Priesters, mit Hilfe von Herbert Löbners Gruppe zusammen die von ihm gegründete Sammlung der Reichstreuen zu beleben. Sie vertrat vorwiegend völkisch-nationalistische Ansichten.

Aktion Neue Rechte (ANR)

Im Januar 1972 gründete Siegfried Pöhlmann, der ehemalige stellvertretende Bundesvorsitzende der NPD, die ANR, da ihm die rechtsradikalen Aktivitäten der NPD nicht mehr ausreichend erschienen. Im Mitgliedsausweis der ANR hieß es: »[...] Kampf dem Kommunismus [...] Kampf dem materialistischen Kapitalismus [...] für eine ›neue Ordnung‹, persönliche Freiheit, menschliche Solidarität, soziale Selbstbestimmung. Gemeinschaftsinteresse geht vor Profitinteresse, Arbeit geht vor Kapital [...]« Zu einem außerordentlichen Bundeskongreß lud Pöhlmann im Juni 1972 folgende Organisationen nach Michelstadt/Odenwald ein: Aktion Nationale Solidarität, Aktion Oder/Neiße, Aktionsgemeinschaft Kritischer Arbeitnehmer Weinheim, Aktionsgemeinschaft 17. Juni, Arbeitskreis Junges Forum Hamburg, Arbeitskreis Fragmente Hamburg, Außerparlamentarische Mitarbeit Berlin, Bund für Deutsche Wiedervereinigung, Deutsche Division, Historisch-Kultureller Arbeitskreis Münster, Partei der Arbeit, Unabhängige Arbeiter-Partei, Volkssozialistische Basisgruppe VS-Schülerkollektiv Troisdorf.

Aktion Sauberes Deutschland (ASD)

Für die Aktivitäten der 1984 gegründeten Gruppierung
ist der folgende Brief an Rudolf Heß charakteristisch:

Sehr verehrter Herr Reichsminister Heß.
Mit dem Ausdruck meiner allergrößten Hochachtung wende
ich mich mit einer herzlichen Bitte an Sie.
   Zuvor und zu Ihrem besseren Verständnis, erlaube ich mir
eine kurze Vorstellung dessen, was wir vertreten.
   In West-Deutschland gibt es eine Vielzahl nationaler Bewe-
gungen und Bestrebungen. Wir – und mir ist die Aufgabe
zugefallen, unser Anliegen vor Ihnen Herr Reichsminister, zu
vertreten – werden dem sogenannten extremen nationalsozialistischen Lager zugerechnet und demzufolge schweren
politischen Verfolgungen ausgesetzt.
   Obschon wir alle nach dem Kriege geboren sind, wissen
wir um die Wahrheit und werden den Lichtweg unseres
Volkes auch weiter unbeirrt fortsetzen.
   Wir bereuen nichts!
   So konnten wir vor wenigen Monaten unter der oben bezeichneten Anschrift ein Anwesen erwerben, das innerhalb
kurzer Zeit nur, zu einem Zentralpunkt überregionaler Bedeutung wurde.
   Bei der am 20. 12. 1986 stattgefundenen Julfeier war es mir
vergönnt, das Anwesen taufen zu dürfen.
   Im Bewußtsein Ihres unendlich großen Einsatzes für den
Frieden und Ihres Opferganges seit über 45 Jahren haben wir
ihm den Namen
Rudolf Heß-Haus
verliehen.
   Es wäre für uns eine sehr große Auszeichnung, und darum
richten wir an Sie diese Bitte, uns für diese Aufgabe einige
Grußworte zu übermitteln.
Mit der vorzüglichsten Hochachtung
und dem Glauben an ein besseres
freies Deutschland
Ernst Tag

Ernst Tag, Führer der ASD, bezeichnete als deren Ziel
»die Schaffung einer politischen Elite, die die weißen
Menschen Europas wachrütteln und ihre bevorstehen-
de Vernichtung durch den Zionismus und Kommunismus verhindern soll«.

Aktionsfront Nationaler
Sozialisten / Nationale Aktivisten (ANS/NA)

Die ANS zählte mit ihren Hilfs- und Tarnorganisationen zu den stärksten und militantesten nationalsozialistischen Gruppierungen in der Bundesrepublik. Sie stand unter der Führung von Michael Kühnen, der zusammen mit seinem engsten »Führerkreis« auf nationaler und internationaler Ebene mit Erfolg eine rechtsradikale Bündnispolitik betrieb. So bestanden Kontakte zu Erwin Schönborn (Gründer unzähliger neonazistischer Gruppierungen wie des Kampfbundes Deutscher Soldaten), Thies Christophersen (Bürger- und Bauerninitiative), Manfred Roeder (Deutsche Bürgerinitiative) und Gary Rex Lauck (NSDAP-AO). Die Gründung erfolgte 1977 in Hamburg durch Mitglieder der Bürgergemeinschaft Hamburg. Zu den bekanntesten Aktivisten zählten Michael Kühnen sowie dessen Stellvertreter Thomas Brehl und Arndt-Heinz Marx. In der auf der Generalmitgliederversammlung der ANS im Dezember 1977 beschlossenen Satzung wurde die Forderung nach »Aufhebung des NS-Verbots« erhoben, weil es ohnehin »wirkungslos«, zudem »ungerecht« sowie »fortdauerndes Besatzungsrecht« sei und überdies »die Lösung gegenwärtiger Probleme« verhindere. Im ANS-Organ *Die Neue Front* hieß es ergänzend: »Wir sind eine Kampfgemeinschaft, die ihre Reihen allen Nationalsozialisten öffnet, die sich zu Idee, Partei und Führer bekennen und bereit sind zu gehorchen, um siegen zu können – und Sieg bedeutet zunächst einmal, eine politische Lage zu schaffen, in der die NSDAP neu gegründet werden kann.« Bei Demonstrationen versuchte die ANS, die »6-Millionen-Lüge« lächerlich zu machen. Die Aktivisten traten mit Eselsmasken und Plakaten auf, auf denen stand: »Ich Esel glaube an die Vergasungslügen und will an Israel zahlen und zahlen.« Es handelte sich hier um wohldurchdachte Provokationen, die Kühnen in einem vervielfältigten Manuskript 1969 empfohlen hatte.

Das Geheimnis unseres politischen Erfolges ist der Einsatz der Massenmedien. Wie eine tibetanische Gebetsmühle klagt die nationale Opposition, daß sie – schon aus finanziellen Gründen – die Mauer des Totschweigens nicht durchbrechen kann. In unserem System haben die Massenmedien zwei

Aufgaben – ein »demokratisches Bewußtsein« zu schaffen, das verlangt das System von seinen Rotationssynagogen, und eine interessante Story zu liefern, das verlangt das Publikum. Bei dieser Sachlage braucht die ANS oder andere Kampfverbände des Nationalen Sozialismus nur an ein Tabu zu rühren und die Journalisten wittern eine gute Schlagzeile. Tabus aber liegen in Deutschland zu Dutzenden auf der Straße: Das Judenproblem, der Vergasungsschwindel, die Kriegsschuldlüge, die geschichtliche Größe Adolf Hitlers, die illegale NSDAP. Und auch ein Mittel sind einfach dreißig Mann mit Knobelbechern und braunen Hemden, eine Adolf-Hitler-Gedenktafel oder das schlichte und ehrliche Bekenntnis: Ich bin kein Demokrat.

Dieses System ist sowenig gefestigt, seine Machthaber so unsicher, daß sie schon auf solche, im Grunde genommen sehr simplen Herausforderungen reagieren, als hätten sie sich auf ein Nagelbrett gesetzt.

Die Presse heult auf, der Justiz- und Polizeiapparat setzt sich in Bewegung und große Schlagzeilen reißen eine kleine Bewegung aus ihrer politischen Bedeutungslosigkeit [...] In dieser Situation ist es die Kunst eines politischen Leiters, die Sensationsgier der Presse wachzuhalten, sich etwas Neues einfallen zu lassen.

Der »Frankfurter Appell« vom 15. Januar 1983 lautete:

Aufruf zur Einigung aller national- und sozialrevolutionären Kräfte

Die Aktionsfront Nationaler Sozialisten (ANS) und die Nationalen Aktivisten haben sich zu einer einheitlichen Kaderbewegung des Nationalen Sozialismus zusammengeschlossen. Die neue Einheitsbewegung trägt den Namen »Aktionsfront Nationaler Sozialisten / Nationale Aktivisten« (ANS/NA).

Die Führer der beteiligten Kameradschaften rufen alle Aktivisten auf, sich uns anzuschließen und überall örtliche Kameradschaften und Stützpunkte zu bilden!

Durch Einheit zur nationalen Revolution!

Wir fordern:
– Aufhebung des NS-Verbots
– Ausländerrückführung
– Lebens- und Umweltschutz
– Kulturrevolution gegen den Amerikanismus
– Kampf für ein unabhängiges, sozialistisches Großdeutschland [...]

Die ANS/NA wurde am 7. Dezember 1983 vom Bundesinnenministerium wegen Verfassungsfeindlichkeit verboten. Dessenungeachtet wurden in einem Geheim-
schreiben Ende 1985 folgende Forderungen erhoben:

1. Anschluß Südtirols (Provinz BZ) und des Kanaltals (Provinz Friaul) an ein künftiges nationalsozialistisches Großdeutschland.
2. Schaffung eines ladinischen Alpenreiches im Geiste des
   Nationalsozialismus und unter dem Schutz des Deutschen
   Reiches.
3. Umsiedlung der deutschen Minderheit der Provinz Trient
   nach BZ oder Südtirol und der italienischen Minderheit in
   Südtirol nach Trient.
4. Festlegung der Salurner Klause als definitive Grenze zwischen Deutschland und Italien.
5. Zusammenarbeit mit allen italienischen Nationalsozialisten und Faschisten, soweit sie die Salurner Klause als
   Grenze anerkennen.
6. Wiederzulassung der NSDAP in Südtirol und im übrigen
   Deutschland.
7. Durchsetzung des 25-Punkte-Programms der NSDAP von
   1920.

An Hilfs- und Tarnorganisationen der ANS/NA existierten u. a.: Aktionsgemeinschaft Kampfgruppe Großdeutschland, Antikomintern-Jugend, Bund Hamburger
Mädel, Freizeitverein Hansa, Freundeskreis der NSDAP /
Gau Hamburg, Freundeskreis deutsche Politik, Hilfsorganisation für nationale politische Gefangene und deren Angehörige (HNG), Kampfbund Freiheit für Rudolf
Heß, Nationalrevolutionäre Arbeiterfront, Sozial-Nationa-
listische Jugend, Stützpunkt Hamburg der DBI, Borussenfront, Aktionsfront, Gruppe Bokel / Schleswig Holstein,
ANS Würzburg.

Aktionsgemeinschaft Nationales Europa (ANE)

Im Jahr 1977 im Hinblick auf die Europa-Wahlen von
1979 gegründet, wurde die ANE von folgenden Verbänden unterstützt: Vereinigung Verfassungstreuer Kräfte
(VVK), Kampfbund Deutscher Soldaten (KDS), Aktionsfront Nationaler Sozialisten (ANS), Deutsch-Völkische
Gemeinschaft (DVG), Nationalrevolutionäre Arbeiterjugend (NRDAJ), Bürgerinitiative für Volksaufklärung (BIV),

Bürgerinitiative für die Todesstrafe und gegen Pornographie und Sittenverfall. Auslandskontakte bestanden mit dem British Movement, den Groupes Nationalistes-Révolutionnaires, Rose Nationale (Belgien/Wallonien) und Vlaanse Militante Orden (Belgien/Flandern). Programmatische Vorstellungen: »[...] Zurückdrängung nichteuropäischer Kultur- und Zivilisationseinflüsse [...] Forderung der Todesstrafe für ganz Europa [...] Einführung eines europäischen Arbeitsdienstes im Sinne des europäischen Sozialismus als entscheidendes Mittel zur Beseitigung der Arbeitslosigkeit [...]« Die ANE betrachtete sich als »Sammlungsbewegung aller nationalen und konstruktiven Kräfte, um für die Direktwahlen zum Europaparlament (West) den etablierten, destruktiven und kommunistischen Parteien der Bundesrepublik eine einzige Liste entgegenzusetzen«. In einem Flugblatt hieß es u.a.: »Wer heute noch [...] behauptet, in einem deutschen KZ sei auch nur ein einziger Jude ›vergast‹ worden, ist entweder ein Dummkopf oder ein Verbrecher.« Vorsitzender der ANE war Erwin Schönborn, Pressesprecher Ralf Platzdasch.

Aktion Widerstand

Die im Oktober 1970 in München auf Anregung und mit Unterstützung der NPD gegründete Organisation rekrutierte sich aus NPD-Mitgliedern und verschiedenen Splittergruppen. Initiatoren dieses größten und aktivsten rechtsradikalen Zusammenschlusses nach 1945 waren der Vorsitzende des Arbeitskreises Volkstreuer Verbände (AVV), Alfred E. Manke, und der Herausgeber der rechtsradikalen Zeitschrift *Mut*, Bernhard-Christian Wintzek. Im November 1970 verschickten sie Einladungen zu einem »Arbeitstreffen«; darin hieß es:

Da dieses Arbeitstreffen zu konkreten Ergebnissen und zur genauen Abstimmung führen muß (geredet, geplant und gestritten haben wir in den letzten Jahren genug!) wird der Kreis der geladenen Mitarbeiter nur aus Aktivisten bestehen, die auf Grund der katastrophalen politischen Entwicklung den Ernst der Stunde begriffen haben und darum ungeachtet aller ideellen und sonstigen Meinungsverschiedenheiten in Einzelfragen die gemeinsame Aufgabe und das Verbindende aller national-freiheitlichen Kräfte in unserem Volk zu suchen.

27

Die Tagung fand in Hannover im Haus des Deutschen Ostens statt. Mitglieder folgender Organisationen nahmen an der Sitzung teil: Freundeskreis der CSU, Nationalliberale Aktion, Witikobund (WB), Aktion Oder/Neiße (AKON), Deutsche Jugend des Ostens (DJO), Bund Heimattreuer Jugend (BHJ), Aktionsausschuß gegen die Preisgabe Deutscher Interessen, Gruppe Nation Europa, Republikanischer Studentenbund, Freundeskreis für Jugendarbeit, Freiheitlicher Schülerbund. Auf der Würzburger Großkundgebung der Aktion Widerstand Ende Oktober 1970 wurde auf Transparenten gefordert: »Willy Brandt – an die Wand!« Und: »Fegt ihn weg, den roten Dreck!« In einem Rundschreiben an die Mitarbeiter der Aktion vom 18. November 1970 bekannte man sich zu diesen Aufforderungen und bezeichnete die Demonstrationsveranstaltung als einen erfolgreichen Beginn in der Arbeit aller positiven, national-freiheitlichen Kräfte.

Antizionistische Aktion

Anläßlich des Besuchs des israelischen Staatsoberhaupts Chaim Herzog im April 1987 in der Bundesrepublik verteilten Mitglieder der von Wolfgang Heß ins Leben gerufenen Antizionistischen Aktion Flugblätter, in denen es u. a. hieß: »Der Jude wird lernen müssen, daß er hier nicht nur Freunde hat.« Es handelte sich hierbei um eine Hilfsorganisation der Gesinnungsgemeinschaft Michael Kühnen.

Arbeitsgemeinschaft Demokratische Neuordnung (AGDN)

Aufgrund der Initiative der Vereinigung Deutsche Nationalversammlung (VDNV) wurde im April 1976 die AGDN gegründet. In ihrem Programm hieß es u. a.: »Die Arbeitsgemeinschaft vereint die freiheitlich-demokratischen Kräfte Deutschlands, die sich zur Verwirklichung einer zukunftsweisenden Neuordnung des deutschen Raumes auf allen Lebensgebieten zusammengeschlossen haben.« Die AGDN arbeitete mit der Unabhängigen Arbeiter-

Partei (UAP), der Solidaristischen Volksbewegung (SVB), der Bayerischen Staatspartei (BSP), der Europäischen Föderalistischen Partei (EFP) und dem Jungdeutschen Bund zusammen. Vorsitzender der Arbeitsgemeinschaft war Ernst Günter Kögel.

Arbeitsgemeinschaft Fränkisches Volk

Unter diesem Namen formierte sich im März 1987 in Nordbayern ein aus Anhängern Michael Kühnens bestehender Personenkreis. Die herausgebrachte Schrift *Fränkisches Volk* wurde als »Kampfblatt der nationalen und sozialistischen Bewegung im Gau Franken« bezeichnet. Des weiteren wurde versichert, daß dieser Kreis im Unterschied zu Anhängern der Gruppe Jürgen Moslers »einig und treu zu unseren alten Fahnen, zur Bewegung und zu unserem Chef Michael Kühnen« stehe, denn nur so lasse sich die Zukunft meistern.

Arbeitsgemeinschaft Nationaler Verbände – Völkischer Bund (ANV–VB)

Die 1985 von Peter Naumann gegründete Gruppe veranstaltet regelmäßig Sonnwendfeiern und schulte ihre Anhänger in Seminaren.

Arbeitsgemeinschaft Nation Europa

Von Erwin Schönborn 1952 gegründet, strebte sie Kontakte zu rechtsradikalen Organisationen anderer Länder an. Die Arbeitsgemeinschaft wurde im Januar 1953 in Berlin verboten.

Arbeitsgemeinschaft Unabhängiger Deutscher (AUD)

Der 1965 als rechtsstehende, neutralistische Sammlung gegründeten AUD gehörten die Deutsche Gemeinschaft (DG), die Deutsche Freiheits-Partei (DFP) und die Vereinigung Deutsche Nationalversammlung (VDNV) an.

Arbeitsgemeinschaft Vaterländischer
Verbände (AVV)

Die 1952 in Hamburg von Wilhelm Spohrmann gegründete AVV umfaßte folgende Gruppen: Frauenbund Königin Luise, Gesellschaft für deutsche Tradition e.V., Frauenverein Die Hanseatin, Arbeitsgemeinschaft der West- und Übersee-Vertriebenen, Deutscher Marinebund, Bund ehemaliger Fallschirmspringer, Stahlhelm – Bund der Frontsoldaten sowie andere Soldatenverbände und Flüchtlingsorganisationen.

Arbeitsgemeinschaft zur Erforschung
der Kriegsschuldfrage

Mitgründer der 1956 in Wiesbaden entstandenen Gruppe war Karl-Heinz Priester. In einem internen Aufruf hieß es:»Der Weg unserer Arbeit soll mit drei Kernpunkten angezeigt werden: Sammlung und Sichtung des Materials; Sichtung und Prüfung der Unterlagen; Auswertung und Veröffentlichung [...]«

Arbeitskreis für die Vereinigung der
nationalen Parteien

Im Dezember 1956 in München gegründet. An der ersten Tagung nahmen Vertreter verschiedener rechtsradikaler Organisationen teil, z.B. der Deutsch-Sozialen Bewegung (DSB), des Deutschen Blocks (DB), der Deutschen Gemeinschaft (DG), der Vaterländischen Union (VU) sowie des Deutschen Kulturwerks Europäischen Geistes (DKEG). In der angenommenen Resolution hieß es:

> Die nationale Opposition in Westdeutschland beteiligt sich unter Führung der Deutschen Reichs-Partei an der Bundestagswahl 1957 [...] Die Eigenständigkeit der einzelnen Parteien und Gruppen wird vorerst nicht angetastet. Es bleibt späteren Verhandlungen überlassen, eine einzige, nationale Bewegung zu schaffen.
> Zwischen allen nationalen Gruppen und Parteien wird sofort ein Burgfriede geschlossen. Alle gegenseitigen Angriffe, gleich, welcher Art, sind zu unterlassen.

Arbeitskreis Patriotische Sammlung

Im August 1986 gründete der Publizist Georg J. Schilling-Werra den Arbeitskreis Patriotische Sammlung. Nach seiner Auffassung ging es hier »um den letzten großen patriotischen Einsatz für Deutschland«.

Arbeitskreis Volkstreuer Verbände (AVV)

Die Gründung erfolgte 1965 durch Professor Dr. Herbert Böhme und dessen Deutsches Kulturwerk Europäischen Geistes (DKEG); aus dem Arbeitskreis ging 1970 die Aktion W (W = Widerstand; Parole: »Brandt an die Wand«) hervor. Der AVV verstand sich als Dachverband für 18 rechtsradikale Gruppen, u. a. den Bund Heimattreuer Jugend, den Stahlhelm – Kampfbund für Europa, das Deutsche Kulturwerk Europäischen Geistes, die Freunde des guten Films, die Deutsche Gemeinschaft, die Aktion Oder / Neiße (AKON) und den Bund der Notgemeinschaft ehemaliger RAD-Angehöriger. Der AVV glaubte im Nationalismus das »lebensrichtige Ordnungsprinzip der Völker zu erkennen«.

Außerparlamentarische Mitarbeit (APM)

Diese vorwiegend in West-Berlin tätige Gruppierung wurde 1964 unter Mitwirkung von Sven Thomas Frank gegründet. Querverbindungen bestanden zu der Nationalrevolutionären Aufbau-Organisation (NR/AO) sowie zur Aktion Neue Rechte. 1971 eröffnete die APM ein »nationales Zentrum 1871«, in dem öffentliche Versammlungen stattfinden sollten.

Bauern- und Mittelstandsbund

Versuchte seit der Gründung 1954 als Hilfsorganisation der Deutschen Gemeinschaft (DG) in der Bundesrepublik Deutschland mit Propaganda nach französischem Muster im Stil Pierre Poujades Erfolge zu erzielen.

Benrather Kreis

Wurde 1973 als »Arbeitsgemeinschaft für Deutschland« gegründet und vertrat u. a. den Standpunkt, daß »durch die bedingungslose Kapitulation der drei deutschen Wehrmachtsteile das Deutsche Reich zu bestehen nicht aufgehört hat«. Zu den Initiatoren zählten Mitglieder des Witikobundes sowie der Heidelberger Professor Fritz Münch.

Beratungsstelle für die Aufstellung unabhängiger Kandidaten

Die 1949 gegründete Gruppierung forderte, zu den ersten Bundestagswahlen 1949 »unabhängige Deutsche als Vertreter der wahren deutschen Einheit« als Kandidaten aufzustellen.

Berliner Bürgervereinigung für die Freiheit von Rudolf Heß

Diese Kleinstgruppe, deren Aktivitäten sich auf Berlin beschränkten, produzierte Flugblätter, in denen die Freilassung von Rudolf Heß gefordert wurde.

Die Bewegung

Im Jahr 1986 entstand aus ehemaligen Mitgliedern der 1983 verbotenen Aktionsfront Nationaler Sozialisten / Nationale Aktivisten (ANS/NA) sowie Aktivisten der Freiheitlichen Deutschen Arbeiterpartei (FAP) diese Gruppierung, die sich als Teil der Europäischen Bewegung (EP) verstand. Sie war ein loser Zusammenschluß im Sinne einer nationalen Sammlung, der sich nach Organisation und Programm als schwer faßbar erwies. Gelegentlich trat die Bewegung auch unter der Bezeichnung Gesinnungsgemeinschaft der Neuen Front und als Komitee zur Vorbereitung der Feierlichkeiten zum hundertsten Geburtstag Adolf Hitlers (KAH) auf. Maßgeblich beteiligt an ihren Aktivitäten waren Michael Kühnen und Thomas Brehl. Nach einem vorübergehenden Austritt Kühnens aus der Bewegung wurde Brehl der Herausgeber der Schrift *Die Neue Front.* Laut Verfassungsschutzbericht 1987 hatte die Bewegung 500 Mitglieder.

Bewegung Reich

Im Jahr 1948 gründeten der ehemalige NS-Bürgermeister von Lüdenscheid, Dr. Otto Boucke, und der seinerzeitige stellvertretende NS-Gauleiter von Hagen, Emil Kritzler, die Untergrundorganisation Bewegung Reich. Sie verbreiteten *Deutschlandbriefe,* als deren Autor Hek Rau verantwortlich zeichnete, Pseudonym von Heinz Erich Krause. Im Juni 1953 wurde Kritzler als Rädelsführer einer verfassungsfeindlichen Vereinigung – eben der Bewegung Reich – vom Dortmunder Landgericht zu 14 Monaten Gefängnis verurteilt; von den sechs Mitangeklagten wurden zwei freigesprochen. Der Gerichtsvorsitzende erklärte in der Urteilsbegründung, es sei erwiesen, daß die Bewegung Reich als eine durchgegliederte Geheimorganisation mit ihrer Zentrale in Hagen und Ortsgruppen in mehreren Orten des Ruhrgebiets und des Sauerlands auf die Wiedererrichtung des nationalsozialistischen Regimes hingearbeitet habe. Die Verurteilten hätten die Grundgedanken des Dritten Reiches für sich als verpflichtend angesehen. Bei den illegalen Zusammenkünften bekannten sie sich zu dem 25-Punkte-Programm der NSDAP.

Bund Albert Leo Schlageter

Die 1977 in Stuttgart aktiv gewordene Splittergruppe trug eindeutig neonazistischen Charakter und war bemüht, die Tradition der Freikorps aus der Zeit der Weimarer Republik fortzusetzen.

Bund der Aufrechten

Diese 1977 in Westfalen gegründete Gruppe verstand sich als Ordensgemeinschaft und forderte eine konsequente Rassenpolitik, denn die Rasse sei »der Schlüssel zur Weltgeschichte«.

Bund Deutsche Legionäre

Diese militante Gruppe wurde im März 1986'durch Presseveröffentlichungen bekannt. Darin war die Rede von paramilitärischen Übungen im niederbayerischen Landkreis Rottal-Inn. Der Kommandeur des Bundes, Rainer René Graf Adelmann von Adelmannsfelden, hatte sich offensichtlich den Wehrsportführer Karl-Heinz Hoffmann zum Vorbild genommen und bot Kurse unter dem Motto »Überlebensstrategien im feindbesetzten Gebiet« an. Bei dieser Gelegenheit wurden auch das lautlose Töten mit Würgeschlinge und der Umgang mit Handgranaten geübt. Nach einer nicht dementierten Meldung der *Westdeutschen Allgemeinen* vom 12. März 1986 rühmte sich Adelmann gegenüber einem Reporter des Blattes, sogar Reserveoffiziere gewonnen und mit deren Hilfe auf Bundeswehrschießplätzen geübt zu haben.

Bund Deutscher National-Sozialisten (BDNS)

Die 1968 von Wolf-Dieter Eckart in Hamburg gegründete Gruppierung verstand sich als Fortsetzung der NSDAP. Sie wurde 1969 verboten. Ungeachtet verschiedener Verurteilungen schrieb Eckart in dem von ihm herausgegebenen *Nationalsozialistischen Deutschen Nachrichtendienst* vom 1. September 1976:

> Schlagt den Juden in die schadenfrohe Fresse. Zertrümmert ihnen die Fenster, kennzeichnet die Häuser der Juden als solche. Brennt die Synagogen ab, soweit sie noch stehen. Deutschland, erwache! Arier, kämpft für eine arische Völkergemeinschaft und vernichtet das Judentum, das unser aller Unglück ist. Juda, verrecke! Sieg Heil!

In einem Werbebrief Eckarts hieß es u. a.:

> Ich würde mich freuen, Sie als Mitarbeiter im Bund Deutscher Nationalsozialisten gewinnen zu können, getreu den Worten unseres Führers: Aus dem Opfer unserer Soldaten und aus meiner eigenen Verbundenheit mit ihnen bis in den Tod wird der deutschen Geschichte so oder so einmal wieder der Same aufgehen zur strahlenden Wiedergeburt der nationalsozialistischen Bewegung und damit Verwirklichung einer wahren Volksgemeinschaft [. . .]
> mit deutschem Gruß [. . .]

34

Bund Deutscher Solidaristen (BDS)

Im Jahr 1980 entstand aus der Solidaristischen Volksbewegung (SVB) der Bund Deutscher Solidaristen. Seine
Zielvorstellungen waren es, Liberalismus und Marxismus mit Hilfe eines »Solidarismus« zu überwinden.

Bund freier Juristen (BfJ)

Die 1982 gegründete NPD-nahe Vereinigung beschloß
bei einer Mitgliederversammlung 1986, stärker an die
Öffentlichkeit zu treten. Man wünschte ein rechtes Gegengewicht gegenüber dem Republikanischen Anwalts-
verein aufzubauen. In Zukunft sollten für Mitglieder und
Sympathisanten juristische Seminare durchgeführt werden, um »sachfremden Einflüssen auf die Organe der
Rechtspflege, v. a. durch die politischen Instanzen und
Massenmedien, entgegenzuwirken«.

Bund für Deutschlands Erneuerung

Der 1949 gegründete Bund war von Otto Strassers The-
sen beeinflußt. Er wurde später in Deutsch-Soziale Union
(DSU) umbenannt, nachdem er im September 1956 in
Berlin verboten worden war.

Bürgergemeinschaft Hamburg

Ein 1977 erstmals öffentlich genanntes Sammelbecken
neofaschistischer Gruppen, das eine Basis für die spätere Aktionsfront Nationaler Sozialisten (ANS) bildete.

Bürgerinitiative Deutsche Arbeiterpartei

Diese Gruppierung, die in den letzten Jahren unter dem
Namen Förderkreis Junges Deutschland an die Öffentlichkeit trat, entfaltete ihre rechtsradikalen Aktivitäten
vor allem in Bielefeld und Gütersloh. Zu ihren führenden Funktionären zählte Meinolf Schönborn, der angeblich wegen seiner Aktivitäten in anderen Gruppen aus
der NPD ausgeschlossen wurde.

Bürgerinitiative deutscher Patrioten
gegen die Wiederwahl des Herrn von Weizsäcker
zum Bundespräsidenten

Die seit Jahren betriebene publizistische Hetze mit Hilfe von Blättern wie der *Deutschen National-Zeitung*, den *Monatsheften* und *Nation Europa* fand ihren organisatorischen Niederschlag im Oktober 1988 in der Gründung dieser »Bürgerinitiative«. In einem Aufruf, unterzeichnet von einem Karl Baßler aus Böblingen, wurde dem Bundespräsidenten vorgeworfen, er habe »seinen Amtseid [...] nicht gehalten und dadurch unserem Volke unermeßlichen Schaden zugefügt«; von den zehn anschließend aufgeführten Anklagepunkten lautete einer:

> daß Sie, wie alle Ihre Vorgänger und Bundesregierungen, es sträflich unterlassen haben, für einwandfreie Dokumentationen zu sorgen, welche die deutschen Taten den Untaten der Feinde Deutschlands gegenüberstellen. Ein Unterschied, der Welten trennt, sowohl über den Umfang, aber vielmehr noch über die Grausamkeit des Verhaltens würde sichtbar werden und damit unser Volk von allen heuchlerischen Anklagen entlasten und ihm seine geistige Freiheit wiedergeben; [...]

Bürgerinitiative für die Todesstrafe und
gegen Pornographie und Sittenverfall

Im Jahr 1977 auf Initiative Erwin Schönborns und dessen Kampfbundes Deutscher Soldaten (KDS) gegründet; Pressesprecher war Ralf Platzdasch von der Vereinigung Verfassungstreuer Kräfte (VVK).

Bürger- und Bauerninitiative (BBI)

Als politischer Freundeskreis von Thies Christophersen im Jahr 1971 gegründet. Die BBI veranstaltete Tagungen und Vortragsabende; ihr Organ, die Vierteljahresschrift *Die Bauernschaft*, sieht seine hauptsächliche Aufgabe in der Rehabilitierung des NS-Regimes und der Verbreitung von NS-Propaganda. Christophersens mehrmals aufgelegtes Pamphlet *Die Auschwitz-Lüge*, mit einem Vorwort von Manfred Roeder 1973 erschienen, bestritt die Vernichtung der Juden; u. a. war dort zu lesen:

Es gibt kein ernst zu nehmendes Dokument, das die Gesamt-
verluste der jüdischen Bevölkerung im letzten Krieg höher
als mit 200 000 beziffert. In einer Nacht in Dresden sind mehr
wehrlose und unschuldige Deutsche, Kinder, Frauen, Greise
und vor allem Verwundete, umgekommen als in allen KZs
Juden während der NS-Zeit!!! Und in den jüdischen Gesamt-
verlusten sind sogar die natürlichen Todesfälle mit enthalten.

Hitler wollte gar nicht die Juden umbringen und hat niemals einen Befehl zur Ausrottung gegeben, auch nicht zur
Ausrottung anderer Völker. Es gab keine Vergasungsanlagen.
Das sind alles Erfindungen krankhafter Hirne. Fast sämtliche sogenannte Kriegsverbrecher- und KZ-Prozesse sind mit
meineidigen Zeugen und gefälschten Dokumenten geführt
worden!

Demokratische Nationalsozialistische Gemeinschaft (DNSG)

Der Herausgeber der Schrift *Deutschland ruft dich!*, Georg
Banszerus, initiierte 1974 diese neonazistische Gruppe.

Deutsche Aktionsgemeinschaft für Nationale Politik

Im Jahr 1972 gründete der rechtsradikale Aktivist Werner Kosbab diese Organisation, die bestrebt war, die
Politik der NSDAP fortzusetzen.

Deutsche Aktionsgruppe (DA)

Im Jahr 1982 wurde der militante Neonazi Manfred Roeder als Führer der 1980 erstmals aufgetretenen DA wegen Bildung einer terroristischen Vereinigung und anderer Straftaten zu 13 Jahren Haft verurteilt.

Deutsche Arbeiter-Partei (DAP)

Wurde 1971 von dem vorherigen NPD-Mitglied Friedhelm Busse mitinitiiert. Sie kann als Vorgängerin der
Partei der Arbeit (PdA) gelten.

Deutsche Bürgerinitiative (DBI) / Europäische Freiheitsbewegung (EFB)

Die DBI wurde im Dezember 1971 von Manfred Roeder gegründet und erfreute sich bis 1973 der steuerbegünstigten Gemeinnützigkeit. 1978 wurde sie in Europäische Freiheitsbewegung umbenannt. Beide Organisationen wandten sich vor allem gegen die »Kriegsschuld- und Vergasungslüge« und inspirierten zur Gründung des »Komitees für Roeder«, dessen Zielsetzung die Freilassung des 1982 zu einer langjährigen Haftstrafe verurteilten Roeder war. Sie arbeitete eng mit der Bürger- und Bauerninitiative von Thies Christophersen, der Wehrsportgruppe Hoffmann sowie dem Kampfbund Deutscher Soldaten (KDS) zusammen und hielt Verbindungen zu ausländischen Rechtsextremisten. In der vor verstärkten neonazistischen Aktivitäten warnenden Fernsehdokumentation »Nazis – gibt's die noch?« kam Roeder 1979 mit folgenden Ausführungen zu Wort:

[...] Die Deutsche Bürgerinitiative ist hervorgegangen aus dem Kampf gegen Sittenverwilderung und Pornographie. Deutschland steht heute unmittelbar vor der Selbstzerfleischung, wir erleben überall einen Niedergang von Sitte und Kultur, von Staatsordnung und Ehrbewußtsein; nur ein Narr oder ein ganz Blinder kann mit dem Zustand, in dem wir uns heute befinden, zufrieden sein.

Deshalb gilt unser hauptsächliches Ziel dem Kampf gegen diesen Staat, denn das deutsche Volk, das Deutsche Reich wird niemals wieder gesunden, wenn nicht diese Demokratie beseitigt ist.

Alles, was man uns nach dem Krieg über Auschwitz erzählt hat, natürlich auch über alle anderen Konzentrationslager, ist erstunken und erlogen, kein wahres Wort.

[...] Ein Semit ist bekanntlich ein Orientale, ein Asiate, immer ein Fremdkörper, ein Heimatloser, Fremdkörper in jedem anderen Volk. Jedes Volk hat das Problem des wandernden Juden, der sich nicht einordnen will. Jeder Mensch, der sein Volk liebt, muß praktisch gegen dieses jüdische Element sein, das sich in seinem Volk einnistet.

[...] Ja man fragt, was soll mit den Juden werden. Diese Frage hat Adolf Hitler genial gelöst. Er hat sich diesem Problem intensiver gewidmet als ein Mann vor oder nach ihm. Er hat erkannt, daß es kein Zustand ist, diesen Fremdkörper hier zu lassen. Er hat den Juden goldene Brücken gebaut zum Auswandern. Sie konnten bekanntlich jahrelang, bis in den Krieg hinein, mit ihrem Vermögen auswandern. [...]

Deutsche Bürgerinitiative gegen
Kriegsschuld- und Vergasungslüge

Gegründet 1978 von Edgar Geiß. Dieser verfügte über gute Kontakte zum Kampfbund Deutscher Soldaten, zur NSDAP-AO und zur Antikomintern-Jugend. Bei einem seiner vielen Prozesse drohte Geiß vor dem Hamburger Amtsgericht im November 1979: »Wir werden unseren politischen Spielraum bis zur obersten Grenze nutzen. Jene müssen sich vor einer kommenden Zeit fürchten, die jetzt gegen uns vorgehen.«

Deutsche Familienbewegung

Die Mitgliedschaft in dieser im August 1986 gegründeten Vereinigung setzt die Versicherung der »deutschen Herkunft« voraus. Im Grundsatzprogramm werden unverblümt einschlägige nationalsozialistische Thesen vertreten. So heißt es u.a.: »Der Erbmasse des Menschen ist Rechnung zu tragen, und sie ist vor Zersetzung zu schützen.« Ein weiteres Anliegen ist das »Streben nach Wiederherstellung des rechtlich fortbestehenden Deutschen Reiches in den angestammten Gebieten des Deutschen Volkes«. Ferner wird aufgerufen zur »Bekämpfung aller Versuche, die angestammten Gebiete des Deutschen Volkes zu überfremden und zu entdeutschen«; dementsprechend ist die Rede vom »Bekenntnis zur bewaffneten Volks- und Lebensraumverteidigung sowie zur Dienstpflicht jedes Wehrwürdigen«. Als Geschäftsführer dieses sich selbst so bezeichnenden »Idealvereins« fungiert ein Berthold Dinter; Hauptvorsitzender ist Wolfgang Schewe.

Deutsche Frauenfront (DFF)

Im Januar 1984 gegründet; Vorsitzende war Ursula Müller aus Mainz-Gonsenheim. Die Vereinigung, die sich als Nachfolgeorganisation der NS-Frauenschaft verstand, wollte innerhalb der neonazistischen Bewegung »frauenspezifische Forderungen« in den politischen Kampf einbringen. Anläßlich des Reaktorunglücks von Tschernobyl im Mai 1986 gab die DFF ein Flugblatt heraus mit

39

der Überschrift: »Uns reicht's jetzt! – Mörder bringen uns und unseren Nachwuchs [...] um!« In diesem Zusammenhang forderte sie: »[...] sofortige Abschaltung der AKW's, – zurück zur und vorwärts in der alternativen Energiegewinnung, – den biologischen Sozialismus der Nation statt des mörderischen Kapitalismus!« Sie bekannte sich zur Meinung der seinerzeitigen NS-Frauenschaftsführerin Gertrud Scholtz-Klink: »Die deutsche Frau kämpft begeistert an der Seite des Führers im Kampf um die allgemeine Anerkennung der deutschen Rasse und der deutschen Kultur. Die deutsche Frau muß arbeiten und hat körperlich sowie geistig auf Luxus zu verzichten.« Die DFF gab ab Juli 1985 monatlich eine Publikation heraus, die zunächst unter dem Titel *Deutsche Frauenfront informiert* erschien; Anfang 1986 wurde sie in *Die Kampfgefährtin* umbenannt. Im September 1986 schlossen sich die DFF und der neonazistische Mädelbund (MB) zur Deutschen Frauenfront / Mädelbund (DFF/MB) zusammen. Die DFF verfügte nicht nur über Untergruppen in verschiedenen Bundesländern, sondern auch über internationale Beziehungen, insbesondere nach Frankreich.

(Die) Deutsche Freiheitsbewegung (DDF)

Die Galionsfigur der Rechtsradikalen, Otto Ernst Remer, gründete 1983 die DDF, als deren Sprachrohr die Zeitschrift *Der Bismarck-Deutsche* fungiert. In der März/April-Ausgabe 1988 wurde der Erwerb einer Urkunde angeboten; darin hieß es:

Wer das Schwanenkreuz, das Siegeszeichen der »Deutschen Freiheitsbewegung e.V. Der Bismarck-Deutsche«, trägt, gibt sich damit als politischer Mensch zu erkennen, der für sein Volk und Vaterland eine hohe Verpflichtung eingeht. Er lebt der Aufgabe, die Freiheit und Einheit Deutschlands in seinen historischen Grenzen wiederherzustellen. Er steht in Treue zu unserem unvergänglichen Reich und setzt sich stets und rückhaltlos für die Ehre des deutschen Volkes ein. Als Träger des Schwanenkreuzes weiß ich [...], daß mich von dieser Verpflichtung allein der Tod entbindet.

Der Vorsitzende

Deutsche Freiheits-Partei (DFP)

Die nach Dr. Otto Strasser orientierte Gruppierung wurde im Mai 1954 von Erwin Schönborn und Iwan Jungbluth gegründet. Sie versuchte 1965 mit der Aktionsgemeinschaft Unabhängiger Deutscher (AUD) im süddeutschen Raum einen gemeinsamen Block zu bilden.

Deutsche Freiheits-Partei (DFP)

Im Januar 1962 spaltete sich unter der Bezeichnung Deutsche Freiheits-Partei – nicht zu verwechseln mit der gleichnamigen Vereinigung, die Erwin Schönborn und Iwan Jungbluth 1954 gründeten – eine Gruppe von der Deutschen Reichspartei (DRP) ab. Zu den führenden Personen dieser DFP zählten Professor Dr. Heinrich Kunstmann, Dr. Oskar Lutz und Dr. Gerhard Krüger. Grund für die Abspaltung war die unkritische Einstellung des Vorsitzenden der DRP, Adolf von Thaddens, zur NATO, die dieser Personenkreis, mehr einer neutralistischen Politik im Sinne Strassers verpflichtet, für nicht tragbar hielt. Die DFP stellte im rechtsradikalen Spektrum eine starke intellektuelle Potenz dar, die aber zu keinem Zeitpunkt zahlenmäßig den Mitgliederstand der DRP erreichte.

Deutsche Gemeinschaft (DG)

Gegründet 1949 von Dr. Walter Becher, Dr. Renate Maluche, August Haußleiter und Dr. Paul Wilhelm. Ihre »Lehrsätze« lauteten u. a.:

Die Deutsche Gemeinschaft lehnt die Anwendung des Begriffes »Nation Europa« ab, da er gegen jeden völkischen Grundsatz verstößt und durch einen Taschenspielertrick den Kontinent an die Stelle der Nation zu setzen versucht.

Die Deutsche Gemeinschaft ist die deutsche Freiheitsbewegung. Sie weiß sich in dieser Funktion verbunden mit allen um ihre Freiheit und Unabhängigkeit kämpfenden Völkern dieser Erde. Den Begriff der sogenannten »dritten Kraft« lehnt die Deutsche Gemeinschaft innenpolitisch und außenpolitisch ab, da der Freiheitswille lebendig geformter Völker die erste politische Kraft auf Erden darstellt.

Die Deutsche Gemeinschaft ist die Trägerin des modernen deutschen Sozialismus, der die Ehre und den Rang der wertschaffenden Arbeit über das erbärmliche Verdienertum der Finanzspekulation stellt.

Die Deutsche Gemeinschaft hat als einzige deutsche Partei diesem modernen deutschen Sozialismus ein konkretes Programm gegeben, nach dem die Wirtschaft dem Volke dient, nach dem die Krisen des Liberalismus verhindert werden können und die soziale Gleichberechtigung aller Berufe und Stände gewährleistet ist.

Mit ihrer Propaganda wandte sich die DG an Anhänger und Mitglieder der Deutschen Reichspartei (DRP) und des Bundes der Heimatvertriebenen und Entrechteten (BHE). Das Wahlbündnis von DG und BHE erhielt bei den Landtagswahlen 1950 in Bayern 1 136 148 Stimmen (12,3 Prozent) und war mit 26 Abgeordneten, von denen 6 der DG und 20 dem BHE zugehörten, im Landtag vertreten. 1952 bekam die Wählergemeinschaft 84 026 Stimmen (3,1 Prozent), und bis zu den Landtagswahlen 1964 sank sie auf 10 322 Stimmen (0,3 Prozent). Die DG war bis 1954 im bayerischen Landtag mit einem Abgeordneten vertreten. Ihre stärksten Positionen bestanden im fränkischen Raum. In Rothenburg ob der Tauber kam sie bei den Kommunalwahlen 1952 auf 13 Prozent der Stimmen. Bei den Landtagswahlen in Bayern 1954 konnte sie nur noch 485 Stimmen (0,1 Prozent) verbuchen. Im Oktober 1956 wurde die DG in Berlin verboten.

Die Deutschen

Gegründet 1986 von dem ehemaligen stellvertretenden Bundesvorsitzenden der Jungen Nationaldemokraten, Günter Deckert, in Hochheim (Main-Taunus-Kreis). Die Gruppe versteht sich als »Kadergemeinschaft« zur Schaffung einer »Einheitsfront aller volkstreuen, völkischen, volkssozialistischen und nationalrevolutionären Kräfte in Deutschland«. Nach ihrem Willen sollen die Bundesrepublik Deutschland, Österreich und die DDR eine staatliche Einheit bilden. Als Vorsitzender der Gruppe, die Kontakte zu der zwischenzeitlich verbotenen Nationalen Sammlung (NS) Michael Kühnens hielt, fungierte Erhard Kliese, als Bundesorganisationsleiter Hans-Günter Fröhlich. Bei den hessischen Kommunalwahlen im März 1989 bekam die Gruppierung in Hochheim 5,8 Prozent der Stimmen und damit zwei Sitze.

Deutsche National-Partei (DNP)

Im Dezember 1954 gründete Herbert Freiberger, ehemaliger FDP-Landesgeschäftsführer in Niedersachsen, die DNP. Sie war bemüht, Mitglieder der verbotenen SRP organisatorisch zu erfassen. 1955 trat die Deutsche National-Partei geschlossen der Deutschen Reichspartei bei.

Deutscher Arbeitnehmer-Verband – Deutscher Arbeiter-Verband (DAV)

Diese 1951 von August Finke gegründete Organisation war eine SRP-nahe Vereinigung, die sich bemühte, gewerkschaftsfeindliche Gruppierungen aufzubauen. 1952 übernahm der Detmolder SRP-Kreisvorsitzende Josef Baer eine wesentliche Rolle im DAV, der 1954 in Deutscher Arbeiter-Verband umbenannt wurde. Baer verhalf dem DAV zu vorübergehendem Einfluß, etwa im Wolfsburger Volkswagenwerk sowie bei den Reparaturbetrieben und den Dienstgruppen der britischen Besatzungstruppen. Nach Angaben Baers soll der DAV im April 1952 über 30 000 Mitglieder verfügt haben. Im November 1952 wurde der DAV in Hessen verboten.

Deutscher Arbeitskreis Witten (DAW)

Die Ende der 70er Jahre aktive Gruppierung versandte Broschüren neonazistischen Inhalts, z.B. von Werner Stäglich und Harwood, sowie das Pamphlet *Geschichtssplitter* (ohne Angaben über Erscheinungsjahr, Herausgeber und Verfasser); darin hieß es: »Das Weltjudentum hatte [...] den Zweiten Weltkrieg geplant, ihre Agenten hatten Hitler mit Geld zu den Wahlsiegen geholfen, die wirtschaftliche Lage in der ganzen Welt war durch die Manipulationen des weltjüdischen Wucherkapitals der Wallstreet katastrophal.« Leiter des DAW war Friedhelm Kathagen, der eng mit Friedhelm Busse zusammenarbeitete.

Deutscher Block (DB)

Der Deutsche Block wurde 1947 von Richard Etzel und dem »Reichsvorsitzenden« Karl Meißner in München gegründet. In einer als Flugblatt herausgegebenen Erklärung las man u. a. folgende Forderungen:

Wiederherstellung Gesamtdeutschlands und seines Ostraumes.

Wiederherstellung der Ostgrenzen des Reiches von 1938.

Volle Souveränität mit allen daraus erwachsenden Rechten und Pflichten gegenüber der Völkergemeinschaft. Widerruf der Alleinschuld Deutschlands am Kriege.

Rückführung und Wiederansiedelung aller aus ihrer Heimat vertriebenen auf freiwilliger Grundlage.

Wiedergutmachung aller Schäden, die durch Austreibung und völkerrechtswidrige Handlungen entstanden sind!

Deutschlands freien Zugang zu den Weltmärkten und Rohstoffen nach den Grundsätzen der UN-Charta!

Wiedergutmachung für das Heer der laut Spruchkammerurteil zu Unrecht und gegen alle Menschlichkeit aus Besitz, Stellung und Wohnung gejagten ehemaligen Nationalsozialisten!

Eingehende Überprüfung des gesamten Spruchkammerpersonals und die Bestrafung überführter politischer Gangster und Verbrecher!

Umbau und Neuordnung der Gewerkschaft.

Einrichtung eines Aufbaudienstes für die deutsche Jugend!

Eng verbunden mit dem DB waren der Jugendbund Adler (JA), die Wiking-Jugend (WJ), die Deutsche Volksunion (DVU) und der Arbeitskreis Volkstreuer Verbände (AVV). Der DB war auch in Dr. Gerhard Freys Freiheitlichem Rat vertreten.

Deutsche Rechtspartei (DRP) / Deutsche Konservative Partei – Deutsche Rechtspartei (DKP-DRP)

Im März 1946 gegründet, setzte sich die DRP aus der Deutschen Konservativen Partei (DKP) und der Deutschen Aufbau-Partei (DAP), beide 1945 entstanden, zusammen; Gründungsanlaß waren die Gemeindewahlen in der damaligen britischen Besatzungszone. Zu den Gründungsmitgliedern zählten Wilhelm Meinberg,

Dr. Fritz Dorls, Dr. Herwart Mießner, Heinz Frommhold, Joachim von Ostau, Wolfgang Hedler, Leonhard Schlüter, Wilhelm Jaeger, Otto Schmidt, Hermann Klingspor, Adolf von Thadden und Wolf Graf von Westarp. Im April 1948 änderte die DRP ihren Namen in Deutsche Konservative Partei – Deutsche Rechtspartei (DKP-DRP), trat aber auch als DRP auf. In dem auf taktische Rücksichtnahme bedachten Manifest der Partei von 1946 war u. a. zu lesen:

Für das Volk ohne Raum und Brot, ohne Staat und Flagge geht es heute mehr als um Organisationsformen und Sozialisierungsfragen. Es geht um den innersten Entscheid jedes Deutschen zur Umkehr und sittlichen Erneuerung.

Dreißig Jahre Krieg und Revolution haben den Volkskörper nahezu ausgeblutet [...] Alle sind getäuscht und enttäuscht worden. [...]

Wo läuft die Grenze zwischen Schuld und Schicksal? [...]

Um der bewahrenden Weltanschauung Bahn zu schaffen, haben wir uns zu einer Partei der Rechten und des Rechts zusammengeschlossen. Diese Partei will in bewußter Abwehr von Klassenkampf und Rassenhaß aus dem Schutthaufen der Stände und Klassen, der Vorrechte und Ansprüche und überlebter Ideen das Letzte und Beste retten: Den deutschen Menschen, den deutschen Boden, die geistigen Werte des Abendlandes. [...] Sie hält es gegenüber den im Krieg Gefallenen für ihre Pflicht, den nicht durch eigene Schuld verfemten deutschen Soldaten dazu zu verhelfen, daß der Schild ihrer Ehre vor dem In- und Ausland wieder reingewaschen wird.

Die DKP-DRP kandidierte bei den Wahlen zum ersten deutschen Bundestag am 14. August 1949 und konnte 1,8 Prozent (429 031 Wählerstimmen) auf sich vereinigen. Ihr bestes Ergebnis erzielte sie dabei in Niedersachsen mit 8,1 Prozent (237 129 Stimmen); von dort entsandte sie 5 Abgeordnete in den Bundestag: Fritz Dorls, Heinz Frommhold, Herwart Mießner, Fritz Rößler und Adolf von Thadden. Sie bildeten in Bonn zusammen mit Heinrich Leuchtgens aus Hessen eine »Nationale Rechte«.

In einzelnen Städten Niedersachsens hatte die DKP-DRP bei den Bundestagswahlen noch wesentlich bessere Ergebnisse erzielt, so in Braunschweig-Stadt 12,3, in Celle-Stadt 10, in Celle-Land 13,2, in Emden-Stadt 26,3, in Gifhorn 30,7, in Hameln 25,3, in Helmstedt 20,8, in Hildesheim 17,3, in Salzgitter 23,6 und in Wilhelmshaven 31,5 Prozent.

Bei den Kommunalwahlen in Niedersachsen im November 1948 war die (DKP-)DRP zwar nur auf einen Landesdurchschnitt von 0,5 Prozent gekommen, doch hatte sie in verschiedenen Städten erstaunliche Erfolge verbuchen können. So erreichte sie in Wolfsburg, Sitz des Volkswagenwerks, eine Zweidrittelmehrheit, nämlich 17 der 25 Ratssitze; die SPD-Fraktion büßte 12 Sitze ein und kam nur noch auf 6 Mandate, die CDU erhielt gerade 2 Mandate. Dieses Wahlergebnis erregte auch im Ausland erhebliches Aufsehen, so daß die DRP sich dazu veranlaßt sah, folgenden Aufruf an die Wolfsburger Bevölkerung zu richten:

> Bürger Wolfsburgs! Ihr habt ein Beispiel gegeben im Widerstand gegen Unfähigkeit, Mißbrauch der demokratischen Einrichtungen und Parteienwirtschaft. Auf Euch schaut heute schon Deutschland, wenn auch mit noch verhaltener Bewunderung und Anerkennung. Ihr habt viele ermutigt, die Eurem Beispiel folgen werden. Laßt Euch nicht beirren durch Verleumdungen, Presselügen, parlamentarische Scheinmanöver und durch Kesseltreiben auswärtiger Parteivorstände, die um ihre Posten und Einflüsse bangen. Euer Beispiel, das von Wolfsburg und anderen Orten aus zum Fanal in allen deutschen Landen werden wird, hat die Feinde des Volkswillens auf den Plan gerufen!

Für die DRP im Kreis Gifhorn erließ die britische Militärregierung im April 1949 ein Verbot, das der Gebietsbeauftragte wie folgt begründete:

> Ich habe in den letzten Monaten mit Besorgnis beobachtet, daß die DRP, Kreis Gifhorn, ihre Politik in einer aufreizend nationalistischen und manchmal sogar militaristischen Weise betrieben hat. Im Anschluß an die im vorigen November abgehaltenen Gemeindewahlen warnte ich am 10. Dezember 1948 Mitglieder der DRP unmißverständlich, daß die Militärregierung derartige Tendenzen nicht dulden werde. Trotzdem haben Redner ihrer Partei sich noch danach in gleicher Weise in der Öffentlichkeit geäußert und sind sogar noch weiter gegangen. Einzelne Leistungen der Nazi-Regierung wurden gepriesen, ohne daß man ihre gegen Deutschland und die Welt begangenen Verbrechen verurteilt hätte. Man hat mir berichtet, daß Versammlungen in Formen abgehalten wurden, die an Nationalismus erinnern, und daß Personen wegen ihrer politischen Ansichten verfolgt werden. Ich habe mich davon überzeugt, daß Politik und Methoden der DRP im Kreise Gifhorn die öffentliche Sicherheit und Ordnung be-

drohen und einer freien und friedlichen Entwicklung der
Demokratie in Deutschland nachteilig sind. Deswegen nehme ich die der DRP im Landkreise Gifhorn erteilte Genehmi-
gung zurück und ordne an, daß ihre gesamte Organisation
und alle angeschlossenen Hilfs- und Unterorganisationen im
Landkreise Gifhorn mit sofortiger Wirkung aufgelöst werden.
Weiter ordne ich an, daß alle Listen, Verzeichnisse, Protokoll-
und Abrechnungsbücher sowie alle anderen Akten, Urkun-
den und Unterlagen, alle politische Literatur und alle Gelder
und Guthaben, die der Deutschen Rechtspartei im Landkreise Gifhorn gehören, unverzüglich der Militärregierung aus-
zuhändigen sind.

Deutsche Reichspartei (DRP)

Die DRP entstand im Januar 1950 aus der Deutschen
Konservativen Partei – Deutsche Rechtspartei (DKP-DRP)
und der in ihren Aktivitäten auf Hessen beschränkten
National-Demokratischen Partei (NDP) von Heinrich
Leuchtgens. Sie verstand sich als Sammelpartei für ehe-
malige Mitglieder der NSDAP und Angehörige der Wehr-
macht. Zu den Gründungsmitgliedern gehörten Alexan-
der Andrae, Dr. Oskar Lutz, Professor Hans Bernd von
Grünberg, Wilhelm Meinberg, Wilhelm Gutmann, Otto
Heß, Hans Schikora, Professor Heinrich Kunstmann und
Adolf von Thadden. 1960 setzte sich das DRP-Führungs-
gremium folgendermaßen zusammen: Parteivorsitzender
Otto Heß, Stellvertreter Wilhelm Meinberg und Profes-
sor Kunstmann, alle schon vor 1933 NSDAP-Mitglieder.
Zu den »Ideologen« der Partei zählten der einstige SS-
Sturmbannführer Erich Kernmayr, der NS-Jurist Friedrich
Grimm, der Nazi-Schriftsteller Hans Grimm (Volk ohne
Raum), der Luftwaffenoberst a. D. Hans-Ulrich Rudel und
der frühere Hauptsturmführer der Waffen-SS Waldemar
Schütz, Inhaber mehrerer rechtsradikaler Verlage.
Im Vorfeld der Bundestagswahlen 1953 erwog man im
Bonner Innenministerium ein Verbot der DRP. Dies hin-
derte den damaligen Innenminister, Dr. Gerhard Schrö-
der, nicht, mit Hilfe des Münchener Anwalts Dr. Rudolf
Aschenauer Kontakt zu dieser rechtsradikalen Partei auf-
zunehmen. Die DRP hatte beim Landgericht Hannover
eine Feststellungsklage eingereicht, nach der es der Bundesregierung untersagt werden sollte zu behaupten, die
DRP verfolge verfassungsfeindliche Ziele. Aus der Sicht

Adolf von Thaddens behinderten die Klagedrohung der Bundesregierung und das sich eventuell ergebende Verbotsverfahren die Arbeit der DRP; in seinem Buch *Die verfemte Rechte* (Preußisch-Oldendorf 1984) schreibt er über seine Verhandlungen mit Aschenauer:

Entsprechend verlangte die DRP eine schriftliche Erklärung der Bundesregierung, daß sie kein Verbotsverfahren beabsichtige. Wenn dies klar sei, werde man sich unschwer über die anderen Dinge verständigen können. Die Sache müsse allerdings schnell gehen, denn das Landgericht wolle den Prozeß in aller Kürze und noch vor den Ferien durchziehen. Es dauerte nicht lange, und Dr. Aschenauer erschien erneut in Hannover, nachdem er die Forderungen der DRP mit dem früheren Staatssekretär Dr. Lenz und dessen Nachfolger Dr. Globke vom Bundeskanzleramt besprochen hatte. Dr. Aschenauer trug vor, daß der Vorstand der DRP bei seiner nächsten Sitzung einen Beschluß fassen solle, in dem festgestellt würde, daß die DRP eine verfassungstreue Partei sei und von ihren Mitgliedern ein entsprechendes Verhalten erwarte. Sodann werde der Bundesinnenminister die von der DRP erwünschte Erklärung in einem Brief an die DRP abgeben. Damit konnte sich die DRP ohne weiteres einverstanden erklären. Offen blieb die Frage nach den Kosten des Gerichtsverfahrens in Hannover. Wenn alle Anträge der streitenden Parteien zurückgezogen und die Kosten geteilt würden, dann müßten die auf die DRP entfallenden Kosten von der Bundesregierung übernommen und bezahlt werden. Gleichfalls seien die beträchtlichen Anwaltskosten der DRP zu übernehmen, denn das Verfahren habe den Anwalt der Partei zeitlich sehr stark in Anspruch genommen. Dr. Aschenauer sagte, daß dies natürlich nicht möglich sei; die Bundesregierung könne keinesfalls die Kosten an die DRP überweisen. Nun, so wurde ihm bedeutet, auf welchem Wege bezahlt werde, sei ziemlich gleichgültig; nur das Geld müsse herbei, und ehe dieser Teil nicht geregelt sei, werde die DRP gegenüber dem Landgericht Hannover keinerlei Erklärung abgeben, vielmehr auf Anberaumung eines Termins für die Verhandlung der Feststellungsklage drängen.

Wenige Tage später kam dann die Nachricht, daß so verfahren werden solle, wie es besprochen worden war. Über Dr. Aschenauer kam dann das von der DRP verlangte Geld; beide Parteien gaben ihre Anträge beziehungsweise Erklärungen an das Landgericht Hannover, das natürlich auch nicht traurig darüber war, die politisch ebenso gewichtige wie unangenehme Akte in die Ablage geben zu können. Der DRP-Vorstand faßte einstimmig den gewünschten Beschluß, der Bundesinnenminister schickte den von der DRP gewünschten Brief.

Bemerkenswert an dieser Angelegenheit ist, daß die damalige Bundesregierung die Verbindung zu einer eindeutig rechtsradikalen Partei hegte und pflegte, während sie zur selben Zeit die Absicht andeutete, diese zu verbieten.

Jedenfalls kandidierte die DRP bei den Bundestagswahlen 1953 und erzielte ein Ergebnis von 1,1 Prozent; in den Bundesländern Bremen (3 Prozent), Niedersachsen (3,5 Prozent) und Rheinland-Pfalz (2,5 Prozent) verbuchte sie überdurchschnittliche Prozentzahlen. Die Bundestagswahlen 1957 brachten der DRP ein Ergebnis von 1,0 Prozent; ihren höchsten landesweiten Stimmenanteil bekam sie in Rheinland-Pfalz mit 2,7 Prozent (Bremen 1,4, Niedersachsen 2,3 Prozent). Bei den Bundestagswahlen 1961 kam die DRP auf 0,8 Prozent (Rheinland-Pfalz 2,3, Bremen 1,1, Niedersachsen 1,6 Prozent).

Bei Landtagswahlen erreichte die DRP folgende Prozent-Ergebnisse, aufgelistet nach Bundesländern: Baden-Württemberg 1964: 1,8; Bayern 1954: 10,2 (Wahlabkommen mit dem GB/BHE, kein Mandat für die DRP), 1958: 0,6; Bremen 1955: 2,9, 1959: 3,8, 1963: 5,2 (Wahlabkommen mit der Deutschen Partei); Hamburg 1953: 0,7, 1957: 0,4, 1961: 0,9; Hessen 1950: 0,1, 1958: 0,6; Niedersachsen 1951: 2,2, 1955: 3,8, 1959: 3,6, 1963: 1,5; Nordrhein-Westfalen 1950: 1,7, 1958: 0,5; Rheinland-Pfalz 1951: 0,5, 1955: 2,9 (Freie Wählergemeinschaft Rheinland-Pfalz/FWR), 1959: 5,1, 1963: 3,2; Saarland 1960: 0,6; Schleswig-Holstein 1950: 2,8, 1954: 1,5, 1958: 1,1.

Aus dem im Oktober 1958 vorgelegten neuen Programm der DRP verlautete u.a.:

Oberste Pflicht ist Treue zum Reich.
Oberstes Ziel ist die Wiederherstellung des Deutschen Reiches mit der Hauptstadt Berlin. [...]
Wir fordern die Wiederherstellung des Deutschen Reiches in seinen geschichtlichen Grenzen. Ohne deutsche Einheit keine Einheit Europas. Ein westliches Klein-Europa kann niemals Vorstufe der europäischen Einheit sein [...]
Deutschland hat einen völkerrechtlich unbestreitbaren und unverzichtbaren Rechtsanspruch auf Rückgabe der Vertreibungsgebiete. Ostdeutschland und das Sudetenland sind Teile des Reiches [...] Der deutsche Rechtsanspruch auf die Vertreibungsgebiete darf nicht durch Verzichterklärungen geschwächt werden. Wer das tut, verrät das Vaterland und seine Rechte [...]

Wir fordern einen Strich unter die Vergangenheit, Schluß mit den Prozessen über vergangene politische und militärische Geschehnisse. Wir fordern moralische und materielle Wiedergutmachung allen auch nach 1945 unter Bruch der rechtsstaatlichen Ordnung geschehenen Unrechts [...] Wir verwahren uns gegen die ekelhafte Selbstbezichtigung würdeloser Deutscher, daß Deutschland an beiden Weltkriegen allein schuldig sei. Wir verwahren uns gegen die verantwortungslose Verfälschung der deutschen Geschichte für Zwecke der Tagespolitik [...]

Die Aufgabe der Frau ist es, Mutter ihrer Kinder zu sein. Nur im Notfall und in Erfüllung einer echten Berufsaufgabe soll sie zweite Verdienerin sein. [...] Die Zukunft Deutschlands hängt von der Stellung des Arbeiters in der Volksgemeinschaft ab [...] nicht der Lohnempfänger, sondern der gleichwertige Partner im Betrieb ist als gleichgeachteter Staatsbürger wesentliches Element einer gesunden Volksordnung.

Im Lauf der Jahre verlor die DRP aufgrund interner Querelen in bezug auf Führungsanspruch und Programmatik immer mehr an Bedeutung. 1964 wurde von DRP-Funktionären als Nachfolgepartei die NPD gegründet.

Deutscher Kreis 58

Initiatoren dieser 1958 gegründeten rechtskonservativen Sammlungsbewegung waren Dr. Walter Becher, Professor Dr. Friedrich August von der Heydte, Ernst J. Salter, Dr. Richard Jaeger, Dr. Rudolf Seidl, Winfried Martini und Kurt Ziesel.

Deutscher Schutzbund für Volk und Kultur

Diese 1986 von Dr. Gerhard Frey gegründete Organisation trat für den Schutz des ungeborenen Lebens ein und forderte außerdem die Pflege vaterländischen Volksguts und Brauchtums. Zu den im Programm angeführten Gemeinplätzen zählen auch der Schutz vor Schund, ein besserer Schutz der Zivilbevölkerung im Kriegs- und Katastrophenfall sowie verstärkter Bürgerschutz vor Kriminalität.

Deutsche Solidarität (DS)

Diese 1953 gegründete und vor allem im norddeutschen Raum aktive Gruppierung kann als Tarnorganisation der verbotenen SRP angesehen werden. Auch Gruppen wie die Wolfsburger Arbeiterpartei, Nationale Solidarität und die Deutsch-Soziale Union waren bemüht, nach dem Verbot der SRP deren ehemaligen Mitgliedern ein politisches Asyl zu bieten. 1955 trat die Deutsche Solidarität geschlossen der Deutschen Reichspartei bei.

Deutsche Soziale Bewegung (DSB)

Im Jahr 1952 von Karl-Heinz Priester gegründet. Vorsitzender war Hermann Schimmel. Die DSB bestand aus Mitgliedern der Sozialistischen Reichspartei (SRP) und verstand sich als deutsche Sektion der Europäischen Sozialen Bewegung (ESB). Sie vertrat militanten Antikommunismus und Ständestaatsideen.

Deutsche Sozialistische Partei (DSP)

Die 1951 in Berlin gegründete DSP diente als Ersatz für die Sozialistische Reichspartei (SRP), da diese vom Berliner Senat nicht zugelassen worden war. Die DSP wurde ihrerseits im August 1951 in Berlin verboten.

Deutsche Sozialistische Volkspartei (DSVP)

Diese im September 1956 gegründete und von der Deutsch-Sozialen Union abgespaltene Gruppierung wurde von Werner Diehl geleitet und forderte u. a. die Nationalisierung der Großindustrie sowie Verhandlungen mit der DDR über eine Wiedervereinigung Deutschlands.

Deutsche Union

Entstand 1949 und verstand sich als »Überparteiliche Aktionsgemeinschaft der Frontgeneration«. Sie schloß sich 1953 der DRP an.

Deutsche Volksliste

Im März 1986 kam es nach einem Gespräch zwischen dem NPD-Vorsitzenden Martin Mußgnug und Dr. Gerhard Frey, dem Vorsitzenden der Deutschen Volksunion (DVU), zu einer Vereinbarung, nach der die NPD gemeinsam mit der DVU und einigen Sympathisanten unter dem Namen Deutsche Volksliste sich zur Wahl der Bremer Bürgerschaft stellen sollte. Mit den nachstehend wiedergegebenen Forderungen gedachte man das rechte Wählerpotential ansprechen zu können:

1. Deutschland den Deutschen. Stopp der weiteren Zuwanderung von Heerscharen fremder Menschen. Begrenzung des Ausländeranteils. Ausweisung von kriminellen Ausländern und Asylbetrügern. Deutsche Arbeitsplätze für deutsche Arbeitnehmer.
2. Deutschland zuerst. Konzentration der Politik auf das in unserer Verfassung festgelegte Ziel der Wiedervereinigung. Die deutsche Einheit muß EG-Bestrebungen vorgehen, weil eine westeuropäische Union die deutsche Wiedervereinigung verhindern könnte.
3. Schutz des Lebens. Kampf dem Abtreibungsmißbrauch, der jährlich Hunderttausenden Ungeborenen das Leben kostet. Großzügige staatliche Hilfe für deutsche Familien und Mütter, die in soziale Not geraten. Verstärkte familien- und kinderfreundliche Steuer- und Sozialpolitik.
4. Gleichberechtigung für das deutsche Volk. Schluß mit den ständigen Schuldzuweisungen. Stopp der Verfolgung allein der Besiegten des Zweiten Weltkrieges durch Erlaß der überfälligen Generalamnestie.

Zu den Unterzeichnern des Wahlprogramms gehörten Hans-Joachim Richard (ehemaliger Redakteur bei der *Deutschen Wochen-Zeitung*, ehemaliges NPD-Führungsmitglied, dann CSU), Professor Dr. Berthold Rubin (ehemals Gründer der CSU-Freundeskreise), Karl-Wolfgang Sanner (Kapitänleutnant d.R., rechtsextremer Publizist), Bruno Schemeit (Vorsitzender des Deutschen Freundeskreises), Georg J. Schilling-Werra (rechtslastiger Publizist, Vorsitzender der im Oktober 1986 gegründeten Patriotischen Sammlung), Walter Seetzen (NPD-Generalsekretär), Karl-Heinz Vorsatz (NPD-Präsidiumsmitglied, Chefredakteur der *Deutschen Stimme*).

So trat die Deutsche Volksliste zur Wahl der Bremer

Bürgerschaft am 13. September 1987 an. Noch während des Wahlkampfes benannte sie sich in Deutsche Volksunion – Liste D um. Das Wahlbündnis von NPD und DVU erreichte 5,4 Prozent der abgegebenen Stimmen für das Landesparlament in Bremen.

Deutsche Volksunion (DVU)

Gegründet 1971 durch den Verleger Dr. Gerhard Frey, versteht sich die DVU als »die führende überparteiliche Bewegung der verfassungstreuen Rechten und freiheitlichen Mitte«. Sie ist eine Sammlungsbewegung rechtskonservativer und rechtsradikaler Personen und verficht nationalistisches Gedankengut. So hieß es im Aktionsprogramm von 1975: »Deutschland den Deutschen! [...] Die Auswahl der Gastarbeiterschaft, wobei verwandte Kulturkreise zu bevorzugen sind, muß mit größter Sorgfalt erfolgen. Kriminelle, Kommunisten und Anarchisten sind abzuweisen bzw. abzuschieben.« In diesem Programm wurden auch die mit der DDR abgeschlossenen Verträge für von Anfang an null und nichtig erklärt.

Die DVU gehört dem Freiheitlichen Rat an, ebenfalls gegründet von Dr. Gerhard Frey, der auch ihr Vorsitzender ist. Sie verfügt über nachstehende Hilfsorganisationen: Ehrenbund Rudel (Gründungsjahr 1983), Aktion deutsche Einheit (AKON, 1962), Volksbewegung für Generalamnestie (VOGA, 1979), Aktion Deutsches Radio und Fernsehen (ARF, 1982), Initiative für Ausländerbegrenzung (I.f.A., 1980), Deutscher Schutzbund für Volk und Kultur (1984). Alle sieben Frey-Gruppierungen haben eine gemeinsame Konzeption, nach der rechtsradikale Unverbindlichkeiten zum Programm erhoben werden, in welchem – nach dem Prinzip des politischen Ausverkaufs: »für jeden etwas« – jeder Rechtsorientierte etwas findet. Bemerkenswerterweise werden manche der Freyschen Forderungen auch von den Repräsentanten der Stahlhelm-Fraktion der Unionsparteien vertreten.

Deutsche Volksunion – Liste D (DVU – Liste D)

Die geistigen Wurzeln der DVU – Liste D sind in der 1971
gegründeten Deutschen Volksunion (DVU) des Münchener Verlegers Dr. Gerhard Frey und der 1964 gegründeten NPD zu suchen. Die DVU versteht sich als Sammlungsbewegung einer »national-freiheitlichen Rechten«
und vertritt eindeutig rechtsextremistisches Gedankengut; u.a. besteht die Forderung nach einer Generalamnestie für Kriegsverbrecher. Jegliche Auseinandersetzung mit den Greueltaten des NS-Regimes wird als
»antideutsche Hetze« diffamiert. Im Dezember 1986 über-
raschte Frey seine Getreuen mit einem Rundbrief, worin
er dazu aufforderte, bei den Bundestagswahlen im Januar 1987 für die NPD zu stimmen. »Nach allen Umfra-
gen«, so Frey, »zeichnet sich eine sehr große Mehrheit für
die Parteien der bürgerlichen Bundesregierung ab [...]
In dieser Situation braucht das nationale Lager nicht
nach größerem oder kleinerem Übel abzuwägen, sondern kann leichten Herzens auf die Politik des National-
masochismus maßgeblicher Politiker gerade der Union
am 25. Januar mit dem Kreuz bei beiden Stimmen für
die NPD antworten.« Im März 1987 verbanden sich dann
DVU und NPD zu dem Wahlverein Deutsche Volksunion – Liste D, um schließlich bei den Bürgerschaftswahlen in Bremen im September desselben Jahres als
Partei zu kandidieren. Die NPD brachte in diese politische Ehe ihren immer noch vorhandenen organisatorischen Apparat mit ein, während Frey die finanziellen
und publizistischen Voraussetzungen beisteuerte. Die
gemeinsame Wahlplattform unterschied sich dabei in
ihrer rechtsradikalen Ausrichtung keineswegs vom ursprünglichen NPD- oder DVU-Programm. Als Spitzenkandidat trat jedoch, wohl aus taktischen Gründen, kein
exponierter Rechtsextremist, sondern der bisher parteilose Schiffsingenieur Hans Altermann an. Dieser, vorher nur in Schützenvereinen aktiv, repräsentiert nach
ihrem Wahlerfolg die rechtsradikale Partei in der Bremer
Bürgerschaft. Auch die weiteren Mandatsträger in der
Bremerhavener Stadtverordnetenversammlung, Johann
Hustedt und Beate Haase, waren zuvor nicht politisch
in Erscheinung getreten. Bemerkenswerterweise befanden sich unter den Kandidaten der DVU – Liste D auf-
fällig viele ehemalige Marine- und Luftwaffenoffiziere.

Im November 1988 wurde auf dem Bundesparteitag der DVU – Liste D in Feucht bei Nürnberg beschlossen, sich an den Europawahlen im Juni 1989 zu beteiligen. Auf den Listenplätzen 1–5 rangierten Dr. Gerhard Frey, Wilhelm Crinius (Jagdflieger der Deutschen Wehrmacht und Eichenlaubträger), Martin Mußgnug (Bundesvorsitzender der NPD), Gerhard Frey junior (DVU-Bezirksvorsitzender von Oberbayern) und Oberst a.D. Gerhardt Schirmer (Eichenlaubträger und nach Angaben der *Deutschen Wochen-Zeitung* vom 9. Dezember 1988 am Aufbau der Bundeswehr maßgeblich beteiligt).

Laut Verfassungsschutzbericht 1987 hatte die DVU – Liste D über 2500 Mitglieder, nach Angaben von Dr. Frey 6000. Im Jahr 1989 behauptete Frey, die DVU zähle 25000 Mitglieder; hierzu wären noch 7000 Mitglieder der NPD zu rechnen, deren Vorstand sich mit Frey verbündet hatte.

Deutsch-Nationale Verteidigungsorganisation (DNVO)

Diese vor allem in Hamburg, Bonn und Frankfurt agierende Gruppe versandte in den Jahren 1979 und 1980 nationalsozialistische und antisemitische Pamphlete. Sie trat »für ein militärisch leistungsfähiges Deutschland« ein und wandte sich daher in ihrer Agitation hauptsächlich an Angehörige der Bundeswehr. Die Gruppe übernahm auch die Verteilung von Flugblättern des berüchtigten Erwin Schönborn. Eine Schlüsselfigur war Manfred Heidenfelder, der im Januar 1980 vom Landgericht Frankfurt aufgrund seiner nationalsozialistischen Aktivitäten zu einer Freiheitsstrafe von 8 Monaten auf Bewährung verurteilt wurde. Heidenfelder verfügte über gute Kontakte zur NPD.

Deutsch-Soziale Aktion (DSA)

Im Oktober 1970 gründete der stellvertretende NPD-Landesvorsitzende in Nordrhein-Westfalen, Dr. Dirck Schwartländer, gemeinsam mit Uwe Klaas diese von der NPD abgefallene Splittergruppe, da ihm die NPD zu wenig radikal erschien.

Deutsch-Soziale Union (DSU)

Diese an Otto Strasser orientierte Gruppe, gegründet 1956 als Nachfolgerin des Bundes für Deutschlands Erneuerung, ging konform mit den Deutsch-Sozialisten – Kampfbund Saar der Strasser-Bewegung und bezeichnete sich auch als Strasser-Partei. Zu den Mitgründern gehörte Erich Kaufmann. Im Oktober 1961 übernahm Erhard Kliese den DSU-Vorsitz, nachdem die Fixierung auf Otto Strasser als hinderlich eingestuft worden war.

Deutsch-Sozialistische Partei (DSP)

Diese nach dem Strasser-Programm orientierte Bewegung wurde im November 1964 gegründet und schloß sich im Oktober 1967 der Unabhängigen Arbeiterpartei (UAP) an. Mitinitiator ist Erich Kaufmann, der sich schon vor 1933 zu den Thesen Otto Strassers bekannte.

Deutsch-Völkische Gemeinschaft (DVG)

Im Jahr 1973 von dem ehemaligen SA-Obersturmbannführer Joachim Floth in Bamberg gegründet; Vorsitzender war Werner Braun. Die DVG forderte in Flugblättern u. a.:»Einweisung in Arbeitslager für die Lügner in Presse, Rundfunk und Fernsehen wegen Volksverhetzung und Verunglimpfung des Andenkens Verstorbener! Standrechtliche Erschießung aller lebenden Verräter! Wiederherstellung der Ehre Adolf Hitlers, Rudolf Heß' und aller unschuldigen verurteilten deutschen Soldaten!« Ferner propagierte sie die »Errichtung des Großdeutschen Reiches«, den Aufbau der »Großdeutschen Wehrmacht«, das Verbot der »Rassenvermischung«, die »Einführung eines Arbeitsdienstes für alle Jungen und Mädchen als ›Dienst am Volk‹« sowie die »Beendigung der Kriegsschuld- und Vergasungslüge«. Besondere Beachtung widmete sie dem Gedenken Adolf Hitlers; so las man: »Wir, die DVG, sind stolz, uns zu Deutschlands größtem Sohn bekennen zu dürfen und ihn, der sich als Toter ja nicht mehr wehren kann, vor den gemeinen Lügen zu schützen! Wir brauchen Hitler gar nicht zu verherrlichen, die Wahrheit allein genügt!«

Ehrenbund Rudel –
Gemeinschaft zum Schutz der Frontsoldaten

Im Januar 1983 ergänzte Dr. Gerhard Frey die von ihm gegründeten politischen Vereinigungen um diese »überparteiliche Gemeinschaft«. Ihre Aufgabe sollte es sein, die Interessen aller Soldaten von damals und heute zu vertreten. Gefordert wurde die absolute Gleichbehandlung, auch für ehemalige Angehörige der Waffen-SS, womit man »die Gesundung unseres Volkes und die Sicherung seiner Zukunft zu erreichen« hoffte.

Eisernes Kreuz 1 –
Sport und Sicherheitskameradschaft

Eine Abspaltung der FAP, die vor allem durch einen Prozeß von sich reden machte, bei dem 1987 vor der 11. Großen Strafkammer des Landgerichts Hannover drei Mitglieder dieser militanten Gruppe wegen schweren Raubes, Körperverletzung und mehrerer Einbruchdiebstähle angeklagt wurden. Vier Brandanschläge auf Ausländerwohnungen und ein Polizeirevier wurden von dem Verfahren abgetrennt und vertagt.

Europäische Befreiungsbewegung

Eine der militanten rechtsradikalen Gruppierungen, die 1969/1970 in Nordrhein-Westfalen unter Führung der beiden ehemaligen NPD-Kreisvorsitzenden Helmut Blatzheim und H. Neumann in sieben Kommandobezirke gegliedert war. Die Mitglieder betrachteten Hitler als Vorbild, denn er sei ein »großer Feldherr und Parteiführer mit den richtigen Mitteln« gewesen; nach ihrer Ansicht »müssen die bolschewistischen Zersetzer des Abendlandes liquidiert werden«.

Europäische Befreiungsfront (EBF)

Auf Initiative des ehemaligen NPD-Kreisvorsitzenden und Bundestagskandidaten Volker Lachenicht wurde die EBF 1970 in Krefeld gegründet.

Europäische Bewegung (EB)

Die EB, ein Funktionärsgremium von Rechtsradikalen aus westeuropäischen Ländern, geriet in den Sog der seit Mitte 1986 in Neonazikreisen zum Teil heftig geführten Auseinandersetzung über die Homosexuellenfrage. Nachdem der französische Faschist Michel Caignet, der sich zur Homosexualität bekannt hatte, bereits 1986 seiner Ämter enthoben worden war, wandte sich die EB auch von Michael Kühnen ab und erkannte Jürgen Mosler als deutschen Repräsentanten an. Der von Mosler geführte Flügel der Bewegung richtete im März 1987 in Oberbayern das 4. Führerthing aus, an dem führende NS-Aktivisten aus Belgien, Frankreich, den Niederlanden und Dänemark teilnahmen. Die Teilnehmer wählten den Dänen Poul Rijs-Knudsen, Leiter der mehrere hundert Mitglieder zählenden Danmarks Nationalsocialistike Bevagelse (DNSB), zum Generalsekretär der EB. Er führte Ende September 1987 ein weiteres Führerthing in Dänemark durch. Rijs-Knudsen unterhält auch enge Verbindungen zu dem deutschen Neonazi Thies Christophersen.

Europäische Freiheitsbewegung (EF)

Die EF, 1979 von Manfred Roeder gegründet, setzte die Tätigkeit der am 23. Mai 1975 ebenfalls von Roeder ins Leben gerufenen Freiheitsbewegung Deutsches Reich fort. In den Grundsätzen der EF hieß es u.a.:

Es geht um die Erneuerung der abendländischen Kultur und um die Einigkeit aller teutonischen Völker der Welt. [...] Nur die Einigkeit aller teutonischen Völker kann die Knechtschaft west-östlicher Tyrannei brechen. [...] Wir kämpfen für:
1. Selbstbestimmung gewachsener Völker statt Zentralismus einer internationalen Bürokratie.
2. Selbstverwaltung der Gemeinden statt Diktatur korrupter Parteien.
3. Einfaches Leben statt Wegwerfgesellschaft. Naturgebundene Lebensformen statt Überindustrialisierung und Naturzerstörung.
4. Abendländische Kultur statt westliche Zivilisation. D.h. Elitedenken statt Vermassung. Arterhaltung statt Rassenchaos. Selbstzucht statt Konsumgesellschaft.

5. Rückkehr zu bodenständigem Bauerntum und Handwerk statt Industrieproletariat und »mobile Gesellschaft« von wurzellosen Egoisten.
6. Eigenverantwortung statt Wohlfahrtsstaat.
7. Wehrhafte, stolze Völker statt UNO-»Friedenstruppen«.
8. Dienende Volkswirtschaft statt internationales, anonymes Kapital.

Nur der Pöbel moderner Massendemokratien und Wohlfahrtsstaaten träumt von einer international verflochtenen Weltwirtschaft mit ewigem Wachstum, von ewigem Wohlstand und ewigem Frieden und von einem Leben in materiellem Überfluß ohne Arbeit. Der Teutone bejaht den Lebenskampf und die Härte des Schicksals und wird sich niemals dem Geist der Gosse beugen [. . .] Der Teutone verabscheut eine »sichere, behagliche« Welt, die das Minderwertige fördert und das Geniale erdrückt. [. . .] Es ist niemals unsere Aufgabe, einem minderwertigen Rassengemisch das Überleben und Wohlbehagen zu sichern. Es ist ein Verbrechen, primitive Völker zu »entwickeln«. Es ist nicht unsere Aufgabe, die Hungrigen der Welt zu füttern. [. . .] Für die Schöpferischen und Kämpferischen ist immer genug da. Die andern verdienen es nicht. Das ist das Gesetz der göttlichen Natur.

Freie Sozialisten Deutschlands (FSD)

Die 1961 gegründete FSD setzte sich aus Mitgliedern der Freien Sozialistischen Partei (FSP) und Repräsentanten verschiedener nationalistisch eingestellter Splittergruppen zusammen. Schwerpunkt ihrer Tätigkeit war das Rhein-Main-Gebiet.

Freie Sozialistische Partei (FSP)

Schönborn-Sympathisanten gründeten im Oktober 1961 die Freien Sozialisten Deutschlands (FSD), die sich 1962 in Freie Sozialistische Partei (FSP) umbenannten. Die FSP kann als Nachfolgeorganisation der im März 1958 in Köln gegründeten Freien Sozialistischen Volkspartei (FSVP) gelten.

Freie Sozialistische Volkspartei (FSVP)

Ehemalige Funktionäre der DRP und der SRP gründeten 1958 die Freie Sozialistische Volkspartei (FSVP). Als Inspirator dieser Gruppierung kann der vormalige Bundestagswahlkampfleiter der DRP, Hugo Jungmann, gelten. Er propagierte die »freie Verpflichtung des Einzelnen gegenüber der völkischen Gemeinschaft«. Des weiteren strebte er die »Wiederherstellung des Deutschen Reiches« an. Jungmann hielt enge Kontakte zu Schönborns Gruppierungen. Die FSVP war vor allem in Baden-Württemberg aktiv.

Freiheitliche Deutsche Arbeiterpartei (FAP)

Wenn es eines Beweises bedürfte, daß man die Gefährlichkeit neonazistischer Organisationen und Parteien nicht allein nach der Anzahl der Mitglieder und nach der Summe der Wählerstimmen beurteilen kann, so liefert ihn die FAP. Im März 1978 von dem ehemaligen HJ-Führer und späteren NPD-Mitglied Martin Pape in Stuttgart gegründet, bekannte sie sich wie andere rechtsradikale Grüppchen zur NATO-Zugehörigkeit und forderte u. a. »deutsche Wiedervereinigung ohne Kommunisten und Jesuiten, Rückführung der Fremdarbeiter« sowie »Heimholung aller Volksdeutschen«. Zu einem ernst zu nehmenden politischen Faktor wurde die FAP jedoch erst durch den Beitritt militanter Neonazis. Nach dem im Dezember 1983 erfolgten Verbot der von Michael Kühnen gegründeten Aktionsfront Nationaler Sozialisten / Nationale Aktivisten (ANS/NA) diente sie dieser fortan als neue Tarnorganisation. Die ANS/NA schuf sich damit jenen organisatorischen Rahmen, den sie für ihre neonazistische Agitation als notwendig betrachtete. So wurde aus der unbedeutenden Splittergruppe die stärkste militante rechtsradikale Organisation der Bundesrepublik.

Faktisch übernahmen ANS/NA-Aktivisten die Partei. Dies fand in der Besetzung der verschiedenen Funktionen seinen Ausdruck. Zu nennen wären u. a. Thomas Brehl (FAP-Führungsmitglied, Kühnens Stellvertreter bei der ehemaligen ANS), Siegfried Borchardt (FAP-Landesvorsitzender in Nordrhein-Westfalen, Anführer der berüchtigten Borussenfront), Detlev Bruel, Manfred Dammköhler (FAP-Kreisvorsitzender in Marburg, ehemaliges ANS-Mitglied), Markus Mössle (FAP-Spitzenkandidat bei den Landtagswahlen in Baden-Württemberg 1984, inhaftiert wegen Bankraubs), Karl Polaczek (FAP-Schriftführer), Otto Riehs (FAP-Spitzenkandidat bei den Kommunalwahlen in Frankfurt 1984), Christian Timm (FAP-Vorsitzender Uelzen), Christian Worch (ehemaliger ANS-Funktionär). Neben diversen Kreisverbänden existierten sieben FAP-Landesverbände in Bayern, Baden-Württemberg, Bremen (Vorsitzender Markus Prienevau, ehemaliges ANS-Mitglied), Hamburg (stellvertretender Vorsitzender Thomas Wulff), Schleswig-Holstein, Niedersachsen (Vorsitzender Volker Heidel, ehemaliger Landesvorsitzender der verbotenen Volkssozialistischen Bewegung Deutschlands / VSBD) und Nordrhein-Westfalen (Vorsitzender Erhard Kemper, stellvertretender Vorsitzender Jürgen Mosler, vormals engster Mitarbeiter Kühnens).

In dem auf regionaler Ebene erscheinenden Kampfblatt *FAP-Nachrichten* artikulieren sich die FAP-Funktionäre ungehemmt im Sinne der seinerzeitigen NS-Propaganda:

> Das Maß ist endgültig voll! Wir lassen uns nicht gefallen, daß Deutschland vernegert [...] Aber die Zeit der Duldung läuft ab. Der Volkszorn erwacht!
>
> Asylanten werden mehr und mehr »abgefackelt«. Wir als nationale Sozialisten sehen als einzige Kraft den kommenden Bürger- und Rassenkrieg voraus und fordern deshalb: Deutschland muß leben – Ausländer raus! [...]

Sie fordert strikte »Reinhaltung des deutschen Geistes und Blutes« als Voraussetzung für den »Fortbestand des Volkes«, denn »Rassenmischung ist Völkermord!«. Querverbindungen bestehen zu verschiedenen Gruppierungen wie der Borussenfront, der Karlsruher Front, dem Komitee zur Vorbereitung der Feierlichkeiten zum hundertsten Geburtstag Adolf Hitlers, diversen Wehrsportgruppen, der Bürgerinitiative Deutsche Arbeiterpartei und der Deutschen Frauenfront.

Es ist bemerkenswert, wie das Bundesinnenministerium 1986 auf Verbotsforderungen reagierte. Im Namen und im Auftrag von 45 niederländischen Gruppen von NS-Gegnern wandte sich die Anne-Frank-Stiftung an

61

Bundesinnenminister Zimmermann mit dem Ersuchen, die FAP zu verbieten. Sie bezog sich hierbei vor allem auf die bekannte Tatsache, daß es sich bei der FAP um eine Ersatzorganisation für die bereits 1983 verbotene ANS/NA handelte.

Dessenungeachtet vertrat Zimmermanns parlamentarischer Staatssekretär Carl-Dieter Spranger die Auffassung, »bei Gesamtwürdigung können eindeutig rechtsextremistische Tendenzen nicht festgestellt werden«. Diese Bewertung paßte zu der Antwort, die ein Herr Lenz vom Bundesinnenministerium dem Direktor der Anne-Frank-Stiftung, Hans Westra, zukommen ließ: »Unter Berücksichtigung dieser vom Bundesverwaltungsgericht für ein Verbot extremistischer Vereinigungen aufgestellten Voraussetzungen sind die in Ihrer Resolution angeführten Gründe – die Beweisbarkeit einer der Vereinigung zurechenbaren Agitation und Tätigkeit ihrer Mitglieder unterstellt – für ein Verbot nicht tragfähig. Die von Ihnen zitierten politischen Forderungen sowie Gewalttätigkeiten einzelner Mitglieder – die von mir entschieden mißbilligt werden – können allein ein Verbot nicht begründen.«

Wie intensiv müßten die neonazistische Agitation und die Militanz der FAP sein, damit bei ihr »eindeutig rechtsextremistische Tendenzen« im Sinne von Herrn Spranger festzustellen wären? Immerhin wurden 1987 gegen 300 FAP-Mitglieder und -Anhänger Ermittlungsverfahren eingeleitet wegen Volksverhetzung, Landfriedensbruchs und Verbreitung nationalsozialistischer Propaganda. Im Juni 1988 forderten die SPD-Fraktionschefs aus Bund und Ländern in Bremen ein Verbot der FAP. In einer einstimmig verabschiedeten Entschließung appellierten sie an die Bundesregierung, unverzüglich einen Verbotsantrag beim Bundesverfassungsgericht zu stellen; sollte dies nicht geschehen, würden die Länder über den Bundesrat selbst initiativ werden.

Im September 1988 fand in Stuttgart in der Wohnung des bisherigen FAP-Vorsitzenden, Martin Pape, ein Parteitag der FAP statt. Pape legte ein neues FAP-Programm vor und forderte die Delegierten auf, es uneingeschränkt zu beachten, denn dies sei der »beste Schutz vor einer Verurteilung und vor einem Verbot der Partei«. Papes Entwurf fand einhellige Zustimmung, weil sich »die Kameraden der FAP so lange als möglich als legaler Arm

der Bewegung« halten wollen. Bei der Wahl des neuen
FAP-Vorsitzenden erhielt Friedhelm Busse 34, Pape dagegen nur 9 Stimmen bei einer Enthaltung. Stellvertreter
wurden Siegfried Borchardt, Willy Wegner (Hamburg)
und Ulf Nahrath (Sohn des derzeitigen Bundesführers
der Wiking-Jugend, Stolberg bei Aachen). Zur Europa-
wahl im Juni 1989 stellte die FAP fünf Kandidaten auf:
Martin Pape, Friedhelm Busse, Axel Zehnsdorf, Siegfried Borchardt und Otto Riehs (ehemals Mitglied von
SRP, DRP, NPD).

Freiheitlicher Rat (FR)

Wurde im Januar 1972 von Erwin Arlt, Dr. Gerhard Frey,
Alfred E. Manke, Dr. Siegfried Pöhlmann und Professor
Berthold Rubin gegründet. Dem FR waren die Deutsche
Volksunion (DVU), die Aktion Oder/Neiße (AKON), der
Deutsche Block (DB), die Aktionsgemeinschaft 17. Juni,
die Gemeinschaft Ost- und Sudetendeutscher Grundei-
gentümer und Geschädigter (GOG), der Jugendbund Ad-
ler (JA), der Stahlhelm – Kampfbund für Europa, die
Wiking-Jugend (WJ) und der Arbeitskreis Volkstreuer
Verbände (AVV) angeschlossen. 1978 war zu lesen:

> Der Freiheitliche Rat fordert die Parteien des Bundestags auf,
> ausländischem Druck zu widerstehen und weitere Manipula-
> tionen der Verjährungsfristen für angebliche oder tatsächli-
> che deutsche Kriegsverbrechen aus dem Zweiten Weltkrieg
> nicht vorzunehmen, sondern eine Generalamnestie für alle
> bis 1945 geschehenen, direkt oder indirekt politisch beding-
> ten Delikte jeder Art zu erlassen.

Freiheitsbewegung Deutsches Reich (FDR)

Wurde im Mai 1978 auf einem »Reichstag« in Flensburg
von Manfred Roeder gegründet. In einer Grundsatzerklärung der FDR wurde behauptet, das Deutsche Reich
bestehe fort, 1945 habe nur die Deutsche Wehrmacht
kapituliert, die Abtrennung von »Reichsgebiet« sei nichtig, das Grundgesetz nicht vom deutschen Volk beschlossen worden; statt dessen vertrete nun die FDR das
Deutsche Reich. Roeder sprach sich selbst die »Reichsverweserschaft« zu.

Freizeitverein Hansa

Im Jahr 1975 in Hamburg gegründet, diente der Freizeitverein Hansa zur Legalisierung und Tarnung der Aktivitäten des Freundeskreises der NSDAP Gau Hamburg. Er bildete ein Sammelbecken verschiedener rechtsradikaler Gruppen unter der Leitung von Michael Kühnen: der Aktionsfront Nationaler Sozialisten (ANS), der Aktionsgemeinschaft Kampfgruppe Großdeutschland, des Bundes Deutscher Mädel, der Deutschen Auslandsorganisation, des Kampfbundes Freiheit für Rudolf Heß, der Nationalrevolutionären Arbeiterfront (NRAF), der Sozialnationalistischen Jugend und des Stützpunktes Hamburg der Deutschen Bürgerinitiative (DBI).

Freundeskreis Rhein-Ruhr

Bei Zusammenkünften im Februar 1985 gaben sich Rechtsextremisten diesen harmlos klingenden Namen, der in krassem Gegensatz zu ihren Aktionen stand. Bei einer Demonstration im selben Monat gegen diese rechtsradikale Gruppierung gingen Mitglieder des Freundeskreises mit Schlagwaffen und Gaspistolen auf die Demonstranten los und verletzten 30 von ihnen.

Freundeskreis Ulrich von Hutten

Wurde im Februar 1982 mit Sitz in Starnberg gegründet. Zu den Initiatoren zählten Lisbeth Grolitsch, Präsidentin der Deutschen Kulturgemeinschaft (DKG) in Österreich, und der Generalmajor der Wehrmacht a.D. Otto Ernst Remer. Die Bedeutung der Gruppe ergab sich vor allem aus ihren mannigfaltigen Querverbindungen zu anderen rechtsradikalen Gruppierungen sowie aus ihren publizistischen Aktivitäten. Der Freundeskreis wandte sich gegen die »zum Glaubenssatz erhärtete Lehre von der Gleichheit aller Menschen«, die verkenne, daß »Menschen und Völker aus ihren rassischen Ursprüngen« vor allem »geistig sehr verschieden geartet« seien. Dementsprechend wird das Volk von den Anhängern des Freundeskreises als eine »Bluts- und Lebensgemeinschaft« angesehen, die »als ein lebensgesetzlich pulsierender

Organismus nicht zerstört werden« dürfe. Als Publikationsorgan dienten die *Huttenbriefe für Volkstum, Kultur, Wahrheit und Recht*; in der Ausgabe 4/1986 war darin zum Thema »Umerziehung als Unterwerfung« u. a. zu lesen:

> Nun leben wir seit 41 Jahren im Sog dieser diabolischen Bestrebungen, das deutsche Volk in seiner Substanz zu dezimieren, es moralisch herabzuziehen und schließlich biologisch zu vermischen. Die Schuldpropaganda läuft unvermindert auf Hochtouren.

In den *Huttenbriefen* wurde auch vor der Vermischung der Großrassen gewarnt, da sich im Augenblick der Zeugung »zwei Welten« miteinander vermischten, »deren Wesen, Charakter und Verhalten chaotisch aufeinander wirken«; daher gehe »die Spekulation des kosmopolitischen Judentums, mit dem rassischen Schmelztiegel USA und mit Hilfe des Kapitals und der Massenmedien die Weltmacht ausüben zu können [...] aus naturgesetzlichen Gründen niemals auf«. Zur Frage der Gewährung der deutschen Staatsangehörigkeit für Ausländer hieß es:

> Nun zeigen sich die Folgen der Umerziehung, der Unmündigmachung eines ganzen Volkes, das alle Maßnahmen und Belastungen, die für das eigene Volk zu unerträglichen Dauerschäden führen müssen, ohne Widerstand hinnimmt [...] Aber jeder, der in Deutschland und auch anderswo im Machtbereich der Gehirnwäscher auf diese Naturgesetze hinweist, wird als Rassist oder Nazi verdammt.

Front Volkstreuer Deutscher

Gab 1982 in Emden ein Pamphlet unter dem Namen *NS-Kampfblätter* heraus, in dem u. a. zu lesen war:

> Ob nun bei uns die Sechsmillionen- und Kriegsschuldlüge oder im Iran die Religionsmordlügen, das Judentum kämpft mit der in ihrem Volk geborenen Waffe, der Lüge und Verleumdung. Wehrt euch gegen das Judentum. Stürzt die Scheindemokraten. Wehrt euch. Greift zu den Waffen.
> Duldet in eurer Umgebung keine Kommunisten! Kämpft mit uns!

Die Front Volkstreuer Deutscher unter Führung eines gewissen Hampfhaff agitierte auch unter den Namen Germanischer Glaubensbund und Kampfeinheit Nationaler Sozialisten (KNS). Sie war engstens mit einer Kampfgruppe Jochen Peiper liiert.

Gauleiter-Kreis

Im März 1945 wurde nach einem Plan Heinrich Himmlers und Martin Bormanns dazu aufgefordert,»Werwolf-Gruppen« zu bilden. Fanatische Nationalsozialisten sollten im Rücken alliierter Truppen gegen sie und andere »Feinde des Vaterlandes« weiterkämpfen. Die Losung dieser Terroreinheiten lautete: »Haß ist unser Gebot, Rache ist unser Kampfruf!« Bereits im Herbst 1944 hatte der damalige stellvertretende Reichspressechef der NSDAP, Helmut Sündermann, gefordert: »Kein deutscher Halm soll den Feind nähren, kein deutscher Mund ihm Auskunft geben, keine deutsche Hand ihm Hilfe bringen, jeden Steg soll er zerstört, jede Straße gesprengt vorfinden – nichts als Tod, Vernichtung und Haß wird ihm entgegentreten. Schaudernd soll er verbluten auf jedem Meter deutschen Bodens, der uns gehört und den er rauben will.«

Nachdem die von Himmler befohlene Bildung von Werwolf-Gruppen sich als nicht realisierbar erwiesen hatte, gingen ehemalige SS- und NS-Führer schon bald nach Kriegsende dazu über, eine Untergrundorganisation aufzubauen. Dieser illegal agierende Personenkreis hoffte darauf, daß die sich anbahnenden Meinungsverschiedenheiten zwischen den USA, Großbritannien und Frankreich einerseits und der Sowjetunion andererseits ihm früher oder später eine Legalisierung ermöglichen werde. Die Verschwörung wurde jedoch ruchbar, und 1947 zerschlugen die Alliierten den im Entstehen begriffenen rechtsradikalen Verband.

In der Folge unternahm Dr. Werner Naumann, ehedem SS-Hauptsturmführer und Chef des Ministerbüros im Goebbelsschen Reichspropagandaministerium, neben Professor Dr. Heinrich Kunstmann und Adolf von Thadden einer der zielbewußtesten Denker des Rechtsradikalismus nach 1945, den durchaus nicht erfolglos gebliebenen Versuch, Parteien rechts von der Union zu unterwandern. Zu diesem Zweck schlossen sich vormals führende Nationalsozialisten zu einem sogenannten Gauleiter-Kreis zusammen, dessen Bestrebungen besonders auf die Deutsche Partei, den BHE und die FDP gerichtet waren. Er sah seine wichtigste Aufgabe darin, Schlüsselpositionen in den genannten Parteien mit prominenten einstigen Nationalsozialisten zu besetzen. Naumanns zielstrebiger Arbeit war es z. B. zuzuschreiben, daß auf Empfehlung Friedrich Middelhauves, des FDP-Landesvorsitzenden in Nordrhein-Westfalen von 1946 bis 1956, Horst Huisgen Ende 1949 niedersächsischer Landesgeschäftsführer der FDP wurde. Huisgen, während des Dritten Reichs HJ-Gebietsführer in Oberschlesien, Gauamtsleiter der NSDAP sowie Reichstagsabgeordneter und nach 1945 im Zusammenhang mit verschiedenen rechtsextremen Organisationen wie der Bruderschaft genannt, brachte Gleichgesinnte in Parteiämtern unter, in der Landesgeschäftsführung selbst u. a. Lothar Kühne, Mitglied der NSDAP ab 1931 sowie Funktionär der SS und des SD, der später Rechtsberater der früheren Angehörigen der Waffen-SS (HIAG) wurde.

Nach dem 4. Bundesparteitag der FDP im November 1952 in Bad Ems wurden die eingeschleusten Nazis so selbstsicher, daß sich Hintermänner zu Vordermännern entwickelten. Am 15. Januar 1953 veröffentlichten das britische Außenministerium und die britische Hochkommission in Bonn gleichzeitig die Nachricht von der Aufdeckung einer Verschwörung ehemaliger Nationalsozialisten und von der Verhaftung der Hauptbeteiligten. Das offizielle Kommuniqué lautete:

Es ist den britischen Behörden seit einiger Zeit bekannt, daß sich eine Gruppe ehemaliger führender Nazis mit Plänen zur Wiederergreifung der Macht in Westdeutschland befaßte. Auf dem Gebiet der Außenpolitik war das Hauptziel dieser Gruppe die Verbreitung antiwestlicher Anschauungen und Richtlinien. Die Tätigkeit der Gruppe wurde von Zellen in der britischen Zone geleitet. Im Einklang mit den ihm nach dem revidierten Besatzungsstatut vorbehaltenen Befugnissen hat der britische Hochkommissar entschieden, daß die Tätigkeit dieser Gruppe näher zu untersuchen ist. Auf seine Anweisung sind die Rädelsführer verhaftet und zwecks Untersuchung in Gewahrsam genommen worden, damit festgestellt werden kann, in welchem Umfang die Tätigkeit dieser Männer innerhalb und außerhalb der Bundesrepublik im gegenwärtigen Augenblick eine Bedrohung der Sicherheit der alliierten Streitkräfte darstellt. Bei den Verhafteten handelt es sich um: Dr. Werner Naumann (ehemaliger Staatssekretär im Goebbelsschen Propagandaministerium. In Hitlers Testament war Naumann zum Nachfolger Goebbels' als Reichspropagandaminister bestimmt worden); Dr. Gustav Scheel (ehemaliger Reichsstudentenführer und eine Zeitlang Gauleiter von Salzburg. In Hitlers Testament war er für den Posten des Reichskulturministers vorgesehen); Paul Zimmermann (ehemaliger SS-Brigadeführer und Beamter in der Wirtschafts- und Verwaltungsabteilung der SS, die mit der Verwaltung der Konzentrationslager im Zusammenhang stand); Dr. Heinrich Haselmayer (war mit Hitlers Münchener Putsch von 1923 verbunden und war Führer des Nationalsozialistischen Studentenbundes in Hamburg. Hat Bücher über Rassenwissenschaft und die Sterilisierung von Erbkranken herausgegeben); Heinz Siepen (ehemaliger NSDAP-Ortsgruppenleiter und Landrat, jetzt Teilhaber der Punktal-Stahlwerke in Solingen); Dr. Karl Scharping (ehemaliger Beamter in der Rundfunkabteilung des Reichspropagandaministeriums).

Nach den Verhaftungen sah sich der damalige Innenminister von Nordrhein-Westfalen, Dr. Franz Meyers, gezwungen, folgende Erklärung abzugeben:

Bereits seit vielen Monaten, und zwar seit dem Mai 1952, ist das Bundesamt für Verfassungsschutz in Nordrhein-Westfalen mit der Ermittlung befaßt, ob es sich bei einem durch den Staatssekretär a.D. Dr. Naumann in Zusammenarbeit mit einer Reihe von bekannten früheren Partei-Persönlichkeiten organisierten Zusammenschluß um eine ernste politische Geheimbündelei oder sogar um mehr handelt; es geht weiter um die Feststellung, ob gefährliche Beziehungen zwischen Persönlichkeiten der politischen Parteien, vor allem der FDP, und diesem Kreise bestehen; der Verdacht nach beiden Richtungen wird bejaht [...]

Nachgewiesenermaßen hielt Naumann Verbindung zu wichtigen ehemaligen NS-Funktionären, etwa den Gauleitern Florian, Kaufmann, Grohè, Frauenfeld und Scheel; der letztgenannte war zeitweilig auch Chef der NS-Studentenschaft gewesen. Die Fäden zur FDP liefen über den einstigen Mitarbeiter Naumanns im Reichspropagandaministerium, Wolfgang Diewerge, der in der FDP Nordrhein-Westfalens in politischer wie organisatorischer Hinsicht eine große Rolle spielte. Eine weitere wichtige Verbindung zur FDP und zu Wirtschaftskreisen war Dr. Achenbach. Hinter ihm standen einflußreiche Industrielle wie Haniel und Springerum, die sich nicht, wie Pferdmenges und Abs, bedingungslos der CDU verschrieben hatten.

Zur Deutschen Partei hatte Naumann Kontakt durch den ehemaligen NS-Reichsstudentenführer Dr. Albert Derichsweiler und Dr. Karl Erich, seinerzeit Hauptgeschäftsführer der NSDAP. Als Verbindungsmann zum BHE und zu verschiedenen Flüchtlingsorganisationen diente der ehemalige persönliche Referent Konrad Henleins, Dr. Brand. Im übrigen hatte Naumann auch mit dem Parteivorsitzenden des BHE, Waldemar Kraft, und dem stellvertretenden BHE-Vorsitzenden, Dr. Alfred Gille, mehrere Zusammenkünfte. Weitere Verbindungen, vor allem zum niedersächsischen BHE, waren durch Dr. Fritz Schulz und, zum BHE in Nordrhein-Westfalen, durch Werner Trumpf, vormals SA-Obersturmbannführer und Chef des Verbindungsbüros der Reichsstudentenführung, gegeben.

Mit den nachfolgend aufgeführten, eindeutig rechtsradikalen Gruppen stand Naumann in Fühlung durch die jeweils genannten Personen, denen er auch Direktiven erteilte. Deutsche Gemeinschaft: August Haußleiter und Dr. Rudolf Aschenauer; Bund für Wahrheit und Recht: Oskar Adler; Arbeitsgemeinschaft nationaler Gruppen: Gottfried Griesmayr, ehemals SS-Brigadeführer und HJ-Gebietsführer, Dr. Karl Cerff, einst HJ-Gebietsführer, und Dr. Herbert Böhme, der, ehedem führender NS-Dichter, zweifellos auch in Naumanns Sinne auf dem rechtsradikalen kulturpolitischen Sektor arbeitete.

Zur Bruderschaft bestand enger Kontakt durch den ehemaligen SS-Obersturmbannführer Alfred Franke-Gricksch. Dem sogenannten Hamburger Herrenklub, der gleichfalls nach den Richtlinien Naumanns tätig war, gehörten folgende prominente NS-Leute an: SA-Standartenführer Dr. Gunnar Berg, NS-Generalstaatsanwalt Dr. Hans Haak, NSDAP-Schulungsleiter und Gauamtsleiter in Danzig Wilhelm Loebsack, der frühere Herausgeber der *Hamburger Neuesten Nachrichten* Alfred Salat, der Rundfunkkommentator im Reichspropagandaministerium Dr. Karl Scharping sowie SA-Standartenführer Professor Heinrich Kunstmann, in dessen Sanatorium Dr. Scheel beschäftigt war.

Erst im April 1953 hielt es der FDP-Bundesvorstand

für angemessen, sich von den nationalsozialistischen Umtrieben in der eigenen Partei zu distanzieren. Eine eigens hierfür eingesetzte Kommission, der auch Thomas Dehler angehörte, sollte die Vorgänge im Landesverband Nordrhein-Westfalen untersuchen. Im Juni desselben Jahres veröffentlichte der Bundesvorstand den abschließenden Bericht über die Naumann-Affäre. In dem Bemühen, die Vorkommnisse zu bagatellisieren, lautete das Fazit der Untersuchung, der Landesverband Nordrhein-Westfalen der FDP sei »nicht unterwandert«, und kein »führendes Mitglied« der FDP habe eine »belastende Verbindung« zu dem Kreis um Naumann gehabt. Ungeachtet dessen mußte zur Person Naumanns eingestanden werden: »Nach den Unterlagen steht fest, daß er nach wie vor der nationalsozialistischen Idee anhängt und sich als prädestinierter Nachfolger Hitlers fühlt. Zur Durchsetzung seiner Ziele strebt er auch die Unterwanderung von Parteien und Verbänden an [...]«

Ein Verfahren vor dem Bundesgerichtshof gegen Naumann und Konsorten im Dezember 1954 fand mit der Außerverfolgungsetzung aller Beteiligten sein baldiges Ende.

Gemeinschaft unabhängiger Deutscher (GuD)

Im Frühjahr 1949 gegründete Gruppierung der exponierten Rechtsradikalen Dr. Fritz Dorls, Otto Ernst Remer und Joachim von Ostau, die sich um ehemalige Mitglieder der NSDAP bemühte.

Gesamtdeutsche Aktion (GA)

Bernhard-Christian Wintzek gründete 1969 (1970 als Verein angemeldet) die GA. Sie war ein Sammelbecken für rechtsradikale Jugendgruppen wie den Bund Heimattreuer Jugend (BHJ), die Wiking-Jugend (WJ), die Jungen Nationaldemokraten (JN) und andere, kleinere Gruppen, die sich zum Kern der späteren Aktion Widerstand entwickelten. Anlaß für das erste Auftreten der GA war das Treffen zwischen dem damaligen Bundeskanzler Willy Brandt und dem Vorsitzenden des Ministerrats der DDR, Willi Stoph, im Mai 1970 in Kassel. Am Ort des

Geschehens veranstaltete die GA eine Demonstration, bei der sie die Bevölkerung in Flugblättern dazu aufforderte, sich »gegen den Verrat und Verzicht auf deutsches Land im Osten und gegen die Bolschewisierung unseres Landes« zu wehren.

Gesellschaft für biologische Anthropologie, Eugenik und Verhaltensforschung (GBA)

Im Jahr 1975 veranstaltete die Gesellschaft in Goslar einen Kongreß, auf dem Jürgen Rieger seine rassistischen Thesen vortrug. Koreferent war Rolf Kosiek, stellvertretender Landesvorsitzender der NPD in Baden-Württemberg, der über »die Großgruppe Volk im Licht der modernen Anthropologie« referierte; dabei führte er u. a. aus: »Das Seelische ist rassisch bedingt [...] Das Volk hat eine Seele. Tödlich für ein Volk ist es, wenn es seine Seele, seine Symbole, seine Aufgabe verliert, wie es seit Jahrzehnten hier geschieht [...] Völker als biologische Tatsachen sind Rassenmischungen. Nicht alle Rassenmischungen sind gut.«

Die GBA verabschiedete auf einer Jahrestagung in Heidelberg eine Erklärung, in der es u. a. hieß:

> Die Gesellschaft für biologische Anthropologie, Eugenik und Verhaltensforschung warnt vor dem Prinzip der Integration der ausländischen Arbeitskräfte und ihrer Familien in die westdeutsche Gesellschaft. Eine solche Integration entfremdet die betroffenen Ausländer von ihrer Heimat und häuft durch die Aufnahme ethnisch, kulturell und religiös sehr verschiedener Minderheiten für die Zukunft in Westdeutschland erheblichen sozialen und kulturellen Konfliktstoff an. Im Interesse der Ausländer, namentlich ihrer Kinder, und auch der Westdeutschen sollte eine möglichst baldige Rückführung der Ausländer in ihre Heimat geschehen. Ab sofort sollte deshalb die Zusammenführung der Familien ausländischer Arbeitskräfte noch in ihrer Heimat stattfinden.

In einer im Mai 1986 versandten Erklärung warnte die GBA, deren Vorsitzender Jürgen Rieger war, nachdrücklich vor Rassenmischung; u. a. war da zu lesen: »Abgesehen von den Belastungen für unsere wirtschaftliche Leistungsfähigkeit muß ein verstärkter Zuzug zu verstärkter Rassenmischung führen, was angesichts der damit verbundenen vermehrten Krankheiten (Schizophrenie, Tuberkulose, Hüftgelenksluxationen u. a.) vom anthropologischen Standpunkt aus abzulehnen ist.«

Gesinnungsgemeinschaft der Neuen Front

Diese 1985 entstandene Gruppe trat auch unter dem Namen Bewegung auf und war bemüht, die Ziele der verbotenen ANS/NA weiterzuverfolgen. Sie verstand sich als Teil der rechtsradikalen Europäischen Bewegung (EB), als deren Inspirator Michael Kühnen galt.

Gesinnungsgemeinschaft Jürgen Mosler

Jürgen Mosler, dem Gegenpart Michael Kühnens innerhalb der rechtsradikalen militanten Gruppen, gelang es, die Kühnen-Anhänger aus dem Komitee zur Vorbereitung der Feierlichkeiten zum hundertsten Geburtstag Adolf Hitlers (KAH) auszubooten. Bei einem Treffen in Dortmund 1987 sprach der ehemalige Leiter der 1982 verbotenen Volkssozialistischen Bewegung Deutschlands / Partei der Arbeit (VSBD/PdA), Friedhelm Busse.

Gesinnungsgemeinschaft Michael Kühnen

In der Januarausgabe 1987 der von Anhängern Michael Kühnens herausgegebenen Schrift *Die Neue Front* wurde nachdrücklich darauf hingewiesen, daß es sich bei dieser Gesinnungsgemeinschaft um jene Kühnen-Anhänger handelte, die sich in dem Führungsstreit zwischen Kühnen und Jürgen Mosler für den erstgenannten entschieden hatten.

Schon längere Zeit schwelte der Konflikt zwischen den »Moralisten« – von Kühnen als »Steinzeit-Nationalsozialisten« bezeichnet – und den Gefolgsleuten Kühnens, der in einem internen Rundschreiben aus dem Gefängnis freimütig bekannte: »Nationalsozialismus und Homosexualität sind vereinbar!« Dementsprechend seien Ho-

72

mosexuelle »nicht anders zu beurteilen als alle anderen Volksgenossen auch«. Hierbei berief er sich auf einen Erlaß Hitlers vom 3. Februar 1931; Hitler, der damals noch Toleranz gegenüber homosexuellen SA-Führern zeigte, hatte darin u. a. geäußert:

Der Obersten SA-Führung liegen eine Reihe von Meldungen und Anzeigen vor, die sich gegen SA-Führer und -Männer richten [...] vor allem Angriffe wegen des Privatlebens dieser Persönlichkeiten. Die Prüfung ergibt meist, daß es sich um Dinge handelt, die gänzlich außerhalb des Rahmens des SA-Dienstes liegen. Vielfach sind einfach Angriffe politischer oder persönlicher Gegner ohne weiteres übernommen.

Den obersten und oberen SA-Führern wird zugemutet, über diese Dinge, die rein auf privatem Gebiet liegen, Entscheidungen zu treffen. Ich weise diese Zumutung grundsätzlich und in aller Schärfe zurück. Abgesehen davon, daß wertvolle Zeit, die im Freiheitskampf notwendiger ist, nutzlos vertan wird, muß ich feststellen, daß die SA eine Zusammenfassung von Männer zu einem bestimmten politischen Zweck ist. Sie ist keine moralische Anstalt zur Erziehung von höheren Töchtern, sondern ein Verband rauher Kämpfer. Aufgabe der Prüfung kann hier nur sein, ob der SA-Führer oder -Mann seine Dienstpflicht erfüllt oder nicht. Das Privatleben kann nur dann Gegenstand der Betrachtung sein, wenn es wesentlichen Grundsätzen der nationalsozialistischen Anschauung zuwiderläuft.

Über Kühnens einschlägigen Standpunkt und seinen Führungsanspruch – er forderte von seinen Mitkämpfern stets bedingungslosen Gehorsam – sowie andere Grundsatzfragen kam es zu Meinungsverschiedenheiten, die schließlich zu einer Spaltung der Gesinnungsgemeinschaft führten.

Grüne Aktion Deutschland (GAD)

Im Programm der 1980 in Nürnberg von Eberhard Engelhardt gegründeten Gruppierung hieß es u. a.: Für die historische Wahrheit, gegen die Geschichtslügen und antieuropäische Greuelpropaganda, mit der Forderung in der Bundesrepublik nach Generalamnestie.« Im März 1984 verteilte die GAD Flugblätter mit dem Titel: »Wir warnen die Juden!«

Gruppe Bokel

Genannt nach dem gleichnamigen Ort in Schleswig-
Holstein, trat sie im August 1979 zum erstenmal durch
neonazistische Propaganda und Wehrsportübungen in
Erscheinung. Sie beschränkte ihre Aktivitäten auf den
Raum Pinneberg. In ihren Reihen waren u. a. die ANS/
NA-Funktionäre Christian Worch und Tibor Schwarz.

Heimatschutzverband

Im Juni 1988 berichteten Zeitungen über eine als Heimatschutzverband firmierende Wehrsportgruppe, deren
Mitglieder in paramilitärischen Schutzanzügen in der
Eifel den Ernstfall eines Krieges probten. Bundesführer
der Gruppe war der 27jährige Harald Hermanns, Phy-
siklaborant an der Technischen Hochschule Aachen. Der
Verband setzte sich aus ehemaligen Angehörigen des
Bundes Deutscher Legionäre zusammen und sah seine
Aufgabe darin, Jugendliche aus NATO-Ländern »wieder
positiv an den Wehrdienst heranzuführen«. Nach einem
nicht dementierten Bericht der *Aachener Nachrichten*
vom 7. Juni 1988 setzte Hermanns über jede Übung seiner
Gruppe die örtlichen Polizei- und Forstbehörden schrift-
lich in Kenntnis. Des weiteren bestand eine Zusammen-
arbeit mit dem MAD, dem Hermanns bereitwilligst die
Mitgliederkartei überlassen hatte. Die Angehörigen des
Verbandes erhielten Broschüren wie *Kriegsanleitung für
jedermann* und *Totaler Widerstand.* Trotzdem gab es laut
Rainer Nestler, Sprecher des Innenministeriums von
Nordrhein-Westfalen, »keinerlei Anzeichen, daß diese
Gruppierung strafrechtlich oder in rechtsextremistischer
Form irgendwie in Erscheinung getreten« sei. Auch der
Sprecher des Aachener Polizeipräsidenten, Jürgen Bre-
mes, hatte laut *Aachener Nachrichten* vom 7. Juni 1988
versichert, daß der Heimatschutzverband und Hermanns
»polizeilich nicht aufgefallen« seien. So sei beispielsweise bei der Anmeldung eines Orientierungsmarsches
von Aachen nach Monschau »überhaupt nicht zu erkennen gewesen«, daß es sich hier um eine paramilitärische
Vereinigung handle. Daher sei die Wehrsportgruppe von
der Polizei genauso behandelt worden »wie etwa ein
Motorradsportklub, der eine Rallye beantragt«.

Hilfskomitee Südliches Afrika (HSA)

Das HSA trat 1976 an die Öffentlichkeit. Bemerkenswert an ihm ist weniger der Umstand, daß es sich für das rassistische Regime in der Republik Südafrika einsetzt, als vielmehr die Tatsache, daß sich in seinen Reihen Bundestagsabgeordnete der Union wie Lorenz Niegel und Paul Röhner neben Rechtsradikalen wie Adolf von Thadden, Helmut von Lichtenfeld, Peter Dehoust und Hans-Michael Fiedler befinden, die bei Seminaren gemeinsam als Referenten mitwirken. In der SPD-Zeitung *Vorwärts* hieß es dazu am 27. April 1978:

> Von der Kumpanei namhafter CSU-Parlamentarier und Rassisten und Rechtsextremisten haben sich weder CDU noch CSU distanziert, die CSU hat gegen sie keine Parteiverfahren eingeleitet. Die an diesem Harzburger Fröntchen mitwirkenden CSU-Politiker genießen den gewohnten Rabatt für Ultrarechte, das übliche Maß an Narrenfreiheit. Man wird bestenfalls die Aktivitäten der Niegels und Huyns und Röhners – Demokraten sind sie allzumal, nicht wahr? – in dem Vorwurf personalisieren, sie hätten sich eines bedauerlichen Fehltrittes schuldig gemacht.

In Rundschreiben appellierte das HSA an seinen Freundeskreis, mittels Spenden die »Schaffung eines Gegengewichtes zu der süd(west)afrikafeindlichen Agitation durch Aufklärung der Öffentlichkeit durch Seminare, Druckschriften, Aufkleber und Pressearbeit« zu ermöglichen.

Initiative Volkswille

Nach der im Februar 1989 erfolgten Auflösung der Nationalen Sammlung (NS) durch das Bundesinnenministerium gründeten Michael Kühnen und seine Freunde als Ersatzorganisation die Initiative Volkswille; das Programm enthielt folgende Forderungen:

1. Schluß mit der Verfolgung von Parteien und Organisationen! Wer friedlich für seine Ideen wirbt und sich dafür politisch organisiert, soll sich legal dem Urteil des Volkes stellen können.
2. Völlige Freiheit bei Partei- und Organisationsgründungen!

Alle weltanschaulichen und politischen Strömungen sollen sich frei entfalten können.

3. Schluß mit politischer Verfolgung von Systemkritikern! Niemand soll benachteiligt, verfolgt oder gar eingesperrt werden, nur weil er friedlich für seine Überzeugungen wirbt.

4. Schluß mit der Zensur von Büchern und Publikationen! In der BRD herrscht Nachzensur: Bücher und Zeitschriften werden eingezogen, Verfasser und Redakteure mit Strafverfahren überzogen. Es darf keine verbotenen Schriften und Bücher mehr geben!

Kampfbund Deutscher Soldaten (KDS)

Im April 1975 von dem Vielgründer Erwin Schönborn ins Leben gerufen. Sein Bekenntnis: »Wir sind Nationalsozialisten gewesen, wir bleiben Nationalsozialisten!« Adolf Hitler bezeichnete er als den »größten Sohn unserer Geschichte«. In Flugblättern vertrat der KDS 1978 die Meinung: »Wer immer mit dem Problem der KZ konfrontiert war und heute immer noch glaubt, ein einziger Jude sei in einem deutschen KZ vergast worden, ist entweder ein Idiot oder ein Verbrecher.«

Kampfeinheit Nationaler Sozialisten (KNS)

Im Jahr 1980 gründete Karl Jochheim-Armin die KNS, zu deren Bundesführer er sich ernannte. Er versandte Agitationsmaterial der NSDAP-AO, in dem u. a. »Gerechtigkeit für Adolf Hitler« gefordert wurde.

Kampfgemeinschaft des Deutsch-Nationalen Sozialismus

Diese Gruppierung forderte in den Jahren 1976 und 1977, jedes öffentliche Amt dürfe nur von Personen »deutschen Blutes« besetzt werden. Des weiteren gab sie der Befürchtung Ausdruck, die hohe »Fremdarbeiterquote« werde zu einer »afroasiatischen Rassenzersetzung« in der Bevölkerung der Bundesrepublik führen.

Kampfgruppe Priem

Der 1968 aus DDR-Strafhaft freigekaufte Arnulf Priem gründete 1980 diese nach ihm benannte Kampfgruppe. In der propagandistischen Erklärung hieß es:

1. Wir kämpfen für die Neuerrichtung des Deutschen Reiches in den Grenzen des Selbstbestimmungsrechtes! [...]
2. Wir fordern die Gleichberechtigung des deutschen Volkes gegenüber den anderen Nationen, unsere nationale Ehre und Würde ist wiederherzustellen! [...]
3. Eine deutsche Regierung muß in erster Linie den Interessen des deutschen Volkes dienen! [...]
4. Die Familien sind durch Gesetze zu schützen und zu fördern! [...] Vorrang haben alle Maßnahmen, die geeignet sind, den Geburtenrückgang des deutschen Volkes zu stoppen! [...]
5. Wir betrachten Volksgesundheit als höchstes Gut. Diese gilt es zu bewahren oder wiederherzustellen. [...]
6. Wir kämpfen für eine Leistungsgemeinschaft aller Schaffenden! Das bedeutet das Ende der kapitalistischen Ausbeutung und des marxistischen Klassenkampfes [...]
7. Wir fordern strengste Bestrafung aller Würdenträger, die ihr Amt mißbrauchen [...]

Kampfsportgruppe Linden-Dietramszell (KSG)

Die KSG trat 1981 mit der Zeitschrift *Alarm* in Erscheinung und verfügte über Verbindung zur Jungen Front (JF) und zur Volkssozialistischen Bewegung Deutschlands (VSBD).

Karlsruher Front – Stoßtrupp Renchen

Im Juli 1987 fällte die Staatsschutzkammer des Landgerichts Karlsruhe das Urteil im Prozeß gegen sechs Rechtsextremisten aus Baden-Württemberg. Alle Angeklagten wurden für schuldig befunden, mit der Gründung der Karlsruher Front – Stoßtrupp Renchen gegen Paragraph 20, Absatz 1 des Vereinsgesetzes (Fortführung einer Vereinigung nach vollzogenem Verbot) verstoßen zu haben. Das Gericht sah in den Aktivitäten der Karlsruher Front – Stoßtrupp Renchen eine Fortsetzung der im Dezember 1988 verbotenen Aktionsfront Nationaler Sozialisten / Nationale Aktivisten (ANS/NA).

Komitee zum Schutz der Bürger gegen Diffamierung durch die Linkspresse

Zu den Initiatoren des 1959 gegründeten Komitees zählten der Spitzenfunktionär der Sudetendeutschen Landsmannschaft und spätere Unionsabgeordnete Dr. Walter Becher, der Herausgeber der *Passauer Neuen Presse*, Hans Kapfinger, und der Initiator der Deutschland-Stiftung, Kurt Ziesel.

Komitee zur Vorbereitung der Feierlichkeiten zum hundertsten Geburtstag Adolf Hitlers (KAH)

Im Jahr 1984 gründete Michael Kühnens Stellvertreter Thomas Brehl das KAH, das 1989 mit Plakaten und Flugblättern auf internationaler Ebene an die Öffentlichkeit treten sollte. Zwischenzeitlich bezeichnete sich das Komitee auch als Gesinnungsgemeinschaft Jürgen Mosler, um Moslers Position in der Auseinandersetzung mit Michael Kühnen zu stärken.

Leserkreise

Die Leserkreise wurden 1984 als Tarnorganisationen für die verbotene ANS/NA gegründet. Besondere Aktivitäten entfalteten sie in Frankfurt, Günzburg und Hannover.

Mut – Solidargemeinschaft zur geistigen Erneuerung Deutschlands

Gegründet 1979 durch den Verleger Bernhard-Christian Wintzek zur Förderung seiner Zeitschrift *Mut*.

Nachrichten-Austausch-Dienst

Getarnt als Verhaltensmaßnahmen für den Fall eines Krieges wurde vom Inhaber des rechtsradikalen *Nachrichten-Austausch-Dienstes*, Walter Ochensberger in Hörbranz (Österreich), eine Anleitung zum Bürgerkrieg herausgegeben, die auch in der Bundesrepublik Verbreitung fand. Durch ständige Nachlieferungen soll die vorgelegte

Handmappe der Lose-Blatt-Sammlung ergänzt werden und zur Schulung militanter rechtsradikaler Nachwuchskräfte dienen. Der Abschnitt der Sammlung, der sich mit Zivilverteidigung befaßt, gilt nach den Worten des Herausgebers »selbstverständlich nur in einem Kriegsfall oder im Falle eines Einmarsches od. Überfalls einer ausländischen Macht«. Die Anleitung zum Zivilschutz enthält u. a. Anweisungen zur Taktik-Schulung, zur Bildung von Zellen des Widerstands, zu Sabotage, »lautlosem Erledigen eines Wachpostens«, zum »Kampf um die Jugend« und zur »Taktik der Widerstandsbewegung« gegen die Besatzungsmacht. Vor allem die beiden letzten Abschnitte machen deutlich, daß es dem Verfasser nicht um Widerstand in einem kommenden Krieg, sondern um Vorbereitungen zu einem Bürgerkrieg geht. Auf Blatt XIII/34 schreibt er:

[...] der ehemalige Sieger möchte das besetzte bzw. teilweise neutralisierte Gebiet weiterhin nicht nur wirtschaftlich ausbeuten (die Deutschen sind fleißig!), sondern auch seinem ideologischen Machtbereich eingliedern. Wir sollen deshalb nicht nur besiegt, sondern wenn immer möglich auch »bekehrt« werden! [...]

Der Kampf um die Jugend zerfällt in zwei Teile:

a) Bekämpfung der nationalen und volkstreuen Jugendorganisationen und Ersatz derselben durch eine auf die Separatisten-Nation ausgerichtete Jugend (siehe Bundesjugendring u. a.);

b) Ausschaltung des Einflusses von Elternhaus, Schule und Ersatz derselben durch den Einfluß von Systemparteien, Systemjugendbünden, Konsumterror, Jugendhäusern u. v. a. m. (Pluralistische Gesellschaft! – nur etwas zu sehr nur und ausschließlich auf das System ausgerichtet.)

Der Gegner fürchtet die gemeinschaftsbildenden Kräfte, die in der freien und nationalistischen Jugendbewegung lebendig sind. [...] jedes äußere und innere Festhalten an der alten Form wird konsequent verfolgt. Es wird den nationalen und volkstreuen Jugendbewegungen insbesondere verboten: Tragen von Uniformen oder uniformähnlichen Kleidungsstücken, Führen von Abzeichen, Wimpeln, Fähnlein usw., geschlossene Aufmärsche, Wandern, Zelten. [...]

Die »Taktik der Widerstandsbewegung« beschränkt sich nach Ochensbergers Strategie deshalb vorerst auf das Sammeln von Waffen. Es folgt der entsprechende Abschnitt von Blatt XIII/35:

Taktik der Widerstandsbewegung
Verbergen von Waffen und Munition
Allgemeines:
- [...] Verstecke Waffen und Munition so, daß sie:
a) vom Gegner nicht gefunden werden können;
b) durch Feuchtigkeit nicht verderben.
Das sicherste Versteck ist vergraben. Der Gegner kann dann das ganze Haus niederreißen, ohne etwas zu finden.
Die Technik der Einlagerung von Waffen:
- Die ganze Waffe stark einfetten. (Nur Waffenfett verwenden!)
- Die Laufmündung mit einem Fett- oder Wachspfropfen schließen.
- Den Verschlußkasten mit einem ölgetränkten Lappen umwickeln.
- Die ganze Waffe in ein großes Tuch einhüllen und dieses mit Schnüren festbinden.
- Die so verpackte Waffe in eine Holzkiste legen.
- Die Fugen der Holzkiste abdichten. Mittel: Kerzenwachs, Bienenwachs, Kitt.
- Die Holzkisten mit Dachpappe und anschließend an einem trockenen Ort vergraben.
Die Technik der Einlagerung von Munition (lose Patronen, Packungen usw.):
- Die einzelnen Munitionspackungen mit ca. 10 Schichten Zeitungspapier umwickeln.
- Eine Holzkiste mit Ölpapier auskleiden.
- Ca. 5 cm tief trockenes, altes Sägemehl in die Holzkiste streuen.
- Die Fugen der Kiste abdichten. Mittel: Kerzenwachs, Kitt usw.
- Die Kisten mit Dachpappe umhüllen und anschließend an einem trockenen Ort vergraben.
Für die Technik der Einlagerung von Spreng- und Zündmittel gelten dieselben Regeln. Alles ist alle zwei bis drei Monate zu erneuern.

Der 1942 geborene Walter Ochensberger pflegte von seinem vorarlbergischen Wohnort aus intensiven Kontakt zu rechtsradikalen Kreisen in der Bundesrepublik. Sein *Nachrichten-Austausch-Dienst* hatte folgendes Impressum: »Herausgeber, Eigentümer, Verleger und Hersteller: N.A.D. (Nachrichten-Austausch-Dienst) – D-8990 Lindau – Postfach 1661. Verantwortlich f.d. Inhalt: W. Ochensberger, 6912 Hörbranz, Leiblachstr. 9 (Tel. 0 55 73/ 28 98). Bestellung für Österreich: A-6911 Lochau – Postfach 14«.

National-Demokratische Partei (NDP)

Die 1945 von Heinrich Leuchtgens im oberhessischen Friedberg gegründete Partei bestand bis Anfang 1950 in Hessen. Sie spaltete sich dann in zwei Flügel, von denen der kleinere mit der Sozialistischen Reichspartei (SRP) zusammenging; der größere fusionierte mit der Deutschen Konservativen Partei – Deutsche Rechtspartei (DKP-DRP) und bildete die Deutsche Reichspartei (DRP).

Nationaldemokratische Partei Deutschlands (NPD)

Die NPD entstand 1964 als eine von ehemaligen Funktionären der DRP initiierte Sammlung zahlreicher rechtsextremistischer Kleingruppen. Der Gründungsparteitag fand am 28./29. November 1964 in Hannover statt. Der dort gewählte Bundesvorstand setzte sich wie folgt zusammen: Parteivorsitzender Friedrich Thielen, stellvertretende Vorsitzende Adolf von Thadden, Wilhelm Gutmann und Franz-Florian Winter; Präsidiumsmitglieder wurden Otto-Theodor Brouwer, Otto Heß, Karl Lamker, Waldemar Schütz, Horst-Günther Schweimer, Udo Walendy und Fritz Winkelmann, Bundesvorstandsmitglieder Anneliese Brandes, Wolfgang Kaden, Peter Lauer, Emil Maier-Dorn, Karl Prinz zu Salm und Gertraud Winkelvoss.

Erstes programmatisches Dokument der NPD war der Gründungsaufruf aus dem Jahr 1964, der auf dem Gründungsparteitag in erweiterter Fassung als *Manifest der NPD* verabschiedet wurde. Dieses Manifest enthielt in seinem ersten Teil eine allgemeine Beschreibung der weltpolitischen Lage Deutschlands nach 1945 (»Deutschland den Deutschen – Europa den Europäern«). Die Siegermächte des Zweiten Weltkriegs hätten Deutschland geteilt, »raumfremde Mächte« hielten die Teilung Deutschlands und Europas »um ihrer eigenen politischen Ziele willen« aufrecht; Deutschlands Einheit sei nur in einem eigenständigen, militärisch ausreichend gerüsteten Europa zu verwirklichen. Der zweite Teil des Manifests versammelte zwölf »Grundsätze unserer Politik«. So sollten z.B. Bauern, Mittelstand, Facharbeiter und Unternehmer erhalten, gefördert und »gegen fremde Interessen und ungerechtfertigte Machtansprüche der Großgeschäftswelt« geschützt werden. »Wir wehren uns gegen die Überfremdung mit ausländischem Kapital und gegen den Ausverkauf unserer Grundindustrien an Weltkonzerne.« Kritik wurde an der öffentlichen Unmoral geäußert: »Den Eltern muß ihre erzieherische Aufgabe wieder ermöglicht werden. Für die Familie fordern wir den Platz, der ihr in einer Kulturnation gebührt.« Die letzten drei »Grundsätze« befaßten sich mit der Verantwortung für die im Dritten Reich begangenen Verbrechen, u.a. hieß es:

> Deutschland braucht um seiner Zukunft willen ein wahres Geschichtsbild. Wir wehren uns gegen die Verherrlichung des Landesverrates und die Behauptung, Deutschland sei an allem Unglück der Welt allein schuld. Sie führen zur moralischen Selbstvernichtung unserer Nation. Wir fordern deshalb: Schluß mit der Lüge von der deutschen Alleinschuld, mit der von unserem Volk fortgesetzt Milliardenbeträge erpreßt werden sollen. [...]
>
> Deutschland hat Anspruch auf die Gebiete, in denen das deutsche Volk seit Jahrhunderten gewachsen ist. Wir machen keinem Volk seinen heimatlichen Siedlungsraum streitig, aber wir bestehen mit gleicher Entschiedenheit auf dem Recht auf unser Land. Verzichtbereitschaft zerstört unsere völkerrechtliche Position bei der Vertretung der Lebensrechte des deutschen Volkes. [...]
>
> Seit zwei Jahrzehnten lähmen der Ungeist der Unterwerfung und die Anerkennung einer Kollektivschuld die deutsche Politik. Nur ein seines eigenen Wertes und seiner nationalen Würde bewußtes Volk kann die Achtung der Welt und die Freundschaft anderer Völker gewinnen. Hilfe und Unterstützung erhält kein Volk, dessen Führung eigene Lebensinteressen vernachlässigt, um jedermanns Freund zu sein.
>
> An Stelle der Vorherrschaft fremder Großmächte muß wieder der freie Wille der europäischen Völker treten. Wir fordern daher die Anspannung aller Kräfte, um den Willen zur Selbstbestimmung der deutschen Nation zu wecken. [...]

Im Grundsatzprogramm der NPD von 1967 war u.a. zu lesen:

> Nicht hemmungsloser Materialismus, sondern Anerkennung und Entgelt nach Leistung, Schutz des Eigentums und Garantie eines Arbeitsplatzes müssen die Grundsätze einer gesunden Wirtschafts- und Sozialordnung sein.
>
> Der deutsche Arbeiter hat einen vorrangigen Anspruch auf

Sicherung seines Arbeitsplatzes gegenüber ausländischen Arbeitskräften. Nur durch mehr Arbeit kann unser Sozialprodukt gesteigert werden. Wer mehr arbeiten will, soll gefördert werden. Daher fordern wir Befreiung von Lohnsteuer und Soziallasten bei Überstunden, sowie Steuerfreiheit bei Weiterarbeit über das Pensionsalter hinaus.

Gewerkschaften und Unternehmerverbände sind als Sozialpartner dazu da, für den notwendigen Interessenausgleich und den Arbeitsfrieden zu sorgen. Hier liegen ihre Aufgaben, nicht in der Anmaßung politischer Vorrechte. Die Wirtschaft und ihre Organe dienen Staat und Volk, nicht umgekehrt.

Wir brauchen eine freie und verantwortungsbewußte Publizistik, die dem Bildungsanspruch und der Würde einer alten Kulturnation entspricht. Deshalb fordern wir die Aufhebung der zersetzenden Meinungsmonopole in Fernsehen, Funk und Film. Es kann nicht länger geduldet werden, daß eine gewissenlose Propaganda unsere nationalen, moralischen und sittlichen Werte systematisch unterhöhlt und verächtlich macht. Die erschreckende Zunahme der Kriminalität gehört zu den Folgen dieses hemmungslosen Treibens. Unsere Frauen und Kinder dürfen nicht länger Freiwild für Gewaltverbrecher sein. [...]

Wir fordern zwanzig Jahre nach Kriegsende: Schluß mit den einseitigen Prozessen zur Vergangenheitsbewältigung, während in anderen Ländern millionenfache Kriegsverbrechen an deutschen Männern, Frauen und Kindern ungesühnt bleiben. Die innere Befriedung Deutschlands und Europas verlangt gleiches Recht für alle und einen Schlußstrich durch Generalamnestie. [...]

Die tapfere Haltung deutscher Soldaten aller Zeiten muß Vorbild der Bundeswehr sein. Wehrdienst ist Ehrendienst. Der Soldat muß wissen, für welche Werte er sich einsetzt, und daß ihm niemand zumutet, als Söldner fremden Interessen zu dienen. Solange die Väter öffentlich und ungestraft zu Verbrechern gestempelt werden, können die Söhne keine guten Soldaten sein. [...]

Obwohl man die Bedeutung und die Gefährlichkeit rechtsradikaler Parteien nicht allein nach Wahlresultaten messen kann, verdient erwähnt zu werden, daß es sich bei der NPD um die nicht nur mitgliederstärkste, sondern auch langfristig bei Wahlen erfolgreichste Partei auf dem rechtsextremen Sektor der Bundesrepublik handelt. Erhielt die NPD bei den Bundestagswahlen 1965 noch 2 Prozent der Stimmen, so verfehlte sie 1969 mit einem Ergebnis von 4,3 Prozent nur knapp den Einzug in den Bundestag; insgesamt entschieden sich bei diesen

Bundestagswahlen rund 1 430 000 Wähler für diese eindeutig neonazistische, antidemokratische Partei, wobei sie in verschiedenen Wahlkreisen ihren Stimmenanteil gegenüber 1965 mehr als verdoppeln konnte. Doch obwohl es der NPD nicht gelungen war, die Fünf-Prozent-Hürde auf Bundesebene zu überspringen, war sie damals in sieben Landtagen mit 61 Abgeordneten vertreten. 1966 hatte die NPD bei den Landtagswahlen in Bayern 7,4, bei den Bürgerschaftswahlen in Hamburg 3,9 und bei den Landtagswahlen in Hessen 7,9 Prozent der Stimmen erhalten, 1967 bei den Landtags- bzw. Bürgerschaftswahlen in Rheinland-Pfalz 6,9, in Schleswig-Holstein 5,8, in Niedersachsen 7,0 und in Bremen 8,8 Prozent, 1968 bei den Landtagswahlen in Baden-Württemberg 9,8 Prozent. In den 70er Jahren saßen dann in keinem Landesparlament noch NPD-Abgeordnete. Bei Wahlen sank der Stimmenanteil der NPD nach und nach auf einen Tiefpunkt und stagnierte etwa bis Mitte der 80er Jahre.

Neue Erfolge verzeichnete die Partei durch die Zusammenarbeit mit Dr. Gerhard Frey und dessen Deutscher Volksunion (DVU). Bei den Bürgerschaftswahlen in Bremen im September 1987 konnte das zwischen NPD und DVU geschlossene Wahlbündnis Deutsche Volksunion – Liste D ein Ergebnis von 3,41 Prozent der Stimmen – in Bremerhaven 5,4 Prozent – erzielen und einen Abgeordneten ins Parlament entsenden. Erstmals nach 15 Jahren hatte damit eine rechtsradikale Partei den Sprung in ein Landesparlament geschafft. Rechnet man dem Bremerhavener Wahlresultat für die DVU – Liste D, die fortan drei Sitze in der Stadtverordnetenversammlung einnimmt, noch die 1,65 Stimmenprozente für die konkurrierenden Republikaner hinzu, so kommt dieser Flügel, der den Wahlkampf mit rechtsradikalen Argumenten führte, auf rund 7 Prozent der Wählerstimmen; in der Stadt Bremen erhielten die beiden ultrarechten Gruppierungen zusammen knapp über 4 Prozent.

Erfolgreich schnitt die NPD auch bei den baden-württembergischen Kommunalwahlen im Oktober 1987 in einzelnen Städten ab. So konnte in Villingen-Schwenningen Jürgen Schützinger, Landesvorsitzender und stellvertretender Bundesvorsitzender der Partei, 6,6 Prozent der Stimmen auf sich vereinen, und der NPD-Bundesvorsitzende Martin Mußgnug vermochte in Tuttlingen gar einen Stimmenanteil von über 15 Prozent zu verbuchen. Auch bei den Landtagswahlen in Baden-Württemberg im März 1988 verzeichnete die NPD dank der finanzkräftigen und publizistischen Unterstützung durch die Freyschen Wochenzeitungen (*Deutsche National-Zeitung, Deutscher Anzeiger, Deutsche Wochen-Zeitung*, Druckauflage insgesamt über 270 000 Exemplare) einen erheblichen Stimmenzuwachs.

Unabhängig davon, ob und wieweit sich künftig rechtsradikale Wahlbündnisse für ihre Protagonisten auszahlen werden, wird der NPD mit ihrem relativ gut funktionierenden Organisationsapparat als Kader eines solchen Zusammenschlusses besondere Bedeutung zukommen. In diesem Zusammenhang verdient es Beachtung, daß sich an der Parteibasis deutlicher Widerstand gegen das Wahlbündnis mit Freys DVU regte. Beim NPD-Parteitag im Februar 1989 in Rahden wurde der Antrag gestellt, den bisherigen Parteivorsitzenden aufgrund seiner »Frey-Politik« abzuwählen; die Forderung wurde jedoch mit 141 gegen 53 Stimmen abgelehnt.

Nationaldemokratische Reichspartei (NDRP)

Verschiedene Rechtsgruppierungen samt ihren »Führern«, unter ihnen Karl-Heinz Priester, Joachim von Ostau und Karl Feitenhansl, gründeten im Juli 1950 die NDRP. Bemerkenswert an dieser Gruppierung war, daß sie durch Karl-Heinz Priester über internationale Beziehungen zu Rechtsradikalen in anderen europäischen Ländern verfügte.

National-Demokratische Union (NDU)

Gegründet 1959 von Funktionären des Witikobundes (WB), des Bundes der Heimatvertriebenen und Entrechteten (BHE), namentlich des am rechten Flügel der Partei stehenden bayerischen Landesverbandes, sowie der Deutschen Gemeinschaft (DG). Zu den Initiatoren zählte Dr. Walter Becher.

National-Deutscher Senat

Erwin Schönborn verkündete im Jahr 1982 die Bildung dieser neuen »Sammlungsgruppe«, die angeblich 30 Organisationen umfaßte, vertreten u.a. durch folgende Personen: Walter Dahl, Oberst a.D.; Dr. Robert Dollinger, Pfarrer i.R.; Eberhard Engelhardt, Rechtsanwalt; Otto Riehs, Ritterkreuzträger. Neben nicht genannten Jugendverbänden, Soldaten- und Vertriebenenorganisationen sowie den Unabhängigen Freundeskreisen waren mit dabei: Unabhängiger Freundeskreis aller Waffengattungen, Aktionsgemeinschaft Nationales Europa (ANE), Bürgerinitiative zur Rettung des deutschen Volkes, Bürgerinitiative für die Todesstrafe und gegen Pornographie und Sittenverfall, Gesamtdeutsche Arbeitsgemeinschaft, Flieger-Club Hanna Reitsch, Grüne Aktion Deutschland (GAD), Kampfbund Deutscher Soldaten (KDS), National-Sozialistische Demokratische Arbeiter-Partei (NSDAP), Orden vom Reichsbekenntniskreuz, Stahlhelm – Landesverband Rheinland-Pfalz, Weltbund gegen Geschichtsfälschung. Der Ehrenvorsitz wurde Oberst a.D. Hans-Ulrich Rudel angetragen.

Nationale Arbeiterpartei (NAP)

Im Jahr 1950 gründete Dr. Bernhard Gericke nach seinem Austritt aus der Sozialistischen Reichspartei (SRP) die Nationale Arbeiterpartei (NAP). In seinen *Thesen zur Neuerung des politischen Lebens in Deutschland* brachte er die Meinung zum Ausdruck, nationalsozialistische Ideen müßten nach dem Krieg in gereinigter Form und im europäischen Rahmen wiederbelebt werden können. 1957 wurde die NAP verboten.

Nationale Arbeitsgemeinschaft

Die 1956 im Raum Stuttgart gegründete Gruppe bemühte sich um eine Sammlung ehemaliger Funktionäre und Mitglieder der Deutschen Gemeinschaft (DG). Sie unterhielt Kontakte zu Funktionären der inzwischen verbotenen SRP.

Nationale Deutsche Arbeiterpartei (NDAP)

Die NDAP, 1951 von Karl Feitenhansl gegründet, war einer der vielen Versuche, die verschiedenen rechtsradikalen Grüppchen auf einen gemeinsamen Nenner zu bringen. Dementsprechend kann die Partei als Vorläuferin der 1957 gegründeten Nationalen Opposition (NO) gelten, mit deren Bestrebungen sie sich deckte.

Nationale Deutsche Befreiungsbewegung (NDBB)

Im Juni 1971 gründete Roland Tabbert in seiner Heimatstadt Hanau die NDBB. In der katholischen Wochenzeitung *Publik* erklärte er zu den Zielen seiner aus »Protest gegen den brutalen Terror der linken Regierung gebildeten Bewegung«:

> Wir werden diesen dreckig veranlagten bolschewistischen Schweinen endlich einmal ihre verkommenen Schnauzen plattschlagen, wo wir sie treffen. Das können Sie wörtlich bringen. Es ist zwar keine feine Art, und diese Art hat man mir schon dann und wann zum Vorwurf gemacht, aber das ist die Sprache, die die Linken verstehen. Und in dieser Sprache werden wir uns mit ihnen unterhalten.

Der Hamburger Arbeitsbeauftragte der NDBB, Horst Mach, sagte in einem Interview mit dem Sender Freies Berlin: »[...] alle Menschen sollten gleich sein, außer Juden und Kommunisten, denn das ist der Abschaum der Menschheit.« In einem seiner Mitteilungsblätter beklagte Roland Tabbert die »führerlose Germania«; dazu bemerkte er u. a:

> Schöne-stolze Germania. Wer könnte es besser verstehen als Dein Volk, daß Du Deine Augen und Ohren verschließen möchtest, vor so viel Schmutz und Intrige. Wir alle wissen, daß jedes undeutsche Verhalten, jedes unterschwällige buhlen um die Gunst der Wähler, und jeder Griff unserer inneren und äußeren Feinde nach Teilen unseres Vaterlandes, Dir etwas von Deinem Herzblut nimmt. Trotzdem-schöne Germania. Es hat keinen Sinn, sich hinter der Michelsmütze zu verstecken denn früher oder später wirst Du erkennen müssen, was sich während der Zeit Deiner Blind- und Taubheit ereignet hat. Was dann über Dich hereinbricht, könnte Dir ernstlich schaden.

Andererseits aber stehst Du bereits blind, taub und ohne Führer vor dem Abgrund. Germania! Reiß Dir die Tarnkappe vom Kopf. Zeige der ganzen Welt Dein schönes, stolzes deutsches Antlitz! Wirf Deinen Taststab in den Abgrund und ergreife das Schwert. Das Schwert des Rechtes und der Gerechtigkeit.

Streit, Hader und Ungunst der Parteien und die Provitgier jener Gruppen die an unserer Teilung verdienen, sowie die politische Gleichgültigkeit großer Teile unserer Bevölkerung drohen unser stolzes und fleißiges Volk in den Abgrund zu stürzen. Dort unten aber – im Dreck und Kot, im Abfall dessen, was politische Dummköpfe und Verbrecher als den Auswurf ihres schändlichen Treibens hinterlassen haben, wartet bereits der bolschewistische Molloch auf uns, denn wisset! Nur im Unrat und im stinkigsten Kot, nur in Not und Ehlend findet der Kommunismus den idealen Nährboden um die Menschheit zu einem Heer von willenlosen und rechtlosen Arbeitssklaven zu machen.

Deutsche Jugend! Deutsche Männer und deutsche Mütter! Widersetzt Euch der geistigen Entartung und dem rassischen Zerfall unseres Volkes. Besinnt Euch auf Euer schönes stolzes Deutschtum. Kämpft mit uns gegen die Massenverdummung und den Verrat an unserem Vaterland [...]

Nationale Liste (NL)

Im März 1989 gründete Thomas Wulff, bisheriger stellvertretender Vorsitzender des Landesverbandes Hamburg der Freiheitlichen Deutschen Arbeiterpartei (FAP), die NL. Er bezeichnet sie als »Partei des neuen Nationalismus«, deren Hauptziel der Kampf gegen die »Überfremdung unseres Vaterlandes« sei.

Nationale Opposition (NO)

In der 1952 im norddeutschen Raum gegründeten Vereinigung waren folgende Gruppen zusammengeschlossen: Deutsche Rechtspartei (DRP), Deutscher Handlungsgehilfenverband, Verband der Kriegsbeschädigten, Haus- und Grundbesitzervereine, Stahlhelm – Bund der Frontsoldaten, Frauenbund Königin Luise.

Nationale Opposition (NO)

Einer der Initiatoren der 1957 gegründeten NO – nicht zu verwechseln mit der gleichnamigen Gründung von 1952 – war Karl Feitenhansl, der 1949 die Vaterländische Union (VU) ins Leben gerufen hatte. Seine NO umfaßte folgende Gruppierungen: Deutsche Gemeinschaft (DG), Deutscher Block (DB), VU, Deutsch-Soziale Union (DSU), Deutscher Bauern- und Mittelstandsbund, Deutsches Kulturwerk Europäischen Geistes (DKEG).

Nationale Rechte

Dieser Versuch einer Sammlungsbewegung wurde 1950 von Mitgliedern der Wirtschaftlichen Aufbauvereinigung (WAV) und verschiedener Vertriebenenorganisationen unternommen.

Nationale Reichspartei (NRP)

Die im Januar 1952 von Wolfgang Hedler und Günter Goetzendorf gegründete Partei wurde nur in den Ländern Nordrhein-Westfalen, Schleswig-Holstein und Niedersachsen aktiv. Zeitweilig kam es zur Zusammenarbeit mit anderen rechtsradikalen Gruppierungen, etwa dem Deutschen Block (DB).

Nationale Sammlung (NS)

Die im Juni 1953 anläßlich der Bundestagswahlen im September desselben Jahres gegründete NS entstand aus dem Zusammenschluß der Deutschen Gemeinschaft (DG) und des Deutschen Blocks (DB). Als Initiator fungierte Dr. Rudolf Aschenauer, der Herausgeber der *Deutschen Blätter*; zu den Mitgründern zählten August Haußleiter, Karl Meißner und Karl-Heinz Priester. In ihrem Aufruf zu den Bundestagswahlen hieß es u. a.:

> Die Nationale Sammlung tritt zur Wahl an, und sie tut es um des Friedens, um der Freiheit und um der Einheit unseres über alles geliebten deutschen Volkes willen [...]

Greift an! Schlagt die ersten Breschen! Macht sichtbar, daß das wirkliche Deutschland noch lebt! In euren Händen liegt das Erbe unserer toten Kameraden! Der Kampf um Deutschland tritt in eine neue Phase ein!

Die Nationale Sammlung, aus der Not geboren, arm, aber erfüllt von glühendem Idealismus derer, die ihrem Volk auch in der Not die Treue halten, die Nationale Sammlung wird sichtbar machen, daß das Reich noch nicht verloren ist.

Stimmt für Deutschland, Kameraden!

Noch 1953 zerfiel die Gruppierung.

Nationale Sammlung (NS)

In Erwartung eines Verbots der ihm nahestehenden Freiheitlichen Deutschen Arbeiterpartei (FAP) und zur Verbreiterung seiner Basis gründete Michael Kühnen gemeinsam mit seinem Stellvertreter Thomas Brehl und den Gesinnungsfreunden aus der Familie Heß, nämlich Wolfgang Heß und seinen Söhnen Gerald und Paul, im April 1988 die NS, in deren Manifest indirekt die Wiederzulassung der NSDAP verlangt wurde, hieß es doch dort: »Wir fordern die Streichung des Artikels 139 Grundgesetz, Aufhebung aller Partei- und Organisationsverbote und wirkliche Meinungsfreiheit [...]« Mitglieder der Gruppierung verteilten im Mai 1988 in München Flugblätter; Kühnen, der bei dieser polizeilich nicht angemeldeten und nicht genehmigten Aktion vor 100 Teilnehmern sprach, wurde daraufhin in Gewahrsam genommen. Im Februar 1989 wurde die NS aufgrund einer Verordnung des Bundesinnenministeriums aufgelöst. Sie verstand sich als Teil der FAP, die erstaunlicherweise unbehelligt blieb.

Nationale Sammlungsbewegung (NSB)

Gegründet 1952, wurde die NSB bereits im Januar 1953 in Baden-Württemberg wegen verfassungsfeindlicher Aktivitäten verboten.

Nationalistische Front (NF)

Im Jahr 1985 erfolgte in München unter Federführung von Bernhard Pauli der Zusammenschluß der Nationalen Front und des Bundes Sozialrevolutionärer Nationalisten zur Nationalistischen Front (NF), zu deren Aktivisten auch Mitglieder der 1982 verbotenen Volkssozialistischen Bewegung Deutschlands / Partei der Arbeit (VSBD/PdA) zählten. Im November 1985 fand dann die offizielle Konstitution der NF statt. Geplant war sie als Ersatz- und Tarnorganisation der Freiheitlichen Deutschen Arbeiterpartei (FAP) für den Fall, daß diese verboten werden sollte. In einem zehn Punkte umfassenden Grundsatzprogramm wurde u.a. gefordert:

> [...] antiimperialistische nationale Befreiung von fremder Macht und ihren deutschen Handlangern [...] Daher verlangt der Einsatz für die Bewahrung der Volksidentität, der Lebenswerte und der Wesensart der Deutschen Nation nachdrücklichen Kampf gegen das System der nationalen Selbstauflösung, gegen weitere fremdvölkerische Einwanderung und für Heimführung der Ausländer [...] die Sozialpolitik [...] hat daher nicht der Unterstützung sozialer, kultureller oder ausländischer Randgruppen, sondern ausschließlich der Förderung und Sicherung der deutschen Familie und des eigenen Volksnachwuchses zu dienen.

In einem 1988 verbreiteten Flugblatt, für das NF-Generalsekretär Meinolf Schönborn verantwortlich zeichnete und das sich an »Kameradinnen, Kameraden, Aktivisten, Sympathisanten und autonome nationalistische Gruppen« wandte, hieß es u.a.:

> [...] über 43 Jahre nach Kriegsende immer noch ein besetztes und gedemütigtes Land [...] eine teilweise hysterische und haßerfüllte Verfolgung von nationalistischen Kämpfern [...] Machtvoll ist aber nur die Organisation, deren Mitkämpfer diszipliniert, entschlossen und geschlossen in fester organisatorischer Verbundenheit kameradschaftlich bereit sind zu kämpfen!

Die NF machte sich seit 1988 auf dem Markt für Computerspiele bemerkbar, etwa mit Titeln wie »Hitler Diktator«, einem Spiel, das mit dem Ausruf »Heil Dir im Hakenkreuz, Herrscher des Deutschen Reiches!« begann.

Solche Nazi-Spiele wurden insbesondere in Schulen angeboten. In einem 1989 verteilten Flugblatt wurden die Ziele der NF unter dem Titel »Nur der organisierte Wille bedeutet Macht!« dargelegt; im folgenden war zu lesen:

[...] und Macht brauchen wir, wenn wir was ändern wollen.
Diese Erkenntnis bildete die Grundlage bei der Gründung der Nationalistischen Front (NF) im November 1985.

Damals schlossen sich nationalistische Gruppen und Einzelkader zu einer Kraft zusammen, die den Widerstand gegen das bestehende System auf allen Ebenen organisieren wollte. Dies geschah und geschieht durch das Erreichen von kurz-, mittel- und langfristigen Zielen. Das bisher Abgesteckte wurde trotz System- und Linksterror voll erreicht.
– Bildung eines Kadernetzes,
– Schaffung einer logistischen Zentrale,
– Aufbau eines Verlages und Sicherung einer eigenen Presse,
– regelmäßige weltanschaulich-geistige und körperliche Schulungen.
Wir haben uns entschlossen, den harten Weg einer Kaderorganisation zu gehen, weil wir wissen, daß er die einzige Möglichkeit ist, am Ende zu siegen!

Auch in Zukunft wird der Stamm von geschulten, disziplinierten, einsatz- und opferbereiten Kadern ständig aufgebaut, damit weiterhin der erfolgreiche und revolutionäre Kampf vorangetrieben werden kann.

Jetzt, im Jahre 1989, halten wir den Zeitpunkt für gekommen, erstmalig eine größere Veranstaltung durchzuführen, in der wir unsere strategischen und weltanschaulichen Ziele einem größeren Kreis von nationalistischen Aktivisten und Gruppen klar und deutlich darlegen wollen.

Jede deutsche Frau, jeder deutsche Mann, der sich ernsthaft mit uns und unserem Kampf auseinandersetzen will und Interesse an einer aktiven Mitarbeit hat, ist uns willkommen!

Nationalkomitee Deutsches Volks-Bündnis

Im Juni 1988 lud der 1. Vorsitzende des Kampfbundes Deutsches Schlesien, Reinhard Kreisköther, nach Schwerte an der Ruhr zur Gründung des Nationalkomitees Deutsches Volks-Bündnis ein.

National-Politischer Arbeitskreis (NPA)

Der 1970 gegründete Arbeitskreis trat auch unter der Bezeichnung Aktion Junge Rechte (AJR) und als Aktionskomitee 21. August an die Öffentlichkeit.

Nationalrevolutionäre Arbeiterbewegung (NRAB)

Die NRAB wurde im Februar 1987 in Bielefeld gegründet. Sie sah sich in erster Linie als Ausweichorganisation für regionale Aktionen im Geiste Michael Kühnens und unterstellte sich als solche dessen Kommando.

Nationalrevolutionäre Arbeiterfront (NRAF)

Die NRAF trat 1979 in Bremen mit Flugblättern an die Öffentlichkeit, die NS-Symbole trugen und Rassenhaß propagierten. Sie arbeitete mit der NSDAP-AO, dem Freizeitverein Hansa und der Aktionsfront Nationaler Sozialisten (ANS) zusammen, vor allem in den Räumen Bremen, Hamburg und Kiel.

Nationalrevolutionäre Basisgruppe München

Die im März 1986 nach dem geschlossenen Austritt der Ortsgruppe München aus der Nationalistischen Front durch jene gegründete Gruppierung sah sich in der Tradition der Brüder Strasser, verbreitete aber auch ausländerfeindliche Parolen; u.a. war zu lesen:

> Durch die Machtausübung von Kapitalisten und Verfechtern volksfeindlicher Ideologien sind die BRD und Österreich zum Einwanderungsland für Völker aus aller Welt geworden. Die Umwandlung dieser deutschen Teilstaaten in Vielvölkerstaaten nach dem Muster der USA ist genauso ein Verbrechen an unserem Volk wie die Vertreibung aus den deutschen Ostgebieten nach 1945 [...] Innerhalb von zehn Jahren hat die schrittweise Ausweisung aller Ausländer zu erfolgen.

Nationalrevolutionärer
Koordinationsausschuß (NRKA)

Der NRKA, gegründet zu Beginn des Jahres 1980 mit dem
Ziel, neue Perspektiven für eine nationalrevolutionäre
Politik zu eröffnen, war eine Abspaltung von der Gruppierung Sache des Volkes – Nationalrevolutionäre Aufbauorganisation (SdV-NRAO). Er benannte sich im Mai
1987 um in Politische Offensive (PO), bediente sich aber
weiterhin der 1981 in der »Nationalrevolutionären Plattform« festgelegten Grundpositionen der »fünffachen Revolution«:

> – Statt kapitalistischer bzw. zentralistischer Profitwirtschaft
> und Leistungsgesellschaft Aufbau eines Räte- und genossen-
> schaftlichen Sozialismus.
> – Rätedemokratie und basisdemokratische Willensbildung
> von unten statt Obrigkeitsstaat und bürgerlichen Parlamenta-
> rismus.
> – Die ökologische Revolution! Ein Bewußtsein, das sich an
> vernetzten Zusammenhängen orientiert, anstelle eindimen-
> sionaler Denkstrukturen und linearer Fortschrittsgläubigkeit.
> – Kulturrevolution: Besinnung auf die eigenen schöpferischen
> Kräfte. Kulturelle Vielfalt anstatt uniformierte Gleichschal-
> tung. Identität statt Entfremdung.
> – Ein neuvereinigtes, unabhängiges, demokratisches und so-
> zialistisches Deutschland. Stärkung der Regionen und eine
> europäische Selbstbesinnung als eigenständige Kraft gegen
> den Imperialismus.

Nationalsozialistische Deutsche Arbeiterpartei – Auslands- und Aufbauorganisation (NSDAP-AO)

Die NSDAP-AO unter Führung von Gary Rex Lauck mit
Sitz in Box 6414, Lincoln, Nebraska 68 506, USA, ist eine
konspirativ arbeitende, kadermäßig aufgebaute Organisation zur Unterstützung bundesdeutscher Neonazis. Sie
besteht nicht aus eingetragenen Mitgliedern, sondern
aus einem sogenannten Förderkreis. Nach ihrem eigenen Selbstverständnis ist sie

sowohl die Auslandsorganisation als auch die Aufbauorganisation der NSDAP. Sie ist die größte nationalsozialistische
Kampforganisation im heutigen Deutschland und in der Ostmark. Aufgrund der augenblicklichen politischen Verhältnisse im besetzten Deutschland hat die NSDAP als Organisa-
tionsform das Zellensystem gewählt. Dieses System gerantiert
ein Höchstmaß an Sicherheit, da die Zellen untereinander
keinen Kontakt haben [...] Eine Zelle besteht in der Regel aus
zwei bis drei Aktivisten. Die Zellen werden direkt durch die
Auslandszentrale mit Propagandamaterial versorgt. Diese befindet sich in Amerika, wo ihre Legalität eine großangelegte
Propagandamaschine ermöglicht [...] Die NSDAP-AO führt
einen entschlossenen Kampf gegen das NS-Verbot und erstrebt die Zulassung der NSDAP als eine wahlberechtigte Partei in Deutschland und in der Ostmark. Bis die Beendigung
des Besatzungszustandes und die Aufhebung des NS-Verbots
die Neugründung der NSDAP als legale Partei ermöglichen,
liegt die Führung in den Händen des NSDAP-AO-Organi-
sationsleiters und der führenden Untergrundkämpfer.

Zielvorstellungen der NSDAP-AO sind die »deutsche
Selbständigkeit, frei von US- und Sowjet-Besatzung und
-Herrschaft«, die Schaffung einer »europäischen Neuordnung im Rahmen einer arischen Völkergemeinschaft«
mit »Reinerhaltung der Rasse« und »Ausschaltung des
jüdischen Einflusses« sowie die »Überwindung des kapitalistischen und kommunistischen Materialismus durch
die Lehre Adolf Hitlers – den Nationalsozialismus«.
Hauptsächliche Betätigung der NSDAP-AO sind Herstellung und Versand von Flugblättern und Klebezetteln
mit NS-Parolen und -Symbolen sowie der zweimonatlich
erscheinenden Publikation *NS-Kampfruf*, eines Gewalt
und Mord verherrlichenden, eindeutig nationalsozialistischen Pamphlets, an die bundesdeutschen Adres-
saten.
    Regionale Zellen der NSDAP-AO tauchten seit Mitte
der 70er Jahre in verschiedenen Städten der Bundesrepublik des öfteren auf; sie verschwanden in der Regel
allerdings wieder, um nach einiger Zeit unter anderem
Namen neonazistische Aktivitäten zu entfalten. Michael
Kühnen kommentierte 1986 in einem im Gefängnis verfaßten Rundschreiben die Arbeit der NSDAP-AO folgendermaßen:

Das einseitige Zusammenwirken von legalem und illegalem Arm mit denselben strategischen Forderungen ist nicht mehr möglich – eindeutig nationalsozialistische Propaganda kann nur noch eine illegale Propaganda sein. Niemand hat darin soviel Erfahrung und sich über mehr als ein Jahrzehnt so bewährt wie die NSDAP-AO. Doch ist unser Kampf damit nicht sinnlos geworden: Wir verkörpern heute den taktischen Aspekt des Kampfes wie die NSDAP-AO den strategischen. Zusammen aber bilden wir zwei ganz unterschiedliche und getrennte Organisationen – jedoch keine Konkurrenz, sondern eine Kampfgemeinschaft, die sich harmonisch ergänzt! [...]

NSDAP-AO Braunschweig

Die 1976/1977 von Paul Otte gegründete Zelle der NSDAP-AO unterhielt Kontakte zu Neonazigruppen in Hannover und Schleswig-Holstein.

NSDAP-AO Rheinland-Pfalz

Die Gruppe, als deren Stützpunkt der Gärtnereibetrieb des Ehepaars Curt und Ursula Müller in Mainz-Gonsenheim gelten kann, beschäftigt sich mit der Verteilung von Informationsmaterial der NSDAP-AO.

NSDAP-Gruppe Bocholt

Wurde 1975 auf Initiative des ehemaligen SS-Untersturmführers Wilhelm Wübbels gegründet. Der Frührentner Wübbels behauptete, in der Bundesrepublik bestehe eine Reichsleitung der NSDAP, die über mehrere »Gaue« verfüge. 1977 erschien in neun Ausgaben die *Nationalsozialistische Reichszeitung* in einer Auflage von je 1500 Exemplaren. Im Impressum war die Anschrift des dänischen Nazi-Führers Poul Rijs-Knudsen aus Aarhus angegeben, der zehn Jahre später Thies Christophersens Pamphlete vertrieb.

NSDAP Frankfurt

Trat 1976 als NSDAP Frankfurt – Gau Hessen-Nassau in Erscheinung. Initiator war Wilhelm Beier; weitere Akteure waren Wolfgang Koch aus Frankfurt und Günter Nisch aus Ingelheim. Bis 1979 vertrieb die Gruppe die Hetzschrift *Das Braune Bataillon*. Enge Kontakte bestanden zur Kampfgruppe Großdeutschland und zur ANS/NA.

NSDAP München/Bayern

Anfang 1979 wurde aufgrund verstärkter neonazistischer Flugblatt- und Schmieraktionen in den Städten Nürnberg, Fürth, Erlangen, Ansbach, Schwabach, Neustadt/ Aisch, Forchheim, Herzogenaurach und Feucht die Tätigkeit von NSDAP-Zellen in Bayern festgestellt. Im Sommer 1979 tauchten NSDAP-Losungen in gehäuftem Maße in München auf. Die Polizei ermittelte gegen 11 Personen.

Nationalsozialistische Partei Deutschlands (NSPD)

In einer Anzeige der Mainzer *Allgemeinen Zeitung* vom 11. Januar 1978 trug ein Günther Siebeneick aus Bingen (Rheinland-Pfalz) folgendes Anliegen vor: »Deutschland erwache! Wer hat den Mut, Mitglied einer noch zu gründenden Partei der Mitte bis halbrechts zu werden?« Am 16. Januar desselben Jahres hatte die *Wormser Zeitung* keine Bedenken, folgenden Inseratext zu veröffentlichen: »Bald ist es soweit. Die neue Partei wird gegründet. Sie soll NSPD – Nationalsozialistische Partei Deutschlands heißen. Noch werden Mitgründer mit Nationalstolz gesucht. Parteivorbild: Otto Graf von Bismarck.« Ende Januar 1978 gab Siebeneick die Umbenennung der NSPD im Unabhängiges Zentrum Deutschlands bekannt.

Neues Nationales Europa (NNE)

Im April 1977 anläßlich des Europa-Kongresses der Vereinigung Verfassungstreuer Kräfte (VVK) gegründet mit dem Ziel, ein Antreten »aller lebensgesetzlich denkenden, national-unabhängigen und der Zukunft unseres Volkes und der Menschheit verpflichteten Kräfte« auf einer Wahlliste bei den Europawahlen zu erreichen. Initiator war Erwin Schönborn vom Kampfbund Deutscher Soldaten (KDS). Als Vorsitzender fungierte der im rechtsradikalen Spektrum von Elsaß-Lothringen bekannte Franzose Marcel Iffrig.

Notgemeinschaft der reichstreuen Verbände

Mitgründer der 1959 entstandenen Gruppierung waren Karl-Heinz Priester und Friedrich Klein.

Nothilfetechnische Übungs- und Bereitschaftsstaffel (Teno)

Die Teno wurde im September 1978 in Nordrhein-Westfalen gegründet. 1. Vorsitzender wurde der Arzt Dr. Uwe Jürgens (Kontakte zur ANS/NA), 2. Vorsitzender Werner Bosselmann (NPD-Sympathisant), Schriftführer Eckehard Knoop (Kreisvorsitzender in Celle von JN, dann NPD), Beisitzer Siegfried Bosselmann (NPD). Beteiligt waren ferner Peter Swiontowski, Anke Schröter (Arzthelferin in der Jürgensschen Praxis) und Heinrich Hellmann (NPD-Mitglied). Die Teno verfügt über etwa 150 Aktivisten und veranstaltet regelmäßig als Katastrophenschutzübungen getarnte paramilitärische Übungen, meistens auf einem in Jürgensschem Privatbesitz befindlichen, 20 000 Quadratmeter großen Waldstück im Landkreis Soltau-Fallingbostel. Sie tritt vorwiegend in Niedersachsen auf, führt jedoch auch sogenannte Deutschland-Fahrten in andere Bundesländer durch. Sie besitzt einen umfangreichen Fuhrpark, hauptsächlich aus ausgemusterten Bundeswehrbeständen. Zweck der Übungen soll nach einer Anleitung des Vorsitzenden Dr. Jürgens der »Wehrsportgedanke« sein, denn es gelte, »den Wehrwillen in der Jugend zu stärken«.

Jürgens verfügte schon vor der offiziellen Vereins-
gründung über mehrere Fahrzeuge, die er rechtsextremistischen Gruppierungen, beispielsweise der Wiking-
Jugend, und führenden NPD-Funktionären zur Nutzung
überließ. An den »Wehrsportübungen« der Teno nehmen des öfteren auch Aktivisten der verbotenen ANS/NA
teil. Außer zur Wiking-Jugend und zur NPD unterhält
die Vereinigung Kontakte zur Freiheitlichen Deutschen
Arbeiterpartei (FAP) sowie zur Hilfsorganisation für nationale politische Gefangene und deren Angehörige e.V.
(HNG). Des weiteren sind Verbindungen zu einschlägig
bekannten Rechtsextremisten wie Gunnar Pahl (Marburg) und Heinz Lembke nachgewiesen. Ebenso bestehen Kontakte zu den ehemaligen ANS/NA-Aktivi-
sten Stephan Bauschke, Andreas Reckling und Christian
Worch (jetzt FAP).

Nach Einschätzung der Bundesregierung kann die
Teno als »Wehrsportgruppe mit neonazistischen Bezü-
gen« angesehen werden. Im niedersächsischen Verfassungsschutzbericht wird die Teno unter neonazistischen
Gruppierungen aufgeführt. Aktivitäten sind auch 1987
registriert worden. Forderungen, die Teno zu verbieten,
die von der Antifaschistischen Initiative Celle sowie Vertretern von DGB, SPD und Grünen an die Stadt Celle
gerichtet wurden, brachten ebensowenig Erfolg wie entsprechende Anfragen und Appelle an das niedersächsische Innenministerium.

Partei der Arbeit (PdA)

Im Juni 1971 gründete Friedhelm Busse, eine der Schlüs-
selfiguren des rechtsradikalen Spektrums, die PdA. Mit
der neuen Partei gedachte er eine »Dritte Republik«
zu verwirklichen und »die Macht, und zwar die volle
wirtschaftliche und politische Macht« zu erreichen. In
der PdA glaubte er die »führende Kraft der kommenden Revolution« zu sehen, deren Aufgabe es sei, den
»1. radikaldemokratischen und antiimperialistischen
Staat auf deutschem Boden« vorzubereiten. 1975 schloß
sich die PdA mit der Volkssozialistischen Bewegung
Deutschlands (VSBD) zusammen.

Partei für Einigkeit und Recht und Freiheit

Gegründet von Erich Kaufmann 1956 nach seiner Trennung von der Deutsch-Sozialen Union (DSU).

Patriotische Sammlung

Im Oktober 1986 gegründet unter dem Vorsitz von Georg J. Schilling-Werra, der auch Mitunterzeichner des Gründungsaufrufs für die Deutsche Volksliste war.

Politische Offensive (PO)

Im Frühjahr 1987 erfolgte die Umbenennung des Nationalrevolutionären Koordinationsausschusses (NRKA) in Politische Offensive.

Politischer Informations-Club (PIC)

Diese rechtsgerichtete Gruppierung trat erstmals 1974 in München an die Öffentlichkeit. Sie beschränkte sich auf Vortragsveranstaltungen; zu den Referenten zählte der im rechtsradikalen Spektrum bekannte Richard Etzel.

Rechts- und Lebensschutzverband

Der rechtsextreme Verleger Roland Bohlinger aus Nordfriesland lud im Juni 1988 zu einer Tagung ein, deren Thema »Strategie für eine kulturelle Evolution« lautete. Zu den Teilnehmern zählten Mitglieder und Anhänger des Bundes Heimattreuer Jugend (BHJ), der NPD und des Ludendorff-Kreises. Bei dem Rechts- und Lebensschutzverband handelt es sich um eine Sekte, die deutsch-gläubige Thesen vertritt.

Reichsbewußte Deutsche

Neonazistische Aktionsgemeinschaft, die im Mai 1975 zum dreißigsten Jahrestag »der Verhaftung der letzten Reichsregierung unter Großadmiral Dönitz« in Flensburg eine verbotene Kundgebung durchführte.

Reichsblock

Die im Mai 1953 von 15 Funktionären verschiedener rechtsradikaler Gruppen in Bamberg gegründete Vereinigung war eine Abspaltung des Deutschen Blocks. Das Präsidium bestand aus dem ehemaligen General und Besatzungskommandanten von Kreta, Alexander Andrae, der, nach dem Krieg in Griechenland zu lebenslänglicher Haft verurteilt, 1952 begnadigt worden war, dem ehemaligen hohen Beamten des Reichsernährungsministeriums und späteren NPD-Funktionär Wilhelm Meinberg sowie dem ehemaligen General der Flak Adolf Wolf.

Reichsblock für Arbeiter, Bauern und Soldaten

Zu der im Oktober 1974 von Werner Eichinger in Stuttgart konstituierten Gruppe gehörten ehemalige Mitglieder der Nationaldemokratischen Partei Deutschlands (NPD), der Aktion Neue Rechte (ANR) und der Deutschen Volksunion (DVU). Zielsetzung war, »eine große Volksbewegung zur Rettung des Vaterlandes auf der Basis sozialer, freiheitlicher und nationaler Ideen zu formen«.

Reichsfront

Die Anfang 1950 gegründete Vereinigung verstand sich als eine der seinerzeitigen SA ähnliche Ordnergruppe der Sozialistischen Reichspartei (SRP). Otto Ernst Remer umriß ihre Aufgaben mit folgenden Worten:

Die Angehörigen der Reichsfront, zusammengefaßt innerhalb einer ordensmäßig gebundenen Organisation, sollen in
besonders hohem Maße Träger unserer Gedanken sein und
sich als verschworene Kampfgemeinschaft selbstlos und unermüdlich für unsere politische Arbeit einsetzen [...] Im Bewußtsein, daß wir das letzte Aufgebot sind, werden wir bis zur
Selbstaufopferung für die Erhaltung der letzten nationalen
Substanz eintreten [...] Zum Aufbau und der Führung der
R.F. innerhalb der Orts-, Kreis- und Landesverbände sollen
in erster Linie im Kriege sich ausgezeichnet und bewährt
habende Frontsoldaten Verwendung finden.

Im Mai 1951 wurde die Reichsfront für verfassungswidrig erklärt.

Republikanische Partei Deutschlands (RPD)

Im Jahr 1949 entstand aus einer Splittergruppe des Bayerischen Rechtsblocks die RPD. Sie war nicht identisch
mit der Partei gleichen Namens, die bereits 1945 gegründet wurde.

Sache des Volkes – Nationalrevolutionäre Aufbauorganisation (SdV-NRAO)

Die SdV-NRAO war eine Abspaltung von Siegfried Pöhlmanns Aktion Neue Rechte (ANR) und wurde mit Beteiligung der Außerparlamentarischen Mitarbeit (APM) im
August 1974 in Berlin gegründet. Initiatoren waren der
vormalige ANR-Generalsekretär Burre sowie die Publizisten Henning und Frank. Anläßlich ihres 5. National-
kongresses Ende 1977 nannte die SdV-NRAO als ihre
Ziele: »1. Die nationale Revolution durchführen, 2. den
genossenschaftlichen Sozialismus aufbauen [...], 3. ökol-
ogisch leben [...], 4. die Kultur revolutionieren [...],
5. die Demokratie verwirklichen [...]« Nach ihrer Vorstellung sollte Deutschland folgende Gebiete umfassen:
Bundesrepublik Deutschland, DDR, Österreich, die »deutschen Ostgebiete«, das Sudetenland und Südtirol. Weitere Parolen der SdV-NRAO lauteten:

[. . .] Zu ernst ist die Lage, in einem Deutschland der Fremd-herrschaft von der Sache des Volkes nicht nur zu reden, sondern den Volkskampf auch zu einer realen geschichtlichen Macht werden zu lassen [. . .]

[. . .] Sache des Volkes – NRAO entlarvt die Umtriebe der Zionisten, dieser Menschenräuber ohne Skrupel, verurteilt die Verräter und erklärt ihnen den geistig-revolutionären Kampf.

Nieder mit dem Profitzionismus!

Raus mit den Kollaborateuren aus unseren Reihen!

Nur dem revolutionären Geist des Befreiungsnationalis-mus der unterdrückten Völker gehört die Zukunft [. . .]

Sammlung der Mitte

Die zu den Landtagswahlen 1958 in Bayern gegründete Gruppierung appellierte vor allem an rechtseingestellte Wähler der Bayernpartei und der FDP.

Sammlung der Reichstreuen

Der Vielgründer Karl-Heinz Priester versuchte 1960 zur Bundestagswahl 1961 nationale »Persönlichkeiten« im Rahmen dieser Interessengemeinschaft Rechtsradikaler zusammenzuführen. Seinen diesbezüglichen Aufruf versandte er an 800 Gruppen und Personen.

SA-Sturm Hamburg 8. Mai

Im Jahr 1977 gründete Michael Kühnen diese militante Gruppierung, die als Vorläufer in der ANS/NA gelten kann.

Schillerbund

Die Gruppierung trat im Juli 1985 mit einer Presseerklä-rung an die Öffentlichkeit, in der ihr Bundesvorstand ein Grundsatzurteil des Bundesverfassungsgerichts wie folgt interpretierte:

[...] Nach den anerkannten Thesen des Völkerrechts und der Staatslehre besteht das Deutsche Reich in den Grenzen vom 1. 9. 1939, dem Tag des Kriegsausbruchs, fort.

Die damaligen Grenzen waren von allen Staaten anerkannt. Ein Friedensvertrag, der eine Änderung herbeigeführt hätte, wurde nicht abgeschlossen.

Das Grundgesetz der Bundesrepublik Deutschland geht davon aus, daß das Deutsche Reich den Zusammenbruch 1945 überdauert hat und weder mit der Kapitulation noch durch Ausübung fremder Staatsgewalt durch die alliierten Okkupationsmächte noch später untergegangen ist; das ergibt sich aus der Präambel, aus Artikel 16, Artikel 23, Artikel 116 und Artikel 146 Grundgesetz.

Aus dem Wiedervereinigungsgebot folgt zunächst: Kein Verfassungsorgan der Bundesrepublik Deutschland darf die Wiederherstellung der staatlichen Einheit als politisches Ziel aufgeben, alle Verfassungsorgane sind verpflichtet, auf die Erreichung dieses Zieles hinzuwirken, das schließt die Forderung ein, den Wiedervereinigungsanspruch im Inneren wachzuhalten und nach außen beharrlich zu vertreten – und alles zu unterlassen, was die Wiedervereinigung vereiteln würde. [...]

Solidaristische Volksbewegung (SVB)

Diese im August 1974 in Aschaffenburg gegründete Gruppe verstand sich als rechter Flügel der Nationalrevolutionäre. Erster Vorsitzender wurde Lothar Penz. An einem »Solidaristentreffen« 1975 nahmen Vertreter der Vereinigung Deutsche Nationalversammlung (VDNV), der Unabhängigen Arbeiterpartei (UAP), der Blauen Adler-Jugend (BAJ) sowie Mitglieder der NPD teil. Einer der Grundsätze der SVB ist es, die Synthese von Sozialismus und Nationalsozialismus im »Solidarismus« zu erreichen. Auf der Jahresversammlung 1980 wurde die SVB in Bund Deutscher Solidaristen (BDS) umbenannt.

Sozialistische Nationalrevolutionäre Aufbauorganisation (SNRAO)

Im August 1974 gegründet als Abspaltung von der Nationalrevolutionären Aufbauorganisation, die sich erst im März desselben Jahres von Siegfried Pöhlmanns Aktion Neue Rechte (ANR) abgespalten hatte.

Sozialistische Reichspartei (SRP)

Die SRP, am 2. Oktober 1949 von ehemaligen Mitgliedern der Deutschen Konservativen Partei – Deutsche Rechtspartei (DKP-DRP) gegründet, war ein Zusammenschluß von seinerzeit führenden NS-Funktionären. Gründungsmitglieder waren Otto Ernst Remer, Dr. Fritz Dorls, Dr. Franz Richter, Dr. Gerhard Krüger und Wolf Graf von Westarp. Der erste Parteivorstand bestand aus Dr. Fritz Dorls (Vorsitzender), August Finke, Hellmut Hillebrecht, Dr. Bernhard Gericke, Gerhard Heinze, Wolfgang Falck und Dr. Gerhard Krüger; in den nächsten beiden Vorständen saßen dann auch Remer und Graf Westarp. Nach Mitgliederzahl und organisatorischer Schlagkraft wurde die SRP zur größten eindeutigen Nachfolgeorganisation der NSDAP.

Das Aktionsprogramm der SRP vertrat folgende Auffassung:

> Die SRP ist ein Zusammenschluß freier Deutscher, die aus innerster Verantwortung die Wiederherstellung von Ehre, Recht und Ordnung in Deutschland fordern. Zu ihrem obersten freiwilligen Gesetz erheben sie die Treue zum Reich [...] Die notwendige Sammlung aller wahrhaft deutschgesinnten Männer und Frauen wird nicht durch Zusammenschluß verschiedener Richtungen erstrebt, sondern durch kämpferisches Bekenntnis und Verpflichtung auf ein klares Programm zur Überwindung der deutschen Not [...] Die SRP will die Einigung aller Deutschen in einem einheitlichen Reich [...] Der durch Geschichte und Kultur, Menschen- und Völkerrecht sich ergebende deutsche Anspruch auf die Gesamtheit des Reichsraumes ist unveräußerlich [...] Die SRP bekennt sich zu einem echten, aus dem Geist unserer Zeit erwachsenden Volkssozialismus aller Deutschen [...] Der freiwillige Dienst am Gedanken des Reiches als Ausdruck dieser sozialistischen Gemeinschaft der Deutschen muß zum Höchstwert unseres gesamten politischen, wirtschaftlichen und kulturellen Lebens erhoben werden [...] Erforderlich ist die Konzentration aller Kräfte auf wenige große Ziele und Aufgaben, die sich aus unserer nationalen Notlage ergeben, und im Zusammenhang damit eine umfassende, wahrhaft tiefgehende Erneuerung unseres politischen Lebens.

Am 19. November 1951 stellte die Bundesregierung beim Bundesverfassungsgericht Antrag auf Verbot der SRP wegen deren nationalsozialistischer Umtriebe, die in der deutschen und der internationalen Presse Aufsehen erregt hatten. Das Bundesverfassungsgericht entsprach diesem Antrag in seinem Urteil vom 23. Oktober 1952. Es entschied folgendermaßen:

1. Die Sozialistische Reichspartei ist verfassungswidrig.
2. Die Sozialistische Reichspartei wird aufgelöst.
3. Es ist verboten, Ersatzorganisationen für die Sozialistische Reichspartei zu schaffen oder bestehende Organisationen als Ersatzorganisationen fortzusetzen.
4. Die Bundestags- und Landtags-(Bürgerschafts-)Mandate der Abgeordneten, die aufgrund von Wahlvorschlägen der Sozialistischen Reichspartei gewählt sind oder zur Zeit der Urteilsverkündung der Sozialistischen Reichspartei angehören, fallen ersatzlos fort.
5. Das Vermögen der Sozialistischen Reichspartei wird zugunsten der Bundesrepublik Deutschland zu gemeinnützigen Zwecken eingezogen. [...]

Der Verbotsantrag war aufgrund der Proteste von Gewerkschaften und anderen demokratischen Organisationen gestellt worden, aber auch deshalb, weil rechtskonservative Parteien um ihr Stimmenpotential fürchteten. Bei den Landtagswahlen in Niedersachsen im Mai 1951 hatte die SRP mit 11 Prozent der Stimmen einen spektakulären Wahlerfolg erzielt und war mit 16 Abgeordneten als viertstärkste Partei in das Landesparlament eingezogen. Ihre größten Stimmenanteile verbuchte sie dabei in den Wahlkreisen Diepholz und Bremervörde mit jeweils 32,9 Prozent; es folgten Lüneburg-Land mit 29,7, Aurich mit 29,1, Lüneburg-Stadt mit 28,4, Hadeln mit 28, Verden mit 27,7, Rotenburg mit 27,6 sowie Zeven und Emden-Stadt mit je 26,2 Prozent. Bei den Landtagswahlen 1951 in Bremen hatte die SRP 7,7 Prozent der Stimmen erhalten.

Nach dem Verbot der Partei bildeten sich Tarngruppen, die sich die Aufgabe stellten, die Politik der SRP weiterzuführen. Es waren dies u.a.: Nationale Wählergemeinschaft, Kommunalpolitischer Einheitsblock, Freie deutsche Wählergemeinschaft, Unabhängige Wählergemeinschaft, Wahlblock der Parteilosen, Nationaler kommunalpolitischer Einheitsblock, Deutsche kommunale

Wählergemeinschaft, Freier deutscher Wählerblock, Unabhängiger Nationaler Wählerblock. Allein vom niedersächsischen Innenministerium wurde die Existenz von 61 SRP-Tarngruppen festgestellt. Jede dieser Hilfsgründungen war ein Verstoß gegen das Verbotsurteil des Bundesverfassungsgerichts vom Oktober 1952, worin die Schaffung von Ersatzorganisationen für die SRP ausdrücklich untersagt worden war.

Sozialrevolutionäre Nationale Kampfgemeinschaft Deutschlands (SNKD)

Karl Jochheim-Armin, Gründer und Mitgründer mehrerer neonazistischer Gruppierungen, rief 1968 diese als Nachfolgeorganisation der NSDAP gedachte Vereinigung ins Leben.

Stoßtrupp Nagold

In Baden-Württemberg trat in den Jahren 1984 und 1985 diese militante Gruppe an die Öffentlichkeit. Ein Jürgen Theurer aus Rohrdorf zeichnete verantwortlich für den nachfolgend abgedruckten Flugblatttext.

Die Soldaten der ehem. Waffen-SS klagen an:

Ihr habt uns durch Lüge und Schmutz gezogen,
Ihr habt uns geschmäht und habt uns betrogen,
Ihr habt uns bespien und habt uns verlacht,
Ihr habt uns zum Greuel unserer Kinder gemacht,
Ihr habt uns Eigen, Achtung und Ehre gestohlen,
Ihr habt unsere Leistung und Opfergang der Nachwelt
    verhohlen,
Ihr habt unsere tapferen, gefallenen Kameraden verhöhnt,
Ihr habt euch nicht einmal mit ihren Witwen und Waisen
    versöhnt,
Ihr schändet ihre Gräber noch immerzu,
Ihr gönnt bis heute unseren Toten keine Ruh',
Ihr seid winselnd vor jedem Sieger im Dreck gekrochen;

Doch unseren Stolz: die Liebe zu unserem Vaterland –
die habt Ihr nicht gebrochen!

Taunusfront

Die in Hofheim (Main-Taunus-Kreis) entstandene Taunusfront fiel im Juni 1988 anläßlich des Hessentags durch rechtsradikale Störungsmanöver auf. Sie verfügte über gute Kontakte zu Skinheads und kann als Untergruppierung der Nationalistischen Front (NF) gewertet werden.

Unabhängige Arbeiterpartei (UAP)

Im Januar 1962 in Essen als Abspaltung der Deutsch-Sozialen Union (DSU) gegründet, steuerte die UAP einen pseudolinken Kurs und verstand sich als neutralistisch orientierte Gruppe. Sie war überwiegend im Ruhrgebiet tätig. Als typisch für ihre sozialpolitische Demagogie können die zehn Punkte ihres Maximalprogramms gelten; sie lauten im Originalton:

1. Eine neue Verwaltungsform in der Wirtschaft!
2. Vergesellschaftung aller staatlichen und privaten Großunternehmen!
3. Die Verwaltung der Betriebe in die Hände der Belegschaftsmitglieder!
4. Gleichmäßige Aufteilung der Dividenden!
5. Eine gewerkschaftliche Kontrolle!
6. Vereinfachung des Zwischenhandels!
7. Einführung einer Indexwährung durch ein
8. Bankinstitut ohne Zinsgewinn!
9. Schaffung einer Zentralen Versicherungsausgleichsbank! –
10. Für alle vergesellschafteten Großbetriebe und kleinen Privatunternehmer!

Vertrat sie in den ersten Jahren noch nationalrevolutionäre Tendenzen, so wandte sich die UAP im Lauf der Zeit immer stärker zum Rechtsextremismus hin. Als 1. Vorsitzender des Zentralbüros lösten einander Erhard Kliese, Erich Kaufmann, Wolfgang Strauß und Ulrich Villmow ab. Nach einer internen Mitteilung beabsichtigte die UAP, sich in einigen Gemeinden Nordrhein-Westfalens an den Kommunalwahlen im Oktober 1989 zu beteiligen.

Unabhängige Freie Wählervereinigung (UFW)

Die UFW war eine Tarnorganisation der NPD. Diese rief in Stuttgart anläßlich der baden-württembergischen Kommunalwahlen im Oktober 1984 ihre Freunde und Mitglieder dazu auf, die UFW zu wählen.

Unabhängiger Freundeskreis (UFK)

Der im Juni 1970 gegründete UFK unterstützte die Herausgabe der in Oberhausen erscheinenden *Unabhängigen Nachrichten*. Gründer waren Martin Voigt und Werner Gebhardt. In den Leitlinien stand u. a. zu lesen:

> Wir fordern eine klare deutsche Interessenvertretung unter Überwindung des Gezänks der Nutznießer der deutschen Spaltung. Wir glauben nicht, daß man durch Aufgeben eigener, berechtigter Standpunkte zum Frieden beiträgt. Versöhnung und Frieden entstehen nur durch den besonnenen Ausgleich angeblicher oder tasächlicher Gegensätze. Voraussetzung dafür ist, dem Haß und der Verhetzung entgegenzutreten, nicht zuletzt durch unbedingte Wahrheit.
>
> Unser Streben gilt der Überwindung der nationalen Minderwertigkeitskomplexe. Der deutsche Mensch ist nicht schlechter oder besser als die übrige Weltbevölkerung. Wir lehnen es ab, weitere Generationen unseres Volkes belasten zu lassen.

Der UFK verbreitete auch »Spruch-Postkarten deutscher Art« mit folgenden Texten: »Das höchste Gut des Mannes ist sein Volk«, »Willy Brandt ist ein sowjetischer Agent«, »Wenn alle untreu werden, so bleiben wir doch treu«, »Wo ist Deutschland? In der Zelle von Rudolf Heß«. Verantwortlich: Helmut Usche.

Unabhängige Wählergemeinschaft (UWG)

Zu den Kommunalwahlen in Niedersachsen im Herbst 1964 bildeten die Deutsche Reichspartei und die Rechten der Deutschen Partei örtliche Gemeinschaften, um das rechte Wählerpotential zu motivieren und Kandidaten dieser Richtung aufzustellen. Die bereits 1959/1960 gegründete UWG hoffte sich dadurch wieder ins Gespräch zu bringen.

Vaterländischer Bund

In Hamburg 1949 von Repräsentanten der CDU, der FDP und der Deutschen Konservativen Partei (DKP) als Bürgerblock gegründet.

Vaterländische Union (VU)

Im Jahr 1949 von Karl Feitenhansl gegründete Partei mit nationalistisch-völkischer Zielsetzung.

Vereinigung für gesamtdeutsche Politik (VGP)

Die 1984 durch den Zusammenschluß zweier nationalistischer Gruppen entstandene Vereinigung erklärte als ihre Feinde »die Kreuzfahrer in Washington und im Vatikan, mit ihren deutschen Satelliten«. Sie bezeichnete die Abgeordneten der Parteien als »Volksvernichter« und kennzeichnete sie als »Abschaum, der sich aufgrund des Substanzverlustes zweier Weltkriege nach oben spülen konnte« und »in seiner politischen Weltanschauung pervers und kriminell« sei. Die VGP ging 1987 in der Gruppe Die Deutschen auf.

Vereinigung Verfassungstreuer Kräfte (VVK)

Die VVK, zu deren Gründung Mitte der 70er Jahre auch Erwin Schönborns Kampfbund Deutscher Soldaten (KDS) beteiligt war, arbeitete u.a. mit der Aktionsgemeinschaft Nationales Europa (ANE) und dem Neuen Nationalen Europa (NNE) zusammen. Als Vorsitzender fungierte Karl-Heinz Keuken. Kooperationsberater war Erwin Schönborn, Geschäftsführer Ralf Platzdasch.

Volksbewegung für Generalamnestie (VOGA)

Die 1979 von Dr. Gerhard Frey gegründete Gruppierung erklärte in einem Aufruf an alle Deutschen:

Seit über drei Jahrzehnten mißachtet die Bonner Volksvertretung den Willen der übergroßen Mehrheit des deutschen Volkes nach einem Schlußstrich unter die pharisäerhafte einseitige Vergangenheitsbewältigung. Unter zunehmendem Druck und Terror werden vieljährige Schauprozesse gegen die Besiegten des Zweiten Weltkriegs durchgeführt, während die Sieger ihre millionenfachen Morde am deutschen Volk 1945 bis 1947 amnestierten und ausnahmslos ungesühnt ließen. Dieses Rachedenken und diese doppelte Moral schlagen dem Grundsatz eines gleichen Rechts für alle ebenso ins Gesicht wie die den christlich-abendländischen Vorstellungen von Gnade, Vergebung und Versöhnung. Die Fortführung dieser Unrechtsprozesse muß das deutsche Volk in den Augen der Völkergemeinschaft für unabsehbare Zeit kriminalisieren und für Forderungen und Zumutungen vieler Art erpreßbar machen. Es geht um das Lebensrecht und die Freiheit unserer Kinder und Kindeskinder. Es geht um die Bewältigung der Gegenwart und Zukunft. Es geht um die Verwirklichung des Selbstbestimmungsrechts der Deutschen. Darum fordern wir im Bewußtsein unserer Verantwortung für kommende Generationen der Deutschen den überfälligen Schlußstrich durch Generalamnestie für jedwedes behauptete oder tatsächliche Unrecht im Zusammenhang mit dem Zweiten Weltkrieg. Wir rufen alle Deutschen, die ein gleiches Recht auch für unser Volk wünschen und denen an der Zukunft kommender Generationen liegt, hiermit dazu auf, der »Volksbewegung für Generalamnestie« beizutreten, die mit allen legitimen Mitteln in Wort und Schrift für das Recht unseres geliebten Vaterlandes wirken will. Es lebe das Recht! Es lebe die Freiheit! Es lebe Deutschland!

Volksbewegung gegen antideutsche Greuellügen

Im Mai 1979 wurde in verschiedenen Städten Hessens von dieser Gruppierung ein antisemitisches Pamphlet verbreitet, in dem es u.a. hieß: »Braucht ihr einen Lampenschirm? / Schlachtet einen Juden. / 's gibt genug von dem Gewürm, / und sie sollen bluten.« Und: »Wer nie in einem Ofen saß / und nie geatmet Zyklon-Gas, / der weiß ja nicht, wie gut es tut, / wenn abstirbt diese Läusebrut.«

Volksbund Deutsches Reich

Im Jahr 1981 gründete Ludwig Stenuf in Bad Wörishofen unter dem Slogan »Niemals verzichten« diesen Volksbund. In einem Flugblatt vertrat er u.a. nachstehende Meinung:

> Dönitz lebt noch und ist weder zurückgetreten noch abgesetzt worden. Oder kann man es deutschen Soldaten zumuten, mit ungeklärter Rechtslage in einen neuen Krieg zu ziehen? [...] Weil das Deutsche Reich de jure noch fortbesteht und nur die Wehrmacht kapituliert hat, ist der auf dem Territorium des Deutschen Reiches errichtete Staat Bundesrepublik illegal, denn es kann staatsrechtlich und völkerrechtlich gesehen nur ein Staat auf dem gleichen Gebiet bestehen.

Volksbund Rudolf Heß

Die Gruppierung trat 1987 mit Anzeigen an die Öffentlichkeit, in denen die Forderung nach Rudolf Heß' Rehabilitierung erhoben und seines Todestages »gedacht« wurde. Verantwortlich für die Aktionen zeichnete Edgar Geiß.

Volkspolitische Aktion (VOPA)

Die 1968 gegründete VOPA stand unter der Leitung von Alfred E. Manke, Mitinitiator des Arbeitskreises Volkstreuer Verbände (AVV). Sie protestierte gegen die »Schandmauer« und gegen »bolschewistische Ostpolitik«. Nach Auflösung der Aktion Widerstand 1971 benannte sich die VOPA um in Volkspolitische Aktion W; dies geschah mit dem Ziel, die Aktivitäten der Aktion Widerstand fortzusetzen.

Volkssozialistische Bewegung Deutschlands / Partei der Arbeit (VSBD/PdA)

Die 1971 gegründete PdA vereinigte sich 1975 mit der Volkssozialistischen Bewegung Deutschlands. Beide Organisationen setzten sich aus unzufriedenen NPD-Mitgliedern zusammen. Sie unterstützten Erwin Schönborns

Bürgerinitiative für die Todesstrafe und gegen Pornographie und Sittenverfall. Die zusammengeschmiedete
Gruppierung stand unter der Führung des ehemaligen
NPD-Funktionärs Friedhelm Busse, der in einem Programm u. a. schrieb: »Wie ich, so haben viele Freunde
erkannt, daß wir uns bei der Parteigründung der NPD zu
voreilig mit einem Clan verbunden haben, der uns lediglich vor seinen reaktionären Karren spannen wollte.«
1982 wurde die VSBD/PdA verboten.

Volkssozialistische Deutsche Partei (VSDP)

Die VSDP sah sich als »nationalrevolutionäre Bewe-
gung«, deren Ziel die Errichtung eines nationalen Sozia-
lismus sein sollte. Als Mitglied der Volkssozialistischen
Einheitsfront stand sie in Verbindung mit Karl Jochheim-
Armin und fungierte als Herausgeber der Zeitschriften
Nationale Verantwortung und *Euro-Forum* (Schriftleiter
Werner Kosbab).

Volkssozialistische Einheitsfront

Die Vereinigung wurde 1978 von Karl Jochheim-Armin,
Werner Kosbab und Friedhelm Busse gegründet. Zielsetzung war es, eine Aktionsgemeinschaft mit nationalen
und sozialrevolutionären Kräften zu bilden. Das Aktionsprogramm lautete:

1. Kampf gegen die Kolonialisierung Deutschlands und Europas durch Bolschewisten und Amerikaner; für die Auflösung
der imperialistischen Militärbündnisse »Warschauer Pakt«
und »Atlantische Allianz« (NATO); für den Abzug aller Besatzungstruppen aus Ost- und West-Europa.
2. Kampf für die Bildung der »Nation Europa« auf der
Grundlage freier Selbstbestimmung der Völker; Verwaltungs-
und Kultur-Autonomie der Völker; Stärkung der Volksmacht
und des Selbstbewußtseins der Völker; Durchsetzung einer
realen Demokratie (Volksherrschaft!).
3. Kampf gegen liberalistischen Monopolkapitalismus und
marxistischen Staatskapitalismus; Brechung der sozialen
Knechtschaft des Volkes durch Überführung aller gesellschaftlichen Konzentrationsformen (der Produktionsmittel
und des Kapitals) in Volkseigentum (freie Genossenschaf-

ten); Bildung einer realdemokratischen Wirtschaftskammer; Einführung der Arbeitspflicht für jeden; »Jeder nach seinen Fähigkeiten, jedem nach seinen Leistungen!« menschliche Lebensqualität steht über jedem Profit.

4. Kampf für die Sicherung menschlicher Bedürfnisse: Förderung der Familie, soziale Miethöhe von max. 20% des Familieneinkommens, Eigentumsbildung (Wohnung etc.), Festpreise für alle Grundnahrungsmittel und -Bedürfnisse (Kleidung, Erholung usw.), Neuordnung des Versicherungs- und Renten-Wesens.

5. Kampf für eine breite Volksbildung und Volkskultur: Einheitliche Bildung (Aus-, Weiter- und Fortbildung), einheitliche Förderung und Lehrpläne usw. im gesamten Staatsgebiet; Bildungsförderung nach der Erkenntnis, daß Körper und Geist eine Einheit bilden (Arbeit – Sport – Freizeit – Erholung); Gewissens- und Glaubensfreiheit; Trennung von Kirche und Staat; Schutz und Pflege des Kulturgutes des Volkes.

Volkstreue Außerparlamentarische Opposition (VAPO)

Im Januar 1985 führte die verstärkte Zusammenarbeit von Mitgliedern der Wiking-Jugend und Angehörigen der verbotenen ANS/NA zur Gründung der VAPO. Michael Kühnens *Neue Front* formulierte die Aufgabe der VAPO folgendermaßen: »Diese VAPO, die weder eine Partei noch ein fest organisierter Verein sein will, hat die Absicht, zu einer Art ›rechter APO‹ zu werden. Der von der VAPO verbreitete Grundsatz lautet: ›Alle machen mit, keiner ist verantwortlich.‹«

Wehrsportgruppe Fulda (WSG Fulda)

Leiter dieser Gruppe war der spätere Stellvertreter Michael Kühnens, Thomas Brehl. Die WSG Fulda unterhielt enge Verbindungen zu anderen neonazistischen Gruppierungen und veranstaltete im Juni 1982 in Bad Hersfeld anläßlich des Treffens ehemaliger SS-Angehöriger der Panzerdivision Hitlerjugend und des SS-Panzerkorps Leibstandarte Adolf Hitler gemeinsam mit den Teilnehmern des SS-Treffens einen nicht angemeldeten Demonstrationszug durch die Stadt.

Wehrsportgruppe Hoffmann

Sechs Jahre lang, von 1974 bis 1980, war die Bayerische Staatsregierung bemüht, die Gefährlichkeit dieser militärisch aufgebauten Gruppe zu bagatellisieren. So brachte der damalige Innenminister Gerold Tandler im März 1979 im Landtag vor, wenn sich eine Vereinigung »an die allgemeinen gesetzlichen Regelungen« sowie »das Waffengesetz, das Naturschutzgesetz, die Straßenverkehrsordnung usw.« halte, könne »die Abhaltung von Wehrsportübungen nicht unterbunden werden«; auch das Uniformverbot gelte »nur für das Tragen in der Öffentlichkeit«. Der Minister schloß mit dem Hinweis, Wehrsport selbst sei nicht strafbar. Als eine Art Ablenkungsmanöver des Kalten Kriegs wurde in verschiedenen Varianten die niemals bewiesene Legende verbreitet, bei der Gruppe um Karl-Heinz Hoffmann handle es sich, ebenso wie bei anderen rechtsradikalen Erscheinungen, um gezielte Provokationen aus dem Osten, wie aus nachfolgenden Zitaten hervorgeht.

In einem am 30. September 1980 veröffentlichten *Bild*-Interview mit Ministerpräsident Franz Josef Strauß hieß es u. a.:

> Strauß: »In Bayern, wo ich für die Dienste zuständig bin, wurde alles getan. Im Bund gibt es leider eine Fülle von Versäumnissen. Ich habe zum Beispiel Informationen, wonach rund zwei Dutzend Mitglieder einer rechtsradikalen Splittergruppe aus der ›DDR‹ kommen. Sie sollen zum Teil sogar von der Bundesregierung freigekauft worden sein und unter Beobachtung des Verfassungsschutzes stehen. Unter anderem auch wegen geheimdienstlicher Tätigkeit für die DDR. Das muß sorgfältig geprüft werden.«
>
> Frage: »Was erhofft sich die ›DDR‹ davon?«
>
> Strauß: »Die Aufmerksamkeit soll vom Linksterror abgelenkt, die Bundesrepublik in der Welt diffamiert und die CDU/CSU mit dem Rechtsradikalismus in Verbindung gebracht werden.«

Bei einem anderen Journalistengespräch (zitiert nach Sozialdemokratischer Pressedienst, 1. Oktober 1980) sagte Strauß:

Heutzutage gibt es [in der Bundesrepublik Deutschland] keine Gefahr mehr von rechts, weder im Augenblick noch in der nahen Zukunft. Vielleicht haben Sie die Aktion verfolgt, die gegen die »Wehrsportgruppe Hoffmann« unternommen worden ist. [...] Die Behörden haben diese Maßnahme ergriffen, deswegen, weil man sich gesagt hat: »Man muß diese Idioten unschädlich machen, man muß es ihnen unmöglich machen, Schaden anzurichten.« [...] Man hat diese Leute als große Gefahr hingestellt. Ich habe gesehen, wie der Bundesinnenminister auf die Tribüne stieg, wie Cicero, als er die Verschwörung des Catilina entdeckte. [...] »Man muß den Staat retten«, das hat der Innenminister Baum gesagt [...] Wenn niemand von diesem Verrückten [Hoffmann] spräche, man würde seine Existenz überhaupt nicht bemerken [...] Mein Gott, wenn jemand Spaß daran hat, am Sonntag mit einem Rucksack und im Kampfanzug mit Koppelschloß durchs Gelände zu spazieren, soll man ihn in Ruhe lassen [...] Hoffmann hat sich nichts zuschulden kommen lassen. Ich bin vielleicht verrückt, aber ich verstehe das nicht [...] Sie starten ihre Aktion und finden nichts, das auch nur eine einzige Verhaftung zuließe [...] Bei den Linksintellektuellen gibt es Leute wie Jens, das ist ein Verrückter.

In der *Süddeutschen Zeitung* vom 4./5. Oktober 1980 stand zu lesen:

Der bayerische Innenminister Gerold Tandler erklärt unterdessen vor der Presse erneut, es gebe »konkrete Anhaltspunkte« dafür, daß die DDR Agenten in die »Wehrsportgruppe Hoffmann« eingeschleust habe. Der SPD-Landtagsabgeordnete Karl-Heinz Hiersemann sagte, für diese These habe Tandler in der am Freitag angesetzten Sondersitzung des Sicherheitsausschusses im bayerischen Landtag »nicht den geringsten Beweis« erbracht. Hiersemann stellte die Frage, woher Strauß eine Liste habe, aus der hervorgehen soll, daß es sich bei einigen Mitgliedern der Wehrsportgruppe um DDR-Flüchtlinge gehandelt habe. Da Tandler im Ausschuß erklärt habe, weder das bayerische Innenministerium noch das Landratsamt für Verfassungsschutz hätten solches Material herausgegeben, bestehe der Verdacht, daß Strauß zu dem Material »unter Umgehung des Dienstwegs« gekommen sei – sofern es überhaupt stichhaltig sei.

Franz Josef Strauß und seine Mitkämpfer mußten sich von der Bundesregierung bezüglich der hier wiedergegebenen Behauptungen korrigieren lassen. So erklärte der damalige Staatssekretär Klaus Bölling:

Sie werden gesehen haben, daß Herr Ministerpräsident Strauß in den letzten Tagen – wohl am Sonntag zum ersten Mal – behauptet hat, daß die sogenannte Wehrsportgruppe Hoffmann womöglich von der DDR aus gesteuert worden sei. In der Kabinettssitzung ist durch Bundesminister Baum festgestellt worden, daß unseren zuständigen Sicherheitsbehörden keinerlei konkrete Anhaltspunkte für diese Theorie vorliegen.

Die amtlichen Äußerungen aus Bayern im Herbst 1980 muten um so eigenartiger an, als bereits 1974 Bundesinnenminister Hans-Dietrich Genscher die Aktivitäten der Nürnberger paramilitärischen Gruppe als »außerordentlich bedenklichen« Vorgang betrachtet hatte. In der Fragestunde des Bundestages wollte er die abschließende Bewertung der Verfassungsmäßigkeit des Treibens der Hoffmann-Truppe allerdings dem bayerischen Innenministerium überlassen, weil es sich auf Bayern beschränke. Die damals vorliegenden Erkenntnisse reichten nach Ansicht Genschers nicht aus, um eine »verfassungsfeindliche Zielsetzung« der Wehrsportgruppe nachzuweisen; ihre Tätigkeit werde jedoch »sorgfältig« weiter beobachtet.

Seitdem wurde die Wehrsportgruppe Hoffmann in allen Verfassungsschutzberichten des Bundes und des Landes Bayern genannt. Hoffmanns Aktivitäten, die darauf abzielten, eine schlagkräftige Bürgerkriegstruppe heranzubilden, führten zu mannigfaltigen Gegenaktivitäten auf parlamentarischer und außerparlamentarischer Ebene. Auf eine am 14. März 1974 erfolgte Anfrage des bayerischen SPD-Landtagsabgeordneten Alfred Sommer, in der dieser auf das passive Verhalten der zuständigen Behörden gegenüber dem Tun der Wehrsportgruppe Hoffmann hingewiesen hatte, setzte Innenminister Dr. Bruno Merk die Strategie des Bagatellisierens fort und lehnte ein Verbot ab; am Ende seiner Ausführungen (zitiert nach Drucksache 7/6634 vom 13. Mai 1974, Bayerischer Landtag, 7. Wahlperiode) hieß es:

Die bisher gewonnenen gerichtlich verwertbaren Erkenntnisse über die Zielsetzung der Gruppe sind nach Auffassung der Staatsregierung derzeit noch keine geeignete Grundlage für ein Verbot.
Die Staatsanwaltschaft hat gegen die Gruppe ein Ermittlungsverfahren wegen des Verdachts der Bildung eines be-

waffneten Haufens (§ 127 StGB) und des Verstoßes gegen das Uniformverbot (§§ 3, 28 Versammlungsgesetz) eingeleitet, das intensiv geführt wird. Wie die Stadt Nürnberg berichtet hat, werden die Ermittlungen auf den Verdacht eines Vergehens der Verwendung von Kennzeichen ehemaliger nationalsozialistischer Organisationen (§§ 86, 86a StGB) ausgedehnt.

Im Mai 1977 richtete der bayerische SPD-Landtagsabgeordnete Helmut Geys eine schriftliche Anfrage an die von der CSU gestellte Staatsregierung, woraufhin Innenminister Dr. Alfred Seidl bekanntgab, die Wehrsportgruppe Hoffmann werde

> von den Sicherheitsorganen seit ihrer Gründung im Jahre 1974 aufmerksam beobachtet. Es haben sich bisher keine ausreichenden Anhaltspunkte für die Einleitung eines Verbotsverfahrens nach dem Vereinsgesetz ergeben [...] Insbesondere gibt es bisher keine Beweise, daß der von Hoffmann betriebene »Wehrsport« eine Übung für den späteren Kampf gegen die bestehende freiheitlich-demokratische Grundordnung darstellt. Hoffmann wurde bereits wegen verbotenen Uniformtragens rechtskräftig verurteilt. Weitere Verfahren sind im Gange. Die Behörden schöpfen die gegebenen rechtlichen Möglichkeiten voll aus.

Im März 1978 teilte die Stadt Nürnberg mit, Karl-Heinz Hoffmann habe 1973 Waffenbesitzkarten für drei Pistolen, einen Revolver und vierzehn Gewehre erhalten. Die Stadt betonte, Hoffmann habe durch das Anmelden der Waffen einen Rechtsanspruch auf diese Waffenbesitzkarten; die Behörde habe ihm allerdings mit Bescheid vom 24. Oktober 1974 die »Ausübung der tatsächlichen Gewalt über Waffen [...] untersagt«. Gegen diesen Bescheid klagte Hoffmann beim Verwaltungsgericht. Der SPD-Bundestagsabgeordnete Uwe Lambinus wollte daraufhin von der Bundesregierung wissen, »wie seitens des Antragstellers die Notwendigkeit für eine Erteilung von Waffenscheinen begründet wurde«. In der Antwort wies die Bundesregierung darauf hin, daß das bayerische Innenministerium zuständig sei; öffentliche Äußerungen über ein Verbot seien »nicht sachdienlich«.

In den gleichen Wochen fragten die Landtagsabgeordneten Wirth und Langenberger die Bayerische Staatsregierung nach den Geldquellen der Wehrsportgruppe und nach Möglichkeiten, »diese Finanzierung zu unterbinden«. In ihrer Antwort teilte die Staatsregierung mit, die Gruppe habe seit 1976 einen »Freundeskreis zur Förderung der Wehrsportgruppe Hoffmann«, der etwa 400 Personen umfasse; weiter hieß es: »Die Staatsregierung sieht zur Zeit keine Möglichkeit, die beschriebene Finanzierung der Wehrsportgruppe Hoffmann zu unterbinden.«

Im Juli 1978 forderte der SPD-Landtagsabgeordnete Sommer die Staatsregierung auf, gegen die Wehrsportgruppe vorzugehen, weil sie eine Nötigung und Bedrohung demokratischer Bürger darstelle; die Gruppe sei mit Kettenfahrzeugen, Mannschaftswagen, Schlauchbooten und schweren Motorrädern ausgerüstet. Des weiteren forderte Sommer die Staatskanzlei auf, Äußerungen Hoffmanns, er werde »offen und heimlich fotografieren, um zu sehen, wer sich mit Linksradikalen einläßt; ganz sicher ziehen wir daraus unsere Konsequenzen«, dahingehend zu prüfen, ob sie den Tatbestand der Nötigung erfüllten. Die Regierung sah indes »keine strafrechtlich relevante Bedrohung andersdenkender Bürger« und »keine Gefährdung unserer freiheitlich-demokratischen Grundordnung«.

In ähnlicher Weise wurde eine einschlägige Anfrage des SPD-Landtagsabgeordneten Karl-Heinz Hiersemann vom Februar 1979 einen Monat später von Innenminister Tandler beschieden (Zitat am Eingang dieses Artikels). Und im Rahmen der Landtagsdiskussion vom 22. März 1979, als es um die Wehrsportgruppe Hoffmann ging, sagte Franz Josef Strauß:

> Machen Sie sich doch nicht lächerlich, wenn Sie gewisse Gruppierungen – Sie haben heute die Wehrsportgruppe Hoffmann genannt – durch Ihre ständigen, in der Öffentlichkeit vorgetragenen, überdimensionierten Darstellungen überhaupt erst der bayerischen Bevölkerung bekannt machen und ihnen eine Bedeutung zumessen, die sie nie hatten, nie haben und in Bayern nie bekommen werden!

Ungeachtet der jahrelangen Bemühungen von seiten der CSU, die militanten antidemokratischen Aktivitäten der ominösen Wehrsportgruppe zu verniedlichen, sah sich der Bundesinnenminister im Januar 1980 veranlaßt, die Wehrsportgruppe (WSG) Hoffmann zu verbieten. In der Verbotsverfügung hieß es u. a.:

Die WSG richtet sich gegen die verfassungsmäßige Ordnung i.S. des Art. 9 Abs. 2 GG und des § 3 Abs. 1 Satz 1 Vereinsgesetz, d.h. gegen die konstituierenden Bestandteile der freiheitlichen demokratischen Grundordnung.

a) Die politische Zielsetzung der WSG entspricht der politischen Zielsetzung Hoffmanns, da dieser als einziges Willensbildungsorgan der WSG Erscheinungsform und Inhalt der Organisation prägt.

Die politische Zielsetzung Hoffmanns ergibt sich insbesondere aus dem von ihm verfaßten »1. Manifest der Bewegung zur Verwirklichung der Rational Pragmatischen Sozial Hierarchie« und dem dazugehörigen Programm. Darin ist u.a. folgendes niedergelegt:

»Wir haben jedes Vertrauen in die bisher der Welt angebotenen Ideologien, Staats- und Wirtschaftsformen restlos verloren.

Wir verlangen deshalb Platz für neue, unserer Zeit angemessene Formen. Wir verlangen ein System der wissenschaftlichen Planung, der Zweckmäßigkeit und der Vernunft.

Alle Lebensbereiche dieser Erde beherrschen entweder Marionettenregierungen der internationalen Hochfinanz. Den Rest regieren feudale Bonzen, meist im Einklang mit religiösen Fanatikern.

Da sich die, seit dem Ende des 2. Weltkriegs dominierenden ideologischen Weltbilder als unzureichend, und ihre, sich wechselweise in die Macht teilenden politischen Cliquen seit langem den Problemen der Menschheit gegenüber als nicht gewachsen gezeigt haben, sind wir entschlossen, uns zu organisieren. Mit dem Ziel, eine radikale Veränderung der Gesamtstrukturen in allen Bereichen herbeizuführen.

Wir sind uns darüber im klaren, daß politische Ziele niemandem von selbst in den Schoß fallen, sondern daß sie immer erkämpft werden müssen. [...]«

[...] Die gegen die verfassungsmäßige Ordnung gerichtete Tätigkeit der WSG kann nicht länger hingenommen werden.

Durch ihr spektakuläres Auftreten ist die WSG in den vergangenen Jahren in besonderem Maße in den Blickpunkt der Öffentlichkeit gerückt und übt im gesamten rechtsextremistischen Lager inzwischen eine gewisse Signal- und Sogwirkung aus. Sie stellt insbesondere für Jugendliche, denen sie falsche Leitbilder vermittelt, eine Gefahr dar. In der WSG werden junge Leute, die ursprünglich ohne politische Motivation zur Gruppe gestoßen sind, im Sinne der verfassungsfeindlichen Zielsetzung der WSG politisch beeinflußt und zu Gegnern der verfassungsmäßigen Ordnung erzogen.

Die »WSG-Zeitung Kommando« enthält in ihren ersten

Ausgaben seitenweise Bilder, auf denen WSG-Angehörige mit einem Schützenpanzer, mit Maschinenkanone und anderen Waffen sowie umgehängtem Patronengurt zu sehen sind. Diese Bilder bewirken in ihrer eindeutigen Tendenz außer einem Werbeeffekt auch die Abschreckung potentieller Gegner der WSG. Sie belegen, welche Gefahr von der WSG im Zusammenhang mit Ihrer rechtsextremistischen Gesinnung ausgehen kann.

Die Aktivitäten der WSG werden angesichts der Leiden, die der Nationalsozialismus in ganz Europa verursacht hat, gerade im Ausland mit großer Besorgnis verfolgt und stellen eine nicht länger zu duldende Belastung des Ansehens der Bundesrepublik Deutschland dar.

Die verfassungsfeindliche Betätigung der WSG kann nur im Wege des Verbots der Vereinigung unterbunden werden. Die bisherigen Verurteilungen Hoffmanns und seiner Anhänger haben an der Tätigkeit und an der poltischen Zielsetzung der WSG nichts zu ändern vermocht. Die WSG hat aus den strafgerichtlichen Verurteilungen ihrer Angehörigen nur den Schluß gezogen, künftig noch mehr konspirativ vorzugehen. [...]

In den Jahren 1986 und 1987 verhängte die 13. Große Strafkammer in Nürnberg gegen neun ehemalige Mitglieder der Wehrsportgruppe Freiheitsstrafen mit Bewährung. In sieben Fällen wurde das Urteil 1988 rechtskräftig, bei zwei Entscheidungen wies der Bundesgerichtshof das Urteil zurück, weil er es für zu milde befand.

Wehrsportgruppe Mündener Stahlhelm-Bund

Bei einer Durchsuchungsaktion im April 1989 in Niedersachsen und Nordhessen wurden in 20 Wohnungen Waffen, Munition und nationalsozialistisches Propagandamaterial beschlagnahmt. Da die 15 vorübergehend festgenommenen jungen Männer einen festen Wohnsitz nachweisen konnten, bestand für den Oberstaatsanwalt Hans-Peter Jabel kein Anlaß für einen Haftbefehl. Unter den Festgenommenen befand sich auch ein 21jähriger Bereitschaftspolizist aus Hannover, der daraufhin vorläufig vom Dienst suspendiert wurde.

Wehrsportgruppe Ostwestfalen-Lippe

Bei Hausdurchsuchungen in Nordrhein-Westfalen, Hessen und Niedersachsen wurden im Januar 1979 bei Angehörigen der Wehrsportgruppe Waffen, Plastiksprengstoff und eine Funkleitstelle mit 41 Handfunkgeräten sichergestellt. Die Aktivisten eiferten offensichtlich der Nürnberger Wehrsportgruppe Hoffmann nach. Der Dortmunder Oberstaatsanwalt Hermann Weichert bezeichnete sie als eine »bis an die Zähne bewaffnete Gruppe«. Im Juli 1980 verurteilte das Landgericht Dortmund drei Mitglieder der Kampfgruppe wegen mehrerer Verstöße gegen das Waffen- und Sprengstoffgesetz, des Besitzes verfassungsfeindlicher Propagandamittel, Brandstiftung und Aufstachelung zum Rassenhaß zu Haftstrafen von 10 bis 12 Monaten, die zur Bewährung ausgesetzt wurden.

Wehrsportgruppe Totila

Im November 1983 machten sich Angehörige dieser militanten Gruppierung im Raum Bad Ems bemerkbar. Die Staatsanwaltschaft Koblenz leitete gegen die Beteiligten ein Ermittlungsverfahren wegen des Verdachts der Bildung einer kriminellen Vereinigung, der Volksverhetzung und anderer Delikte ein.

Wehrsportgruppe Wolfspack, Sturm 12

Die 1982 gegründete, im Raum Koblenz aktive militante Gruppierung setzte sich aus Rechtsradikalen im Alter von 15 bis 21 Jahren zusammen und strebte die »Wiedereinrichtung eines Gemeinwesens an, in dem die Besten den Staat führen«. Bei Hausdurchsuchungen im Dezember 1982 und im März 1983 wurden bei Mitgliedern der Gruppe u.a. Schußwaffen, größere Mengen zur Herstellung von Sprengstoff geeigneter Chemikalien und handschriftliche Anleitungen hierzu sowie NS-Materialien gefunden. Im April 1983 wurde die Vereinigung vom rheinland-pfälzischen Innenminister verboten.

Wehrwolf 21

Im Oktober 1987 wurden die Haupttäter dieser neonazistischen Gruppierung zu einer Jugendstrafe von 9 Monaten mit Bewährung verurteilt. Sie waren für schuldig
befunden worden, rechtsextremistische Flugblätter angefertigt und im Raum Sinsheim verbreitet zu haben.

Zentrale Erfassungsstelle jüdischer Verbrechen

Seinem Deutsch-Österreichischen Institut für Zeitgeschichte (DÖIZ) gliederte Walter Ochensberger im Oktober 1988 diese Einrichtung als Unterabteilung zu. Deren
Notwendigkeit begründete er mit angeblichen Brand-
anschlägen auf neonazistische Verlage und Institute.

Rechtsradikale Jugendorganisationen

Verständlicherweise sind wachsame demokratische Bürger und deren Organisationen über die von Jahr zu Jahr stärker werdenden neonazistischen Aktivitäten unter jungen Leuten beunruhigt. Dabei ist zu berücksichtigen, daß Ausstrahlung und Einfluß rechtsradikaler Gruppen wesentlich stärker sind, als Mitgliederzahlen und Wählerstimmen erkennen lassen. Der Pädagoge Wilhelm Heitmeyer von der Universität Bielefeld stellte nach einer in Nordrhein-Westfalen durchgeführten Befragung von 1300 Jugendlichen im Alter von 15 bis 16 Jahren fest, einerseits fänden die traditionellen neonazistischen Jugendgruppen bei Jugendlichen keine nennenswerte Resonanz, andererseits aber ist bei diesen ein erhebliches Maß an rechtsextremistischem Gedankengut zu beobachten (*Ruhr-Nachrichten*, 1. September 1987). Die Lage kann sich indes sehr rasch ändern, wenn sich rechtsradikale Jugendgruppen in einer der Zeit angepaßten Sprache artikulieren und damit für das rechtsradikale Jugendpotential attraktiv werden. Es klingt zwar einleuchtend, wenn man das Vorhandensein rechtsradikaler Tendenzen bei jungen Leuten auf Arbeitslosigkeit und eine damit verbundene schlechte wirtschaftliche Situation zurückführt. Nach Heitmeyer ist dies jedoch nur die halbe Wahrheit. Denn unter den Anhängern rechtsextremer Auffassungen befinden sich ebensogut Jugendliche, die eine Lehrstelle gefunden haben, über ein ausgeprägtes Selbstbewußtsein verfügen und oft zudem aus intakten Familienverhältnissen kommen. Neonazistische Orientierungsmuster sind mithin keine Sonderform von sozial Benachteiligten, sondern lagern sehr viel breiter (*Kölner Stadtanzeiger*, 18. September 1987).

Klaus Henning Rosen, Leiter des Bonner Büros von Altbundeskanzler Willy Brandt und profunder Kenner des Rechtsradikalismus in der Bundesrepublik Deutschland, sprach bei einer Anhörung der SPD-Fraktion des baden-württembergischen Landtags zum Thema »Die

Einstellung Jugendlicher zu Nationalsozialismus und Antisemitismus« und vertrat die These, daß, obwohl es in Deutschland fast keine Juden mehr gibt, »antisemitisches Gedankengut in der deutschen Jugend vorhanden« sei. Diese Meinung wird erhärtet durch eine von der Zeitschrift *Tribüne* im Raum Stuttgart/Esslingen veranstaltete Umfrage bei 10 000 Jungen und Mädchen im Alter von 13 bis 20 Jahren – Haupt- und Realschüler sowie Gymnasiasten – zum Thema Nationalsozialismus und Antisemitismus. Sie ergab, daß 14,9 Prozent der Befragten nichts mehr von Auschwitz hören wollten und 32,9 Prozent meinten, man solle aufhören, von ermordeten Juden zu sprechen. Der Antisemitismusforscher Professer Alphons Silbermann von der Universität Köln bestätigt dies mit seiner Auffassung, daß ein Drittel unserer Gesellschaft für Antisemitismus anfällig sei. Zum Beleg führt er statistische Erhebungen an. Während bei mehr als 40 Prozent aller Volksschüler ohne abgeschlossene Lehre latenter Antisemitismus festgestellt werden kann, sind lediglich 4,3 Prozent aller Akademiker antijüdisch eingestellt. Eine gewichtige Rolle spielen laut Professor Silbermann auch die Größe des Wohnorts und die damit verbundene Menge an Informationsmitteln: Sind in kleinen Gemeinden unter 5000 Einwohnern mehr als 39 Prozent der Bewohner anfällig für antijüdische Tendenzen, so sind es in Großstädten mit mehr als 500 000 Einwohnern nur noch 18,6 Prozent (*Stuttgarter Zeitung*, 7. November 1987).

So unterschiedlich und problematisch die Ergebnisse von Befragungen zu den hier zitierten Themen sind – auch deshalb, weil es dabei sehr auf die Fragestellung ankommt –, so muß doch als feststehend gelten, daß ein beachtlicher Prozentsatz von Jugendlichen, die nie mit jüdischen Bürgern in Berührung gekommen sind, antisemitischen Auffassungen anhängt und damit in einer bestimmten politischen Situation ein Mitgliederpotential für rechtsextremistische Jugendorganisationen bildet. Es wäre verfehlt, das Problem rechtsradikal gesinnter Jugendlicher losgelöst von den gesamten gesellschaftlichen Verhältnissen beurteilen zu wollen. Nach der bekannten Sinus-Studie von 1981 haben 13 Prozent der wahlberechtigten Bevölkerung ein geschlossenes rechtsextremistisches Weltbild. Dies trifft auch zu, wenn sie noch demokratische Parteien wählen.

Nach einer Repräsentativumfrage des Instituts für angewandte Sozialwissenschaft (Infas) will die Mehrheit der Bundesbürger von der NS-Vergangenheit nichts wissen. Wie das Institut in Bonn bekanntgab, wurde bei der Erhebung rund 1000 Personen ab 18 Jahren die Frage gestellt: »Sollten Rundfunk, Fernsehen und Zeitungen noch über die Hitler-Zeit und den Zweiten Weltkrieg berichten, oder sollte man die Vergangenheit ruhen lassen?« Daraufhin antworteten 54 Prozent der Befragten: Die Vergangenheit soll ruhen. Insgesamt 35 Prozent der Befragten erwiderten: Die Medien sollen weiter berichten. 11 Prozent machten bei der Umfrage keine Angaben (*Frankfurter Rundschau*, 12. Februar 1985).

Bereits 1956 warnte eine der CDU nahestehende Tageszeitung vor der verbreiteten Bereitschaft, neonazistische Umtriebe angesichts der antikommunistischen Doktrin zu negieren. »Die Gefahr dieser Gruppen«, so war zu lesen, »liegt vor allem darin, daß verschiedene Stellen bereit sind, ihre antidemokratische und verhetzende Tätigkeit im gegenwärtigen Stadium der demokratischen Wahlpropaganda zu übersehen oder zu tolerieren, oder die neonazistischen Tendenzen unter dem Mantel der antibolschewistischen Haltung nicht zu bemerken« (*Frankfurter Neue Presse*, 10. März 1956).

Es gibt wohlmeinende und menschenfreundliche Demokraten, die der Ansicht sind, man könne durch sachliche Gespräche die jungen Leute von ihrer dunklen politischen Seitengasse auf die hellerleuchtete Straße der Demokratie führen. Hier sei nur an den Dialog erinnert, den Erich Fried mit einem der führenden Köpfe der Rechtsradikalen, Michael Kühnen, im Gefängnis führte. Nach dem Gespräch bezeichnete Fried in einem Interview mit dem Österreichischen Rundfunk vom 20. April 1985 den »Führer« nationalsozialistischer Terrorgruppen als einen subjektiv ehrlichen, aber wirrköpfigen jungen Mann, der sehr viel über Geistesgeschichte des Faschismus gelesen habe und aufrichtig an dessen Mission glaube. Solange der Mensch ehrlich sei und noch nicht furchtbare Dinge angerichtet habe, könne man immer versuchen, auf ihn einzuwirken. Diese von jüdischer Nächstenliebe geprägte Auffassung Frieds wäre dahingehend zu interpretieren, daß Kühnen und seine Gesinnungsfreunde, solange sie keine Gaskammern bedienen, als »subjektiv ehrlich« zu beurteilen wären.

Sicherlich ist die Forderung berechtigt, man möge sich im Schulunterricht mehr mit dem Dritten Reich auseinandersetzen. Es wäre jedoch illusorisch anzunehmen, Lehrer allein wären in der Lage die niemals erfolgte grundsätzliche Auseinandersetzung mit dem Nationalsozialismus nach einem halben Jahrhundert in einigen Unterrichtsstunden nachzuholen. Die Erfolge Rechtsradikaler und deren daraus erwachsende Attraktivität bei jungen Leuten sind von der gesamtpolitischen Entwicklung in der Bundesrepublik Deutschland nicht zu trennen.

Dementsprechend gilt es bei realistischer Betrachtung den Umtrieben rechtsradikaler Jugendorganisationen bzw. deren Mitgliedern mit parlamentarischen Mitteln und zusätzlichen außerparlamentarischen Aktionen entgegenzutreten. Das heißt, es ist Zeit, über die Bildung einer überregionalen antifaschistischen APO nachzudenken. Sie müßte Aktivitäten von Jugendverbänden, Gewerkschaften und kirchlichen Gruppen erfassen. Berührungsängste sollte es für sie nur gegenüber rechtskonservativen Sonntagsrednern geben, die glauben, die Gefahr eines Aufschwungs neonazistischer Vereinigungen und ihrer Jugendgliederungen mit einer Politik des »Jeins« aufhalten zu können.

Aktion Junge Rechte (AJR)

Die AJR schloß sich 1972 der Aktion Neue Rechte (ANR) an, die sich im Januar 1972 von der NPD abgespalten hatte. In einer programmatischen Verlautbarung hieß es u.a.: »Der spätkapitalistische US-Imperialismus und der pseudosoziale Sowjetimperialismus sind unsere Feinde [...] Wir reihen uns ein in die Front des weltweiten Befreiungs-Nationalismus [...] Wir wollen die Befreiung des Menschen aus dem Konsumterror [...] Der Arbeiter gehört uns [...]« Die AJR trat auch unter den Namen National-Politischer Arbeitskreis (NPA) und Aktionskomitee 21. August auf.

Aktionskomitee Peter Fechter

Das Aktionskomitee wurde 1977 von nationalistischen Studenten der schlagenden Verbindungen Danubia und Sudetia gegründet. Benannt war es nach dem 18jährigen Peter Fechter, der am 18. August 1962 bei dem Versuch, über die Berliner Mauer zu flüchten, von Volkspolizisten niedergeschossen worden und hilflos verblutet war.

Antikomintern-Jugend (AKJ)

Im Jahr 1979 gründete der »Gaubeauftragte« der NSDAP-AO, Volker Heidel, die AKJ. Diese militante neonazistische Organisation verfügte über Stützpunkte in Hannover und Hamburg sowie über gute Verbindungen zur ANS/NA, zur NSDAP-AO, zur Totenkopfbande und zur Kampfgruppe Rudolf Heß. Mitglieder der AKJ verbreiteten Plakate und Aufkleber mit Parolen wie »NSDAP trotz Verbot nicht tot« und »Kauft nicht bei Juden«.

Arbeitsgemeinschaft Vaterländischer Jugendverbände (AVJ)

Die im Januar 1956 in Bückeburg gegründete AVJ wurde von der Arbeitsgemeinschaft Demokratischer Kreise (ADK) gefördert, die damit die militärische Konzeption der Bundesregierung zu unterstützen gedachte. Führend im Rahmen der AVJ war der Deutsche Jugendbund Kyffhäuser (DJBK). Hinzu kamen Verbände wie Jungsturm, Jungdeutschlandbund, Deutsche Jungkameradschaft, Fallschirmjäger-Jugend, Jugendkorps Scharnhorst, Jungstahlhelm und Marine-Jugend.

Arbeitskreis Junge Familie

Abspaltung der Wiking-Jugend von 1987 unter deren »Gauführer« von Rheinland/Westfalen, Reiner Schmitz.

Bismarck-Jugend

Die Bismarck-Jugend gilt als Jugendorganisation der Deutschen Freiheitsbewegung (DDF) unter Otto Ernst Remer. Seit Januar 1986 erscheint mit einer Auflage von 1500 Exemplaren das *Mitteilungsblatt der Bismarckjugend* als Beilage im *Bismarck-Deutschen*, der von der DDF herausgegeben wird. Hier eine Leseprobe:

> [...] Diese Feinde schickten sich nun an, die deutsche Führungsschicht durch Terrorurteile ihrer Mordjustiz auszuschalten und damit mundtot zu machen. Die breite Masse aber sollte in ihrem Bewußtsein umgekrempelt und ihr sollte wegen der deutschen Selbstbehauptung, besonders in den Jahren 1933–1945, ein schlechtes Gewissen eingeimpft werden. Der Jugend wollte man Haß gegen die ältere Generation und Verachtung für die deutsche Geschichte beibringen. Die Deutschen müßten glauben, 1945 befreit worden zu sein. [...]

Blaue Adler-Jugend (BAJ)

Die Blaue Adler-Jugend, 1967 gegründet, versteht sich als Jugendverband der Unabhängigen Arbeiterpartei (UAP). Eine ihrer programmatischen Aussagen lautet: »Freiheit heißt revolutionärer Kampf gegen Kolonialismus, Kommunismus, Imperialismus und Faschismus.« Ferner ist im Programm u. a. zu lesen:

> Wir fordern die Wiederherstellung eines geeinten Deutschlands im Rahmen einer europäischen Staatengemeinschaft.
> Wir bekennen uns zum Deutschen Sozialismus als der einzigen echten von Marxismus und Großkapitalismus unabhängigen Weltanschauung und bekämpfen alle imperialistischen Machenschaften.
> Sozialismus: Ja! – Kommunismus: Nein!
> Wir fordern den Abbau jeglicher diskriminierender Klassenunterschiede!
> Wir fordern völlige Gewissensfreiheit!
> Wir fordern eine umfassende Schul- und Hochschulreform!

Block Junger Deutscher

Er stand dem Bund der Heimatvertriebenen und Entrechteten (BHE) nahe und wurde 1955 als Bundesverband konstituiert. Ende der 60er Jahre aufgelöst.

Bund Deutscher Mädel

Die 1977 gegründete Gruppe ist eine Tarnorganisation des Freizeitvereins Hansa. Über ihre neonazistischen Umtriebe berichtete der *SA-Sturm*: »[...] Endlich sind auch in Hamburg Mädel erwacht und haben sich zum Bund Deutscher Mädel zusammengeschlossen. Wir verlangen von unseren Mädeln die bedingungslose Bereitschaft, jene weltanschauliche und sittliche Reife zu erlangen, die unser Führer Adolf Hitler uns vorgelebt hat [...]«

Bund Heimattreuer Jugend (BHJ)

Der 1958 gegründete, nach einer Spaltung im September 1962 neu gegründete BHJ ist neben der Wiking-Jugend die älteste rechtsextreme Jugendorganisation in der Bundesrepublik. Er ist in die Leitstellen Nord, West und Süd sowie in Einheiten und Stützpunkte gegliedert. Vierteljährlich wird die Zeitschrift *Na klar*, Erscheinungsort Kiel, herausgebracht.

In seiner politischen Grundhaltung ist der BHJ völkisch-nationalistisch ausgerichtet. Gemäß der Tradition der bündischen Jugendbewegung liegt sein Arbeitsschwerpunkt in der Gestaltung von Zeltlagern sowie der Veranstaltung von Fahrradtouren und Wanderungen. Hauptsächliches Anliegen – neben der Pflege von Lagerfeuerromantik, Kameradschaftserlebnissen und Gemeinschaftssinn – ist die Wiederherstellung Deutschlands in den Grenzen von 1937. Der BHJ will »Kämpfer für die Einheit unseres Reiches in einer verworrenen Zeit« erziehen. Gemäß seinem Selbstverständnis sollen »Jungen und Mädchen ab ungefähr acht Jahren mit heimattreuen Gedanken vertraut gemacht und zur Persönlichkeit in der Gemeinschaft« erzogen werden. Gründungsmitglied und langjähriger Vorsitzender des BHJ war Gernot Mörig.

Die Grundsätze des BHJ lauten:

Wir bekennen	uns als junge Deutsche, die ihre Heimat lieben, verantwortungsbewußt zu unserem Volk und Vaterland.
Wir glauben	daß jedes Volk eine natürliche Lebens-

einheit darstellt. So, wie wir an die Zukunft unseres Volkes glauben, achten
wir die Ideale anderer Völker.

Wir sind bereit an der Verwirklichung einer gesamteuro-
päischen Gemeinschaft mitzuarbeiten,
deren Grundlage die völlige Gleichberechtigung aller ihrer Völker ist.

Wir sagen uns los von einem Zeitgeist, der einseitig im
materiellen Besitz und im Augenblicks-
genuß sein höchstes Ziel erblickt und dabei Opfermut und Idealismus als Dummheit verachtet.

Wir wissen daß unser Weg Opfer und Entbehrun-
gen fordert, unserem Leben aber Kraft
und Aufgabe gibt.

Wir wollen diesen Weg mit jedem gehen, der mit
ehrlichem Willen den gleichen Zielen
zustrebt.

Wir stehen auf dem Boden der freiheitlich-demokratischen Grundordnung und wen-
den uns gegen jegliche Verletzung des
Grundgesetzes.

Wir gehen den Weg der Jugendbewegung im Einsatz für die Gemeinschaft unseres Volkes und als Vorbereitung auf die Aufgaben, die wir als Frauen und Männer
werden zu bewältigen haben.

Wir leisten unsere Jugendarbeit überkonfessionell
und überparteilich. Unsere Arbeit gilt
der Jugendpflege und der Bildung ver-
antwortungsbewußter, dem Vaterland
treuer Staatsbürger.
Wir achten die Vergangenheit!
Wir bewältigen die Gegenwart!
Wir kämpfen für die Zukunft!

Bund Junger Deutscher (BJD)

Die Gründung dieser Jugendorganisation der Deutschen
Partei erfolgte 1949. Die Gruppe wurde im August 1951
in Berlin und 1953 im Bundesgebiet verboten.

Bund Nationaler Jugend

Die im Juli 1959 gegründete Vereinigung stand der Deutschen Arbeiter-Partei (DAP) nahe und war auf Niedersachsen beschränkt.

Bund Nationaler Studenten (BNS)

Die 1959 gegründete und 1961 verbotene Studentenvereinigung kann als Vorläuferin des Nationaldemokratischen Hochschulbundes (NHB) gelten. Ihr Initiator war Peter Dehoust. Im Programm hieß es u. a.:

> Der Bund Nationaler Studenten hält es für seine Pflicht, das deutsche Volkstum im Ausland in seinem schweren Kampf um Freiheit und Recht zu unterstützen. Er ist sich der großen Aufgabe bewußt, mit allen Kräften an der Rückgewinnung deutschen Heimatbodens mitzuarbeiten.
>
> Die Einheit des deutschen Volkes muß nicht nur eine staatliche, sondern auch eine soziale sein. Klassenkampf und Zersplitterung in Interessengruppen stören den sozialen Frieden und schwächen Deutschland.
>
> Gegen Egoismus und Verantwortungslosigkeit stellen wir die Verpflichtung der Gemeinschaft. Wir bekämpfen die bolschewistische Zersetzung in jeder Form. Wir fördern dagegen die geistige Auseinandersetzung mit dem Marxismus und Leninismus.
>
> Den Materialismus in allen seinen Erscheinungsformen lehnen wir ab.
>
> Die Überfremdung unserer Kultur durch wesensfremde Einflüsse muß aufhören. Wir lehnen eine Kunst ab, die Ausweglosigkeit und Bindungslosigkeit zum Grundsatz macht.
>
> Wir verurteilen jegliche propagandistische Entstellung der deutschen Geschichte.

Bund Vaterländischer Jugend (BVJ)

Der im Mai 1960 gegründete und im Juli 1962 verbotene BVJ war ein Zusammenschluß ehemaliger Mitglieder des Jugendbundes Adler (JBA) und des Bundes Nationaler Jugendlicher (BNJ). Bundesgeschäftsführer war Heinz Lembke. Der BVJ gab die Monatszeitschrift *Deutscher Jungendienst* heraus; darin definierte er seine Positionen u. a. folgendermaßen:

National sein heißt nämlich: für die natürliche Ordnung des Lebens sein, heißt also den Gesetzen der Natur dienen und ihrer vollgestaltigen Art, die Bindung zur eigenen Art, Heimat und lebendigen Natur in sich tragen und daraus die Charakterwerte von Pflichterfüllung, Ehre, Treue, Bescheidenheit und der Hingabe für das Größere, die Gemeinschaft entwickeln.

Dachverband nationaler Jugendverbände

Initiator der im Februar 1955 in Köln gegründeten Arbeitsgemeinschaft war der ehemalige HJ-Gebietsführer Fritz Striewe aus Essen. Ihr gehörten folgende Jugendgruppen an: Jugendbund Adler (JBA), Bund Heimattreuer Jugend (BHJ), Jungdeutschlandbund, Junge Nation, Deutsche Jungkameradschaft, Deutsche Reichsjugend, Reichsjugend Höller. Das in Köln beschlossene gemeinsame Programm enthielt u. a. folgende Kernsätze:

Tod der Weichlichkeit in unseren Reihen! [. . .] Kernige, harte Jungen braucht unser Vaterland [. . .] ein junges Reis am großen deutschen Volksstamme [..] das deutsche Volk als Blut- und Schicksalsgemeinschaft [. . .] junge deutsche Menschen zogen mit dem Deutschlandlied auf den Lippen für ihr Vaterland in den Tod [. . .] und hat uns Gott den Sieg auch nicht geschenkt, ihr Blut ist nicht umsonst geflossen. [. . .] zum Kampf trotz allem!

Deutsche Arbeiter-Jugend (DAJ)

Die DAJ, deren Aktivitäten sich auf das Jahr 1982 beschränkten, setzte sich aus Mitgliedern der Wiking-Jugend (WJ), ehemaligen NPD-Mitgliedern und früheren Angehörigen der verbotenen Volkssozialistischen Bewegung / Partei der Arbeit (VSBD/PdA) zusammen.

Deutsche Jugendinitiative Berlin

Die Ende 1986 erstmals mit rassistischen und ausländerfeindlichen Parolen an die Öffentlichkeit getretene Gruppierung (Impressum P. J. Göhler, Berlin) versteht sich als Sammelbecken für ehemalige Angehörige der Freiheitlichen Deutschen Arbeiterpartei (FAP), der Nationalistischen Front (NF), der Wiking-Jugend und der inzwischen verbotenen Deutschen Arbeiterjugend (DAJ). In einem Anfang 1987 verteilten Pamphlet hieß es: »Es ist Tatsache, daß unsere Stadt und das dichtbesiedelte Westdeutschland auch aus ökologischen Gründen einen weiteren Zuzug von Ausländern nicht verkraften kann.« Die junge Generation sei außerdem »nicht länger bereit, die schleichende Landnahme durch Menschen des gesamten Erdballs hinzunehmen«. Als Kontaktperson fungiert Andreas Pohl, der als Anführer der Berliner Gruppe der NF gilt.

Deutsche Pfadfinderschaft im BDJ

Die der Deutschen Partei (DP) nahestehende Jugendorganisation spaltete sich 1953; aus der Teilung ging die Unabhängige Deutsche Jugend hervor.

Deutscher Jugendbund Kyffhäuser (DJBK)

Der dem Kyffhäuserbund assoziierte DJBK war auf soldatische Wertorientierungen ausgerichtet und stand in der Tradition der vaterländisch-deutschnationalen Jugendarbeit der Weimarer Zeit. Ihm waren mehrere soldatische Jugendgruppen angegliedert: Jungsturm, Deutsche Jungkameradschaft, Jungdeutschlandbund und Deutsch-Unitarische Jugend. In einem Bericht der Zeitschrift *Kyffhäuser* über die Führerschulung innerhalb des DJBK hieß es:

> An den Unterricht schlossen sich praktische Übungen im Funken und Fernsprechbau an. Neben Singstunden und Sportspielen fand die Führerschulung in einem Geländespiel mit Einsatz technischer Mittel ihren erfolgreichen Abschluß. [...]
> Wie in Hittfeld standen [...] Ausmarsch, Geländedienst, Sportspiele, Entfernungsschätzen und Gruppenausbildung auf dem Dienstplan. Höhepunkt im Lagerleben bildeten eine Feierstunde auf dem Soldatenfriedhof Ittenbach und eine Bismarck-Feier am Vorabend des 141. Geburtstages des Altreichskanzlers, die am feierlichen Lagerfeuer begangen wurde. [...] Gegen Abend wurde im Staatsforst ein zünftiges Geländespiel durchgeführt.

Im Mitteilungsblatt einer Mitgliedsgruppe war folgender Aufruf zu lesen:

Wendet Euch gegen den Verrat des 9. November 1918! – Denkt an die Nürnberger Urteile! [...]

Wenn die SPD und ihr verwandte Organisationen in Deutschland schon wieder Einfluß gewinnen, so sieht das Ausland sich in der Ansicht gestärkt, daß die gleichen Organisationen, die Ebert an die Macht gebracht haben und das Chaos der Weimarer Republik auslösten, im Deutschen Reich bereits wieder obenauf sind. Darum protestieren wir gegen das Auftreten der SPD und nehmen mit großer Verbitterung davon Kenntnis, daß es im deutschen Bundesgebiet erlaubt ist, daß eine berüchtigte Parteigruppe wie die SPD sich wieder öffentlich produzieren darf. Die Vorstände aller nichtsozialistischen Parteien werden hiermit aufgerufen, kein Mittel unversucht zu lassen, mit diesem Spuk aufzuräumen [...]

Deutsches Jugendbildungswerk (DJBW)

Das 1986 gegründete DJBW steht der Deutschen Freiheitsbewegung (DDF) von Otto Ernst Remer nahe. Das Sekretariat befand sich in Hannover. Ewald Althans (Kaufbeuren) und Volker Heidel (Hannover), Aktivisten der Freiheitlichen Deutschen Arbeiterpartei (FAP), fungierten als Kontaktpersonen. Unterstützung erfolgte durch den Verein Europäisches Jugendheim Lippoldsberg, Träger einer einschlägig bekannten Begegnungsstätte von Rechtsextremisten. In einem 1988 verbreiteten Rundbrief las man u. a.: »Seit 40 Jahren vegetiert das deutsche Volk saft- und kraftlos, scheinbar ohne eigenen Willen, als zerfetztes Beutestück des Weltfeindes vor sich hin. Zwei Generationen haben seit dem Zusammenbruch des Reiches die Lügen- und Greuelpropaganda der alliierten Umerzieher schlucken müssen und sind daran in der Mehrheit seelisch zerbrochen.«

In den Jahren 1988 und 1989 verbreitete das DJBW eine Broschüre mit dem Titel *Starben wirklich sechs Millionen?*. Der verantwortliche Herausgeber, Hans Baltha, hatte dieses Pamphlet offensichtlich im Auftrag des in Toronto lebenden neonazistischen Propagandisten Ernst Zündel herausgebracht, dem in Kanada die Veröffentlichung untersagt worden war.

Deutsche Unitarier-Jugend

Völkischer Jugendbund, der 1952 mit der Reichsjugend und dem Vaterländischen Jugendbund (VJB) fusionierte.

Deutsch-Völkische Jugend (DVJ)

Die DVJ, ein rechtsradikaler Jugendzirkel der Deutsch-Völkischen Gemeinschaft (DVG) in Memmingen, trat 1974 zum erstenmal in Erscheinung. Als Ziele propagierte sie u. a.: »Schluß mit Kriegsschuld- und Vergasungslügen! Deutschland den Deutschen – Besatzer raus! Gerechtigkeit und damit Freiheit für Rudolf Heß!« In einem ihrer Mitteilungsblätter hieß es: »Wer in Presse, Rundfunk, Schulen oder Fernsehen Lügen über Adolf Hitler und das Dritte Reich verbreitet, ist ein Schwein und gehört in ein Arbeitslager oder in eine Nervenklinik.« Des weiteren wurde im DVJ-Programm gefordert: »Verbot der Rassenvermischung und die Einführung eines Arbeitsdienstes für alle Jungen und Mädchen als Dienst am Volke. Austilgung des Zionismus, Aufhebung des Verbots nationalsozialistischer Propaganda. In den Augen des deutschen Volkes ist die Ehre Adolf Hitlers und seiner treuen Soldaten wiederherzustellen.«

Deutsch-Wandervogel

Der 1957 von Alfred Zitzmann (Nürnberg) gegründete Jugendbund schloß sich 1958 mit ehemaligen Mitgliedern des Wandervogels – Völkischer Bund und des Großdeutschen Wandervogels zum Greifenbund Alter Wandervögel zusammen.

Freiheitliche Jugend

Wurde in Baden-Württemberg als Jugendorganisation der 1985 von dem CSU-Abtrünnigen und ehemaligen Gründungsmitglied der Republikaner Franz Handlos gegründeten Freiheitlichen Volkspartei aktiv. In einem Flugblatt hieß es u. a.:

Die Freiheitliche Jugend fordert:
– Wiedervereinigungspolitik mit dem Ziel eines freien, unabhängigen Gesamtdeutschland
– Schaffung eines dauerhaften europäischen Friedens durch die Überwindung der deutschen Teilung als erstes Ziel westdeutscher Außenpolitik
[...] Wir kämpfen gemeinsam für ein freies und unabhängiges Gesamtdeutschland, für ökologische und soziale Verantwortung und demokratische Freiheit.

Freundeskreis der Nationalen Jugend (FK)

Dem 1963 von Klaus Jahn und Alfred E. Manke gegründeten Freundeskreis gehörten u. a. die Junge Kameradschaft (Jugendorganisation der Deutschen Reichspartei), die Wiking-Jugend (WJ) und der Jugendbund Adler (JBA) an.

Freundeskreis für Jugendarbeit (FK) im Arbeitskreis Volkstreuer Verbände (AVV)

Dieser neonazistische Freundeskreis wurde 1965 in Hannover gegründet; der AVV war ein Dachverband rechtsradikaler Gruppen. Seine Ziele formulierte der FK wie folgt:

Der FK [...] hat sich mit einem der schwersten Probleme befaßt, der Unterstützung aller volkstreuen Jugendverbände wie:
Bund Heimattreuer Jugend (BHJ), Wiking-Jugend (WJ), Jugendbund Adler (JBA) und andere mehr [...]
Wir unterstützen deshalb alle unabhängigen volkstreuen Jugendverbände, die
1. den Volkstum- und Reichsgedanken vertreten,
2. für das Selbstbestimmungsrecht der Völker kämpfen,
3. sich zu einem Sozialismus auf völkischer Grundlage bekennen,
4. zu Soldatenschaft und Kameradschaft stehen [...]
Kämpfen Sie mit uns gegen Niedertracht und Verleumdung, gegen Terror und Aufstand in unserem Volk! Landesverräter und ehemalige Abgeordnete fremder Armeen, feindliche Propagandisten und Abgesandte der roten Mächte finden bei uns keinen Platz, im Gegenteil, ihnen gilt unsere tiefste Verachtung und unser Kampf.

Der FK unterstützte Jugendlager, Veranstaltungen und militärische Übungen rechtsradikaler Jugendgruppen. Das Deutsche Arbeitszentrum in Bassum bei Bremen war Schulungsstätte des AVV. Leiter des Zentrums war der NS-Aktivist Alfred E. Manke, der gleichzeitig die Funktion des Vorsitzenden des FK innehatte. Zu den weiteren Förderern gehörte Bernhard-Christian Wintzek, Herausgeber der Monatszeitschrift *Mut*.

Die Gefährtenschaft

Im Mai 1950 von Reinhold Kriszat, Funktionär der Sozialistischen Reichspartei (SRP), in München gegründet. Der Verpflichtungsspruch lautete: »Ich will mich mit allen meinen Kräften dafür einsetzen, daß der Glaube an die Unteilbarkeit Deutschlands, an die Unveräußerlichkeit deutscher Gebiete und an den Zusammenhalt des deutschen Volkes lebendig bleibt und der daraus erwachsene Wille zum Handeln den Bund einig in der Tat sieht. Ich gelobe Gefährtenschaft!«

Gemeinschaft Volkstreuer Jugend (GVJ)

Im Jahr 1983 verselbständigte sich die »Leitstelle West« des Bundes Heimattreuer Jugend (BHJ) und agierte fortan als Gemeinschaft Volkstreuer Jugend bis April 1988, als sich eine Gruppe unter Führung von Henning Otto abspaltete.

Gesamtdeutscher Jugendkreis (GDJ)

Völkischer Jugendbund, der 1971 von Horst W. Vollstedt aus Kiel, Mitarbeiter der Zeitschrift *Jugend in der Herausforderung*, initiiert wurde.

Hochschulring Tübinger Studenten (HTS)

Rechtsextremistische Studentenorganisation, die unter Leitung von Axel Heinzmann zusammen mit der Wehrsportgruppe Hoffmann Versammlungen und Aktionen durchführte. Einen Aufruf der HTS im Jahr 1976 für eine »Initiative Internationale Angola-Solidarität« unterzeichneten u. a. Kai-Uwe von Hassel, Vizepräsident des Deutschen Bundestages (CDU); Otto Freiherr von Fircks, CDU-MdB; Kurt Ziesel, Mitgründer der Deutschland-Stiftung; Dr. Lothar Lorisch, Verleger; Ludek Pachmann sowie der Ostpolitische Deutsche Studentenverband. 1979 wurde Gerhard Löwenthal, damals noch Moderator beim ZDF, Ehrenmitglied des HTS.

Jugendbund Adler (JBA)

Der im Juni 1950 von Richard Etzel gegründete und in der Folge auch von ihm geleitete JBA stand dem Deutschen Block (DB) nahe. In der Grundsatzerklärung hieß es u. a.:

> Wir werden auf Hohn und Feindschaft jeder Art stoßen. All diese Dinge aber dürfen unser Werk nicht hindern. An uns und der Jugend hinter uns liegt es, ob das Gebäude unseres Deutschlands, das zertrümmert wurde und dessen Grundmauern geborsten sind, wieder emporwächst in Schönheit, Sauberkeit und Freiheit, und ob das Volk eines Tages wieder wirklich und restlos gleichberechtigt und souverän unter den Völkern dieser Erde leben kann.
>
> Wir wollen aus den Fehlern der eigenen Nation und der fremden Völker, die gemacht wurden und werden, lernen, um die gleichen Mißgriffe in Zukunft zu vermeiden.
>
> Durch unsere Arbeit muß sich das Bewußtsein, daß ein Versagen der jungen Generation unseres Volkes nicht nur dessen Untergang an sich bedeutet, sondern daß damit eines der wertvollsten Glieder der Völkergemeinschaft abstirbt, in jedes Herz brennen. In unserer Tätigkeit für die Ausrichtung junger Menschen arbeiten wir für den Körper, damit dieser gesund, zäh, kräftig, hart und flink werde und bleibe, schulen wir den Geist, um Wissen und Können zu erweitern.
>
> Dort, wo in einem gesunden Körper ein reger Geist lebt, hat auch eine Seele Platz, die zu großen Regungen fähig ist und jene Haltung in Sauberkeit und Ehre ermöglicht, die wir in der jüngsten Vergangenheit und Gegenwart sehr schmerzlich vermißten und vermissen.

Das JBA verstand sich als überparteilich und überkonfessionell arbeitender Verein. Jungen und Mädchen bis 18 Jahre wurden getrennt »geführt«. Als Publikation erschien mehrmals *Der Adlerführer*, für den Richard Etzel und Heiner Paradelt verantwortlich zeichneten.

Jugendkorps Scharnhorst

Der Verband unterstand der Stahlhelm-Organisation. Führer waren Alfred Zitzmann und Walter Matthaei.

Jungdeutsche Freischar

Dieser 1950 gegründete Jugendbund war nach den bündischen Prinzipien aufgebaut und arbeitete mit der Neuen Deutschen Jugendschaft zusammen. 1953 spaltete er sich, wobei die meisten Mitglieder zum Deutschen Jungsturm übertraten.

Jungdeutsche Bewegung

Dieser 1959 von Günter Heßler und Erwin Schönborn gegründeten Jugendbewegung traten im Lauf der Jahre die Jungdeutsche Freischar und der Deutsche Jungsturm bei.

Jungdeutscher Bund (JB)

Diese Gruppe trat 1975 an die Öffentlichkeit; sie stand der Vereinigung Deutsche Nationalversammlung (VDNV) nahe.

Jungdeutschlandbund (JDB)

Im Jahr 1959 schloß sich die Jungdeutsche Freischar mit anderen rechtsradikalen Jugendgruppen zum JDB zusammen.

Junge Front (JF)

Die 1978 als Jugendorganisation der Volkssozialistischen Bewegung Deutschlands (VSBD) gegründete FJ wurde zusammen mit jener 1982 verboten.

Junge Kameradschaft

Im Januar 1957 gründete Karl-Heinz Schürmann, Jugendreferent in der Leitung der Deutschen Reichspartei (DRP), unter der Bezeichnung Junge Kameradschaft eine organisatorische Zusammenfassung junger Parteimitglieder. 1964 schloß sie sich der Sammlungsgruppierung Freundeskreis der Nationalen Jugend (FK) an, zu der u.a. die Wiking-Jugend (WJ) und der Jugendbund Adler (JBA) zählten.

Junge Nationaldemokraten (JN)

Die JN wurden 1967 als Jugendorganisation der NPD gegründet. Sie betrachten sich als Speerspitze des kommenden, modernen Gesamtdeutschlands und als geistiger Motor der NPD. In ihren »24 Thesen zum Nationalismus« heißt es u.a.:

1. Nationalismus ist das Streben nach Unabhängigkeit, Freiheit, Selbstbestimmung und Einheit aller Völker. [...]
5. Der Nationalismus bekämpft Liberalismus und Marxismus, weil beide Ideologien wissenschaftsfeindlich und nicht lebensrichtig sind [...]
6. Nationalismus läßt sich nicht mißbrauchen im Scheinkampf des kapitalistischen mit dem kommunistischen System. Hier gibt es kein kleineres Übel, für das sich Nationalisten entscheiden könnten. Beide Systeme sind das große Übel in zwei verschiedenen Ausformungen. [...]
10. Das wissenschaftliche Menschenbild widerlegt die Grundthese der Liberalisten und Marxisten; die angebliche »Gleichheit« aller Menschen. [...]
14. Der Nationalismus erkennt die Taktik des Imperialismus, die Völker von ihrem Befreiungskampf dadurch abzulenken, daß ihnen der Scheingegensatz »Kapitalismus gegen Kommunismus« vorgegaukelt wird. Dieser Scheingegensatz soll die Völker davon abhalten, ihre wirklichen Interessen zu erkennen. [...]

Diese Thesen wurden vom NPD-Parteitag 1979 übernommen. Parolen der JN lauten: »Die Stunde der Abrechnung naht. Deutschland – wir kommen! Junge Nationaldemokraten voran! [...] Deutschland ist größer als die Bundesrepublik [...] Arbeiter auf zum Kampf! In Ämtern, auf Posten, da sitzt faules Pack in unserem Vaterland. Der Arbeiter an Saar und Ruhr hat das satt, er hat den Betrug erkannt. Ja, wir JN passen auf, ja, wir JN räumen auf, mit den Arbeitern Hand in Hand, in unserem Vaterland!« Laut Verfassungsschutzbericht 1987 hatten die JN 750 Mitglieder.

Jungstahlhelm

Jugendorganisation des Stahlhelms, 1951 gegründet. Die Gebote und Pflichten des Jungstahlhelmers lauteten:

> [...] Eingedenk seiner von Gott verordneten Pflicht gegen das eigene Volkstum und das Vaterland sei der Jungstahlhelmer sich stets dessen bewußt, daß Deutschlands Zukunft auf dem Willen seiner heranwachsenden Söhne beruht. Daraus erwächst für jeden echten Jungstahlhelmer die Aufgabe, in beständiger Selbsterziehung an sich zu arbeiten, um reif zu werden für die siegreiche Führung des deutschen Schicksalskampfes. [...]

Kameradschaftsring Nationaler Jugendverbände (KNJ)

Zum KNJ schlossen sich 1954 in Hamburg der Jugendbund Adler, die Wiking-Jugend und der Bund Heimattreuer Jugend Österreichs zusammen. Das von Richard Etzel, Walter Matthaei und Konrad Windisch unterzeichnete Gründungsprotokoll besagte u. a.:

> Die drei Bünde beschließen daher:
> 1. Auf Grund des gleichen Wollens der Bünde und des guten kameradschaftlichen Verhältnisses aufs Engste zusammenzuarbeiten.
> 2. Die Zusammenarbeit soll sich vor allem auf folgende Gebiete erstrecken:
>   a) Austausch von Publikationen und Anschriften.
>   b) Gegenseitige Einladung zu Veranstaltungen und Lagern.

142

c) Gemeinsame Verlautbarungen und Veranstaltungen.
[...]
3. Mindestens einmal im Jahre ihre verantwortlichen Vertreter zwecks Lagebesprechung und Planung zusammentreten zu lassen.
4. Bei einstimmigem Beschluß weitere nationale Jugendverbände in den Kameradschaftsring aufzunehmen.

Dem KNJ, der sich als »nationales Gegengewicht zum Deutschen Bundesjugendring« verstand, waren 1959 insgesamt 18 Gruppen angeschlossen; es waren dies u. a.: Jungsturm Hannover, Deutsche Reichsjugend, Nationaler Studentenbund, Reichsjugend, Jungdeutschland, Deutscher Pfadfinderbund 1911, DRP-Jugendausschuß, Jugendkorps Scharnhorst, Jugendverbindungsstelle Aachen, Jungsturm Zitzmann.

MC National

Bei dieser Gruppierung handelte es sich um einen von der NPD gesteuerten Motorradfanklub, der in den Städten Mannheim, Frankfurt, Villingen-Schwenningen, Heidelberg und Goslar auftrat. In der Ausgabe 3/1981 des NPD-Organs *Deutsche Stimme* war ein Aufruf zu lesen mit der Überschrift: »Achtung! Rocker gegen Kommunismus«. Als Voraussetzungen für die Mitgliedschaft wurden »Kameradschaft, Mut, Vaterlandstreue« genannt, »Linke, Spinner, Muttersöhnchen, Haschkrüppel« als unerwünscht ausgegrenzt. Klubemblem war eine Odalsrune, auf der ein Reichsadler thronte.

Nationaldemokratischer Hochschulbund (NHB)

Der 1966 gegründete, weitgehend bedeutungslos gebliebene NHB war den Jungen Nationaldemokraten (JN) angeschlossen. Er führte Seminare zu den Themen Ideologie und Gesellschaft, Biologie und Kultur des Menschen durch; sein Kampf galt den Systemveränderern. Als Publikation erschien der *NHB-Report*. 1978 gründete der NHB eine »Arbeitsgruppe Amnestie National«, deren Name bewußt im Gegensatz zu amnesty international gewählt wurde. Sie wollte sich besonders für angeblich verfolgte Anhänger nationalsozialistischer Gruppen im Ausland einsetzen, ebenso für verurteilte und noch in Haft befindliche Kriegsverbrecher. Die Funktion des Bundesvorsitzenden bekleidete jahrelang der NPD-Funktionär Thor von Waldstein.

Nationale Jugend Ostfriesland (NJO)

Die NJO, die in den Jahren 1979 und 1980 auch als Wehrsportgruppe Emden in Erscheinung trat, machte sich durch einen Anschlag auf den jüdischen Friedhof in Emden und Überfälle auf ortsbekannte Antifaschisten bemerkbar.

Nationaleuropäisches Jugendwerk (NEJ)

Gegründet wurde das NEJ 1973 von dem Rechtsanwalt Ludwig Bock, der 1972 für die NPD zum Bundestag kandidiert hatte und durch seine Verteidigung der des vielfachen Mordes angeklagten Hildegard Lächert im Düsseldorfer Majdanek-Prozeß bekannt geworden war. Das NEJ beabsichtigte 1988, durch Dezentralisierung seine Arbeit auf eine breitere Grundlage zu stellen und mit dem Aufbau von NEJ-Zentren in den Räumen Mannheim, Stuttgart, Karlsruhe/Pforzheim, München, Würzburg, Frankfurt, Köln/Bonn, Hamburg und Göttingen zu beginnen.

Pfadfinderschaft Nation Europa

Die 1949 gegründete Vereinigung versucht die Tradition der bündischen Gruppen der Weimarer Republik fortzusetzen. Oberst Rudel wurde »Ehrenbundesführer«.

Reichsjugend

Die Januar 1950 in Flensburg von Herbert Münchow und Walter Matthaei, Funktionär der Sozialistischen Reichspartei (SRP), gegründete Gruppierung verstand sich als Jugendorganisation der SRP. Aus der Satzung:

Die »Reichsjugend« soll dazu beitragen, daß die Sucht des hemmungslosen Sichauslebens, eine Folge des aller Bindungen ledigen Denkens, einer gesunden, ethisch sauberen Haltung zu weichen hat.

Den dem deutschen Menschen eigenen Kraftquell des Idealismus nicht versiegen zu lassen. Ihre Ideale, soweit sie die ethische Grundhaltung und die allgemein gültigen, politischen Grundsätze betreffen, finden ihren Ursprung in der geschichtlichen Tradition unseres Volkes und den Überlieferungen der abendländischen Kultur.

Dem heranwachsenden Menschen seine jungen- bzw. mädelhafte Haltung zu bewahren und jeder geistig-seelischen Entartung entgegenzuwirken. Jugendlich überschäumender Geltungsdrang, der sich oft in revolutionären Gebärden äußert, wird ebenso bejaht wie die Notwendigkeit, diesen Elan in einer disziplinierten Lebenshaltung zu formen.

Im Jahr 1952 erfolgte die Fusion mit dem Vaterländischen Jugendbund (VJB) und der Deutschen Unitarier-Jugend.

Scharnhorst-Jugend

Die 1955 durch Hartmut Bolte gegründete Jugendorganisation gab die Publikation *Scharnhorst-Junge* heraus. Darin konnte man etwa lesen: »Wir müssen uns stark machen gegen alles Fremde (Jazz usw.); wir bekennen uns zu den soldatischen Tugenden unseres Volkes!« Ein weiteres Zitat: »Man kann uns höchstens noch fragen: Warum tragt ihr eine graue Tracht? Die Antwort lautet: Weil wir uns grundsätzlich zu den soldatischen Tugenden unseres Volkes bekennen und wir die auf dem Felde der Ehre gebliebenen Väter und Brüder gerade dadurch zu ehren glauben.«

Schillerjugend

Die im Januar 1955 von Hans Ulfert Siebrands gegründete Organisation stand dem Deutschen Kulturwerk Europäischen Geistes (DKEG) nahe.

Schüleraktion für Wahrheit und Demokratie

Die neonazistische Gruppierung trat im Dezember 1977 an die Öffentlichkeit. Sie arbeitete mit Erwin Schönborns Kampfbund Deutscher Soldaten zusammen und bereitete den in Nürnberg verbotenen Auschwitz-Kongreß vor.

Stahlhelm-Jugend

Versteht sich als Jugendorganisation des Stahlhelms – Kampfbund für Europa. Als Chefideologe des Stahlhelms galt der nationalistische Publizist Hans Hertel aus Bremen, der zu den Aufgaben der Stahlhelm-Jugend erklärte: »Das Schwergewicht der Jugendarbeit des Stahlhelms liegt auch heute noch in der militärischen Ausbildung. Wurden in der Weimarer Republik die Jungstahlhelmer von Berufssoldaten der Reichswehr gedrillt, so sind ihre Ausbilder heute vielfach Angehörige der Bundeswehr und ehemalige Berufssoldaten [...]«

Unabhängiger Schüler-Bund (USB)

Wurde 1972 als Unabhängige Schüler-Union gegründet und benannte sich 1974 in USB um. Er arbeitete überregional; Sitz war Göttingen. In seinem Programm von 1974 hieß es:

Der USB ist antimarxistisch [...] freiheitlich [...] gesamtdeutsch, da das deutsche Volk, wie alle anderen Völker, das Recht auf Selbstbestimmung und territoriale Integrität hat. Die Wiedervereinigung in Freiheit herzustellen, ist für die deutsche Jugend eine würdigere Aufgabe [...]
Die Reideologisierung der deutschen Jugend war nur möglich durch den »Wissensverzicht« auf den Gebieten Anthropologie und Verhaltensforschung. Der USB versteht sich als national-konservativ: Die Nation als oberste politische Willensform der Völker wird von ihm bejaht; als konservativ versteht er sich, da er die geschichtliche und kulturelle Kontinuität bejaht [...]

146

Vaterländischer Jugendbund (VJB)

Der VJB vereinigte sich 1952 mit der Deutschen Unitarier-Jugend und der Reichsjugend. Seine Mitglieder bekannten sich formal zur europäischen Völkergemeinschaft, »jedoch nicht als reuige Büßer unter Anerkennung irgendeiner deutschen Schuld, sondern in dem stolzen Bewußtsein, daß Europa und seine Kultur niemals hätten Gestalt gewinnen können ohne die hervorragende Mitwirkung Deutschlands«.

Verein Europäisches Jugendheim Lippoldsberg

Träger einer privaten Jugendherberge im Klosterhaus Lippoldsberg; diese wird geleitet von Dr. Holle Grimm, Tochter des Nazi-Dichters Hans Grimm *(Volk ohne Raum)*. Der Verein pflegt Verbindungen zur Gesellschaft für freie Publizistik (GfP) und zu der neonazistischen österreichischen Zeitschrift *Sieg*.

Volkstreue Nordländische Jugendbewegung Deutschland

Tarnorganisation der Wiking-Jugend zur Organisation und Durchführung von Sommer- und Winterlagern.

Wiking-Jugend (WJ)

Bei der 1952 gegründeten WJ handelt es sich um die zahlenmäßig stärkste eindeutig rechtsradikal orientierte Jugendorganisation in der Bundesrepublik. Die WJ arbeitet mit dem Bund Heimattreuer Jugend, der Deutschen Volksunion, dem Bund für Deutsche Einheit, dem Deutschen Block, dem Jugendbund Adler, dem Stahlhelm – Kampfbund für Europa und dem Arbeitskreis Volkstreuer Verbände zusammen und war Mitglied im Freiheitlichen Rat Dr. Gerhard Freys; ferner unterhält sie Verbindungen zu Gruppen gleichen Namens in Belgien, Frankreich, Spanien und den Niederlanden. »Bundesführer« war Wolfgang Nahrath. Nach eigenen Angaben hat die WJ bundesweit etwa 600 Mitglieder (laut Verfassungsschutzbericht 1987 deren 400), von denen 90 Prozent unter 18 Jahre alt sind. Nach dem Vorbild der Hitler-Jugend ist die Organisationsstruktur hierarchisch. Die Einheiten nennen sich »Horst«, »Gau«, »Bund«; auf allen Ebenen gibt es jeweils Führer. Die Mitglieder heißen »Pimpfe« und »Jungmädel« und bilden »Jungen-« und »Mädchenschaften«. Das politische Bekenntnis der WJ findet in der Präambel von 1954 seinen Ausdruck:

Wikinger waren einst die Bezwinger der Meere und die staatenbildenden Kräfte in den Randgebieten des Kontinents. Zwischen der Wolgamündung und dem Weißen Meer bildeten sie die Macht gegenüber den mongolischen Steppenstürmen.

Wikinger wollen auch wir heute sein. Was seit ihrem Auftreten vor 1000 Jahren in Europa geschaffen und gestaltet wurde, gilt es zu bewahren. Dazu gehört ein glühendes Herz, aber auch ein eiskalter Verstand. Möge unsere Jugend Männer hervorbringen, die beides zum Wohle unseres Kontinents besitzen und anzuwenden verstehen. Wir Jungen aber wollen auf die klar gestellten politischen Fragen von heute ebenso eindeutige Antworten geben.

Hier sind sie:

1. Freiheit?	– Ja! –	Aber nicht wovon, sondern wozu! (Nietzsche)
2. Demokratie?	– Ja! –	Hoffentlich bald ohne erhobenen Zeigefinger.
3. Grundgesetz?	– Ja! –	Unter besonderer Berücksichtigung seines § 146.
4. Reichsidee?	– Ja! –	Gründe: a) Funktionsfähiger Staat. b) Wiedervereinigung der Deutschen. c) Starkes und abwehrfähiges Mitteleuropa.
5. Vereinigtes Europa?	– Ja! –	Aber nur unter gleichen Bedingungen und bei Bewahrung der nationalen Eigenart.
6. Soldatentum?	– Ja! –	Gründe: a) Souveränität durch Wehrhoheit. d) Erziehungsschule des jungen Menschen. c) Lebenshaltung nach der Devise »Ich dien«.

In den »Leitgedanken« heißt es u.a.:

Warum bekennen wir uns zu unserem Vaterland Deutschland? Warum sind wir volkstreu? Was ist »deutsch«? Wer ist ein Deutscher? Ist ein Mensch dann, wenn ihm auf einem Stück Papier bescheinigt wird, daß er Staatsangehöriger des Westzonen-Staates »Bundesrepublik Deutschland«, des Ostzonen-Staates »DDR«, des Südzonen-Staates »Österreich« ist, Deutscher?

Wir wissen, daß jeder Mensch in Seele, Geist und Leib durch die von Eltern und Voreltern ererbten Anlagen bestimmt ist, daß er sich nur im anlagemäßig begrenzten Spielraum entwickeln kann.

Die Naturwissenschaft hat bewiesen, daß es Gruppen von Lebewesen mit in ihrer Zusammensetzung gleichen oder sehr ähnlichen Erbanlagen gibt, die man als Rassen bezeichnet. Dies gilt für die Menschen genauso wie für Tierwelt – auch wenn dem lebensgesetzlichen Denken feindliche Ideologien dies nicht wahrhaben wollen.

Jedes Volk ist in seiner Wesensart durch die Eigenschaften jener Rassen gekennzeichnet, aus denen es sich zusammensetzt. Ein beschriebenes Blatt Papier, sei es »Staatsangehörigkeitsnachweis«, »Taufschein« oder sonstwie benannt, kann aber niemals die Erbanlage ändern. Man kann damit staatsbürgerliche oder kirchliche Rechte anerkennen, nicht aber die Wesenhaftigkeit oder die leibliche Beschaffenheit umbestimmen.

Seit 1984 bestand auch Zusammenarbeit mit Anhängern der Freiheitlichen Deutschen Arbeiterpartei (FAP), die 1986 noch intensiviert wurde. Mitglieder beider Gruppierungen nahmen wechselseitig an Veranstaltungen teil. Die weitere Radikalisierung des Jugendbundes verdeutlicht ein Aufruf Nahraths, in dem es u. a. hieß:

[...] daß die Zeit der ruhigen Entwicklung auch für die volkstreuen Jugendbünde vorbei ist. Wer sich nunmehr in dieser kämpferischen Gegenwart hinter den Rockschößen bürgerlicher Betulichkeit verkriecht – und sich obendrein in läppischer Kritik ergeht – dem werde ich in Zukunft in harter Offenheit den Spiegel vor das Gesicht halten [...] Die alte Taktik: »Angriff ist die beste Verteidigung« mußte allerdings dafür aus der Schublade gezogen werden. Das sollten sich diejenigen hinter die Ohren schreiben, die glauben, mit weiblicher Duldungstaktik dieses Problem lösen zu können. Eintausend Polizisten mit entsprechenden Geräten waren in Stuttgart aufgeboten, um zu verhindern, daß 300 entschlossene junge volkstreue Männer bereit dazu waren, den roten Chaoten einen Denkzettel zu verpassen.

Im Jahr 1987 kam es in der Bundesführung der WJ zu einem Richtungsstreit zwischen Nahrath und seinem Konkurrenten Rudi Wittig, nachdem sich dieser für eine noch engere Zusammenarbeit mit der FAP ausgesprochen hatte. Es kam zur Spaltung. Unter Wittigs Führung entstand der Sturmvogel – Deutscher Jugendbund. Davon wiederum spaltete sich Reiner Schmitz mit einem »Arbeitskreis Junge Familie« ab.

Ausländerfeindliche Vereinigungen

Die Tatsache, daß in der Bundesrepublik gegenwärtig rund 4,2 Milionen ausländische Mitbürger leben, denen noch 103 000 Asylsuchende zuzurechnen sind (Zahlenangaben für 1988), hat zu mannigfaltigen Problemen geführt. Das Zusammenleben mit starken nationalen Minderheiten zeitigt zwangsläufig gesellschaftliche Konflikte. Mit abflauender Wirtschaftskonjunktur und der damit verbundenen Unsicherheit verschärfen sich die Spannungen noch.

Die teilweise aus dem asiatischen und dem afrikanischen Raum stammenden Menschen wie auch die Türken in großem Umfang zu integrieren wird weder für die Gäste noch für die Gastgeber wünschenswert sein. Einer solchen Einbettung stehen schon bestimmte nationale, kulturelle und vor allem religiöse Bindungen entgegen. Problematisch und gefährlich werden diese objektiven Hürden, wenn sie von reaktionärer und rechtsradikaler Seite in politischer Absicht gezielt eingesetzt werden, wie dies beispielsweise der führende geistige »Stahlhelmer« der CDU, der ehemalige Berliner Innensenator Heinrich Lummer, tat, als er äußerte (zitiert nach *Deutschland-Union-Dienst* vom 3. September 1986):

> Nach wie vor wird das Bild des heutigen Asylanten zu einem wesentlichen Teil geprägt von dem Wirtschaftsflüchtling aus einer der zirka 65 Problemregionen der Erde, dem als Rauschgift-Container einreisenden Straftäter aus dem Nahen und Mittleren Osten, der zum Zwecke der Prostitution einreisenden Afrikanerin und dem mit 50prozentiger statistischer Wahrscheinlichkeit kriminellen Libanesen [...]

Das pseudointellektuelle »Heidelberger Manifest« bildet die Grundlage des Ungeistes für rechtskonservative und rechtsradikale Agitation. Beide Richtungen sind bemüht, vorhandene Ressentiments zu aktivieren und auszunutzen. Hier muß vor allem an die Propaganda von Parteien

und Organisationen wie der NPD, der Deutschen Volksunion (DVU) und den Republikanern erinnert werden.
Auch der »Führer« der militanten Neonazis in der Bundesrepublik, Michael Kühnen, sah in der »Ausländerfrage« den entscheidenden Hebel, um politisches Terrain
zu gewinnen; gegenüber dem *Deutschen Allgemeinen
Sonntagsblatt* erklärte er in einem Interview (Ausgabe
vom 14. Februar 1982): »Jetzt geht es darum, Sachposi-
tionen zu gewinnen, ein Problem zu finden, das tatsächlich die Masse der Bevölkerung als Problem bewegt und
das nur von Nationalsozialisten gelöst werden kann. Das
wird im wesentlichen die Ausländerfrage sein [...]«
   Zu der Eskalation ausländerfeindlicher Exzesse haben auch – gewollt oder ungewollt – Gerichtsurteile beigetragen, die in vielen Fällen als Freibriefe für Auslän-
derhetze gelten können. So hieß es im »Türken-raus-
Urteil« des 3. Strafsenats des Bundesgerichtshofs vom
14. März 1984, Parolen wie »Türken raus« und »Hängt
Brandt« erfüllten nicht den Tatbestand der Volksverhetzung. Denn, so die Karlsruher Richter, »bei Aussprüchen, wie sie der Angeklagte verwandt hat, versteht sich
der Aufforderungscharakter nicht von selbst. Dieser be-
darf deshalb näherer Darlegung.« Der Angeklagte hätte
mithin den Wunsch nach Brandts Tod nicht nur aussprechen dürfen, sondern ihn auch konkretisieren müssen,
da nach höchstrichterlicher Auffassung das bloße Gut-
heißen einer Straftat keine Aufforderung dazu ist.
   Offenbar gilt auch das im Grundgesetz verbürgte Recht
auf körperliche Unversehrtheit nicht immer für Ausländer. Der 11. Senat des Oberverwaltungsgerichts Lüneburg beschied 1983 den Asylantrag eines Kurden, der
schon als 14jähriger in der Türkei gefoltert worden war,
abschlägig. Zwar seien, so die Begründung, bei einem
künftigen Ermittlungsverfahren gegen den Betroffenen
»ähnliche Mißhandlungen nicht völlig auszuschließen«;
diese fänden jedoch ihre Erklärung in der »traditionsbe-
dingten Einstellung der Türkei zur Gewalt«. Der 9. Senat
des Bundesverwaltungsgerichts in Berlin bestätigte im
April 1985 das berüchtigte »Folterurteil« von 1983, wonach drohende Folter im Heimatland keinen hinreichen-
den Grund für Asylgewährung darstellt.
   Im März 1988 warnte der Direktor des hessischen
Landesamtes für Verfassungsschutz, Günther Scheicher,
davor, daß sich Ausländerfeindlichkeit »zu einem Po-

tential für die Neonazis entwickeln« könne (*Die Welt*, 17. März 1988). Durch Verschärfung der bestehenden Ausländergesetze ist diese Problematik nicht aus der Welt zu schaffen.

Der Ökumenische Vorbereitungsausschuß zur Woche der ausländischen Mitbürger und der DGB-Bundesvorstand veröffentlichten im April 1988 »Prüfsteine eines humanen Ausländerrechts«; darin hieß es:

Ausländerinnen und Ausländer müssen das uneingeschränkte Recht haben, mit ihren Ehegatten und minderjährigen Kindern zusammenzuleben. Dies gilt für ausländische Mitbürger der ersten und der folgenden Generationen [...]

Wer seinen Lebensmittelpunkt in der Bundesrepublik hat, darf nicht gegen seinen Willen, nur weil er arbeitslos wurde oder erkrankte, zur Ausreise gezwungen werden. Wenn ausländische Mitbürger aufgrund einer wirtschaftlichen Krisensituation wie auch viele Deutsche in Notlagen kommen und Sozialhilfe empfangen müssen, so dürfen sie nicht das Recht auf einen gesicherten Aufenthalt in der Bundesrepublik verlieren. Wenn ausländische Mitbürger einen verfestigten Aufenthaltsstatus besitzen, so dürfen sie nicht ausgewiesen werden [...]

Die im Ausländergesetz festgelegten Bestimmungen, nach denen Ausländern Schutz vor Abschiebung und ein zeitweiliger Aufenthalt zu gewähren ist, dürfen nicht eingeschränkt werden [...]

Ausländer sind an der politischen Willensbildung stärker zu beteiligen. Zumindest das kommunale Wahlrecht sollte ausländischen Arbeitnehmern und ihren Familienangehörigen nach mehrjährigem Aufenthalt eingeräumt werden [...]

Aktion Ausländerrückführung – Volksbewegung gegen Überfremdung und Umweltzerstörung (AAR)

Gegründet im November 1977 in Mainz als Hilfs- und Tarnorganisation der Aktionsfront Nationaler Sozialisten / Nationale Aktivisten (ANS/NA) von deren führenden Aktivisten Michael Kühnen, Thomas Brehl und Arndt-Heinz Marx. Hauptsächliches Programmanliegen war neben der Rückführung aller Ausländer die Wiederzulassung der NSDAP. Die AAR wurde zusammen mit der ANS/NA vom Bundesministerium am 7. Dezember 1983 wegen Verfassungsfeindlichkeit verboten.

Aktion Ausländerstopp

NPD-nahe Organisation, die Ende der 70er Jahre in München mit ausländerfeindlichen Flugblättern in Erscheinung trat. Verantwortlich zeichnete Hagen Prehl, 1980 Mitinitiator der Bürgerinitiative Ausländerstopp (BIA).

Aktion Deutschland den Deutschen

Trat Ende 1987 in Weinheim mit »Thesen/Forderungen« an die Öffentlichkeit. Darin wurde u. a. verlangt:

> Kindergeld nur für deutsche Staatsbürger! – Keine deutsche Steuerprämie, um die Zeugungs- und Geburtenfreudigkeit der Ausländer noch weiter anzuregen, zumal die typischen Gastarbeiter-Exportländer schon jetzt großen Arbeitskräfteüberschuß haben [...]
>
> Sofortige Ausweisung, Verschärfung der Asylbedingungen, vor allem für Nicht-Europäer, um den zunehmenden Strom von Asiaten (Indern, Pakistanis), Afrikanern und Ostjuden einzudämmen.

Aktionsgruppe Schlageter und Oxner

Die Gruppe veranstaltete 1981/1982 ausländerfeindliche Drohbriefaktionen.

Arbeitskreis Europa der Vaterländer – Vereinigung zum Schutz des deutschen Volkes vor Überfremdung (AEV)

Der im September 1981 unter Vorsitz von Peter Busch gegründete Arbeitskreis mit Sitz in Ratzeburg ist inspiriert vom Schutzbund für das Deutsche Volk (SDV) und vom »Heidelberger Manifest«. Sein Anliegen ist es,

> die große Gefahr abwenden zu helfen, die dem Deutschen Volk zur Zeit durch die Überfremdung mit Ausländern droht, durch die Integration mit diesen, durch Geburtenschwund, Überindustrialisierung, Naturzerstörung und durch die Zerstörung der Werteordnung. Die Mitglieder haben es sich zum Ziele gesetzt, das Lebensrecht des Deutschen Volkes in einer

Welt zu verteidigen, die gekennzeichnet ist vom Selbstwert-
gefühl der Völker. Das Deutsche Volk hat keinen Grund und
kein Recht zur Selbstaufgabe. Es hat vielmehr die Pflicht, das
Leben und das große kulturelle Erbe an künftige Geschlech-
ter weiterzugeben [...]

Arbeitskreis Überfremdung (AKÜ)

Diese seit 1982 vor allem in Rheinland-Pfalz aktive Organisation unter Leitung von Siegfried Schmidt hält Kontakte zu dem führenden Rechtsradikalen Günter Deckert.
Hauptbetätigung ist das Verteilen ausländerfeindlicher
Propaganda wie der folgenden:

All jene, die für Aufnahme von Asiaten und Afrikanern in
unser übervölkertes Land eintreten, sollte man beim Wort
nehmen und ihnen in ihre Wohnung eine nicht zu kleine Aus-
länderfamilie – möglichst mohammedanischen Glaubens –
zuweisen.
Politiker und Pfarrer werden sicher hierzu mit gutem Beispiel freiwillig vorangehen und in ihre großen Häuser gleich
zwei Ausländerfamilien aufnehmen. Pfarrer und Politiker [...]
werden uns ein vorbildhaftes, harmonisches Zusammenleben mit ihren Ausländerfamilien demonstrieren. [...]

Ausländer raus – Nationale Sammlung

Diese Gruppe trat im September/Oktober 1988 vor allem
im südhessischen Langen mit volksverhetzenden Parolen an die Öffentlichkeit und gab ihre Absicht bekannt,
sich in Langen an der Kommunalwahl 1989 zu beteiligen. Ihre Propaganda betreibt sie im Stil von Joseph
Goebbels, wie der nachstehende Auszug aus einem Flugblatt erkennen läßt.

Sie kommen zu Tausenden, Zigtausenden, Hunderttausenden. Bald schon werden es Millionen sein. Haben wir Deutschen dann überhaupt noch Platz für uns selbst? ... Werden
wir Deutschen bald Fremde im eigenen Land sein? ... Werden
wir Deutschen nicht von einer Verbrechenslawine überrollt?
Sie kommen bisweilen auch, weil sie zu Hause hungern. Sie
essen unser Brot und wohnen unter unserem Dach. Wird ihnen das reichen, oder werden sie mehr haben wollen? Unsere
Arbeitsplätze, unsere Frauen, unser ganzes Hab' und Gut?

Die der Freiheitlichen Deutschen Arbeiterpartei (FAP) zuzurechnende Gruppe wurde auf Initiative Michael Kühnens gegründet. Spitzenkandidat ist der Brunnenbauer Heinz Reisz, der seit 1956 in rechtsradikalen Gruppen und Parteien tätig ist.

Ausländer-Vernichtungs-Kommando (AVK)

Im Jahr 1982 trat diese Gruppe in München in Erscheinung. Nach einem ersten Drohbrief im Frühjahr folgte ein weiterer, in dem es u. a. hieß: »Sollten in Ihrem Betrieb Türken angetroffen werden, wird das Gebäude gesprengt oder angezündet! Türken raus! Wir dulden keine türkischen Mörder in Deutschland! Sofortige Ausweisung aller Türken [...] Tod den Türken-Kindern!«

Bayerische Liste für Ausländerstopp

NPD-nahe Organisation, die im Juni 1982 nach dem Vorbild der Kieler Liste für Ausländerbegrenzung und der Hamburger Liste für Ausländerstopp in München gegründet wurde. Initiatoren waren die NPD-Landtagskandidatin Hildegard Schuller und der damalige Vorsitzende des Nationalsozialistischen Hochschulbundes (NHB), Thor von Waldstein. Das Programm war kurz: »Einwanderungsstopp für Ausländer; Erhaltung der deutschen und der ausländischen Kulturen statt Eindeutschung; sofortiger Stopp der Flut von Scheinasylanten.«

Braune Armeefraktion

Die Gruppe trat 1981/1982 mit ausländerfeindlichen Drohbriefaktionen in Erscheinung.

Bürgeraktion für Recht, Ordnung, Ausländerstopp (BRO)

Initiator der Gruppierung war Axel Heinzmann, Vorsitzender des rechtsradikalen Hochschulrings Tübinger Studenten (HTS).

Bürgerinitiative Ausländerstopp (BIA)

Die 1980 von ehemaligen NPD-Funktionären in Bochum gegründete Initiativgruppe ist in sämtlichen Bundesländern gemeinsam mit der NPD aktiv, deren fremdenfeindliche Agitation sie mit ihren gegen die Integration von Ausländern gerichteten Forderungen unterstützt. Zweimonatlich erscheint die BIA-Druckschrift *Deutsche Zukunft*, für die der Bochumer Klaus Schultz verantwortlich zeichnet. In dem Blatt war u.a. zu lesen:

> Die zunehmende Überfremdung der Bundesrepublik Deutschland durch den Zuzug von mehreren Millionen zum Teil kulturfremder Ausländer und ihrer Familien muß als schicksalhaft für die deutsche Zukunft unseres Volkes und Landes angesehen werden. Unsere meisten Politiker, Kirchenmänner, Gewerkschaftler und Medien wie Rundfunk und Fernsehen unterlassen es vorsätzlich, die Öffentlichkeit über die negativen Folgen des starken Ausländerzustroms ehrlich zu unterrichten. Sie versuchen im Gegenteil, das deutsche Volk zu beschwichtigen und es willig zu machen für die »Integration« – die dauerhafte und endgültige Aufnahme der Ausländer als »Einwanderer« [...]
>
> Gleichwohl muß festgehalten werden, daß die türkische Einwanderung höchst unerwünscht ist. Man pflegt in der öffentlichen Diskussion die kulturellen Unterschiede, vor allem aber die religiösen Differenzen in den Vordergrund zu stellen. Der grundsätzliche Unterschied aber liegt in der rassischen Zusammensetzung der Türken, die nun eben einmal keine Europäer sind, mögen sie auch von der EG und anderen internationalistischen Institutionen als solche betrachtet werden.

Bürgerinitiative Einwanderungsstopp

Die 1980 auf Initiative Ernst Tags gegründete Gruppe operiert von Rheinland-Pfalz aus vornehmlich in den Räumen Mannheim/Heidelberg und Stuttgart. Sie hält Verbindung zu dem führenden Rechtsradikalen Günter Deckert.

Deutsche Befreiungsarmee vom
ausländischen Terror

Die Organisation schrieb im Juni 1984 Leserbriefe an Zeitungen mit der Drohung: »Die ersten türkischen Lebensmittelläden mußten schon daran glauben, und weitere werden folgen. Wir werden sie alle in Brand stecken, in die Luft jagen, mit den Füßen zertreten, bis der Letzte vernichtet ist.«

Deutscher Bürgerschutz (DBS)

Die Vereinigung bildete sich im März 1982 in Köln mit dem Ziel, gegen »Überfremdung« zu kämpfen. In der Satzung hieß es:

> Ziel des Vereins ist der Schutz der Interessen und der Identität der Deutschen in der Bundesrepublik Deutschland. Wir sehen diese Interessen zunehmend gefährdet [...] Die Lebensqualität wird zunehmend zerstört. Zu dieser gehört vor allem auch die Sicherheit des Bürgers, die durch das sprunghafte Anwachsen der Kriminalität entscheidend gemindert ist. Hierzu trägt wesentlich auch der unkontrollierte Zustrom der Ausländer bei. Die Zusammenballung von immer mehr Menschen aus allen Kontinenten führt unweigerlich zu einer nicht mehr zu verkraftenden Industrialisierung und in ihrer Folge zur völligen Zerstörung des ökologischen Gleichgewichts unserer Umwelt. Unabsehbar sind auch die sozialen und politischen Folgen. Wirkungsvolle Maßnahmen der zuständigen Stellen sind nicht zu erkennen [...]

Deutsche Volksinitiative

Die 1986 im Saarland gegründete Gruppe verteilte Aufkleber mit der Aufschrift »Scheinasylanten raus«. Bei den Bundestagswahlen im Januar 1987 forderte sie dazu auf, NPD zu wählen. Landessprecherin der Gruppe ist Ellen Scherer.

Gruppe 33

Trat 1985 in Braunschweig mit einem Flugblatt in Erscheinung, worin u. a. stand:

> Wer heute das Ausländerproblem verkennt, hat morgen far-
> bige Enkel. Wer ausländische Arbeiter oder Lehrlinge be-
> schäftigt, zu ausländischen Ärzten geht, bei Ausländern kauft,
> der verteilt mit um und demontiert Deutschland. Darum: Deut-
> sche wehrt Euch! Stoppt die Ausländer-Republik! Unser Land
> unserem Volk! Deutschland den Deutschen!

Hamburger Liste für Ausländerstopp (HLA)

Die im April 1982 von ehemaligen NPD-Mitgliedern gegründete Organisation hat rund 80 Mitglieder; an ihrer
Spitze steht der frühere Hamburger NPD-Vorsitzende
Ulrich Harder. »Und wer spricht von den deutschen
Opfern der Ausländer-Verbrechen?« lautete die Schlagzeile eines in 100 000facher Auflage verbreiteten HLA-
Flugblattes, in dem es weiter hieß, der »Tod eines Türken«
werde »von den Medien hochgeputscht, Verbrechen
an Deutschen durch Ausländer jedoch unterdrückt«.
Nach ihrem eigenen Selbstverständnis begreift sich diese NPD-Hilfsgruppe als Spitze einer »vernünftigen Ausländerfeindlichkeit«. Bei den Wahlen zu den Bezirksver-
sammlungen im November 1986 erzielte sie die besten
Ergebnisse in Hamburg Mitte (1,6 Prozent) und in Har-
burg (1,5 Prozent); in beiden Bezirken gab es einen
überdurchschnittlich hohen Ausländeranteil. Bei den
gleichzeitigen Bürgerschaftswahlen kam die HLA mit
6585 Stimmen auf eine Stimmenquote von 0,7 Prozent,
bei den vorgezogenen Neuwahlen zur Bürgerschaft im
Mai 1987 mit 3829 auf 0,4 Prozent. 1982 hatte sie bei
den Bürgerschaftswahlen im Juni mit 6221 Wählerstimmen einen Stimmenanteil von 0,7 Prozent erhalten.

Heidelberger Kreis

Die Mitglieder dieses Kreises unterzeichneten das »Heidelberger Manifest« vom 17. Juni 1981, das Grundlagendokument ausländerfeindlicher Ideologie, auf das sich sowohl rechtsradikale als auch rechtskonservative Kräfte beziehen. Darin war zu lesen:

Mit großer Sorge beobachten wir die Unterwanderung des deutschen Volkes durch Zuzug von vielen Millionen von Ausländern und ihren Familien, die Überfremdung unserer Sprache, unserer Kultur und unseres Volkstums. Allein im Jahre 1980 hat die Zahl der gemeldeten Ausländer trotz Anwerbestop um 309 000 zugenommen, davon 194 000 Türken. Gegenüber der zur Erhaltung unseres Volkes notwendigen Zahl von Kindern werden jetzt jährlich kaum mehr als die Hälfte geboren. Bereits jetzt sind viele Deutsche in ihren Wohnbezirken und an ihren Arbeitsstätten Fremdlinge in der eigenen Heimat. Der Zuzug der Ausländer wurde von der Bundesregierung aus Gründen des heute als fragwürdig erkannten hemmungslosen Wirtschaftswachstums gefördert. Die deutsche Bevölkerung wurde bisher über die Bedeutung und Folgen nicht aufgeklärt. Sie wurde auch nicht darüber befragt. Deshalb rufen wir zur Gründung eines parteipolitischen und ideologisch unabhängigen Bundes auf, dessen Aufgabe die Erhaltung des deutschen Volkes und seiner geistigen Identität auf der Grundlage unseres christlich-abendländischen Erbes ist. Auf dem Boden des Grundgesetzes stehend wenden wir uns gegen ideologischen Nationalismus, gegen Rassismus und gegen jeden Rechts- und Linksextremismus.

Völker sind (biologisch und kybernetisch) lebende Systeme höherer Ordnung mit voneinander verschiedenen Systemeigenschaften, die genetisch und durch Tradition weitergegeben werden. Die Integration großer Massen nichtdeutscher Ausländer ist daher bei gleichzeitiger Erhaltung unseres Volkes nicht möglich und führt zu den bekannten ethnischen Katastrophen mulitkultureller Gesellschaften [. . .]

Für den Heidelberger Kreis:

Prof. Dr. phil. W. Haverbeck; Prof. Dr. rer. nat. J. Illies; Prof. Dr. theol. P. Manns; Prof. Dr. Dr. Th. Oberländer, Bundesminister a.D.; Prof. Dr. jur. H. Rasch; Prof. Dr. F. H. Riedl; Prof. Dr. med. H. Schade; Prof. Dr. rer. nat. Th. Schmidt-Kaler; Prof. Dr. rer. nat. H. Schröcke; Prof. Dr. phil. F. Siebert; Prof. Dr. G. Stadtmüller.

Hessenliste für Ausländerstopp (HLA)

Die am 1. Juni 1982 von NPD-Mitgliedern gegründete
Gruppierung arbeitet eng mit der Bürgerinitiative Ausländerstopp (BIA) zusammen. Für ihre Ziele warb sie mit
»Protestlisten gegen die millionenfache Überfremdung
durch ausländische Gastarbeiter«.

Initiative für Ausländerbegrenzung (I.f.A.)

Die im Januar 1980 von dem Münchener Verleger Dr.
Gerhard Frey gegründete Initiative forderte u. a.:

> Soweit die Tätigkeit von Gastarbeitern in gewissen Wirt-
> schaftsbereichen unverzichtbar ist, sollten Menschen ver-
> wandter Kulturkreise solchen aus fernen oder gar außereuro-
> päischen Ländern schon im Interesse eines unproblemati-
> schen Zusammenlebens und -arbeitens vorgezogen werden.
> Terrorismus und Sowjetkommunismus greifen auch im deut-
> schen Volksraum immer mehr um sich. Es muß sichergestellt
> werden, daß ausländischen Kommunisten und erheblich vor-
> bestraften Nichtdeutschen auch unter dem Vorwand einer
> Gastarbeit kein Zuzug in die Bundesrepublik Deutschland
> gewährt wird.

Kieler Liste für Ausländerbegrenzung (KLA)

Gegründet Anfang 1982; die 30 Gründungsmitglieder
stammten zum größten Teil aus dem rechtsradikalen
Spektrum. Mit der KLA nahm zum erstenmal in der
Bundesrepublik eine ausländerfeindliche Gruppierung
offiziell an Wahlen teil. Bei den Kommunalwahlen am
7. März 1982 erhielt sie in Kiel 3,8 Prozent der Stimmen.
In der Wahlplattform hieß es u. a.:

> Kiel ist eine deutsche Stadt [...] Eine Seßhaftmachung der
> immer stärker anschwellenden ausländischen Bevölkerungs-
> gruppen würde den deutschen Charakter Kiels für alle Zei-
> ten verändern. Kiel würde von den ausländischen Bevölke-
> rungsgruppen in eine ausländische Wohnregion verwandelt
> werden. Für die angestammte deutsche Bevölkerung müßte
> ihre Stadt gleichzeitig zur Fremde werden.

Kreis Heilbronner Bürger

Diese örtliche Bürgerinitiative veröffentlichte 1984 ein Flugblatt. Darin hieß es u. a.:

Deutsche!
Der Großangriff auf unser Volk hat begonnen! Kirchen und Gewerkschaften, die sich sonst wegen ihrer unterschiedlichen Einstellung zu den Fragen der Abtreibung und des kirchlichen Tarifrechts heftig bekämpfen, haben eine »Unheilige Allianz« geschlossen, um in Flugblättern und Erklärungen gegen unser Volk [...] zu hetzen!
In ihren Veröffentlichungen sprechen sie von deutscher Ausländerfeindlichkeit und verschweigen dabei, daß Ausländerfeindlichkeit keine typisch deutsche Eigenschaft ist, sondern in allen Völkern der Welt sich dann regt, wenn die Zahl der Fremden ein bestimmtes Maß übersteigt und die Existenz der Großvölker bedroht [...]

Kurpfälzer Überfremdungsinitiative

Die Initiativgruppe, die lokale ausländerfeindliche Aktivitäten entfaltete, arbeitet eng zusammen mit einem »Deutschen Kreis Neckar-Odenwald« und der Bürgerinitiative Ausländerstopp (BIA). Unterstützt wird sie von dem Rechtsradikalen Günter Deckert.

Münchener Initiative Ausländerstopp (MIA)

Die Initiative wurde zwecks Teilnahme an den Kommunalwahlen im März 1984 von NPD-Mitgliedern gegründet. An ihrer Spitze stand der NPD-Oberbürgermeisterkandidat Oberstleutant a. D. Georg Pemler, der, NPD-Mitglied seit 1965, für seine Partei in verschiedenen Funktionen auf Landes- und Bundesebene tätig war. Auf der Kandidatenliste standen ferner der Rechtsanwalt Wolfgang Huber, ehemaliger Richter am Bayerischen Verfassungsgerichtshof und Leiter der Rechtsabteilung beim NPD-Parteivorstand, sowie der frühere Angehörige der Waffen-SS und spätere Mitbegründer der Vaterländischen Union Karl Feitenhansl.

Nationalsozialistische Deutsche
Befreiungsfront (NSDBF)

Die Gruppe schickte 1982 einen vierseitigen Drohbrief
an die linksliberale, in Frankfurt erscheinende türkische
Zeitung *Milliyet.* Unter der Parole »Deutschland, erwache! Deutschland den Deutschen. Werden Köpfe rol-
len?« hieß es u.a.:

> Die Nationalsozialistische Deutsche Befreiungsfront gibt hier-
> mit ihren Volksbefreiungskampf gegen den in Westdeutsch-
> land vorherrschenden Internationalismus bekannt. Im Zug
> dieses Befreiungskampfes wird sich die NSDBF intensiv mit
> dem potentiellen Faktor der ausländischen Volkszerstörer
> beschäftigen.
>
> Die absolute Majorität besitzen hierbei die Türken, und das
> nicht rein zufällig, denn während ihre Vorgänger vor zwanzig
> Jahren noch tatsächlich der Arbeit und des Broterwerbs we-
> gen sich auf westdeutschem Territorium aufhielten, begann
> schon gegen Ende der sechziger Jahre die systematische Un-
> terminierung Deutschlands mit dem Ziel, den Stellen- und
> Machtwert einzunehmen, den einst die Juden vor ihrer Aus-
> merzung innehatten [...]

Schutzbund für das Deutsche Volk (SDV)

Die Vereinigung mit Sitz in Bacharach wurde am 1. April
1982 von Unterzeichnern des »Heidelberger Manifests«
gegründet; Mitinitiatoren waren u.a. Brigitte Finkeisen-
Frank und Johann Hermann Scherer. In ihren »Forderungen zur Ausländerpolitik« heißt es u.a.:

> Wahrheitsgetreue Darstellung der gesamten Ausländerpro-
> blematik in der Öffentlichkeit [...] Eindringliche und dau-
> ernde Aufklärung der Bevölkerung über die Gefahren der
> derzeitigen und absehbaren ethnischen Entwicklungen [...]
> Ersatz nichtdeutscher Arbeiter und Facharbeiter durch Deut-
> sche [...] Verbesserte Kontrollen und härtere Strafen für ille-
> gale Beschäftigung von Ausländern [...] Verbot der politi-
> schen Betätigung von Ausländern, auch aus EG-Staaten, und
> Kontrolle dieses Verbots [...]

Der SDV kann als geistiger Mittelpunkt mannigfacher
ausländerfeindlicher Aktivitäten gelten; viele Aktionen
werden durch ihn inspiriert.

Unabhängiger Wählerkreis Würzburg –
Arbeitskreis für Wiedervereinigung und
Volksgesundheit

Die Gruppierung wurde im Dezember 1983 als Nachfolgeorganisation der im selben Monat verbotenen Aktion Ausländerrückführung (AAR) von deren ehemaligem Vorsitzenden Ludwig Bock gegründet und vertrat im wesentlichen die Zielsetzungen der AAR. Im März 1984 wollte sich der Wählerkreis an den Kommunalwahlen in Würzburg beteiligen; er wurde jedoch einen Monat zuvor als Ersatzorganisation der AAR vom bayerischen Innenministerium verboten und aufgelöst.

Verein zur Förderung der Wiederherstellung
der Einheit Deutschlands und des Deutschen
Volkes in Frieden und Gleichheit
vor allen Völkern –
Vereinigtes Deutsches Reich (VDR)

Im Jahr 1979 gründeten Ernst Tag und Karl-Heinz Lenz in Rheinland-Pfalz diese militante ausländerfeindliche Gruppierung. Tag fand eine neue Form der rechtsradikalen Agitation, indem er Anrufbeantworter mit häufig wechselnder ausländerfeindlicher Propaganda benutzte. Einer der Texte lautete:

> Ausländerfeindlichkeit und Ausländerhaß steigen von Tag zu Tag. Selbst der unauffälligste Deutsche, der sich am liebsten um nichts kümmert, nimmt Anstoß an dem immer größer werdenden Heer fremdrassiger Menschen aus der ganzen Welt. Die Bezeichnung »ausländische Mitbürger«, die hie und da zu hören ist, kann man angesichts der Ablehnung, auf die die Fremdarbeiter bei uns fleißigen Deutschen stoßen, nur als schwarzen Humor bezeichnen.
> Was ist aber los mit uns Deutschen? Hassen wir die Ausländer denn wirklich? Nein. Das ist doch gelogen. Kein Deutscher haßt Ausländer. Das wird uns nur eingeredet und unterstellt, damit sich das gesunde Volksempfinden kein Gehör verschaffen kann. Kein Deutscher haßt Ausländer wirklich. Aber auch kein Deutscher sieht ein, wieso unser kleines Land zum Stammesland aller Arbeitslosen, Wirtschaftsflüchtlinge, Rauschgifthändler, Faulenzer, Schmarotzer [...] der ganzen

Welt geworden ist. [...] Gerade die Türken haben in der Vergangenheit schon oft kriegerisch versucht, nach Mitteleuropa einzubrechen. Unsere Vorfahren haben in erbitterten Schlachten diese Eindringlinge immer wieder zurückgeschlagen. Was sich heute auf deutschem Boden abspielt, ist genau dasselbe. Nur mit dem Unterschied, daß die Türken gewaltlos bei uns eindringen. Die Landnahme hat bereits begonnen.

Wenn wir Deutschen weiterhin glauben, daß es unnötig sei, unsere völkische Eigenart zu schützen und unser Volk zu verteidigen, daß es unnötig sei, uns als Deutsche gegenüber anderen Völkern zu behaupten, dann werden wir tatsächlich unwürdig sein, auf dieser Welt zu leben. Wir Deutschen dürfen den Lügnern und bezahlten Subjekten nicht mehr länger glauben, die uns einreden, wir würden Ausländer hassen, nur weil wir unser kleines Land für unsere eigenen Kinder behalten wollen, weil wir unsere BRD nicht an Türken, Neger, Asiaten [...] verlieren wollen. Ebenso, wie andere Ausländer ihre gottgebundene Heimat haben, haben auch wir Deutschen die unsere. Sie heißt Deutschland.

Weltbund zum Schutze des Lebens (WSL)

Der 1974 gegründete WSL war im wesentlichen mit dem Kreis der Unterzeichner des »Heidelberger Manifestes« identisch und zeichnete sich durch vielfältige Querverbindungen zu eindeutig rechtsradikalen Gruppierungen aus, so zu der Gesellschaft für freie Publizistik, dem Arbeitskreis Südwest, der Bürgerinitiative Ausländerstopp (BIA) und dem Schutzbund für das Deutsche Volk (SDV). Das Selbstverständnis des WSL kam in seinen Zielvorstellungen zum Ausdruck; sie lauteten:

Der Bund wirkt
für Erneuerung und Vertiefung des Lebens im Sinne der ewigen sittlichen Werte und der natürlichen Lebensordnung, gegen Überheblichkeit, Profitgier und Machtwahn, gegen die Mächte der Unordnung, Entartung, Ausbeutung und des Untergangs;
für Einbeziehung der Natur als Willensäußerung und Gesetzgebung des Schöpfers in den Bereich des religiösen Gefühls und Lebens;
für den Vorrang des Geistes, der Seele und der Persönlichkeit, gegen Ungeist und Vermassung;
für den Vorrang des Lebens und der Natur gegenüber den Mächten der Wirtschaft, Technik, Chemie und der abstrakten Politik;

für eine gesunde Menschenführung im Sinne des Lebendigen, welche die Gesamtheit der Schöpfung verantwortlich mit einschließt;

für eine gesunde Wirtschaft zur Deckung der natürlichen Bedürfnisse, gegen künstliche Übersteigerung des Bedarfes, gegen Konsumdiktat und Massenhypnose durch Reklame und Propaganda;

für Rückkehr zur lebensgesetzlichen Daseinsform unter Überordnung von Ehrfurcht und Bescheidung, unabhängig von angeblichem Fortschritt und sogenanntem Lebensstandard;

für biologisch richtige, vollwertige Ernährung, gegen die Nahrungszerstörung durch industrielle Methoden und gegen Anwendung von Boden-, Landschafts-, Nahrungs- und Gebrauchsgiften;

für den Schutz von Mensch, Tier, Pflanze und Landschaft sowie verantwortliche Vorsorge für Erhaltung und Reinerhaltung von Luft, Wasser, Boden, Wald und lebensgesetzlichem Bauerntum;

für schöpferische Ruhe und Besinnlichkeit, gegen Lärmterror und Erwerbshast;

für einen naturgesetzlichen, vorbeugenden Gesundheitsdienst an Stelle der medikamentösen Symptombehandlung;

für dauernden, gesunden und gerechten Frieden zwischen allen Menschen, Völkern, Rassen und Glaubensbekenntnissen der Erde, gegen Seelenvergiftung und Kriegshetze, gegen die Macht der internationalen Kriegsindustrie, gegen jegliche Anwendung der Kernspaltungs-Atomenergie, sei es zu kriegerischen oder angeblichen friedlichen Zwecken.

Gruppen und Organisationen
der Vertriebenen

> [...] die uns Ostpreußen gestohlen – jawohl, ge-
> stohlen – haben und dazu Pommern und Schle-
> sien.
> Ich würde wahnsinnig bei dem Gedanken, dieses
> Verbrechen vor meinem Gewissen und später ein-
> mal vor meinem Herrgott verantworten zu müs-
> sen [...]
> Deutsche! Denkt immer daran und sprecht immer
> davon:
> Oder-Neiße – niemals Grenze!
> (Pater Johannes Leppich SJ in der *Deutschen Sol-
> daten-Zeitung*, 29. März 1963)

Ein Thema wie die Flucht und die Aussiedlung Hunderttausender von Menschen, das von Blut und Tränen gekennzeichnet ist, erfordert eine besonders differenzierte
Behandlung. Um Fehlinterpretationen oder bewußt falschen Auslegungen vorzubeugen, müssen einige historische Tatsachen in Erinnerung gerufen werden.

Ein Zusammenleben von Tschechen und Slowaken
mit einer starken deutschen Minderheit, ursprünglich
gemeinsam Bürger der Tschechoslowakischen Republik,
war nach Kriegsende und den furchtbaren Ereignissen
während des Dritten Reiches kaum vorstellbar. Dies um
so weniger, als die große Mehrheit der Sudetendeutschen spätestens seit 1933 unter dem Deckmantel verstärkter Autonomieforderungen systematisch Staat und
Demokratie der ČSR untergrub und sich in Worten und
Taten leidenschaftlich zum Gauleiterstaat Hitlers bekannte. Bei den – als frei zu bezeichnenden – Wahlen
zum tschechoslowakischen Parlament im Mai 1935 bekam die Sudetendeutsche Partei 1,25 Millionen Stimmen
und wurde mit 44 Abgeordneten zur stärksten Partei in
der Tschechoslowakei. Die anderen deutschen Parteien
verloren Stimmen an sie; so stellten die Sozialdemokraten nur noch 11 Abgeordnete (bisher 21), die Christlich-
sozialen 6 (bisher 14) und der Bund der Landwirte 5 (bis-

her 16). Das Verhältnis unter den tschechoslowakischen Parteien blieb unverändert. Bei den sudetendeutschen Ergänzungswahlen zum »Großdeutschen Reichstag« am 4. Dezember 1938 legten 98,79 Prozent der Wähler – in geheimer Abstimmung – ein Bekenntnis zu Adolf Hitler als dem »Befreier des Sudetenlandes« ab; nach Hitler standen auf den Plätzen 2 und 3 der Wahlliste Konrad Henlein und Karl Hermann Frank.

Dieser jederzeit belegbare historische Sachverhalt rechtfertigt jedoch keinesfalls die Art und Weise der Umsiedlung der Sudetendeutschen. Sie muß als Nachkriegsfolge der von den Nationalsozialisten begangenen Verbrechen in den Gebieten der ehemaligen ČSR gelten. Daher fehlt den Funktionären der Landsmannschaften, die während der NS-Zeit größenteils zu den Verfolgern zählten, jedes moralische Recht, die Verfolgungen nach 1945 zu beklagen, denn sie waren alle, sei es als maßgebliche Parteifunktionäre, sei es als SS-Chargen, an den NS-Verbrechen direkt oder indirekt mitschuldig.

Wenn in diesem Abschnitt auf die besonderen Aktivitäten der Sudetendeutschen Landsmannschaft hingewiesen wird, so deshalb, weil diese die zahlenmäßig stärkste Gruppe unter den deutschen Minderheiten ist, die als Folge der nationalsozialistischen Politik ihre Heimat verlassen mußten, und weil sie sich durch ihre organisatorische Geschlossenheit und ihre nationalistische politische Zielrichtung von anderen Landsmannschaften unterscheidet.

Indes wäre es falsch und verhängnisvoll, die nach Hunderttausenden zählenden Teilnehmer der jährlichen Kundgebungen der Landsmannschaften als unverbesserliche »Nazis« zu bezeichnen oder als bedingungslose Gefolgsleute ihrer führenden Funktionäre, von denen nicht wenige eine Phraseologie der Unversöhnlichkeit pflegen. Vielmehr beteiligen sie sich an diesen Treffen, um Bekannte, Verwandte und ehemalige Nachbarn wiederzusehen. Ganz anders die Manager dieser Zusammenkünfte. Für sie sind die Landsmannschaften und deren Dachorganisation, der Bund der Vertriebenen, Stoßtrupps, deren sie sich bei ihren hartnäckigen Bestrebungen bedienen, die im Bundestag vertretenen Parteien und deren Abgeordnete auf ihre revanchistischen Positionen einzuschwören. Redner und Schreiber der Landsmannschaften erinnern an die Leiden ihrer Landsleute nach der militärischen Niederlage, erwähnen jedoch nicht, daß die vorausgegangenen Nazigreuel diese Leiden verursacht haben.

Angesichts der jahrzehntelang betriebenen Agitation der Berufsfunktionäre darf nicht vergessen werden, daß der Zweite Weltkrieg von Hitler und seinen Helfern planmäßig vorbereitet wurde, daß der »Führer« das unsagbare Leid wehrloser »Volksgenossen« zynisch einkalkulierte, als er in der Endphase des Krieges die umkämpften Städte zu Festungen erklärte. Die Frauen, Kinder und Greise, die Schreckliches erlitten und massenhaft starben, waren Opfer der nationalistischen Kriegspolitik. Wer sich der Bilder von Hunger und Elend der Vertriebenen erinnert, möge auch daran denken, daß die Stadt Leningrad 900 Tage von deutschen Truppen belagert wurde und während der Blockade 600 000 Frauen, Kinder und Greise verhungerten. Ursache und Wirkung dieses furchtbaren Krieges mit seinen nicht aufrechenbaren, aber auch nicht einseitig zu verschweigenden Opfern dürfen nicht verdrängt werden.

Aktion Deutsche Einheit (AKON)

Die Vereinigung wurde 1962 unter der Bezeichnung Aktion Oder/Neiße (AKON) als Kampfbund gegen die Anerkennung der Oder-Neiße-Linie als Westgrenze Polens gegründet. Maßgebliche Initiatoren waren Dr. Gerhard Frey, Chefredakteur und Herausgeber der *Deutschen National-Zeitung*, und Erwin Arlt, der spätere AKON-Vorsitzende. Im Programm der AKON hieß es u.a.:

Die Aktion Oder/Neiße (AKON) ist ein freiwilliger und loser Zusammenschluß von Privatpersonen, die sich aktiv gegen jeden Verzicht auf die deutschen Ostgebiete einsetzen.

Unter den deutschen Ostgebieten versteht die Aktion Oder/Neiße (AKON) Ostpreußen mit Memelland, Westpreußen mit Danzig, Pommern, Ostbrandenburg, die deutschsprachigen Randgebiete der Provinz Posen, Schlesien und das Sudetenland, aus denen die deutsche Bevölkerung grausam vertrieben wurde.

Die Aktion Oder/Neiße (AKON) ist überparteilich und überkonfessionell. Sie erstrebt enge Zusammenarbeit mit allen Verbänden, Organisationen, Vereinen und sonstigen Einrich-

169

tungen, die der Verwirklichung desselben Zieles dienen. Insbesondere erstrebt die AKON eine Assoziierung mit dem Bund der Vertriebenen (BdV).

Im Jahr 1978 wurde die Organisation in Aktion Deutsche Einheit umbenannt. Im überarbeiteten Programm wurden u.a. nachstehende Forderungen erhoben:

Die Ostverträge sind [...] null und nichtig, denn keine Regierung kann auf Menschenrechte, zu denen das Selbstbestimmungsrecht gehört, verzichten.

Die AKON fordert von allen öffentlichen und privaten Stellen, die Landkarten herausgeben, daß bei den Vertreibungsgebieten die deutschen Orts- und Flurnamen erhalten bleiben.

Unter anderem macht es die volkliche Gemeinsamkeit aller Deutschen zur Pflicht, den Ausländeranteil in der Bundesrepublik Deutschland zu begrenzen, um nicht neue Gräben gegenüber den außerhalb Westdeutschlands und Westberlins lebenden Deutschen zu ziehen.

Deutschland den Deutschen! Das bedeutet die Zurückdrängung supranationaler Einflüsse auf die deutsche Politik, soweit sie Lebensinteressen der deutschen Nation beeinträchtigen oder gar auf eine Auflösung des deutschen Volkes gerichtet sind.

Die Fürsorge der Aktion Deutsche Einheit gilt aber auch in hervorragendem Maße den im übrigen sowjetischen Kolonialreich versklavten und geschundenen Millionen Deutschen.

Aktion Deutscher Osten (ADO)

Die ADO, gegründet 1964 u.a. von Professor Berthold Rubin und Dr. Willy Glasebock, der später auch Bundesvorsitzender wurde, arbeitete eng mit dem Stahlhelm zusammen und bekannte sich zu einer bedingungslos revanchistischen Auffassung.

Arbeitsgemeinschaft Nie Vergessene Heimat (ANVH)

Die 1954 von Alfred Raeschke gegründete Vereinigung wurde 1956 vom Berliner Senat wegen Verfassungsfeindlichkeit verboten.

Arbeitsgemeinschaft sudetendeutscher Turnerinnen und Turner (AGST)

Die AGST besteht seit dem April 1950 und ist eine Organisation in der Sudetendeutschen Landsmannschaft. Im *Sudentendeutschen Turnerbrief* hieß es zu den Zielen der AGST: »Wir wollen doch neben unserer rein leibeserzieherischen Aufgabe nicht die volkspolitische vergessen, wenn wir überhaupt noch das Recht für uns in Anspruch nehmen wollen, ein hohes Erbe verwalten zu dürfen.« Die AGST ist dem Deutschen Turnerbund (DTB) angeschlossen und unterhält enge Beziehungen zum Österreichischen Turnerbund. Ihre Vorläuferorganisation, der Sudetendeutsche Turnerbund, bildete unter Führung von Konrad Henlein die aktivste und militanteste Gruppe der Nationalsozialisten in der Tschechoslowakei. Über die volkspolitische Bedeutung jenes Turnerbundes schrieb das offizielle Organ der Sudetendeutschen Partei, *Die Zeit*, in seiner Ausgabe vom 5. Januar 1939:

Welche ungeheuere volkspolitische Bedeutung der deutschen Turnidee beizumessen ist, wird durch ein Beispiel aus der jüngsten volksdeutschen Geschichte unter Beweis gestellt: Durch die politische Einigung der sudetendeutschen Volksgruppe. Dem Turnführer Konrad Henlein ward vom Schicksal die Aufgabe gestellt, in unheildrohender Stunde in die politische Kampffront vorzuspringen und die alte Sehnsucht, über die Parteien hinweg die Einheit zu schaffen, zu verwirklichen. Diese politische Leistung von weittragender geschichtlicher Bedeutung wäre undenkbar ohne die vorherige turnerische, also erzieherische Leistung Konrad Henleins. [...]

In der Volksgruppe hat demnach die Turngemeinde eine Vielfalt von Arbeiten zu leisten, die sich im Binnendeutschtum auf verschiedene Gemeinschaften verteilen, wie z.B. auf HJ, SA und SS. Die Turngemeinde ist in der Volksgruppe für die Einheit der Erziehung, für die Ausrichtung nach der einzigen deutschen Weltanschauung verantwortlich. Diese volkspolitische Aufgabe ist der Turnbewegung solange gestellt, als die politische Bewegung von sich aus keinen Einfluß auf die Schul- und Wehrerziehung nehmen kann.

Die Turnerschaft [...] hat das immer wache Gewissen gegen Vermassung, Verflachung und gegen Verfälschung zu sein und ihren Stolz darein zu setzen, jederzeit als Offizierskorps der Bewegung gelten zu können.

Arbeitskreis Sudetendeutscher Jungakademiker (ASJA)

Der im März 1968 gegründete Arbeitskreis sollte »als geistiger Kristallisationspunkt für die dem ASSt (Arbeitskreis Sudetendeutscher Studenten) entwachsenen Jungakademiker [...] den Zusammenhalt seiner im Beruf stehenden Mitglieder fördern [...] sowie ein moralischer, vielleicht auch materieller Rückhalt des aktiven ASSt sein [...], eines Tages wohl auch Plattform eigener politischer Aktion«. Als Vorsitzender des ASJA fungierte u.a. Dr. Günter Reichert, persönlicher Referent des Vorsitzenden der CDU/CSU-Bundestagsfraktion Dr. Alfred Dregger.

Arbeitskreis Sudetendeutscher Studenten (ASSt)

Die Gründung der engstens mit der Sudetendeutschen Landsmannschaft verknüpften Studentenvereinigung erfolgte 1952.

Bund der Vertriebenen (BdV)

Auf seiten der Westalliierten bestanden nach 1945 Bedenken gegen die Gründung von Vertriebenenorganisationen, weil man die Verbreitung nationalistischen Gedankenguts befürchtete. Deshalb wurde die für derartige Zusammenschlüsse erforderliche Lizenz verweigert. Diesem Umstand suchten kirchliche Stellen zu steuern. Professor Dr. Max Hildebert Boehm, langjähriger Leiter der Ostdeutschen Akademie in Lüneburg, bestätigte in seinem Buch *Die Vertriebenen in Deutschland* (Band I) rückschauend die organisatorische Starthilfe der Amtskirche für die späteren großen Vertriebenenorganisationen. Die Kirche habe damals, so Boehm, »vielfach die Bedeutung einer schützenden und tarnenden Glocke über den zunächst noch verbotenen landsmannschaftlichen und anderen Gruppenbildungen der Vertriebenen gewonnen«. Bereits im August 1946 forderte der CDU-Zonenausschuß die Zulassung einer Vertriebenenorganisation für die britische Zone mit der Begründung: »Flüchtlingsangelegenheiten sollen grundsätzlich von Flüchtlingen wahrgenommen werden. Den Flüchtlingen darf das Recht, sich zur Selbsthilfe zusammenzuschließen, nicht versagt werden.« Noch in den Jahren 1948 und 1949 entstanden einflußreiche Landsmannschaften wie die der Sudetendeutschen, der Schlesier, der Pommern und der Ostpreußen. Im März 1949 wurde mit Hilfe des damaligen stellvertretenden CDU-Vorsitzenden Dr. Linus Kather ein »Gesamtverband der Ostvertriebenen für die britische Zone« gegründet. Kurzfristig nannten sich verschiedene Gruppierungen Zentralverband der vertriebenen Deutschen – Arbeitsgemeinschaft der Zonenverbände im vereinigten Wirtschaftsgebiet. Sie schlossen sich dann im Dezember 1958 zum Bund der Vertriebenen (BdV) als zentraler Interessengemeinschaft zusammen.

Als ihre wichtigste Aufgabe betrachteten es die Funktionäre des BdV, »die Rechtsansprüche auf die alte Heimat mit allen ihnen zur Verfügung stehenden legalen Mitteln laut und deutlich zu vertreten«. Der BdV gab sich als Sprecher von über 10 Millionen Vertriebenen aus, obwohl er nach eigenen – überhöhten – Angaben im Frühjahr 1988 nur 2,3 Millionen Mitglieder hatte.

Im Jahr 1949 soll es in der Bundesrepublik Deutschland 7,7 Millionen Umsiedler gegeben haben. 1983 zählte das Bundesinnenministerium 16 Millionen Vertriebene – das wären 25 Prozent der Bevölkerung gewesen. Dieses Wachstum durch unfreiwillige »Nachwuchsvertriebene« ergab sich aus dem Gesetz über die Angelegenheiten der Vertriebenen und Flüchtlinge (Bundesvertriebenengesetz) von 1971, das bestimmt:

Vertriebener ist auch, wer als deutscher Staatsangehöriger oder deutscher Volkszugehöriger [...] nach Abschluß der allgemeinen Vertreibungsmaßnahmen die zur Zeit unter fremder Verwaltung stehenden deutschen Ostgebiete, Danzig, Estland, Lettland, Litauen, die Sowjetunion, Polen, die Tschechoslowakei, Ungarn, Rumänien, Bulgarien, Jugoslawien, Albanien oder China verlassen hat oder verläßt.

In Paragraph 7 des Gesetzes heißt es:

Kinder, die nach der Vertreibung geboren sind, erwerben die Eigenschaft als Vertriebener oder Sowjetzonenflüchtling des Elternteils, dem im Zeitpunkt der Geburt oder Legitimation das Recht der Personensorge zustand oder zusteht.

Die Auslegung dieser Verordnung führt in der Praxis dazu, daß z.B. ein 1980 in der Bundesrepublik geborenes Kind eines 1960 in der Bundesrepublik geborenen Vaters als Vertriebener gilt, wenn der Großvater oder die Großmutter vor 1945 in den ehemals deutschen Ostgebieten gelebt hat. So konnte der Sprecher der sudetendeutschen Volksgruppe und Bundesvorsitzende der Sudetendeutschen Landsmannschaft, Staatsminister a.D. Franz Neubauer, bei einem Treffen 1988 mit Genugtuung feststellen: »Jeder Besucher, der durch Tod und Alter ausfiel, wurde durch einen jüngeren ersetzt.«

Während des Kalten Krieges kam dem BdV eine besondere Bedeutung zu. In der Wochenzeitung *Die Zeit* vom 30. März 1970 kennzeichnete Dietrich Strothmann die gemeinsam von der Bundesregierung und dem BdV betriebene Politik: »Unter dem Vorzeichen des Kalten Krieges, der Kooperation zwischen Washington und Bonn in der Roll-back-Politik eines engagierten Antikommunismus war die Harmonie zwischen der Bundesregierung und dem Vertriebenenbund vollkommen.«

Der BdV umfaßt folgende Landsmannschaften und diesen angeschlossene Vereinigungen:

Landsmannschaft Ostpreußen
Landsmannschaft Pommern
Landsmannschaft Weichsel-Warthe
Landsmannschaft Schlesien
Landsmannschaft Provinz Sachsen
Landsmannschaft der Banater Schwaben
Landsmannschaft der Deutschen aus Ungarn
Landsmannschaft der Oberschlesier
Landsmannschaft Mecklenburg
Landsmannschaft Westpreußen
Landsmannschaft Berlin-Mark Brandenburg
Landsmannschaft der Sachsen und Thüringer
Landsmannschaft der Deutschen aus Litauen
Landsmannschaft Siebenbürger Sachsen in Deutschland
Landsmannschaft der Deutschen aus Jugoslawien
Landsmannschaft der Deutschen aus Rußland
Sudetendeutsche Landsmannschaft
Deutsch-Baltische Landsmannschaft
Bund der Danziger

Karpatendeutsche Landsmannschaft Slowakei
Landsmannschaft der Buchenlanddeutschen
Landsmannschaft der Bessarabiendeutschen
Landsmannschaft der Dobrudscha- und Bulgarien-
deutschen
Arbeitsgemeinschaft der West- und Überseevertriebe-
nen im Bundesgebiet
Bund der Westvertriebenen

Vereinigte Landsmannschaft Mitteldeutschlands
Landsmannschaft Anhalt
Bundeslandsmannschaft Sachsen
Bundeslandsmannschaft Thüringen
Verband der gehörlosen Vertriebenen
Verband früherer Ostmühlen

Außenhandelsverein der heimatvertriebenen Wirt-
schaft
Vertretung der Heimatvertriebenen Wirtschaft
Bundesverband der vertriebenen Ärzte und Zahn-
ärzte
Bauernverband der Vertriebenen
Verband der verdrängten Beamten, Behördenange-
stellten und -arbeiter
Gemeinschaft heimatvertriebener Erzieher
Arbeitsgemeinschaft Deutscher Landwirte und Bauern
Ostdeutscher Kulturrat
Kulturwerk der vertriebenen Deutschen
Deutsche Jugend des Ostens

Konvent der zerstreuten evangelischen Ostkirchen
Ostkirchenausschuß – Kirchlicher Hilfsausschuß für
die Ostvertriebenen
Arbeitsgemeinschaft heimatvertriebener Beamter, Ru-
heständler und Hinterbliebener

Deutscher Böhmerwaldbund
Bund der Eghalanda Gmoin
Bund der Niederländer
Schönhengster Heimatbund
Dachverband der Südmährer

Die Vertriebenenfunktionäre argumentieren gegen den Vorwurf, revanchistische Politik zu betreiben, gern mit dem Hinweis auf die »Stuttgarter Charta« von 1950, in der formal auf Gewaltanwendung zur Wiedereroberung der alten Heimat verzichtet wurde. Ungeachtet dessen ziehen sich wie ein brauner Faden durch Reden und Schriften von Vertriebenenfunktionären revisionistische Forderungen verschiedenster Art.

So erklärte 1958 der vormalige Landesobmann der Sudetendeutschen Landsmannschaft Frank Seiboth: »Der deutsche Osten war nicht nur in der Vergangenheit die Kornkammer des Reiches. Er wird es wieder einmal sein müssen, und er wird außerdem deutsche Menschen aufnehmen müssen, damit wir in der Enge des halben Deutschlands nicht ersticken.« Der ehemalige Sprecher derselben Landsmannschaft und Verkehrsminister unter Adenauer, Dr. Hans-Christoph Seebohm, vertrat 1960 die Ansicht, deutsche Segelflugzeuge würden eines Tages auch wieder »über die böhmischen Wälder fliegen«. Nach Meinung des *Sudetendeutschen*, des offiziellen Organs dieser Landsmannschaft, mußte – so zu lesen in der Ausgabe vom 22. Juli 1966 – eine deutsche Politik »die Räumung der russisch, polnisch und tschechisch besetzten Zonen zum Ziele haben«. Für den Vorsitzenden der Landsmannschaft Schlesien und Vizepräsidenten des BdV, Herbert Hupka, ist das Hitler-Reich noch nicht untergegangen, denn »nicht das Deutsche Reich kapitulierte, sondern die Wehrmacht«. Dementsprechend verkündete er 1984:

Das Deutsche Reich existiert fort. Zu diesem Deutschen Reich gehört nach wie vor nicht nur Nord-, West- und Süddeutschland, sondern auch Mittel- und Ostdeutschland [...] Ostdeutschland umfaßt nicht nur Ostdeutschland jenseits von Oder und Neiße, also den heute unter polnischer und sowjetischer Herrschaft stehenden Teil des Deutschen Reiches, sondern auch das Sudetenland und die deutschen Siedlungsgebiete zwischen Ostsee und Schwarzem Meer.

Der *Schlesier*, das offizielle Organ der Landsmannschaft Schlesien, betonte in der Ausgabe vom 25. Mai 1984:

Die illegale Fremdbesiedelung Ostdeutschlands stellt absolut kein Faktum dar, an dem nicht mehr gerüttelt werden dürfte. Eine Repatriierung der dort nach 1945 angesiedelten Menschen wäre beileibe keine »zweite Vertreibung«. Es ist nicht unbillig, vom Unrechtsverursacher zu verlangen, die ihm durch die Wiederherstellung des Rechtszustandes entstehenden Härten in Kauf zu nehmen [...]

Der BdV-Kreisvorsitzende von Schaumburg-Lippe, Artur Gläser, forderte im April 1985:

Wer nicht zu seiner Heimat hält und um das geraubte Land mit allen Mitteln seines Ichs zum Kämpfen bereit ist, der ist nach meiner Meinung in seiner Gesinnung ein Knecht [...] Wir Schlesier und die anderen ost- und sudetendeutschen Stämme sind aber der festen Überzeugung, daß die Kraft unseres gesamten Volkes groß genug ist, aller Schwierigkeiten Herr zu werden. Lahmherzige, Verzichtler, Verräter und Feige und auch diejenigen, die im geeigneten Augenblick die Fahne nach dem Wind hängen, haben unter uns keinen Platz, werden auch, dessen bin ich gewiß, vom feindlichen Ausland verachtet und angespuckt.

Die extrem rechte Gemeinschaft Ost- und Sudetendeutscher Grundeigentümer und Geschädigter bezieht gleich noch weitere Staaten in ihren Traum von »Großdeutschland« ein; im *Anzeiger der Notverwaltung des deutschen Ostens* (Nr. 5–6/1983) hieß es:

Wir müssen also erkennen, daß die Niederländer ebenso einen Teil des vielfältigen deutschen Volkes bilden wie die Deutschen im Gebiet des Deutschen Reiches. Die Elsässer, Luxemburger und die Deutschschweizer zählen selbstverständlich auch dazu. Die Niederlande sind ebenso wie das Deutsche Reich ein Teil von Deutschland.

Die Liste entsprechender Zitate könnte leicht erweitert werden. Daß es auch Kontinuitäten bei Personen gab, die bis und seit 1945 ähnlich sprachen, nimmt nicht wunder. So bezeichnete der Sprecher der Landsmannschaft Ostpreußen und ehemalige NS-Bürgermeister von Lötzen/Ostpreußen, Alfred Gille, Politiker, die bereit sind, die Oder-Neiße-Grenze anzuerkennen, als »Verfassungsbrecher« und »Schädlinge«. Ähnlich äußerte sich der ehemalige Bundesvorsitzende der Landsmannschaft Schlesien, Erich Schellhaus, seinerzeit NS-Bürgermeister von Bad Salzbrunn; seiner Ansicht nach mußte »jede Äußerung für einen Verzicht auf ostdeutsches Land mit Gefängnis oder Zuchthaus bestraft werden«. Und der einstige SS-Obersturmbannführer und frühere Bundesgeschäftsführer der Sudetendeutschen Landsmannschaft, Paul Illing, erklärte auf einer Kundgebung: »Wir erinnern uns noch voller Freude, wie wir nach zwanzig Jahren tschechischer Knechtschaft von Adolf Hitler ins Reich heimgeholt wurden.«

In einer Erklärung wandten sich Anfang 1966 die letzten drei in westlichen Ländern noch lebenden sozialdemokratischen Abgeordneten des Parlaments von Prag, und zwar das Mitglied der britischen Labour Party Franz Kögler, das Mitglied der Sozialdemokratischen Partei Schwedens Kranz Krejci und das SPD-Mitglied Rudolf Zischka sowie der aus dem Sudetengebiet stammende ehemalige Reichstagsabgeordnete Hans Dill (Kanada) gegen die systematische rechte Politik ehemaliger sudetendeutscher Nationalsozialisten innerhalb der Sudetendeutschen Landsmannschaft. In der *Frankfurter Rundschau* vom 8. Januar 1966 war zu lesen:

Schwere Vorwürfe der nazistischen Unterwanderung haben ehemalige Mitglieder und Funktionäre der deutschen Sozialdemokratischen Arbeiterpartei in der Tschechoslowakei gegen die Sudetendeutsche Landsmannschaft erhoben. In einer am Freitag in München veröffentlichten Erklärung heißt es, 17 ehemalige SS- und SA-Führer bekleideten gegenwärtig in der Sudetendeutschen Landsmannschaft wichtige Funktionen. »Um die Gefahren deutlich zu machen, die durch die nazistisch beherrschte Landsmannschaft dem politischen Leben in der Bundesrepublik drohen«, wurden die Namen und Ämter eines Teiles jener ehemaligen Amtswalter und Würdenträger preisgegeben, die angeblich in der Nazipartei des Sudetengebietes »an vorderster Stelle« eine Rolle gespielt haben sollen und heute in der Landsmannschaft tätig sind. Unter anderem sind die Namen des über die CSU-Liste in den Bundestag gewählten Abgeordneten Dr. Walter Becher, ehemaliger Redakteur der Zeitschrift *Zeit* in Reichenberg, genannt sowie des ehemaligen Gauwartes und Kraft-durch-Freude-Hauptstellenleiters Dr. Victor Aschenbrenner, des Vorsitzenden des Bundesvorstands der Sudetendeutschen Landsmannschaft und früheren hauptamtlichen NSDAP-Gaurichters, Dr. Franz Böhm, des Münchner Regierungs direktors Dr. Walter Hergl, der NSDAP-Hauptstellenleiter und Verfasser einer Denkschrift an Hitler gewesen sei, in der die blutige Vernichtung des tschechischen Volkes vorgeschlagen wurde.

Willy Brandt schrieb im *SPD-Pressedienst* vom 31. Januar 1985 zum Thema »Vierzig Jahre Vertriebene und Teilung Deutschlands« u.a.:

> Niemand dient den Interessen der Vertriebenen, wenn er ihnen heute verspricht, Regelungen abzuändern, die mit friedlichen Mitteln nicht veränderbar sind. Wir wollen und sollten vielmehr in beiden Deutschlands die Sicherung des Friedens zum tragenden Element unserer Politik machen. Wenn man so will: als Konsequenz der Einsicht, daß von deutschem Boden nie wieder Krieg ausgehen darf.

Deutsche Jugend des Ostens (DJO)

Die DJO, die offizielle Jugendorganisation des Bundes der Vertriebenen (BdV), entstand aus der seit April 1951 existierenden Ostdeutschen Jugend (ODJ); die Umbenennung erfolgte 1974. Zielsetzung in den Freizeit- und Schulungsstätten, die von Bund und Ländern finanziell unterstützt werden, ist es, Nachkommen Vertriebener zu organisieren.

Gemeinschaft Deutscher Osten (GDO)

Der Text eines GDO-Rundbriefs kann als programmatisch gelten für diesen »Zusammenschluß ostdeutscher Staatsbürger im Bereich des Deutschen Reiches gemäß Artikel 11 der Notverfassung der Vereinigten Ostdeutschen Länder«; in dem Text heißt es u.a.:

> Die sich die Regierungsmacht im westdeutschen Aufenthaltsstaat nacheinander teilenden Parteivertreter unseres hier lebenden Volksteiles haben das Volk Jahrzehnte hindurch im Stich gelassen, so bei den [...] lügenhaften Entstellungen im Zusammenhang mit Kriegsschuld und behaupteten deutschen Kriegsverbrechen, gegenüber den unverschämten Forderungen der Polen, Zigeuner, sogenannten Zufluchtsuchen-

den (Asylanten) und dem meist massenhaften Ausländer-
strom [...] Doch müssen sich diese Volksvertreter langsam in
Acht nehmen; denn jener Tag mag nicht mehr allzu fern sein,
von dem an Richtlinien deutscher Politik nicht mehr im Widerspruch zu geschworenen Verfassungseiden stehen werden [...] so kurz ist das Volksgedächtnis nun doch nicht, als
daß es über Nacht die Namen derer vergessen könnte, deren
undeutscher Amtsführung unser Volk einen Großteil seiner
Nöte zu verdanken hat.

Die Vereinigung, die auch unter dem Namen Vereinigte Länder des Deutschen Ostens im Deutschen Reich
(VLDO) auftritt und sich als »Staatsvertretung des Deutschen Ostens – Deutsche Staatskanzlei« bezeichnet, ver-
lautbarte in einer Erklärung u.a.:

Ostdeutsche: Unsere Zeit ist gekommen! Wer als Ostvertrie-
bener noch seine Heimat liebt, während andere sie verschenken wollen, der schließe sich uns an, denn des Schwachen
nicht rostende Waffen bleiben Wahrheit und Recht [...] Nicht-
deutsche können in unseren Ostgebieten kein Heimatrecht
erwerben. Seit 1981 besteht unser Exilstaat (VLDO) [...] der
die Belange unserer Ostgebiete wahrnimmt. Seine Staats-
volksangehörigen und Freunde sammelt er in der Gemeinschaft Deutscher Osten (GDO).

Im August 1984 richtete die SPD-Bundestagsabgeordnete
Dr. Renate Lepsius an den Parlamentarischen Staatssekretär beim Bundesminister des Innern Dr. Horst Waf-
fenschmidt eine parlamentarische Anfrage, deren Kern-
satz lautete:

Wie beurteilt die Bunderegierung die dubiosen Aktivitäten
der selbsternannten »Staatsvertretung des Deutschen Ostens –
Deutsche Staatskanzlei« für die »Vereinigten Länder des Deutschen Ostens im Deutschen Reich Ostpreußen, Westpreußen, Pommern, Ost-Brandenburg, Posen, Niederschlesien,
Oberschlesien und Sudetenland«?

In der Antwort, welche die revanchistischen Umtriebe
der GDO bestätigte, wurde u.a. festgestellt:

Die Organisation »Vereinigte Länder des Deutschen Ostens
im Deutschen Reich« wurde am 23. Mai 1981 als sogenannter
»Exilstaat« mit dem »Staatsgebiet« Ostpreußen, Westpreußen, Pommern, Ost-Brandenburg, Posen, Niederschlesien,

Oberschlesien und Sudetenland gegründet [...] Sie ist eine rechtsextremistische Kleingruppe [...] Bereits 1981 hat diese Gruppe auf einer sogenannten »Nationalversammlung« Hoheitszeichen unseres Staates entwickelt, die Notverfassung [...] die Gesetze über Hoheitszeichen, Nachrichtenmittel und Bedienstete ausgearbeitet, den Staatsaufbau mit allen seinen Gliederungen geklärt. Ein »Nachrichtenamt« der Gruppe besteht seit 1983. Erkenntnisse über eine Verteilung von Länderkarten liegen bisher nicht vor.

Gemeinschaft Ost- und Sudetendeutscher Grundeigentümer und Geschädigter (GOG)

Die Gründung dieser Vereinigung erfolgte 1970 im Rahmen einer »Verfassunggebenden Nationalversammlung des deutschen Ostens«. Der GOG, die sich als »Notverwaltung und Treuhänder für das Deutsche Reich, anstelle der Bundesrepublik Deutschland« bezeichnet, ist die Notverwaltung des Deutschen Ostens (NDO) angeschlossen. Als GOG-Repräsentanten werden die inzwischen verstorbenen Chefideologen der Landsmannschaften Bolko Freiherr von Richthofen und Professor Fritz Münch genannt.

Gesamtdeutscher Heimatbund (GHB)

Ein Horst Wotzlaw bezeichnete sich als erster Vorsitzender des im Mai 1985 in Wolfsburg gegründeten GHB, der sich zum Ziel gesetzt hat, die »Vereinigung aller Deutschen in der Welt« zu bewerkstelligen. In einem Rundschreiben hieß es, es gelte

als Erstes, die guten Menschen und Organisationen um sich zu scharen und einen festen Block zu bilden. Denn eine fest in sich geschlossene Gruppe ist viel schlagkräftiger als ein großer Gammelhaufen [...] Das Echo zu der Gründung des GHB ist bundesweit sehr gut, besonders stark ist es in unseren deutschen Ostgebieten. Der GHB ist die erste Organisation, die unsere Landsleute in Mittel- und Ostdeutschland anspricht [...] Deutsche, helft Deutschen!

Gesamtdeutscher Studentenverband (GDS)

Der GDS, der als intellektuelle Nachwuchsorganisation der Landsmannschaften gilt und den Status eines außerordentlichen Mitgliedsverbandes des Bundes der Vertriebenen (BdV) hat, entfaltete im Hochschulbereich starke Aktivitäten. 1950 als Verband Heimatvertriebener Deutscher Studenten (VHDS) gegründet, benannte er sich 1964 in Ostpolitischer Deutscher Studentenverband (ODS), 1984 dann in GDS um. In ihm sind zusammengeschlossen: Studentenring Ostpreußen (SRO), Studentischer Arbeitskreis Schlesien (SAS), Danzig-Westpreußische Studenteninitiative (DWS), Studentischer Arbeitskreis Mitteldeutschland (SAM) und Hochschulring Pommern (HRP). Laut eigenen Angaben existieren Hochschulgruppen u.a. in Aachen, Bielefeld, Bonn, Braunschweig, Emden, Essen, Frankfurt, Göttingen, Hamburg, Hildesheim, Karlsruhe, Kassel, Köln, Krefeld, Marburg, München, Münster, Offenbach, Osnabrück und Wilhelmshaven.

Hamburger Gruppe – Deutsches Schlesien

Im Oktober 1986 gab die aus »deutschgesinnten Frauen und Männern« bestehende Gruppe ihre Grundsätze bekannt, in denen sie sich »für den Fortbestand des gesamten Deutschlands einschließlich Schlesiens« aussprach.

Kampfbund Deutsches Schlesien (KDS)

In dem Wochenblatt Der Schlesier, Sprachrohr der Schlesischen Landsmannschaft – zu den Mitarbeitern zählte der Vizepräsident des Bundes der Vertriebenen (BdV), Vorsitzende der Schlesischen Landsmannschaft sowie ehemalige SPD- und spätere CDU-Abgeordnete Dr. Herbert Hupka –, wurde im Februar 1987 von einem Jochen Schulz zur Gründung des KDS aufgerufen. Dieser sollte sich für die Belange der »fremdverwalteten Heimat« einsetzen, da »selbst die langjährige Arbeit unserer Landsmannschaften und des BdV sowie die der Herren Czaja und Dr. Hupka an dieser unglückseligen Entwicklung nichts ändern konnte«. Weiter hieß es:

Und wir wissen: die heutige »Realität« in den fremdverwalteten deutschen Ostgebieten wird ebenso dem steten Wandel in der Geschichte unterworfen sein, wie es die Menschheits-, Völker- und Gesellschaftsgeschichte von Anbeginn gewesen ist. Dabei gibt es keine Ausnahme. Es gibt keinen Stillstand im Wandel der Geschichte – am wenigsten in der z. Z. in unserer ostdeutschen Heimat herrschenden »Realität« des Unrechts [...]

Neubürgerbund

Günter Goetzendorf gründete 1946 diesen Bund, dessen Aktivitäten sich auf Bayern beschränkten und der später im Gesamtdeutschen Block/BHE aufging.

Notverwaltung des Deutschen Ostens / Gemeinschaft Ost- und Sudetendeutscher Grundeigentümer und Geschädigter (NDO/GOG)

Die 1969 gegründete NDO arbeitete mit der GOG in Anbetracht gleicher Zielsetzung eng zusammen. Beide Gruppierungen – in personeller Hinsicht teilweise identisch – waren sich einig im Protest gegen die auf Entspannung angelegte Vertragspolitik der sozial-liberalen Koalition und in dem Bestreben, »das Deutsche Reich in den Grenzen vom 1. September 1939 wiederzuerrichten«. In regelmäßigen GOG-Zirkelbriefen setzten sie sich ferner mit der »Kriegsschuldlüge« und der »Greuelpropaganda der Siegermächte« auseinander.

Studentenbund Schlesien – Gesamtdeutscher Jugendbund (SBS)

Der im Oktober 1974 in Göttingen für Schüler, Studenten und Jungakademiker gegründete SBS betrachtete als oberstes Ziel seiner Arbeit die »Wiederherstellung des Deutschen Reiches«. Als weitere Aufgaben und Forderungen wurden genannt:

Herstellung des Selbstbestimmungsrechtes für alle Deutschen.

Internationale Diskriminierung der Deutschen (Feindstaatenklauseln der UNO, Souveränitätsbeschränkungen, Medienhetze) gehört beseitigt. Volksgruppenrechte, nicht bloß individuelle »Menschenrechte« für die Deutschen in den besetzten Ostgebieten.

Erarbeitung eines lebensrichtigen Welt- und Menschenbildes.

Dogmensetzende Ideologien wie Liberalismus und Marxismus sind veraltet und lebensfeindlich. Ethnopluralismus (= Völkervielfalt) soll an die Stelle blockbildender Imperialismen treten. Natürliche Vielfalt von Völkern und Kulturen in Europa ist ein Wert an sich.

In der Absicht, zur »Förderung nationaler Bildungsarbeit« beizutragen, führt der SBS Seminare durch. Zu den Referenten zählen Persönlichkeiten aus dem rechtsradikalen Spektrum wie Professor Richard W. Eichler, Dr. Hans Dietrich Sander, Hans-Michael Fiedler, Konrad Windisch, Pierre Krebs, Dr. Werner Stäglich und Günter Deckert.

Verein Ostvertriebener Deutscher

Diese NPD-nahe aggressive Gruppierung hat ihren Sitz in Langen; ungeachtet des gewichtigen Namens, der auf eine bundesweite Tätigkeit schließen läßt, arbeitet sie vorwiegend auf lokaler Ebene.

Witikobund

Entstanden 1949 aus der Freideutschen Landesgemeinde Württemberg-Baden, Arbeitskreis Südosten, ist der Witikobund bemüht, die Traditionen der sudetendeutschen Bünde Kameradschaftsbund und Aufbruch-Kreis fortzusetzen, die den Kern der nationalsozialistischen Sudetendeutschen Partei Konrad Henleins in der Tschechoslowakischen Republik bildeten. Die Gründer des Witikobundes, Dr. Heinz Lange, Walter Stain und Dr. Walter Becher, sowie dessen Mitglieder waren ehemals führende Nationalsozialisten, etwa NSDAP-Gauhauptstellenleiter, NSDAP-Kreisleiter und HJ-Gebietsführer, die allesamt Funktionen in der Henlein-Partei bekleidet hatten. Zu den Zielen des Bundes hieß es bei der Gründung u. a.:

> Es ist geschichtlich erwiesen [. . .], daß die Tschechen allein den Stürmen aus dem Osten nicht Widerstand zu leisten vermögen, wenn das deutsche Ordnungselement fehlt [. . .]
> Es geht heute nicht mehr um einfache Rückkehr, sondern um einen Neuaufbruch, um eine Wiedervereinigung unserer Heimat durch eine neue Siedlung, die der alten Kolonisation des Mittelalters durchaus ebenbürtig wäre, wenn auch mit den Mitteln der heutigen Technik durchgeführt.

Im November 1957 erklärte der damalige bayerische Minister Walter Stain (BHE) auf der Jahresversammlung der Organisation u. a.:

> Der Witikobund war bisher eine Gemeinschaft, die vor allem als ein Protest gegen die Traditionslosigkeit der Fünfundvierziger zustande kam. Da es in den Jahren nach 1945 ein echtes Sichwiederfinden der völkischen Kräfte auf der politischen Ebene nicht gab, so konnte es auch nicht anders sein, als daß der Witikobund im Vergleich zu den anderen Gesinnungsgemeinschaften eine mehr oder weniger lose Zusammenfassung von Menschen gemeinsamer Vergangenheit, aber noch lange beabsichtigter gemeinsamer Zukunft darstellt.

Der Witikobund versteht sich als eine Gesinnungsgemeinschaft Vertriebener und bestimmt größtenteils die verhängnisvolle Politik des Bundes der Vertriebenen (BdV) und der ihm angeschlossenen Landsmannschaften. Dr. Walter Brand, einer der engsten seinerzeitigen Mitarbeiter Henleins, wies anläßlich der Jahreshauptversammlung des Witikobundes im September 1958 in dankenswerter Offenheit auf den Einfluß dieses einer Loge ähnelnden Bundes hin. Der Inhalt der nachfolgend wiedergegebenen Ausführungen Brands läßt es schwerfallen, nicht von einer systematischen Unterwanderung der Landsmannschaften durch »Witikonen« zu sprechen.

> Alle Umsetzung geistiger Erkenntnis und damit ihre Verwirklichung vollzieht sich in Organisationen. Auf diese aber kann man nicht oder nur schwer – und dann vielfach unerwünscht – von außen einwirken. Man muß selbst in ihnen stehen. Und wenn man dann auf diese tatsächlich Einfluß ausüben will – und dies ist schließlich das legitime Recht eines jeden einzel-

nen Mitgliedes –, dann muß man eben an solche Stellen gelangen, von denen aus man zu wirken in der Lage ist.

Dies ist ein so primitives Gesetz allen politischen und organisatorischen Handelns, daß jeder, der dieses bestreiten wollte, entweder das Wesen des politischen Tuns nicht begriffen hat oder einen solchen Einwand nur erhebt, um andere, deren Meinung man nicht teilt oder nicht wünscht, daran zu hindern, eben in diesen Bereichen Einfluß zu gewinnen. Und dieses »Einfluß gewinnen« wird immer untrennbar mit den handelnden Personen verbunden bleiben, da es ein Handeln im »luftleeren Raum« nicht gibt.

Und dann nannte Brand die Einflußsphäre des Witiko-bundes:

Die »Arbeitsgemeinschaft sudetendeutscher Turner und Turnerinnen« unter Kameraden Wilhelm Welwarsky, die nicht nur die Tradition des sudetendeutschen Turnertums pflegt, sondern bemüht ist, durch ihren aktiven Einsatz im »Deutschen Turnerbund« selbst mitgestaltend an der Entwicklung teilzuhaben. So verdient es sicherlich auch festgehalten zu werden, daß unser Freund Adolf Metzner stellvertretender Vorsitzender des Rheinischen Turnerbundes, eines der größten Landesverbände im »Deutschen Turnerbund«, ist, und Ernst Frank, der Schriftleiter des »Sudetendeutschen Turnerbriefes«, zugleich der Betreuer aller Veröffentlichungen, die unser Bund bisher herausgebracht hat, als Verleger ist. Die Broschüren »Frank Seiboth / Unser Recht auf Heimkehr«, »Theo Keil / Beispielhafte Schulpolitik« und »Walter Heinrich / Hat der Westen eine Idee?« neben einer ganzen Reihe weiterer Veröffentlichungen des Bundes sind durch seinen »Heimreiter-Verlag« in den Buchhandel eingeführt worden.

Die »Arbeitsgemeinschaft sudetendeutscher Erzieher« hat sich unter der Führung von Theo Keil über den Rahmen der Volksgruppe hinaus Ansehen und Beachtung erworben. In der »Künstlergilde« steht Ernst Schremmer an maßgeblicher Stelle.

In der »Sudetendeutschen Jugend« sowie in der »Deutschen Jugend des Ostens« nehmen Ossi Böse und Wolfgang Egerter mit ihren Mitarbeitern sehr bedeutsame Positionen ein.

Dr. Fleissner hat in München einen »Grenzlandausschuß der deutschen Burschenschaften« gegründet, dem er vorsteht und mit dem er ganz neue Kreise für den deutschen Osten gewonnen hat.

Im »Arbeitskreis Sudetendeutscher Studenten« steht Wolfgang Egerter an der Spitze.

In der »Altherrenschaft bündischer Studentenverbände«

arbeiten unsere Kameraden an führender Stelle mit. Rudolf Wollner hat die Zentralgenossenschaft »Eigener Herd« auf eine gesunde Grundlage gebracht und leitet sie als Geschäftsführer.

Erwin Wittek hat in der »Siedlerschule Katlenberg« ein vorbildliches Institut geschaffen.

Dr. Dr. Ernst Lehmann ist in der Ostkunde bahnbrechend tätig. Erich Hans ist an der Böhmerwälder Bauernschule entscheidend beteiligt.

In der Vertriebenen-Presse stehen eine ganze Reihe von Kameraden in führenden Positionen als Verlagsbesitzer, Verlagsleiter, Chefredakteure und Redakteure. (Albert Smagon, Ernst Frank, Frank Seiboth, Erich Maier, Jungschaffer, Dr. Fleissner, Hermann Hönig, Franz Höller, Benno Tins u. a. m.)

Oberkirchenrat Hugo Piesch ist leiter der Gemeinschaft evangelischer Sudetendeutscher.

Ernst Frank ist als Vorstandsmitglied der Gesellschaft der Freunde des Werkes von E. G. Kolbenheyer tätig. Reinhard Pozorny ist Vorsitzender der Robert-Hohlbaum-Gesellschaft.

Und nahezu alle Kameraden sind aktiv an der Aktion Südtirol beteiligt.

Der Adam-Kraft-Verlag, der Bogen-Verlag und der Heimreiter-Verlag sind in den Händen von Kameraden.

Mitglieder unseres Bundes finden wir in der »Sudetendeutschen Landsmannschaft« in allen Sachgebieten und auf allen Organisationsstufen vom Ortsverbande über den Kreis, die Bezirks- und Landesgruppen bis in die Bundesspitzen hinein in großer Anzahl an der Arbeit. Gerade dieser Umstand sei hervorgehoben, damit endlich das törichte Gerede aufhöre, als stehe der Witikobund der Landsmannschaft mit Zurückhaltung gegenüber; nur darf man eben Mitarbeit nicht damit verwechseln, daß zu allem, was von »oben« kommt, bedingungslos Ja und Amen gesagt wird.

Kalter Krieg und Antikommunismus

Carl von Ossietzky beklagte in der *Weltbühne* jene Blutlinie, die sich durch die dreizehn Jahre der Republik von
Weimar zog. Er meinte die Blutlinie des Antikommunismus, unter dessen Fittichen jene reaktionäre Politik
geführt wurde, die – man könnte beinahe sagen: zwangsläufig – zu den Sargnägeln der Weimarer Republik
wurde.

Man muß nicht Psychologe sein, um zu erkennen, daß
die Manager antikommunistischer Vereinigungen, deren
Tätigkeit mit ihrer wirtschaftlichen Existenz identisch
ist, an einer Beendigung der weltpolitischen Spannungen ebensowenig interessiert sind wie etwa jene, deren
wirtschaftliche, politische und militärische Stärke nicht
zuletzt in der Fortdauer des Kalten Krieges liegt. Weltanschauliche Kriege werden im 20. Jahrhundert weniger
von Generalstäblern als vielmehr in den Medien in Text,
Bild und Ton vorbereitet. Hierzu gehören aber auch
die entsprechenden Organisationen, welche die ihnen
zugeteilten »Frontabschnitte« zu betreuen haben.

Es kommt sicherlich nicht von ungefähr, daß die An-
fänge der Bundesrepublik Deutschland durch militante
antikommunistische Politik gekennzeichnet waren. Zu
Recht schrieb Erich Kuby in den 60er Jahren, »in den
Augen zu vieler Bürger« werde »der Judenstern durch
den Sowjetstern ersetzt«. Dieser in weiten Kreisen der
Bevölkerung noch aus der NS-Zeit vorhandene Antikommunismus wurde durch unzutreffende Behauptungen in seiner Wirkung potenziert.

Doch nicht nur der Antikommunismus, sondern auch
die Provokation wurde zum Mittel der Politik. Als sozusagen klassisches historisches Beispiel für diese Methode
der Provokation von rechts kann der von den Nationalsozialisten ausgenützte Reichstagsbrand vom 27. Februar
1933 gelten. Die NS-Progagandisten und die mit ihnen
verbündeten konservativen Parteien beschuldigten die
Kommunisten, den Reichstag angezündet zu haben, und

dies diente ihnen als Vorwand, noch in der Brandnacht 20 000 potentielle Gegner – selbstverständlich nicht nur Kommunisten – in die Konzentrationslager einzuliefern. Einen Tag nach dem Reichstagsbrand unterzeichnete Reichspräsident von Hindenburg die »Verordnung zum Schutz von Volk und Staat« und hob damit die in der Weimarer Republik verankerte Verfassung demokratischer Rechte auf. Mit Hilfe der Flammen des Reichstags wurde von rechter Seite die Geburtsurkunde des Dritten Reiches angefertigt.

Im November 1959 versuchte ein Schwachsinniger, der seit 1949 wiederholt in Heil- und Pflegeanstalten gewesen war, im Bonner Bundeshaus einen Brand zu legen; in der ersten Polizeimeldung wurde der Mann als ein »aus Spanien ausgewiesener Kommunist« bezeichnet. Eine infektiöse Angina bei den Angehörigen des Mindener Pionierbataillons veranlaßte den Oberleutnant Buchhorn zu der Meinung: »Ich halte es für kommunistische Sabotage [. . .] ich halte es für eine gezielte Infektion. Ich kann es nur nicht beweisen. Ich glaube aber, daß unsere dafür zuständigen Stellen nach Abschluß der Untersuchung zu einem solchen Ergebnis kommen werden, wenn auch vielleicht erst nach längerer Zeit.« Selbstverständlich wurde weder im einen noch im anderen Fall auch nur die Spur eines Beweises dafür erbracht, daß es sich hier um Beispiele »kommunistischer Wühlarbeit« gehandelt hätte. Nichtsdestoweniger behauptete Franz Josef Strauß in Kurt Ziesels *Deutschland-Magazin* vom 1. August 1979:

> Das System, nach dem hier vorgegangen wird, ist ebenso einfach wie brutal: Der KGB oder andere kommunistische Geheimdienste veranlassen – wie inzwischen unwiderlegbar bewiesen ist – Hakenkreuz-Schmierereien auf jüdischen Friedhöfen bei uns. DKP und SED schulen Subversanten, die rechtsradikale Mini-Organisationen gründen und mit stupiden neonazistischen Sprüchen für weithin sichtbares öffentliches Ärgernis sorgen. Auch das ist bis in letzte Einzelheiten bewiesen.

In die gleiche Kerbe schlug der Chefredakteur und Herausgeber der *Deutschen National-Zeitung*, Dr. Gerhard Frey:

189

Und es gibt einige Tausend Agenten, die von antideutschen Geheimdiensten angesetzt werden und die Aufgabe haben, Hakenkreuze zu schmieren oder Judenfriedhöfe zu verwüsten oder wahnwitzige Parolen von sich zu geben, um Deutschland zu belasten. Das ist unvermeidbar, denn die Bundesrepublik kann ja nicht die Agenten und die Verrückten abschaffen.

Dieser geistige Gleichschritt der Argumente ist um so weniger verblüffend, als in den Spalten von Freys rechtsradikalem Blatt damals uneingeschränkte Sympathie für Strauß zum Ausdruck gebracht wurde.

Als Weihnachten 1959 Schmierereien an der Kölner Synagoge weltweites Aufsehen erregten, behaupteten rechtsradikale und rechtskonservative Kreise, inspiriert von Berichten des Bundesnachrichtendienstes (BND), diese seien »das Werk von Ostagenten«. Der ehemalige Chef des Bundesamts für Verfassungsschutz, Günther Nollau, führt die Agentenstory auf die nie bewiesene Behauptung unionsnaher Kräfte im BND zurück. In seinem Buch *Das Amt – 50 Jahre Zeuge der Geschichte* (München 1978) schreibt er:

Ein schlagendes Beispiel lieferten die Hakenkreuz-Schmierereien in Köln, die sich Ende 1959 zutrugen. Damals wurde die Kölner Synagoge mit Hakenkreuzen und dem Spruch bemalt: »Deutsche fordern: Juden raus.« Unser Amt untersuchte den Fall. Noch ehe wir fertig waren, behauptete Gehlens Organisation, die Hakenkreuze seien von der illegalen KPD geschmiert worden. Die polizeilichen Ermittlungen ergaben nichts, was geeignet war, diese Information zu bestätigen. Meine Organisation hatte in der KPD Dutzende von geheimen Vertrauensleuten. Ich ließ alle befragen. Keiner kannte Anweisungen der Partei, Hakenkreuze zu malen [...]
Wer hierzulande Kommunisten als Täter hinstellt, findet offensichtlich allemal Glauben, zumal wenn er dann nicht zu erklären braucht, warum es in unserem Lande, wenn auch vereinzelt, noch nazistische Spinner gibt.

Einer der Höhepunkte dieser teils künstlich produzierten antikommunistischen Hysterie waren die Berufsverbote gegenüber Linken mit ihren verhängnisvollen psychologischen, politischen und wirtschaftlichen Folgen. In diesem Zusammenhang muß auch in Erinnerung gerufen werden, daß Kommunisten, denen aufgrund jahrelanger Aufenthalte in Zuchthäusern und Konzentrationslagern eine Wiedergutmachung finanzieller Natur zugesprochen worden war, diese wieder gestrichen wurde, während sich zur selben Zeit ihre ehemaligen Verfolger, etwa aus dem Bereich der Justiz, hoher Pensionen erfreuen konnten. Dies geschah aufgrund einer mißbräuchlichen Auslegung von Paragraph 6 des Bundesentschädigungsgesetzes, der in Absatz 1 Ziffer 2 besagt: »Von der Entschädigung ausgeschlossen ist, wer nach dem 23. 5. 1949 die freiheitlich-demokratische Grundordnung im Sinne des Grundgesetzes bekämpft hat [...]« Damit wurden die Kommunistenjäger der NS-Zeit moralisch und finanziell rehabilitiert und konnten ein zweites Mal über ihre Opfer triumphieren.

So erscheint es auch nicht verwunderlich, wenn der Rechtsanwalt Dr. Heinrich Bock, der als Verteidiger von ehemaligen KPD-Mitgliedern auftrat, daran erinnerte, daß es von 1951 bis 1963 zur Verurteilung von 6300 Personen kam und 27000 Ermittlungsverfahren in den Jahren 1960 bis 1966 eingeleitet wurden, immer mit der Begründung, es sei gegen das Verbotsurteil des Bundesverfassungsgerichts über die KPD vom August 1956 verstoßen worden. Die Anzahl der Ermittlungsverfahren und Prozesse gegen die Mitglieder der ebenfalls verbotenen Sozialistischen Reichspartei (SRP) war hingegen verschwindend gering. Otto Schönfeldt, Mitglied des Arbeitsausschusses des Zentralen Arbeitskreises für die Aufhebung des KPD-Verbots, schrieb im August 1988:

In der Zeit von 1950 bis 1955 wurden gegen Jugendliche, vor allem Jugendliche in der FDJ, wegen ihres Kampfes gegen die Remilitarisierung 35000 Ermittlungsverfahren eingeleitet, 6429 Jugendliche wurden verhaftet und in 425 Prozessen zu 1012 Jahren Gefängnis verurteilt. 15000 Jugendliche wurden im gleichen Zeitraum wegen ihrer Teilnahme an Kundgebungen, Demonstrationen und sonstigen Veranstaltungen gegen die Remilitarisierung vorübergehend inhaftiert. Von 1952 bis 1954 wurden mehr als 8000 politische Strafverfahren durchgeführt.

Eine solche Atmosphäre machte die Bundesrepublik, insbesondere Bayern, für zahlreiche faschistoide ausländische Gruppen attraktiv. Im Juli 1955 veröffentlichte der Parlamentarisch-Politische Pressedienst eine Liste der zum damaligen Zeitpunkt in der Bundesrepublik tätigen Gruppen, die allerdings keinen Anspruch auf Vollständigkeit erhob:

Aserbeidschanisches Nationales Zentrum; Auslandsverbände der Organisation Ukrainischer Nationalisten; Georgische Nationale Organisation; Georgische National-Demokratische Partei; Georgisches National-Politisches Zentrum; National-Turkestanisches Einheits-Komitee; Neuer Kampfbund für die Unabhängigkeit Idel-Urals; Nordkaukasisches Nationalkomitee; Oberste Kosakische Repräsentation; Ukrainische Monarchistenbewegung; Weißruthenisches Nationales Zentrum, »SBONR« – Kampfbund für die Befreiung der Völker Rußlands; »NTS« – Nationaler Arbeiterbund; »SWOD« – Bund der Krieger der Befreiungsbewegung; »ABN« – Block der Nationen; St.-Georg-Bruderschaft; Kampfliga für Volksfreiheit; Verband der hetmantreuen Autonomisten; Bund der Andreas-Flagge; Bund der antikommunistischen General-Korniloff-Armee; Unabhängige Monarchistische Vereinigung; Bewegung für Volksmonarchie; Allrussische Kosakenvereinigung; Don-Kosakenbund in Bayern; Allrussischer Bauernbund; Kampfliga für die Freiheit Rußlands; Rußländische Volksbewegung; Georgisches Nationalkomitee; Vereinigung der Armenischen Freiheitskämpfer; Turkestanisches Nationales Befreiungskomitee »Türkeli«; Nationaler Bund des Schaffens; Nationalverband der Ost- und Westukrainer; Antibolschewistischer Block der Nationen; Slowakisches Befreiungskomitee; »Eiserne Garde«; Lettische Bauernunion; Zentralvertretung der Ukrainischen Emigration in Deutschland; Bund zur Befreiung der Ukraine (SWU); Zentralkomitee des Ukrainischen Jugendvereins (SUM); Ukrainische Freie Akademie der Wissenschaften; Kosakische Nationale Volksbewegung; Ungarische Freiheitsbewegung; Ukrainischer Nationalrat (W.O.UNR); Auslandsvertretung der Organisation ukrainischer Nationalisten; Bund der Ukrainischen Monarchisten (SHD); Union Konstruktiv-Schöpferischer Kräfte der Ukraine (SKTSU); Ukrainische Bauernpartei (SZSU); Ukrainische Revolutionäre Demokratische Partei (URDP); Ukrainische National-Demokratische Vereinigung (UNDO); Ukrainischer National-Staatlicher Verband (UNDS); National-Turkestanisches Einheitskomitee; Die Organisation der Ukrainischen Nationalisten (OUN); Die ukrainische monarchistische Partei (SHD-Hetmanbewegung); Vereinigung der ungarischen Frontkämpfer.

Von den damals in der Bundesrepublik wohnhaften 100 000 bis 120 000 rechtsgerichteten Emigranten lebten 80 000 in Bayern und von diesen wiederum die meisten in München. Allein hier gab es 35 Exilregierungen, die den Tag X vorbereiteten, also den Umsturz der bestehenden Verhältnisse in ihren Heimatländern. Vorläufig begnügten sie sich indes noch damit, den opferreichen

Kampf um die Gunst der US-Geheimdienste und die damit verbundenen finanziellen Unterstützungen auf deutschem Boden auszutragen.

Als Repräsentanten einer Politik, die den Antikommunismus zur Weltanschauung werden ließ, können zwei Persönlichkeiten mit verschiedener Zielsetzung und unterschiedlicher Diktion gelten. Die eine ist Konrad Adenauer, der den westlichen Alliierten die Bundeswehr aufdrängte und bereits im Sommer 1950 entsprechende Vorstöße unternahm. Ohne vorherige Beratung mit dem Kabinett, ohne den Bundestag damit befaßt zu haben und ohne daß eine diesbezügliche alliierte Anfrage vorlag, übergab er dem US-amerikanischen Hohen Kommissar am 29. August 1950 ein Sicherheitsmemorandum für die in New York stattfindende Außenministerkonferenz. Darin erklärte er zwar nicht die Verpflichtung, wohl aber die grundsätzliche Zustimmung zu einer deutschen Wiederaufrüstung. Das hinderte ihn freilich nicht daran, im selben Monat zu versichern, er sei strikt gegen eine Remilitarisierung der Bundesrepublik, wörtlich sagte er:

Ich habe mich wiederholt gegen die Wiederaufrüstung Deutschlands ausgesprochen, weil ich vor allem dem tiefen Friedenswillen des deutschen Volkes und der deutschen Jugend Ausdruck geben wollte. Man darf nicht vergessen, daß diese Jugend, die mit fünfzehn Jahren von der Schulbank geholt, zu Flakhelfern gemacht und schließlich ungenügend ausgebildet in den Kampf geschickt wurde, einen tiefen Abscheu vor Uniformen, vor Waffen und vor Krieg hat.

Adenauer hatte schon sehr frühzeitig erkannt, daß die Bundesrepublik an Stärke und Einfluß nur gewinnen konnte, wenn sie ihr wirtschaftliches, politisches und militärisches Potential in die Waagschale des beginnenden Kalten Krieges warf und alles tat, um vom Bauern auf dem Schachbrett der Weltpolitik zumindest zum – willfährigen – Läufer der Westmächte zu werden. Abgesehen davon entsprach der militante Antikommunismus Adenauers Lebenseinstellung.

Der andere maßgebliche antikommunistische Politiker war der SPD-Vorsitzende Kurt Schumacher. Er glaubte aus den Erfahrungen der Weimarer Republik und des Dritten Reiches die Kommunisten innenpolitisch bekämpfen zu müssen und forderte in außenpolitischer Hinsicht – bezüglich einer möglichen militärischen Auseinandersetzung – die Vorwärtsverteidigung gegenüber dem Osten. Im Rückblick erhebt sich die Frage, ob ebenjener Schumacher, der Adenauer im Bundestag vorwarf, ein Kanzler der Alliierten zu sein, nicht seinerseits ein Oppositionsführer der Alliierten war. Angesichts der in Parteien und Verbänden, mitunter auch in Gewerkschaften und Kirchen herrschenden antikommunistischen Hysterie boten sich ehemalige Nationalsozialisten und solche, die durch die »Gnade der späten Geburt« bis 1945 zu jung waren, um der NSDAP anzugehören, der Bundesregierung und den bereits mit ihr verbündeten Westalliierten als militärische und politische Organisatoren an.

Der konservative Antikommunismus begegnet uns seit 1945 in drei Varianten:

– Er spricht den Regierungen kommunistischer Länder die Existenzberechtigung ab und schreckt bisweilen nicht vor der Forderung zurück, sie mit kriegerischen Mitteln abzulösen.

– Er versucht kommunistisch regierte Länder durch verstärkte militärische Rüstung an der Besserung ihrer wirtschaftlichen Situation zu hindern, da sie sich gezwungen sehen, ihre Rüstungsausgaben ebenfalls zu steigern.

– Er ist bereit, sich mit der Existenz kommunistischer Staaten abzufinden, weil er aus dem Wettbewerb der Systeme als Gewinner hervorzugehen glaubt; hierzu gehört es, vorhandene objektive Schwächen in diesen Ländern auszunutzen und eine planmäßige Entideologisierung zu fördern.

Welche der drei Varianten angewandt wird, hängt von der jeweiligen wirtschaftlichen und politischen Lage des betreffenden kommunistischen Landes ab.

Aktionsgemeinschaft 17. Juni

Diese 1953 gegründete Aktionsgemeinschaft setzte sich aus Personen des rechtsradikalen Spektrums zusammen und hielt zu verschiedenen neonazistischen Organisationen Kontakte. In einem offenen Schreiben vom 26. April 1975 an »die Sowjetunion, die Vereinigten Staaten von Nordamerika, das Vereinigte Königreich England, die Republik Frankreich, die Volksrepublik Polen und die Volksrepublik Tschechoslowakei« wurde die Gründung der Bundesrepublik Deutschland als »Abschaffung der deutschen Souveränität« bezeichnet und der Verlust der seinerzeit zum NS-Staat gehörenden Gebiete wie z.B. Österreichs als »Annexion« gebrandmarkt. Aus diesen Gründen forderten die Repräsentanten der Aktionsgemeinschaft »die Freigabe aller annektierten deutschen Gebiete«, zu denen sie Teile Frankreichs, Polens, der Tschechoslowakei und Österreichs zählten. Unterzeichner des Aufrufs waren Manfred Plöckinger, Philipp Gölles und Johannes Kösling. 1988 beschäftigte sich der *Spiegel* mit dieser ominösen Aktionsgemeinschaft, mit der auch der damalige CDU-Fraktionsvorsitzende im Berliner Abgeordnetenhaus, Heinrich Lummer, in Verbindung stand.

Anders-Partisanen

Die nach dem ehemaligen SS-Sturmbannführer Heinz Peter Anders benannte Organisation arbeitete im Auftrag der Bundesregierung und der NATO. Die SPD-Wochenzeitung *Neuer Vorwärts* schrieb über die Hintermänner dieser Partisanenvereinigung am 27. Mai 1953:

Uns interessieren aber die Auftraggeber und Geldgeber weit mehr. Einwandfrei führen die Spuren über Bonn nach Remagen und von dort nach Baden-Baden. Hier verlieren sie sich und tauchen – wenn man den Aussagen glauben kann – im NATO-Hauptquartier in Paris wieder auf. Die geheime Front der »Tag X-Partisanen«, zu der sich der SS-Sturmbannführer a.D. bekennt, wurde bereits im November 1950 gebildet. Damals tauchte Ursula Maria Wilke vom Bundesvorstand der »Jungen Union« bei Rudolf Rohs, dem Landesvorsitzenden der »Jungen Union« in Braunschweig, auf und bat diesen, ihr einige ehemalige Offiziere namhaft zu machen. Diese müßten jedoch Kommandoerfahrung haben und nach Möglichkeit Pioniere gewesen sein. Sie würden für einen »geheimen Sonder-Auftrag der Bundesregierung« benötigt [...]

Anders warb fortan Männer, die ihm für die Erledigung von Sabotageaufträgen geeignet erschienen. Dabei waren ehemalige SS-Kameraden, höhere HJ-Führer und ehemalige Offiziere besonders erwünscht [...]

Ihm erklärte Anders, daß hinter dieser Aktion Bonn stehe [...]

Und was sagt nun Bonn dazu? Alle zuständigen Ministerien lehnen ganz entschieden ab, etwas mit den »Anders-Partisanen« zu tun zu haben. Nicht ganz so überzeugend klingen zwei andere Stellungnahmen. So ist dem Präsidenten des »Bundesamtes für Verfassungsschutz«, Dr. Otto John, die Organisation der »Anders-Partisanen« seit Jahren bekannt [...]

Um die Angelegenheit zu bagatellisieren, behauptete Dr. John, daß die Staatsanwaltschaft die Ermittlungen wegen Bedeutungslosigkeit eingestellt habe. Eine sofortige Nachfrage bei Generalstaatsanwalt Fritz Bauer ergab jedoch, daß davon gar nicht die Rede sein kann. Eher im Gegenteil [...]

Dann ist noch die CDU-Abgeordnete, Frau Else Bröckelschen, die bereits 1951 von dem Landesvorsitzenden der »Jungen Union« in Braunschweig, Rudolf Rohs, Mitteilung von dieser Partisanenorganisation erhielt [...]

In Zusammenhang mit dieser Affäre wurden bei einem Edelwald Hüttl 30 000 DM beschlagnahmt. Ein Illustrierten-Artikel berichtete von einem Briefwechsel Hüttls mit Franz Josef Strauß, in dem jener »betonte, daß er sich zu den Exponenten der Partisanensache rechne. Er verweist darauf, daß es gerade Strauß bekannt sein müsse, daß die Partisanenbewegung von höchsten Militärstellen der USA getragen war«.

Antikommunistisches Aktionsbündnis (ANTIKO)

Bei diesem 1987 erfolgten Zusammenschluß handelte es sich um eine Hilfsorganisation der Gesinnungsgemeinschaft Michael Kühnen.

Antikommunistische Vereinigung (AKV)

Die 1980 in Düsseldorf gegründete Gruppierung forderte in ihren Programmpunkten u. a.: »Verbot jeder kommunistischen Partei oder Gruppe! Weniger Mitspracherecht der Gewerkschaften! Einführung der Arbeitsdienstpflicht für sozial Schwache! Wiedereinführung deutscher Traditionen.« Des weiteren trat sie für »die Verjährung von Kriegsverbrechen« ein.

Arbeitsgemeinschaft demokratischer Kreise (AdK)

Im Jahr 1951 initiierte der damalige CDU-Sekretär und Kreistagsabgeordnete von Husum, Hans Edgar Jahn, die AdK. Die notwendige finanzielle Förderung erhielt die Organisation aus dem unkontrollierten Fonds zur Förderung des Informationswesens, dessen aus Steuergeldern aufgebrachte Mittel von dem Staatssekretär Otto Lenz verwaltet wurden. Lob erhielt die AdK für ihre Arbeit von der Bundesregierung, namentlich von Bundeskanzler Dr. Konrad Adenauer, der 1963 auf einer AdK-Jahresarbeitstagung ausführte:

> Ohne Ihre Mitarbeit – das möchte ich auch vor der ganzen deutschen Öffentlichkeit sehr nachdrücklich sagen – wären die Erfolge für Deutschland nicht möglich gewesen [. . .] Das, was Sie geleistet haben – und was Sie hoffentlich auch weiter in Zukunft leisten werden –, ist bestimmend gewesen für alles, was im Laufe dieser Jahre erreicht worden ist, für unser gemeinsames Vaterland, für Deutschland.

Obwohl die AdK sich einige Zeit bemühte, den Eindruck zu erwecken, sie beabsichtige eine wirkliche Sammlung demokratischer Kreise, unterhielt sie schon in den ersten Monaten ihres Bestehens engste Beziehungen zu rechtsradikalen, antidemokratischen Gruppen und Organisationen, etwa zu dem rechtsextremen Bund Deutscher Jugend (BDJ); Mitglieder dieser Organisation besuchten AdK-Rednertagungen und wurden auch zum Versammlungsschutz herangezogen. Auch zu Angehörigen der neonazistischen Sozialistischen Reichspartei (SRP) und zu ominösen rechtsradikalen Vereinigungen wie der Gemeinschaft der Kriegsgeneration hatte die AdK Kontakte.

Bereits im August 1952 propagierte die AdK ihre Bestrebungen, vor allem jene Kräfte zusammenzufassen, die nicht der SPD und der KPD angehörten »und sich gegen den politischen Einfluß der Gewerkschaften wenden«. Das SPD-Organ *Vorwärts*, das sich mit der Agitationsstrategie der AdK auseinandersetzte, warnte vor einer »primitiven antibolschewistischen Wald- und Wiesenpropaganda«, denn diese sei »noch lange nicht gleichbedeutend mit einer demokratischen Gesinnung«.

Arbeitsgemeinschaft 13. August

Diese militante antikommunistische Vereinigung trat 1963, zwei Jahre nach dem Bau der Berliner Mauer, mit einer Ausstellung an die Öffentlichkeit. Ihr werden ebenso wie anderen Gesinnungsgruppen gute Verbindungen zu verschiedenen in- und ausländischen Dienststellen nachgesagt. 1974 bildete sich zur Unterstützung der Tätigkeit dieser Arbeitsgemeinschaft, als deren Geschäftsführer Dr. Rainer Hildebrandt fungierte, ein Kuratorium zur Förderung der Arbeitsgemeinschaft 13. August; zu dessen Mitgliedern zählten Dr. Hans-Jürgen Hess (SPD, Leiter der Verwaltung des Bundestages in West-Berlin), Peter Lorenz (ehemaliger Vorsitzender des Berliner CDU-Landesverbandes, Parlamentarischer Staatssekretär beim Bundeskanzler, Bevollmächtigter der Bundesregierung in Berlin, Mitglied des Präsidiums des Kuratoriums Unteilbares Deutschland) und Hermann Oxfort (FDP, Berliner Justizsenator). Nach Pressemeldungen vom September 1980 wurde die Tätigkeit der Arbeitsgemeinschaft vom Berliner Senat seit 1971 mit 243 000 DM honoriert.

Bruderschaft

Im Februar 1950 wurde die Öffentlichkeit durch die konspirative Verbreitung eines Programms über die Existenz einer »Bruderschaft« informiert, die für die Wiederaufrüstung in einem selbständigen Europa eintrat, sich als Nachfolger des Deutschen Ritterordens bezeichnete sowie Elitebildung und echte Führerschaft propagierte. Ebenso wie beim Bund Deutscher Jugend (BDJ) kam der antibolschewistischen Einstellung auch bei der Bruderschaft hervorragende Bedeutung zu. Als »Hochziel« wurde im Programm »die Union der Völker Europas zwischen Atlantik und Ural« genannt; darin sollte als organischer Bestandteil das Reich aller Deutschen in seinen ethnographischen und historischen Grenzen liegen. Nachfolgend einige Auszüge aus dem Programm, das eine frappierende Ähnlichkeit mit den Plänen für ein SS-Europa aufweist.

Seit über 750 Jahren kennt unsere Geschichte Gestalt und Wirken des Deutschen Ritterordens. Diese Tradition führen wir fort! Darum wird die Marienburg bei Danzig uns ewiges Mahnmal unserer Treue zum deutschen und europäischen Osten bleiben [...] Symbol deutscher Treue, weil in den letzten Wochen des Reiches deutsche Soldaten sich in den Trümmern dieser Burg verbluteten [...]

Preußen und Deutschland wurden groß im Geiste des Ordens, er gab uns das Gesetz des Dienens [...]

Heute sind wir eine durch gemeinsame Gesinnung verbundene Gemeinschaft. Morgen schon werden wir aus dem politischen Kampf um eine neue Ordnung [...] als ein organisch gewachsener Orden hervorgehen, der sich ganz klare Gesetze und Ordensstatuten als eine Gemeinschaftsordnung gegeben haben wird [...]

Die Bruderschaft ist daher keine Organisation mit Mitgliedskarteien usw., weil sie sich damit der Willkür einer gegnerischen Gesetzgebungsmaschinerie aussetzen würde [...]

Nur auf dem Wege über den Westen glauben wir, der augenblicklichen Situation entsprechend, zur Lösung der deutschen und europäischen Fragen zu kommen [...]

Die Bildung des europäischen Großraumes schließt naturnotwendig Afrika als Ergänzungs- und Rohstoffbasis Europas mit ein [...]

Bemerkenswert ist, daß sich das Mitglied des »Reichs-Bundesrates« der Bruderschaft, Helmut Beck-Broichsitter, namens der »jüngeren Generalstabsoffiziere« in einem Schreiben an den ehemaligen Generalstabschef Franz Halder schon 1949 zum Angriffskrieg bekannt und hierzu wörtlich ausgeführt hatte: »Solange der Krieg nicht abgeschafft ist, ist in den Augen aller Generalstäbe der Welt der Präventivangriff ein anerkanntes Mittel der Verteidigung [...]«

Nun könnte man vielleicht annehmen, daß es sich bei den beiden maßgebenden Männern der Bruderschaft, Beck-Broichsitter und Alfred Franke-Gricksch, der übrigens ab 1927 der NSDAP angehörte, um verspätete Irrläufer des Dritten Reiches handelte. Daß dem nicht so ist, zeigt die Debatte vom 29. Oktober 1952 im Landtag von Schleswig-Holstein. Damals führte der Sprecher der SPD-Fraktion, Max Kukil, über die Bruderschaft und ihre Ziele u. a. folgendes aus:

Es ist gerichtsnotorisch, daß die Bruderschaft [...] Feinde der Demokratie sind [...] den demokratischen Staat bekämpfen. Das hat selbst der Bundesminister Dr. Lehr kundgetan. Aber ich glaube, es ist notwendig, zu der Frage der Bruderschaft ausführlich etwas zu sagen, weil sie in einem gewissen Zusammenhang steht mit einer anderen Organisation [...]

[...] und man sollte einmal sagen, was Franke-Gricksch über den Gruß der Bruderschaft mit erhobener Hand gesagt hat:

»1. Das Gelübde macht den Freund zum Bruder.

2. Der Bruder, der den Auftrag zum Amt erhält, leistet als Beauftragter des Ordens das zweite Gelübde.

3. Der Bruder, der das Vertrauen des Ordens in die Führung stellt, leistet ein drittes Gelübde: Erstens das Gelübde der Treue, zweitens das des Schweigens und drittens das der Hingabe.«

Und nun möchte ich den Herrn Ministerpräsidenten fragen, ob er sich vorstellen könne, daß jemand, der einen solchen Schwur geleistet hat, ihn nicht über den sonstigen, im bürgerlichen Leben üblichen Eid stellt. Dasselbe haben wir bei den Tarnorganisationen erlebt, die während der Weimarer Republik bereit waren, jeden Meineid zu leisten [...]

Die Bruderschaft hat sich angeblich aufgelöst, aber ihre aktiven Funktionäre haben sich nicht im luftleeren Raum verflüchtigt. Sie leben und sie wirken [...] mitten unter uns.

Wie ähnliche Gruppierungen glaubte diese stramm antikommunistische Vereinigung auf den Wogen des Kalten Krieges mitschwimmen zu können. Die Initiatoren verstanden sich aufgrund ihrer »antimarxistischen Frontstellung« als der militante Teil eines rechtsreaktionären Bürgerblocks.

Bund Freies Deutschland (BFD)

In einem Vorwort zu einer Broschüre, die sich mit dem Wirken dieser im Oktober 1973 gegründeten Organisation auseinandersetzte, schrieb die inzwischen verstorbene Vorsitzende des Verbandes deutscher Schriftsteller (VS) Ingeborg Drewitz:

Der Bund Freies Deutschland ist nicht nur eine der vielen Hilfsorganisationen rechtsgerichteter Kreise der Unionsparteien, wie etwa die Konzentration Demokratischer Kräfte, die Deutschland-Stiftung, die Landsmannschaften, die Arbeitsgemeinschaft Staat und Gesellschaft – Nachfolgeorganisation

des berüchtigten Volksbundes für Frieden und Freiheit –, die
Bürgerinitiative für freiheitliche Ordnung und der Hessische
Elternverein sowie weitere unzählige Gesellschaften und Ar-
beitsgemeinschaften, sondern der Bund Freies Deutschland
ist die politische Speerspitze von Springer und Strauß.

Der Bund Freies Deutschland und seine Agitation ist nicht
der Ausdruck des modernen Konservativismus, sondern vielmehr der einer eindeutig restaurativen, reformfeindlichen
Gesinnung. Dementsprechend ist er auch kein Zusammenschluß konservativer Theoretiker: Er ist eine Sammlung reaktionärer Publizisten und Politiker, die sich bemühen, Ideen
der Vergangenheit – wenn auch unter anderen Vorzeichen –
zu projektieren.

Der Bund Freies Deutschland vertritt mit seiner Konzeption
die klassenkämpferische Tradition scharfmacherischer Unternehmer, die sich gegen die Organisationen der Arbeiter
und Angestellten wendet und jede gewerkschaftspolitische
Aktivität diskriminiert. Seine Schreiber und Schreier beab-
sichtigen, die Gewerkschaften zu entpolitisieren und damit
politisch zu entmachten.

Der Bund Freies Deutschland muß auch als Stoßtrupp
jener rechten Kreise gewertet werden, hinter denen das Sprin-
ger-Imperium sowie Franz Josef Strauß und dessen man-
nigfaltige wirtschaftspolitische Verbindungen stehen. [...]

Der Bund Freies Deutschland und die hinter ihm stehenden reformfeindlichen Förderer aus Wirtschaft und Industrie
erfordern die offensive Auseinandersetzung all jener demokratischen Kräfte, die sich zum Grundgesetz bekennen und
bemüht sind, die Kluft zwischen der Verfassungsnorm und
der Verfassungswirklichkeit zu überbrücken, und die dem
Grundgesetz entsprechend für Reformen in unserem Land
eintreten.

Der BFD, der seine Tätigkeit auf West-Berlin beschränkte, zählte zu den erfolgreichsten Gruppierungen rechts
von der Union. Mit Hilfe der Blätter des Springer-Kon-
zerns trat er 1974 als Partei an die Öffentlichkeit. Bei den
Wahlen zum Berliner Senat 1975 konnte er 47 000 Stimmen (3,4 Prozent) auf sich vereinigen. In seinem »Berliner
Manifest« vom Mai 1974 wurden u. a. folgende Thesen
vertreten:

Die Einheit Deutschlands in Freiheit ist keine Utopie, nur weil
ein Regime bis auf weiteres seine bewaffneten Wächter gegen sie stellt. Die Einheit Deutschlands in Freiheit ist eine
jener Visionen, deren Eigenart es ist, die Realitäten von morgen zu sein. Wenn wir es nur wollen, dann wird es auch wahr.

Berlin – eine Stadt wie jede andere? Auch diese Formel fand sich schon im Sortiment der schwächlichen Neuheiten. Eine Stadt mitten im Vorfeld des Sowjet-Imperialismus, umgeben vom Exerzierfeld kommunistischer Weltveränderungs- und Eroberungsbestrebungen? Berlin, die alte Hauptstadt Deutschlands, durch Teilung und Gewalt herausgefordert, in einem Drittel zur »Hauptstadt der DDR« gemacht, sein größerer freier Teil ohne Hinterland, 150 km entfernt von der BRD, zu der er gehört, oder etwa nicht mehr gehört?

Die Abstammungsgemeinschaft ist nur der Ausgangspunkt für den Fortbestand der Nation, die Schicksalsgemeinschaft aber ist das Bindemittel, das gerade bei den Deutschen besonders stark zu sein scheint [...] Auch ein gemeinsames Widerstehen bindet ein Volk. Was die Deutschen in ihrer Mehrheit gegenüber der nazistischen Gewalt versäumten, den geistigen Widerstand, das müssen und können sie dem Kommunismus gegenüber gemeinsam leisten. Es sei denn, die Nation würde zweimal den gleichen Fehler machen. [...]

Die Absicht, das System zu überwinden, die sich damals auf dem Straßenasphalt produzierte, ist bis an die Schreibtische der Rathäuser vorgedrungen, nistet in Lehrerzimmern, erobert die Rednerpulte sozialdemokratischer Partei- und Gewerkschaftsversammlungen, ergießt sich in Druckerschwärze linkslastiger Periodika. Geblieben ist der Gebrauch von pseudowissenschaftlichem Soziologen-Rotwelsch mit dem Imponiergehabe unverständlicher Vokabeln, und eifrig gepflegt werden der Neid, der Haß und der Heilslehren-Fanatismus.

Die freie Welt darf nicht – von Entspannung träumend – in ihrem Willen und in ihrer Fähigkeit, sich gegen den wachsenden militärischen Druck des Ostens zu wehren, nachlassen. Sie muß wachsam bleiben und militärisch stark – solange dem Propagandafrieden des östlichen Gegenübers nicht zu trauen ist.

Dieses Manifest von 1974 entbehrt nicht einer bedrückenden Aktualität. Fünfzehn Jahre später gibt es in der Welt Staatsmänner, welche die von Michail Gorbatschow eingeleitete Politik der Entspannung mehr fürchten als die sich gegenseitig hochschaukelnde Aufrüstung.

Bund deutscher Jugend (BdJ)

Als eine der vielen Hilfsorganisationen des Kalten Krieges 1950 gegründet, konnte sich der BdJ nicht nur das Wohlwollen und die finanzielle Unterstützung deutscher Dienststellen und Industrieunternehmen sichern, sondern erhielt auch von seiten US-amerikanischer Institutionen Gelder und Material. So berichtete die *New York Times* in ihrer Ausgabe vom 20. Oktober 1952:

> In der vergangenen Woche platzte in Westdeutschland ein großer Skandal. Mittendrin, unglücklich zappelnd, stand Onkel Sam [...] Wenn auch nicht tatsächlich von Adenauers Regierung unterstützt, wurde der BdJ doch wohlwollend als Westdeutschlands Antwort auf die zwei Millionen starke kommunistische FDJ in Ostdeutschland angesehen [...]
>
> In gewissen Zeitabschnitten gingen BdJ-Einheiten in ein geheimes Lager im Odenwald, um unter amerikanischer Aufsicht in der Handhabung von russischen, amerikanischen und deutschen Waffen, einschließlich Maschinengewehren, Handgranaten und Messern, ausgebildet zu werden. Diese Elite-»Jugend«, so sagte Zinn, sei zwischen 35 und 50 Jahren alt und bestünde aus ehemaligen deutschen Offizieren, wovon einige alte Nazis und SS-Leute seien. Die Ausgaben der Amerikaner: DM 50 000 pro Monat [...]
>
> Die Augen aller Deutschen wandten sich zum Büro des amerikanischen Hochkommissars in der Erwartung eines Dementis. Aber es kam keines [...] Hochkommissar Walter J. Donnelly: »Wir wollen der Sache auf den Grund gehen – ganz gleich, wohin dabei die Späne fallen werden.«
>
> Einige der Späne fielen peinlich nahe ...
>
> Jedoch kurz nach der roten Invasion in Korea entschied sich der amerikanische »den-Dolch-im-Gewande«-CIA [...] seine Vorbereitungen zu treffen. Er organisierte den BdJ als eine gegebenenfalls einsatzfähige Partisanengruppe.

Zu den deutschen politischen Vätern des BdJ zählten der CDU-Abgeordnete und spätere Bundeskanzler Dr. Kurt Georg Kiesinger und der stellvertretende FDP-Vorsitzende Dr. Martin Euler, der als Pfingstredner bei einer BdJ-Kundgebung in Frankfurt/Main auftrat und der, nachdem eine angekündigte BdJ-Demonstration durch Frankfurt aufgrund schwerer Ausschreitungen von BdJ-Mitgliedern verboten worden war, besonders heftige Angriffe gegen den Frankfurter Polizeipräsidenten richtete. So erklärte Euler, das Vorgehen der Behörde sei eine »Behinderung der staatstreuen Kräfte«.

Nachdem das hessische Innenministerium anhand einwandfreier Dokumente die Öffentlichkeit über die antidemokratischen und verfassungsfeindlichen Umtriebe des BdJ und seines »Technischen Dienstes« informiert hatte, beschäftigte sich im Juli 1953 der Unterausschuß des Bundestagsausschusses zum Schutze der Verfassung mit diesen Vorkommnissen und gelangte zu folgender Entscheidung, die wir nachstehend auszugsweise wiedergeben:

1. Der BdJ stellt mit seiner Nebenorganisation, dem TD, bzw. Partisanenorganisation (Sicherheitsdienst), in personeller und ideeller Hinsicht weitgehend eine Einheit dar [...]

2. [...] Der BdJ hat aber eine Entwicklung genommen, die eine ernste Gefährdung der demokratischen Staatsordnung und eine Störung des inneren Friedens in Deutschland darstellte.

3. Die führenden Leute des BdJ haben zweifellos daneben die idealistische Zielsetzung des BdJ benutzt, um auch Geldmittel zur Befriedigung ihrer eigenen persönlichen Bedürfnisse zu erhalten.

4. Die bedenkliche Entwicklung ist jedoch dadurch erleichtert worden, daß die zuständigen Behörden sich viel zu lange über den wahren Charakter des BdJ haben täuschen lassen; insbesondere haben die örtlichen Polizeistellen und ebenso einzelne Bundesministerien – diese bei der finanziellen Unterstützung des BdJ – nicht erforderliche Vorsicht angewendet.

5. Daß es zu diesen Mißständen hat kommen können, liegt nicht zuletzt in der überaus unerfreulichen Beteiligung eines Geheimdienstes einer Besatzungsmacht [...]

6. Nach der Enthüllung des wahren Charakters des BdJ ist es nicht überall zu der notwendigen vertrauensvollen Zusammenarbeit zwischen den verantwortlichen Dienststellen des Bundes und der Länder, der Polizeiorgane, der Verfassungsschutzämter und der Strafverfolgungsbehörden gekommen.

Als 1955 die Ermittlungen gegen Angehörige des Technischen Dienstes des BdJ eingestellt wurden, schrieb das SPD-Organ *Vorwärts* in seiner Ausgabe vom 2. September 1955:

Wenn wir bereit sind anzunehmen, daß die Festredner und Förderer des BdJ vor der Aufdeckung der Partisanenaffäre der Meinung waren, es handle sich hier wirklich nur um eine antikommunistische Jugendorganisation, und daß sie in dieser Meinung dadurch bestärkt wurden, daß das Bundesministerium für Gesamtdeutsche Fragen den BdJ als »eine förderungswürdige Organisation« bezeichnet hatte; daß die BdJ-Prominenz im Bundesinnenministerium und im Bundesministerium für Gesamtdeutsche Fragen aus- und einging; daß sich der BdJ in seinen Bettelbriefen an Industriefirmen, in denen er sich für den Aufbau eines antigewerkschaftlichen Betriebsschutzes anbot, auf Regierungsstellen berufen konnte; daß der BdJ vom Bundesinnenministerium aus Verfassungsschutzmitteln und vom Ministerium Kaiser finanzielle Zuwendungen erhielt; daß Bundeskanzler Dr. Adenauer zu einer BdJ-Kundgebung ein Begrüßungstelegramm sandte und daß er sich noch kurz vor der Aufdeckung der Partisanenaffäre mit zehn uniformierten BdJlern photographieren ließ, und wenn man bereit ist, des weiteren anzunehmen, daß die Politiker der Koalitionsparteien vor der Aufdeckung der illegalen Umtriebe nichts von schwarzen Listen gewußt hätten und daß sie auch nicht dahingehend informiert waren, daß bei BdJ-Tagungen mit erhobener Hand HJ-Lieder gesungen wurden, und wenn man dies alles anzunehmen bereit ist, dann hätten sich doch die in ihrem antikommunistischen Rausch verführten Politiker gegenüber dem hessischen Innenminister dankbar erweisen müssen, nachdem dieser die Öffentlichkeit über die Umtriebe des BdJ und des Technischen Dienstes aufgeklärt hatte. Doch war dies keineswegs der Fall. Sowohl im Bundestag als in der Presse waren die Vertreter einzelner Parteien bemüht, mit wahren Engelszungen – die in diesem Falle einer teuflischen Sache dienten – die BdJ-Organisation zu verteidigen und die nicht ableugbaren Tatsachen zu verniedlichen.

Erste Legion

In den Satzungen der 1951 gegründeten Organisation, die als ihr erstes Ziel den entschiedenen Kampf gegen den Kommunismus bezeichnete, hieß es u. a.:

Die Erste Legion ist die organisierte, militante Gemeinschaft der deutschen Männer der jüngeren und mittleren Generation, die ohne Unterschiede des Standes, der Partei und der Konfession für die geistige, sittliche, soziale und politische Erneuerung Deutschlands auf dem Fundament der natürlichen, in Gott gegebenen Ordnung zu kämpfen bereit sind.

An der Wiege dieser neofaschistischen Gruppierung stand der damalige Bundespressechef Dr. Heinrich Böx; in Bonn war es ein offenes Geheimnis, daß Bundeskanzler Konrad Adenauer der Neugründung mit Sympathie gegenüberstand. Zu den Initiatoren zählten auch Abgeordnete der Regierungsparteien und einige hohe Regierungsbeamte, so die persönlichen Referenten des Staatssekretärs Dr. Otto Lenz sowie der Bundesminister Heinrich Hellwege und Jakob Kaiser, Dr. Six, Dedekind und Alfred Sagner, und der damalige Fraktionsvorsitzende der Deutschen Partei, Hans-Joachim von Merkatz, ferner der CDU-Sekretär Erich Schmalz.

Im Dezember 1953 veröffentlichte die Osnabrücker *Neue Tagespost* folgende Meldung: »In der Bundesrepublik läuft z.Z. eine Fahndung der Kriminalpolizei nach dem angeblichen Amtsgerichtsrat a.D. Erich Schmalz. Schmalz war im Bundeswahlkampf in Niedersachsen in verschiedenen Städten als Wahlredner aufgetreten und hatte dabei angegeben, Beauftragter des Bundeskanzlers zu sein.« Schmalz fungierte, zweifellos im Auftrag und mit Wissen seiner Partei, als erster Vorsitzender der Ersten Legion. Im Februar 1951 hatte er in der Hamburger Tageszeitung *Die Welt* geschrieben: »Indem sich die Erste Legion zu einer starken Staatsautorität bekennt, will sie die Unterordnung der Teilinteressen unter die Forderung des Gemeinwohls [...] Sie sieht die Rechte des Staatsbürgers unlöslich verknüpft mit seinen Pflichten. Sie will ihn schützen vor den Managern und Funktionären des kollektiven Massenstaates.«

Freikorps Deutschland

Im August 1951 gründete Hermann Lamp, ehemaliger höherer SS-Führer und Angehöriger der Jugendorganisation der Deutschen Partei, des Bundes Junger Deutscher (BJD), diese Vereinigung. Das Gründungsdatum wurde auf den 20. Juli vorverlegt, und zwar aus Protest gegen die am Umsturzversuch vom 20. Juli 1944 beteiligten Offiziere. Neben Lamp zählten zum Gründerkreis Eduard Frauenfeld, einstiger NS-Gauleiter von Wien, der frühere SA-Führer Eberhard Hawranke und der vormalige Generalstabsoffizier Helmut Beck-Broichsitter, der im Jahr zuvor gemeinsam mit Alfred Franke-Gricksch die Bruderschaft Deutschland gegründet hatte. Das Freikorps Deutschland zeichnete sich durch seine internationalen Verbindungen aus und wurde zu Recht als Bestandteil einer faschistischen Internationale angesehen.

Deutlicher als das verschwommene soziale Programm dieser Bewegung waren ihre politischen Ziele. An oberster Stelle standen neben der Sammlung aller soldatischen Kräfte die Beseitigung des Parlamentarismus, die Abschaffung der Demokratie und die Einführung des Führerprinzips. Im übrigen bekannten sich die Angehörigen des Freikorps zu den »revidierten 25 Punkten des Parteiprogramms der NSDAP«. Sie fühlten sich nach wie vor an den auf Hitler geleisteten Treueid gebunden und betrachteten Admiral Dönitz als Hitlers rechtmäßigen Nachfolger; selbstverständlich hielten sie sich auch an die NSDAP-Phraseologie. Über Umfeld und Zweckbestimmung der Vereinigung war im *Bulletin* der Bundesregierung vom 12. Februar 1953 u. a. zu lesen:

> Politisch wird die Konstituierung einer sogenannten »deutschen Führung« geplant, die ein »Schattenkabinett« mit zehn Ressorts darstellen soll. Als Exekutivorgan dieses Schattenkabinetts ist das »Freikorps Deutschland« vorgesehen. Zur Verwirklichung der politischen Ziele strebt das Freikorps die Übernahme der Staatsgewalt an. Der Weg hierzu soll nicht über das »Parlament«, sondern über ein »Volksbegehren« führen, das die »deutsche Demokratie« einführen soll. Die Behauptung, die Regierungsgewalt legitim antreten zu wollen, wird nur zum Schein aufgestellt. Dies ergibt sich aus vielen verbreiteten Parolen, die den gewaltsamen Regierungssturz als Ziel erkennen lassen.

Die ganz nach militärischen Prinzipien aufgebaute Organisation teilte sich in elf »Freischaren« auf, die Namen wie Rudel, Nürnberg, Dönitz, Marschall Pétain, Werl, Landsberg usw. trugen. Von den Mitgliedern wurde bedingungsloser Gehorsam und strenge Geheimhaltung gefordert. Jedes Mitglied mußte bei seinem Eintritt einen Verpflichtungsschein unterschreiben und wurde unter einer Tarnnummer oder einem Decknamen geführt. Selbst die Mitgliederausweise waren nur mit Nummern versehen. Die Verpflichtung der Mitglieder war nach Weisung der Führer mit einem »mystischen Nimbus« zu umgeben; dadurch sollten sie zu einer »verschworenen Gemeinschaft« zusammengeführt werden. Auch wurde ihnen angekündigt, daß sie bei Nachlässigkeit oder Unzuverlässigkeit damit zu rechnen hätten, daß sie »die Härte des Freikorps treffen« würde. Die militärische Führung oblag dem ehemaligen Obersten SA-Führer Ost, Strassermann. Auch der SA-Führer Walter

Stennes, der als Instrukteur bei Tschiang Kai-schek tätig war, soll zum militärischen Führerkreis gehört haben.

Im Februar 1953 wurde das Freikorps Deutschland verboten.

Internationale Gesellschaft für Menschenrechte (IGFM)

Mit dem Anspruch strikter politischer Neutralität gründete 1972 Cornelia Gerstenmaier, Tochter des ehemaligen Bundestagspräsidenten Eugen Gerstenmaier, gemeinsam mit anderen die IGFM. Diese unterstützte oppositionelle Kräfte in den Ostblockstaaten und genoß die Vorteile einer gemeinnützigen Körperschaft. Darüber hinaus wurde sie von Gegnern der Entspannungspolitik der sozial-liberalen Koalition inner- und außerhalb der Unionsparteien finanz- und tatkräftig unterstützt. Mitstreiter war der vormalige Präsident der Deutschland-Stiftung und einstige ZDF-Moderator Gerhard Löwenthal, dem neben zahlreichen anderen ultrarechten Organisationen auch die IGFM ein Forum für seine Angriffe gegen jede Entspannungspolitik bot. Die IGFM war eng verfilzt mit dem im Juni 1977 gegründeten Brüsewitz-Zentrum, von dem sich wegen des ausgesprochenen Rechtsdralls sogar zahlreiche Unionspolitiker distanzieren mußten. Von den Gründern schieden einige wegen erheblicher inhaltlicher Differenzen aus der IGFM aus, so auch Cornelia Gerstenmaier selbst.

Zu den verbleibenden Funktionären dieses »Aushängeschilds im Ränkespiel des Kalten Krieges« zählten u. a. der Präsident des Deutschen Bauernverbandes, Freiherr von Heereman von Zuydtwyck, und Bundesminister a. D. von Merkatz, beide CDU; Helmut Bärwald, der wegen seiner Spitzeltätigkeit für den BND die Bonner SPD-Zentrale verlassen mußte, später bei der CDU/CSU-Bundestagsfraktion tätig war und den Bonner Arbeitskreis der Deutschland-Stiftung leitete; sowie Otto von Habsburg, Präsident der Paneuropa-Union und CSU-Abgeordneter des Europäischen Parlaments.

Die linkskatholische Zeitschrift *Publik-Forum* beschäftigte sich im November 1987 unter dem Titel »Rechte Kanalarbeiter – Einäugigkeit als Nährboden« mit den Aktivitäten der IGFM; u. a. hieß es in dem Artikel:

Wenn über die Menschenrechtspolitik der CDU geschrieben und gesprochen wird, dann ist sehr schnell von der Internationalen Gesellschaft für Menschenrechte (IGFM) die Rede, jener Gesellschaft mit Sitz in Frankfurt, die sich mit den Menschenrechtsverletzungen im Herrschaftsbereich des realen Sozialismus einen Namen gemacht hat. Kritische Stimmen verweisen auf die Einseitigkeit der IGFM. Das Weltgeschehen werde einzig und alleine unter dem Gesichtspunkt der Ost-West-Spannung betrachtet und bewertet. Menschenrechtsverletzungen in der Dritten Welt, so heißt es, werden dem Ost-West-Schema unterworfen.

Ist jedoch die Menschenrechtspolitik der IGFM tatsächlich identisch mit der der CDU? Zumindest an der Basis der CDU sind Zweifel aufgekommen. Gefragt wird, wer und was hinter der IGFM steckt. Auch in Führungskreisen der katholischen Kirche herrscht neuerdings Skepsis. So hat der Bischof von Augsburg, Josef Stimpfle, das Kuratorium der Gesellschaft verlassen. Er wird künftig auf den Briefköpfen der IGFM fehlen, auf denen Namen wie der des »Speckpaters« Werenfried van Straaten und des CSU-Europa-Politikers Otto von Habsburg prangen. Doch unter allen CDU-Politikern hat sich noch nicht herumgesprochen, daß man sich zurückhaltender bewegen sollte. So unterschrieb der kürzlich wegen seines Chile-Engagements von der IGFM massiv angegriffene Norbert Blüm eine IGFM-Anzeige, die sich kritisch zum Besuch des DDR-Repräsentanten Erich Honecker aussprach. [...]

Seit 1981 versteht sich der Verein als international und führt das UNO-Emblem. Geworben wird in rechtskonservativen Kreisen, unter Vertriebenen und Ost-Emigranten sowie unter fundamentalistischen und traditionalistischen Christen beider Konfessionen. Dabei geht es vor allem um Spenden. Jede Veröffentlichung von Menschenrechtsverletzungen, jede Falldarstellung gipfelt im Spendenkonto. Bereits bei »Fall-Aufnahme« unterschreibt der Hilfesuchende eine Blankovollmacht für die öffentliche Verbreitung des Falles und Spendenerklärung. Er nimmt zudem zur Kenntnis, daß die IGFM jede Garantie für die Folgen ihrer Aktivität ablehnt.

Diese Methode ist erfolgreich: Im Jahre 1986 zählte die Gesellschaft 3000 Mitglieder und 67 000 Förderer. Nicht nachprüfbar ist, ob die 2,2 Millionen DM Spenden, Bußgeldzuweisungen durch Gerichte und Staatsanwaltschaften, Projektgelder von Ministerien und andere öffentliche Mittel wirklich die Kosten der Büros – in der Bundesrepublik neben Frankfurt noch in Bonn, München und West-Berlin, mit etwa 40 hauptamtlichen Mitarbeitern und mit moderner Computeranlage ausgerüstet – [...] decken. Denn hinzu kommen aufwendige Anzeigenkampagnen [...], sonstige Druckerzeugnisse und eine Menge Dienstreisen. Einige Großprojekte samt den dafür eingesammelten Spenden scheinen im Sande zu verlaufen. So steht das bereits vor Jahren mit breiter Publicity ausgelobte Denkmal für die Opfer des 17. Juni weiterhin in den Sternen.

Auskunft über Ausgaben und Einnahmen des Vereins könnte nur der interne Führungszirkel geben, der im wesentlichen bis heute aus Exilrussen der Vor- und Nachkriegszeit besteht, aus ehemaligen Mitgliedern des Bundes russischer Solidaristen (NTS) und Wlassow-Leuten, ehemalige Sowjetbürger, die im Zweiten Weltkrieg auf seiten der deutschen Truppen kämpften und denen Geheimdienstverbindungen aus der Zeit des Kalten Krieges nachgesagt werden. Für personelle und logistische Kontinuität sorgen hier vor allem der IGFM-Geschäftsführer Agrusow und der Schatzmeister Leonid Miller. Agrusow arbeitete vorher beim NTS-Verlag Possev, dessen Druckerei Polyglott die meisten IGFM-Publikationen herstellt. Das Gros der hauptamtlichen Mitarbeiter wie auch der Ehrenvorsitzende, Ex-Bundesanwalt Martin, und das Kuratorium haben keinen Einfluß auf den Kurs der Gesellschaft. Im Inneren herrscht massive Zensur, geistige Bevormundung und ein autoritärer Führungsstil. In Methoden und Sprache lebt der Kalte Krieg fort. Neben der Emigrantengruppe ist es vor allem die rechte Unionsschiene, die der Gesellschaft Wachstum, Sponsoren und Aufmerksamkeit verschaffte. Teile der Union betrachteten die IGFM als »ihre Menschenrechtsgesellschaft«. [...]

Der IGFM-Jahresbericht spricht Bände. In Chile sind einzig die linksextremen Gewalttäter an der Eskalation der Gewalt schuld, in Guatemala herrschen demokratische Zustände, in El Salvador können deshalb die Menschenrechte nicht garantiert werden, weil von links Bürgerkrieg geführt wird. Auch Paraguay erhält gute Noten. Armut und Bedrängnis, soziales Elend sind kein Thema. Bei den Themen Nicaragua und Kuba lebt die IGFM auf. [...]

Abschließend ist zu sagen: Die Gesellschaft für Menschenrechte steht dem eigentlichen humanitär-demokratischen Ziel, dem sie sich nach außen hin verpflichtet, selbst im Wege. Für die Verbreitung dieser Idee hat sie nicht viel getan. Sie bekämpft kommunistische Diktaturen, ist aber bereit, reaktionäre Diktaturen in den Schutz zu nehmen. Es wird die Vorstellung genährt, die Verletzung der Menschenrechte in »befreundeten Ländern« sei ein weniger schwerwiegendes Problem als in den »feindlichen« Staaten. Die moralische Entrüstung ist selektiv. Die IGFM ist ein Instrument der psychologischen Kriegführung aus der Zeit des Kalten Krieges.

Kampfgruppe gegen Unmenschlichkeit (KgU)

Zu den militantesten und aktivsten antikommunistischen Gruppierungen zählte die im April 1949 offiziell gegründete KgU. Doch bereits im November 1948 hatte Dr. Rainer Hildebrandt in Zusammenarbeit mit US-amerikanischen Dienststellen einen Suchdienst eingerichtet, aus dem einige Monate später die KgU entstand, wobei auch mit finanzieller Hilfe des US-Geheimdienstes Counter Intelligence Corps (CIC) gerechnet werden konnte. Der *Spiegel* schrieb im November 1952 zu den Aktivitäten der KgU: »Die ›Kampfgruppe‹ beauftragte teilweise unerfahrene Jungen verantwortungslos mit vertrackten Aufträgen; die Jungen fielen dem sowjetdeutschen Staatssicherheitsdienst reihenweise in die Hände und müssen wegen sinnloser, fehlgeschlagener Unternehmen die besten Jahre ihres Lebens im Zuchthaus verbringen. Die Westberliner Zentrale der ›Kampfgruppe‹ sieht einem Skandal immer ähnlicher als einer Bastion der freien Welt.«

Die KgU verfügte über folgende Hilfsorganisationen: Vereinigung für kulturelle Hilfe e. V., Beratungsstelle für freiheitliche Erzieher, Bücherei Ost, Arztbereitschaftsdienst Ost, Medikamentenhilfe Ost, Arbeitsgemeinschaft der aus der Ostzone verdrängten Lehrer, Päckchenhilfe Ost. 1984 löste sich die KgU nach unzähligen Skandalen auf. Sie zeichnete sich nicht nur durch ihre Bemühungen aus, den Kalten Krieg verstärkt anzuheizen, sondern hatte auch unzählige Menschen auf dem Gewissen, die sie teils unvorbereitet zur Durchführung konspirativer Aufträge in die damalige Ostzone und spätere DDR einschleuste bzw. als Bürger dieses Staates für ihre Zwecke anwarb.

Ludwig-Frank-Stiftung (LFS)

Um dem »Linkstrend der SPD« entgegenzutreten, wurde im Juli 1977 in München die LFS gegründet. Deren erste internationale Tagung fand im Februar 1978 in Bad Harzburg in Niedersachsen statt. Zum Vorstandsvorsitzenden wurde dort Hans-Günter Weber gewählt, ehemaliger Braunschweiger Oberstadtdirektor und Bundesvorsitzender der Sozialen Demokratischen Union (SDU), einer Gruppe von SPD-Dissidenten. Bei dem Treffen konstituierte sich auch das Kuratorium, dem 80 Mitglieder aus neun europäischen und drei außereuropäischen Ländern angehörten. Zu ihnen zählten Otto von Habsburg (Präsident der Paneuropa-Union), Rudolf Wollner (seinerzeit stellvertretender Präsident des Bundes der Vertriebenen), Helmut Bärwald (führender Mitarbeiter der Deutschland-Stiftung), Dr. Günter Müller (CSU-MdB), Wilfried Böhm (CDU-MdB) und Christa Meves, rechtskonservative Publizistin und »Psychagogin«. Vertreter hatten entsandt das Brüsewitz-Zentrum, die Internationale Gesellschaft für Menschenrechte (IGFM), die Christliche Ostaktion International, die Kampfgruppe gegen Unmenschlichkeit (KgU), die Paneuropa-Union, das Institut für Demokratieforschung, der Bund Freies Deutschland (BFD), die Aktion Funk und Fernsehen, die Internationale Föderation Umweltschutz, der Verband Deutscher Soldaten, der Deutsche Arbeitnehmer-Verband, die Hanns-Seidel-Stiftung, das Studienzentrum Weikersheim, der Christliche Gewerkschaftsbund und die Evangelische Notgemeinschaft in Deutschland.

Die LFS forderte verschärfte Berufsverbote bei Funk und Fernsehen; nach ihrer Ansicht sollte der Radikalenerlaß »endlich auch bei ARD und ZDF gegen verfassungsfeindliche Bedienstete voll zur Anwendung kommen«. Des weiteren brachten die LFS-Leute ihre Sympathien für die chilenische Diktatur uneingeschränkt zum Ausdruck und wollten sich darum bemühen, »die traditionell freundschaftlichen Verbindungen Deutschlands« zum chilenischen Volk zu beleben und zu vertiefen«. Im übrigen bereicherte die LFS die politische Sprache um einen neuen Begriff, indem sie sich als »sozialdemokratisch-konservative überparteiliche Organisation« bezeichnete.

Das Reich

Die 1949 gegründete Bewegung stand unter der Führung des ehemaligen Gauleiters von Westfalen-Süd und früheren Oberbürgermeisters von Hagen, Heinrich Vetter. In Flugblättern forderte sie zum Boykott der Kommunal-, Landtags- und Bundestagswahlen auf. Bei einer Gerichtsverhandlung gegen Vetter im Mai 1953 gab dieser

die Existenz der Bewegung zu und rechtfertigte deren
illegale Tätigkeit mit dem Hinweis auf eine »innere oder
äußere Bedrohung der Bundesrepublik durch die Kommunisten«.

Rettet die Freiheit

Der *Spiegel* berichtete im Februar 1959 über die Vorge-
schichte der Anfang 1959 gegründeten Organisation:

> Tatsächlich waren es die propagandistischen Erfolge der
> Atomtod-Bewegung, die direkt zur Vereinsgründung der Frei-
> heits-Retter führten. »Rettet die Freiheit« soll eine Anti-Anti-
> Atomtod-Bewegung werden. Welche Freiheit damit gerettet
> werden soll, macht ein Blick auf Geburtshelfer, Förderer
> und Gründer deutlich. Darunter befinden sich Verteidigungs-
> minister Strauß, Innenminister Schröder und Staatssekretär
> Globke. Ferner: der Inspekteur der Bundesmarine, Vizead-
> miral Ruge, der Leiter des Ministerbüros Strauß, Major Fred
> Sagner, der christdemokratische Bundestagsabgeordnete Rai-
> ner Barzel, dem die Katholische Nachrichtenagentur die Ein-
> sicht zuschreibt, daß »auch das Atom ein Geschenk Gottes«
> sei, und der Freiherr von der Heydte, Mitglied jener »Abend-
> ländischen Akademie«, die von der Demokratie nichts hielt.

Der Verein unterschied sich von den vielen anderen
schon bestehenden Organisationen mit ähnlicher Zielrichtung dadurch, daß hier offener als sonst üblich die
regierungsamtliche Beteiligung ans Tageslicht trat. Zum
Vorsitzenden wurde der CDU-Bundestagsabgeordnete
Dr. Rainer Barzel gewählt, der beim Taufakt von Rettet
die Freiheit stolz bemerkte: »Ich bin lieber der letzte
Kalte Krieger als der erste Kapitulant.« Barzel wollte als
Spitzenreiter des Kalten Krieges in Erscheinung treten
und erklärte, den Verein als Propagandainstrument zur
Bekämpfung der Aktion gegen atomare Aufrüstung gegründet zu haben. In einem Interview mit Radio Bremen
äußerte er hierzu:

> Ich bin ein wenig betrübt über einen Teil der Kritik an unse-
> rem Vorhaben, weil ich diese Kritik nicht gehört habe, als man
> versuchte, außerhalb des Parlaments durch sogenannte Volks-
> befragungen und Anti-Atom-Geschichten die Grundlagen
> unseres Staates zu zerrütten, und daß ich das nicht nur als
> Politiker sage, hat das Verfassungsgericht bescheinigt.

Über die in den Gründungsvorbereitungen steckende Organisation schrieb der SPD-nahe *Parlamentarisch-Politische Pressedienst* im Dezember 1958:

> Um den 30. Januar herum wird eine neue publizistische Hilfstruppe des Bundesverteidigungsministers Franz Josef Strauß an die Öffentlichkeit treten: eine Kampftruppe für die psychologische Verteidigung unter dem Namen »Rettet die Freiheit«.
>
> Geplant ist, die neue Straußgruppe mit einem Appell zugunsten einer Bewegung für Berlin bei der Öffentlichkeit einzuführen, um auf diese Weise einen ordentlichen Eintritt in die öffentliche Diskussion zu bekommen. Die Ziele der Gruppe gehen aber über diese Bewegung hinaus. Die Lage Berlins ist lediglich ein sehr erwünschter Ausgangspunkt für die späteren Vorhaben, mit denen insbesondere »wenigstens ein Prozentsatz der Intelligenz« angesprochen werden soll [...]
>
> Von den Beteiligten wird nicht bestritten, daß die Finanzierung des Vorhabens vom Verteidigungsministerium übernommen worden ist.

Dr. Rainer Barzel ließ sich in seiner Begeisterung für die »Rettung der Freiheit« auch nicht beirren, als die Veröffentlichung des vom Komitee Rettet die Freiheit produzierten »Rotbuches« einen Riesenskandal verursachte. Es war – in übelster McCarthy-Manier – eine Massenverdächtigung bundesdeutscher Persönlichkeiten, die den »Freiheitsrettern« als politisch unzuverlässig erschienen und deshalb wahllos als »ostverdächtig« oder kryptokommunistisch angeprangert wurden. Es hagelte Strafanzeigen und Einstweilige Verfügungen gegen die »Rotbuch«-Verantwortlichen. Als der Skandal zur Blamage der »Freiheitsretter« wurde, erklärte Barzel: »Ich bin ruiniert.« Doch diese Befürchtung erwies sich als voreilig. Denn wer sich als »Freiheitsretter« betätigt – und sei diese Betätigung mit noch so vielen Skandalen und Blamagen verbunden –, ist in der Bundesrepublik keineswegs ruiniert. Er kann zum Beispiel, wie der Fall Barzel beweist, Bundesminister für Gesamtdeutsche Fragen werden.

Stoßtrupp gegen bolschewistische Zersetzung

Der 1952 gegründete Stoßtrupp arbeitete konspirativ; seine Mitglieder pflegten sich auf den Verfassungsschutz zu berufen. Die Verwendung von Decknamen bekräftigte den Eindruck, daß es sich um einen Geheimbund handelte, der auch Listen von Personen anlegte, die sich gegen die Politik der damaligen Bundesregierung wandten. Bedeutung erlangte die halbmilitärische Organisation insofern, als sie von Stellen der Bundesregierung, aus Unternehmerkreisen und von seiten der westlichen Besatzungsmächte nachhaltig unterstützt wurde.

Tübinger Institut zur
Bekämpfung kommunistischer
Menschenrechtsverletzungen (IBKM)

Bei diesem Institut handelt es sich um einen eindeutig rechtsradikalen Zusammenschluß. Für die Publikationen zeichnete Axel Heinzmann verantwortlich, der, als NPD-Mitglied seit Jahren im rechtsradikalen Spektrum tätig, einer der Organisatoren der Bürgeraktion für Recht, Ordnung, Ausländerstopp (BRO) war und dem militanten Hochschulring Tübinger Studenten (HTS) vorsteht. In einem 1985 verbreiteten Flugblatt, das seinen Namen trug, wurden zehn Thesen »revisionistischer Zeitgeschichtsforschung« vorgetragen; sie lasen sich u. a. so:

> Deutschlands Soldaten haben im 1. und 2. Weltkrieg nicht mehr Kriegsverbrechen begangen als ihre Gegner. Dabei kommt entlastend hinzu, daß sie allein gezwungen waren, einen schmutzigen Partisanenkrieg zu führen.
> Als anfänglicher Sieger behandelte Deutschland das eroberte Polen, Dänemark, Norwegen, Belgien, Holland, Luxemburg, Frankreich, Jugoslawien, Griechenland etc. weitaus ehrenhafter und völkerrechtskonformer, als später die alliierten Kriegssieger Deutschland behandelten (und behandeln!).
> Deutschland hat nicht 13 Millionen sowjetische Zivilisten ermordet – vielmehr handelt es sich bei dieser Zahl zumeist um die Opfer des Mordterrors Stalins.
> Deutschland hat nicht 6 Millionen Polen ermordet – vielmehr handelt es sich bei dieser Zahl zumeist um deutsche Vertreibungsopfer von nach 1945, die sich Polen statistisch zu eigen macht, obwohl sie von Polen und Sowjets getötet wurden.

Deutschland hat auch nicht Millionen von Holländern, Franzosen, Jugoslawen, Tschechen, Griechen etc. ermordet – vielmehr wurden die meisten der hier gezählten Toten als sogenannte Kollaborateure nach 1945 von den Siegern umgebracht.

In Auschwitz wurden keine 6 Millionen Juden vergast. Unter »Endlösung der Judenfrage« ist nicht die Ermordung der Juden, sondern deren Deportation zu verstehen. Alle zu diesem Komplex angeführten »Beweise« sind wissenschaftlich und juristisch höchst anfechtbar, als Fälschungen überführt (Gerstein-Protokoll der Wannsee-Konferenz) oder unter der Folter abgenötigt.

Unter der Überschrift »Vae victis!« hieß es sodann:

Geschichtsschreibung ist immer die der Sieger. Die meisten Deutschen, die Politiker und auch die Historiker, kollaborieren seit 1945 aus egoistischen Gründen mit den alliierten Siegern. In den deutschen Teilstaaten »BRD« und Österreich übernahm man die Geschichtsklitterungen Großbritanniens, der USA und Frankreichs – im deutschen Teilstaat »DDR« und den polnisch/sowjetisch annektierten Ostgebieten die Lügen der Kommunisten.

Politische und historische Dissidenten werden zu Staatsfeinden erklärt und menschenrechtswidrig verfolgt. Revisionistische Historiker verlieren akademische Titel und Lehrstühle. Sondergesetze, wie es sie nur in Diktaturen gibt, schränken in allen deutschen Teilstaaten die Meinungs- und Wissenschaftsfreiheit ein. Mißliebiges, Unbequemes wird als »Volksverhetzung« und »Verunglimpfung des Andenkens Verstorbener« kriminalisiert. Deutschlands Geschichte soll wie ein Verbrecheralbum aussehen, die berüchtigte Feindstaatenklausel der UNO rechtfertigen. Auf Ewigkeit.

Untersuchungsausschuß freiheitlicher Juristen (UfJ)

Langjähriger Leiter des 1949 gegründeten UfJ war der ehemalige HJ-Führer und Gaujugendleiter der Deutschen Arbeitsfront (DAF), Horst Erdmann, der sich aus konspirativen Gründen den Decknamen Dr. Theodor Friedenau zugelegt hatte. Persönlicher Referent von Erdmann war Dr. Karl Pernutz, der bereits 1923 der rechtsradikalen Völkischen Freiheitspartei angehörte, 1932 der NSDAP und der SA beitrat und während des Zweiten

Weltkriegs als stellvertretender Kreishauptmann in Tarnow (Distrikt Krakau) fungierte.

Als seine Hauptaufgabe betrachtete es der UfJ, der engstens mit US-Dienststellen zusammenarbeitete, Informationen über die damalige Ostzone bzw. die spätere DDR zu sammeln, etwa über die Kapazität der volkseigenen Betriebe, Art und Umfang der Produktion, Planauflage und -erfüllung, Materialversorgung, Exportaufträge, personelle Besetzung, Produktions- und Verkehrsschwierigkeiten, ferner Namen und Adressen leitender Funktionäre von Organisationen.

Der UfJ vervollständigte das Bild West-Berlins als eines Tummelplatzes von Geheimagenten verschiedenster Art, die sich, zusammengefaßt in Gruppen und Organisationen, in ihrer Schreibweise und ihrer Rhetorik dem jeweiligen Betätigungsfeld anpaßten. Ihre Gefährlichkeit lag nicht nur in der Arbeit, die sie im Untergrund betrieben, sondern auch in ihrem Zusammenwirken mit alliierten Dienststellen, die teilweise als Auftraggeber fungierten, und in der wohlwollenden wirtschaftlichen und politischen Unterstützung, die sie von mehreren Bonner Ministerien erhielten. So besuchte z. B. im Frühjahr 1958 der Bundesminister für Gesamtdeutsche Fragen, Ernst Lemmer, das UfJ-Büro in West-Berlin.

Vereinigung der Opfer des Stalinismus (VOS)

Die im Februar 1950 in Zusammenarbeit mit britischen Geheimdienstoffizieren gegründete VOS sah ihre Hauptaufgabe nicht etwa darin, stalinistische Entartungserscheinungen anzuprangern, sondern vielmehr im Kampf gegen den Kommunismus. Dies geschah ganz nach Art der NSDAP, und deshalb kam es nicht von ungefähr, daß an der Spitze der Vereinigung ehemalige Funktionäre des Dritten Reiches standen. Bundesvorsitzender war Werner Köhler, Oberregierungsrat im Bundeswirtschaftsministerium, der ab 1934 der SA, ab 1937 der NSDAP angehört hatte. Der zweite Vorsitzende, Alfred Kleinke, war bereits 1924 dem Stahlhelm, 1929 der NSDAP beigetreten; ab 1932 war er SA-Obersturmführer gewesen. Der dritte Vorsitzende, Dr. Ernst Herberg, Schatzmeister Heinrich Kamien und Beisitzer Waldemar Paulick waren 1933 in die NSDAP eingetreten, desgleichen die VOS-

Vorstandsmitglieder Willy Müller, Hans Teschen, Karl-
fried Nolte, Heinrich Leichert und Heinz Oppermann.
Sie alle gaben nach 1945 vor, ihr Herz für die Opfer
des Stalinismus entdeckt zu haben. Bei ihrer »Aufklä-
rungsarbeit« überwachte die VOS auch demokratische
Organisationen wie den DGB und die Jugendverbände
der Parteien, vor allem aber die Kriegsdienstverweigerer.

Volksbund für Frieden und Freiheit (VFF)

Die Aktivitäten des im August 1950 mit Unterstützung
des Bundesministeriums für Gesamtdeutsche Fragen gegründeten VFF sind von dessen Initiator Dr. Eberhard
Taubert nicht zu trennen. Bereits 1931 bemühte er sich
um einen Zusammenschluß der verschiedenen antikommunistischen Gruppen. Gelegenheit hierzu bot ihm das
nationalsozialistische Regime, unter dem er zum Ministerialrat im Reichspropagandaministerium avancierte.
Als solcher gelangte er 1939 zu der Erkenntnis: »Der
ganze Sinn des Ringens des Führers und des deutschen
Volkes findet seinen Niederschlag in den Worten Adolf
Hitlers in seinem immer grundlegenden Werk *Mein
Kampf.*« Schon zwei Jahre zuvor hatte er geschrieben:
»Ebenso wie die Drahtzieher dieses Vernichtungsfeldzu-
ges den Frieden bewußt und planmäßig bekämpfen, tut
es die große Meute jener kleinen Juden und Bolschewisten in aller Welt, der zersetzten und halbzersetzten, der
bolschewisierten und halbbolschewisierten Intellektuellen, die als getarnter Vortrupp Moskaus arbeiten.« Und
1939 äußerte sich Taubert folgendermaßen:

> So sehen wir denn in aller Welt das, was wir in Deutschland
> erlebten: Wo Kommunismus ist, da ist das Judentum, und
> wäre nicht das Judentum, so gäbe es auch keinen Kommunis-
> mus. Überall in der Welt ist der Jude das wirksame Ferment
> der nationalen Dekomposition. So ist denn auch die Weltge-
> fahr des Kommunismus im Grunde eine Gefahr des Weltju-
> dentums. Die jüdische Herrenschicht [...] strebt danach, ihre
> Macht mittels der Weltrevolution auf den ganzen Weltball
> auszudehnen [...]
> Der Führer hat das getan, das noch keiner vor ihm gewagt
> hat: Er hat dem jüdischen Weltfeind den Fehdehandschuh
> hingeworfen und wird diesen Kampf kompromißlos bis zum
> siegreichen Ende durchkämpfen.

Nachdem das Dritte Reich zusammengebrochen war, tauchte Taubert unter dem Namen Dr. Erwin Kohl unter. Doch bald trugen ihn die Wellen des Kalten Krieges wieder an die politische Oberfläche. Er arbeitete zunächst als Vorsitzender, später als stellvertretender Vorsitzender des VFF. Außerdem betätigte er sich für das Bundesministerium für Gesamtdeutsche Fragen und andere Dienststellen der Bundesregierung, denen seine politische Vergangenheit bekannt gewesen sein muß. Wie sehr Taubert, ebenso wie viele andere seiner Gesinnungsfreunde aus der Hitlerära, bestrebt war, die Tradition des antibolschewistischen Kampfes der Nazis fortzusetzen, bewies ein von ihm verfaßtes *Antikommunistisches Manifest*, das 1956 in der März-Ausgabe der Zeitschrift *Der Stahlhelm* erschien. Der im Vorspann als »der bekannte Sachverständige in allen Abwehrfragen gegen den Kommunismus« Empfohlene tat da u. a. kund:

> Ein Gespenst geht um in Europa – ein Gespenst geht um in der Welt. Das Gespenst des Weltkommunismus [...]
> Darüber hinaus muß die freie Welt zur Gegenwehr übergehen [...]
> Die Gesamtverteidigungskräfte der freien Welt müssen denen des Sowjetblocks stets überlegen bleiben [...]
> Die Antikommunisten, die unter dem Joch der Sowjetmacht leben, erklären offen, daß ihre Zwecke nur erreicht werden können durch den gewaltsamen Umsturz der sowjetrussischen Tyrannei [...]

Seit dem Ende der NS-Zeit haben sich wohl die Namen der Vereinigungen geändert, die unter der Flagge des Antibolschewismus ihre antidemokratische Tätigkeit entfalten. Die Führer sind jedoch häufig dieselben wie einst. Auch ihre Propagandamethoden, ihre Befürwortung einer bewaffneten Auseinandersetzung, die Propagierung der Unvermeidlichkeit des Krieges sind unverändert geblieben, ebenso die Tatsache, daß diese antikommunistischen Kreuzzügler sich einer weitgehenden Unterstützung verschiedenster Behörden erfreuen. Der damalige Herausgeber der *Allgemeinen Wochenzeitung der Juden Deutschlands*, Karl Marx, führte im Sommer 1955 ein bemerkenswertes Telefongespräch, über das der *Spiegel* im August desselben Jahres wie folgt berichtete:

Als dem Herausgeber Karl Marx [...] an Hand alter Taubert-Publikationen klar wurde, wessen Geistes Kind dieser Mann im Dritten Reich gewesen war, konnte er sich nicht vorstellen, daß die Bundesregierung von der anrüchigen Vergangenheit des Dr. Eberhard Taubert wisse, ihn aber gleichwohl gewähren lasse. So veröffentlichte Marx das Material über Tauberts Vergangenheit nicht, sondern rief am 1. Juli 1955, um 10.30 Uhr vormittags, im Bundesministerium für Gesamtdeutsche Fragen an, um Jakob Kaisers Haus über Tauberts Vergangenheit aufzuklären.

Marx bekam also den Ministerialrat von Dellinghausen an den Apparat, den er fragte, ob er Tauberts antisemitische Artikel kenne. Der Ministerialrat antwortete: »In dieser Zeit mußte man viel schreiben, man konnte sich nicht dagegen wehren.«

Und dann ging das Gespräch weiter.

Marx: »Wissen Sie, daß Taubert auch an einer Reihe von Sitzungen des Volksgerichtshofes des Herrn Freisler teilgenommen hat?«

Dellinghausen: »Das ist eine olle Kamelle. Die Sache wurde seinerzeit vom Amt für Verfassungsschutz geprüft, und man gab sich mit einer Erklärung Tauberts, er habe nur gelegentlich als Beisitzer fungiert, und zwar nur in Fällen, in denen leichte Strafen verhängt wurden, zufrieden. Diese Angelegenheit ist erledigt.«

Marx: »Sie wissen auch, daß Taubert in einer gehobenen Position im Reichspropagandaministerium tätig war?«

Dellinghausen: »Ja, auch das ist hier bekannt.«

Marx: »Soweit ich gehört habe, hat Taubert auch bei Urteilen mitgewirkt, bei denen Todesstrafen verhängt wurden. Abgesehen davon aber scheint mir, daß die Teilnahme an Sitzungen des Volksgerichtshofes schon eine erhebliche Belastung darstellt.«

Dellinghausen: »Ich sagte Ihnen ja, daß die Angelegenheit als erledigt betrachtet werden muß, nachdem man sich mit seinen Erklärungen begnügt hat.«

Marx: »Herr Ministerialrat, Zweck meines Anrufes war es, den Herrn Minister, dessen politische Einstellung ich ja sehr gut kenne und von dem ich weiß, daß er diese Dinge ebenso ernst nimmt wie ich, zu fragen, ob er gegenüber Taubert, wenn ich nun noch als weitere Belastungsmomente die mir vorliegenden Fotokopien seiner antisemitischen Artikel vorlege, die nötigen Konsequenzen ziehen würde. Ich möchte also die Frage so formulieren: Glauben Sie, daß Ihr Ministerium gegenüber Eberhard Taubert, der zumindest zu der ideologischen Vorbereitung zum Massenmord beigetragen hat, die notwendigen Konsequenzen ziehen wird? Wenn Sie meine Zeitung kennen, dann wissen Sie, daß ich sie in den Dienst der Bundesrepublik gestellt habe und alles tue, um zu verhindern, daß das Ansehen der Bundesrepublik oder eines ihrer Ministerien im Ausland geschädigt wird. Das ist der Grund meines Anrufes. Ich suche keine Sensationen und bin glücklich, wenn derartige Dinge, ohne die Öffentlichkeit darüber zu unterrichten, aus der Welt geschafft werden.«

Dellinghausen: »Ich kann Ihnen erklären, daß das Ministerium Taubert gegenüber keine derartigen Konsequenzen ziehen wird; denn Taubert ist ein Mann, den wir brauchen, und er ist auch unentbehrlich.«

Marx: »Ein derartiger Nazi kann doch nicht tragbar sein für die Bundesrepublik.«

Dellinghausen: »Es gibt bei den Bundesministerien viel größere Nazis, die ich Ihnen nennen könnte. Taubert hat Erfahrungen, und wir können ihn, wie gesagt, nicht entbehren. Aber schicken Sie mir doch mal die Unterlagen ein, ich werde die dann prüfen und Stellung nehmen.«

Marx: »Dazu kann ich mich in diesem Augenblick nicht bereit finden. Ich habe von Ihrer Erklärung Kenntnis genommen und werde jetzt zu prüfen haben, was ich tun muß. Nach Ihren Antworten werde ich mich bedauerlicherweise doch entschließen müssen, die Angelegenheit in meiner Zeitung zu behandeln.«

Dellinghausen: »Da kann ich Sie nur warnen. Sie würden viel Porzellan zertrampeln und letzten Endes doch nichts erreichen. Man würde Sie einreihen in die Gruppe derjenigen Journalisten, die in letzter Zeit, wie zum Beispiel Herr Zehrer, für den Kommunismus eintreten und unseren antibolschewistischen Kampf damit unterbinden. Ich habe in der Ostzone meine persönlichen Erfahrungen gemacht und weiß, daß alle diese Leute lügen, daß man ihnen nicht, auch nicht ihren jetzigen Versprechungen, glauben kann.«

Marx: »Das heißt also, Kollektiv-Verurteilung, das heißt, zum Heißen Krieg hintreiben.«

Dellinghausen: »Eine andere Sprache verstehen diese Leute nicht [. . .]«

Als Hilfsorganisation des VFF konnte die Vereinigung Brüder in Not gelten, die ebenfalls vom Bundesministerium für Gesamtdeutsche Fragen und von anderen Ministerien unterstützt wurde. Hinzu kam noch das Hilfswerk Bruderhilfe Ost, dem vom Finanzamt Wiesbaden bescheinigt worden war, daß es »unmittelbar gemeinnützigen Zwecken« diene. Der VFF erhielt seine steuerliche Sonderstellung gar durch eine im Mai 1952 von Bundeskanzler Adenauer und dem seinerzeitigen Finanzminister Schäffer unterzeichnete Verwaltungsanordnung der Bundesregierung. Zu den Förderern und

Initiatoren des VFF zählte auch der Geschäftsführer der Arbeitsgemeinschaft demokratischer Kreise, Hans Edgar Jahn, der die Arbeit des VFF mit folgenden Worten umriß: »Hauptziel des Volksbundes ist die Wiederherstellung eines freien Gesamtdeutschlands im Rahmen der antibolschewistischen Weltfront.«

Militärische Traditionsverbände

Die Soldatenverbände in der deutschen Bundesrepublik versuchen wie einst bereits wieder Politik zu machen. Die Pflege der Kameradschaft,
ehedem der einzige Anlaß zur Bildung von Soldatenverbänden, wurde in der Weimarer Republik
ergänzt durch die Versuche der Soldatenbünde,
unmittelbar Politik und schließlich sogar Partei-
politik zu machen. Von den Traditionsverbänden
ist der »Stahlhelm« wiedererrichtet worden. [...]
Der »Verband der Heimkehrer« hat 500 000 Mitglieder, der neuerlich gegründete »Kyffhäuser-Bund«
hat 70 000 Angehörige und der »Verband Deutscher Soldaten« 150 000. Daneben gibt es noch
1200 kleinere Soldatenverbände, die vor allem die
Tradition einzelner Waffengattungen und Trup-
penteile pflegen. Diese Verbände haben 800 000
Mitglieder. Ungefähr 150 dieser Verbände stehen
in Beziehung zum Heer des Ersten Weltkrieges,
16 zur alten Reichswehr. Der Rest ist in Verbindung mit der Wehrmacht des letzten Weltkrieges.
(*Die Furche*, Wien, 18. Oktober 1958)

Die Gründung von Soldatenverbänden nach dem Zweiten Weltkrieg wurde damit gerechtfertigt, daß deren Treffen der Aufklärung des Schicksals vermißter Kameraden
dienten. Dies wäre ein menschlich verständliches Anliegen gewesen, wenn nicht diese Treffen nur zu bald für
politische Demonstrationen mißbraucht worden wären.
Es muß erlaubt sein zu fragen: Suchten auch die Deutschen Freikorpskämpfer München 1919 ihre Vermißten?
Trafen sich die ehemaligen Angehörigen der Legion Condor etwa auch zur Suche ihrer in Spanien vermißten
Kameraden? Dienten Organisationen wie der Kameradschaftsverband ungarischer Frontkämpfer, der Verband
der estnischen Freiheitskämpfer, der Verband rumäni-
scher Frontkämpfer, die Lettische Division, die Kroatische Felddivision und ähnliche gleichfalls der Vermiß-
tensuche?

Im Rahmen des restaurativen Bildes, das die Bundesrepublik als westlicher Teil Nachkriegsdeutschlands bot, kam diesen Bünden und Vereinigungen eine wichtige politische Aufgabe zu. Mit dem vom damaligen Bundeskanzler Konrad Adenauer betriebenen Aufbau der Bundeswehr mußte die Wehrmacht des Dritten Reiches rehabilitiert werden, vor allem die Generalität, von deren Mitgliedern man so manche als Paten für die neue Truppe benötigte. Dementsprechend wurde die Legende vom untadeligen Wehrmachtsangehörigen, der nur seine Pflicht tat, als Gegensatz zu den Verbrechern des Naziregimes liebevoll gehegt und gepflegt. Hierbei wurde bewußt die historische Tatsache unterschlagen, daß der NS-Staat ohne die Wehrmacht ebensowenig wie die Wehrmacht ohne den NS-Staat Hitlers Angriffskriege und die planmäßig ins Werk gesetzten Massenmorde hätte durchführen können.

Sollten die Herren der militärischen Führung nicht Hitlers *Mein Kampf* gelesen haben, in dem der Verfasser bereits 1925 schrieb: »Wir [...] weisen den Blick nach dem Land im Osten. Wir schließen endlich ab die Kolonial- und Handelspolitik der Vorkriegszeit und gehen über zur Bodenpolitik der Zukunft. Wenn wir aber heute in Europa von neuem Grund und Boden reden, können wir in erster Linie nur an Rußland und die ihm untertanen Randstaaten denken.«

Sollte es den Herren der militärischen Führung entgangen sein, daß am 3. Februar 1933 Hitler als der Chef der Reichsregierung in seiner ersten Ansprache vor den Generälen als Ziel »die Eroberung neuen Lebensraumes im Osten und dessen rücksichtslose Germanisierung« proklamierte?

Sollte den Herren der militärischen Führung die Verschmelzung von Wehrmacht und Staatspartei entgangen sein? Bereits am 1. August 1934 – einen Tag vor Hindenburgs Tod – hatte Hitlers Regierung ein Gesetz angenommen, nach dem das Amt des Reichspräsidenten mit dem des Reichskanzlers vereinigt wurde und dementsprechend die bisherigen Befugnisse des Reichspräsidenten auf den »Führer« Adolf Hitler übergingen. Damit war Hitler Oberbefehlshaber der Wehrmacht geworden, und auf Befehl des Reichswehrministers Werner von Blomberg wurde diese sofort auf ihn vereidigt. Hatten die ersten Worte des bisher geltenden Eides gelautet: »Ich

schwöre bei Gott diesen heiligen Eid, daß ich meinem
Volk und Vaterland allzeit treu und redlich dienen [...]
will«, hieß es in dem neuen Schwur: »Ich schwöre bei
Gott diesen heiligen Eid, daß ich dem Führer des Deutschen Reiches und Volkes, Adolf Hitler, dem Oberbefehlshaber der Wehrmacht, unbedingten Gehorsam leisten und als tapferer Soldat bereit sein will, jederzeit für
diesen Eid mein Leben einzusetzen.« Die Neufassung
des Eides war keine formale Sache, sondern symbolisch
für die enge Zusammenarbeit der Generalität mit der
nationalsozialistischen Staatsführung, eine Zusammenarbeit, die in den nun einsetzenden fieberhaften Kriegs-
vorbereitungen ihren Ausdruck fand. Das NSDAP-Zen-
tralorgan *Völkischer Beobachter* zollte der Verschmelzung von Wehrmacht und Partei höchstes Lob:

> Es wird in zunehmendem Maße deutlich, daß das Führer-
> prinzip des nationalsozialistischen Staates sowohl in seinem
> politischen wie in seinem militärischen Charakter auf eine
> einzige Kraftquelle zurückgeht. Die natürliche Folge der Neu-
> organisation der Wehrmacht und der damit verbundenen
> personellen Veränderung wird eine Neubelebung der deut-
> schen Armee mit dem Geist der Partei sein und umgekehrt,
> die Partei wird sich für die Arbeit und die Moral der deut-
> schen Wehrmacht noch mehr verantwortlich fühlen als bis-
> her.

Sollte es den Herren der militärischen Führung entgangen sein, daß Hitler im November 1937 in einer Ansprache vor den führenden Männern des Dritten Reiches
über die militärisch-wirtschaftliche und bevölkerungs-
politische Bedeutung der anstehenden Lösung der »Le-
bensraumfrage« seine Kriegspläne enthüllte?
Sollte es den Herren der militärischen Führung entgangen sein, daß die Vorbereitungen für den fingierten
Anschlag auf die Radiostation bei Gleiwitz in der Nähe
der polnischen Grenze, der als Grund für den Einmarsch
in Polen am 1. September 1939 diente, im August 1939
anliefen und Auftakt waren für die Überfälle auf andere
Länder? Am 9. April 1940 erfolgten die Besetzung Dä-
nemarks und die Landung in Norwegen, am 10. Mai
1940 der Einmarsch in den Niederlanden, Belgien und
Luxemburg, am 14. Juni 1940 der Einmarsch in Paris,
am 2. März 1941 der Einmarsch in Bulgarien, am 6. April
1941 der Angriff auf Jugoslawien und Griechenland, am

22. Juni 1941 der Angriff auf die Sowjetunion, am 11. November 1942 die Besetzung Südfrankreichs.

Sollte es den Herren der militärischen Führung entgangen sein, daß bereits im Juli 1939 ein Gespräch zwischen Reinhard Heydrich und Generalquartiermeister Eduard Wagner stattfand, bei dem es zu einer Vereinbarung über die Zusammenarbeit der Einsatzgruppen – faktisch Massenmordkommandos – mit dem Oberkommando des Heeres (OKH) kam?

Sollte es den Herren der militärischen Führung entgangen sein, daß Hitler im Dezember 1940 eine Weisung des Oberkommandos der Wehrmacht (OKW) herausgab, die unter dem Begriff »Unternehmen Barbarossa« traurige Berühmtheit erlangte und in der es u. a. hieß:

Die deutsche Wehrmacht muß darauf vorbereitet sein, auch vor Beendigung des Krieges gegen England Sowjetrußland in einem schnellen Feldzug niederzuwerfen (Fall Barbarossa).

Das Heer wird hierzu alle verfügbaren Verbände einzusetzen haben, mit der Einschränkung, daß die besetzten Gebiete gegen Überraschungen gesichert sein müssen.

Für die Luftwaffe wird es darauf ankommen, für den Ostfeldzug so starke Kräfte zur Unterstützung des Heeres freizumachen, daß mit einem raschen Ablauf der Erdoperationen gerechnet werden kann und die Schädigung des ostdeutschen Raumes durch feindliche Luftangriffe so gering wie möglich bleibt. Diese Schwerpunktbildung im Osten findet ihre Grenze in der Forderung, daß der gesamte von uns beherrschte Kampf- und Rüstungsraum gegen feindliche Luftangriffe hinreichend geschützt bleiben muß und die Angriffshandlungen gegen England, insbesondere seine Zufuhr, nicht zum Erliegen kommen dürfen.

Der Schwerpunkt des Einsatzes der Kriegsmarine bleibt auch während eines Ostfeldzuges eindeutig gegen England gerichtet.

Den Aufmarsch gegen Sowjetrußland werde ich gegebenenfalls acht Wochen vor dem beabsichtigten Operationsbeginn befehlen. Vorbereitungen, die eine längere Anlaufzeit benötigen, sind – soweit noch nicht geschehen – schon jetzt in Angriff zu nehmen und bis zum 15. 5. 41 abzuschließen.

Entscheidender Wert ist jedoch darauf zu legen, daß die Absicht eines Angriffs nicht erkennbar wird.

Die Vorbereitungen der Oberkommandos sind auf folgender Grundlage zu treffen:

[...]

Die im westlichen Rußland stehende Masse des russischen Heeres soll in kühnen Operationen unter weitem Vortreiben von Panzerkeilen vernichtet, der Abzug kampfkräftiger Teile in die Weite des russischen Raumes verhindert werden.

In rascher Verfolgung ist dann eine Linie zu erreichen, aus der die russische Luftwaffe reichsdeutsches Gebiet nicht mehr angreifen kann. Das Endziel der Operation ist die Abschirmung gegen das asiatische Rußland aus der allgemeinen Linie Wolga–Archangelsk. So kann erforderlichenfalls das letzte Rußland verbleibende Industriegebiet am Ural durch die Luftwaffe ausgeschaltet werden.

Im Zuge dieser Operation wird die russische Ostseeflotte schnell ihre Stützpunkte verlieren und damit nicht mehr kampffähig sein.

Wirksames Eingreifen der russischen Luftwaffe ist schon bei Beginn der Operation durch kraftvolle Schläge zu verhindern.

Sollte es den Herren der militärischen Führung entgangen sein, daß Generalmajor Walter Warlimont den Kommissarbefehl vom Juni 1941 unterzeichnete, der besagte:

Im Kampf gegen den Bolschewismus ist mit einem Verhalten des Feindes nach den Grundsätzen der Menschlichkeit oder des Völkerrechts nicht zu rechnen [...] In diesem Kampf ist Schonung und völkerrechtliche Rücksichtnahme diesen Elementen gegenüber falsch. Sie sind eine Gefahr für die eigene Sicherheit und die schnelle Befriedung der eroberten Gebiete. [...] Gegen diese muß daher sofort und ohne weiteres mit aller Schärfe vorgegangen werden. Sie sind daher, wenn im Kampf oder Widerstand ergriffen, grundsätzlich sofort mit der Waffe zu erledigen.

Sollte es den Herren der militärischen Führung entgangen sein, daß General Hermann Reinecke im September 1941 den Befehl herausgab:

[...] Dadurch hat der bolschewistische Soldat jeden Anspruch auf Behandlung als ehrenhafter Soldat und nach dem Genfer Abkommen verloren [...] Rücksichtsloses und energisches Durchgreifen bei den geringsten Anzeichen von Widersetzlichkeit, insbesondere gegenüber bolschewistischen Hetzern, ist daher zu befehlen. Widersetzlichkeit, aktiver oder passiver Widerstand muß sofort mit der Waffe (Bajonett, Kolben und Schußwaffe) restlos beseitigt werden [...] Wer zur Durchsetzung eines gegebenen Befehls nicht oder nicht energisch genug von der Waffe Gebrauch macht, macht sich strafbar. Auf flüchtige Kriegsgefangene ist sofort ohne vorherigen Haltruf zu schießen. Schreckschüsse dürfen niemals abgegeben werden [...] Waffengebrauch gegenüber Sowjet-Kriegsgefangenen gilt in der Regel als rechtmäßig.

Sollte es den Herren der militärischen Führung entgangen sein, daß Generalfeldmarschall Walter von Reichenau im Oktober 1941 einen Armeebefehl folgenden Inhalts erließ:

> Hinsichtlich des Verhaltens der Truppe gegenüber dem bolschewistischen System bestehen vielfach noch unklare Vorstellungen.
>
> Das wesentlichste Ziel des Feldzuges gegen das jüdisch-bolschewistische System ist die völlige Zerschlagung der Machtmittel und die Ausrottung des asiatischen Einflusses im europäischen Kulturkreis. Hierdurch entstehen auch für die Truppe Aufgaben, die über das hergebrachte, einseitige Soldatentum hinausgehen. Der Soldat ist im Ostraum nicht nur ein Kämpfer nach den Regeln der Kriegskunst, sondern auch Träger einer unerbittlichen völkischen Idee und der Rächer für alle Bestialitäten, die deutschem und artverwandtem Volkstum zugefügt wurden.
>
> Deshalb muß der Soldat für die Notwendigkeit der harten, aber gerechten Sühne am jüdischen Untermenschentum volles Verständnis haben.

Sollte es den Herren der militärischen Führung entgangen sein, daß Wilhelm Keitel, Chef des OKW, im September 1941 in einem Befehl u. a. formulierte:

> a) Bei jedem Vorfall der Auflehnung gegen die deutsche Besatzungsmacht, gleichgültig wie die Umstände im einzelnen liegen mögen, muß auf kommunistische Ursprünge geschlossen werden.
>
> b) Um die Umtriebe im Keime zu ersticken, sind beim ersten Anlaß unverzüglich die schärfsten Mittel anzuwenden, um die Autorität der Besatzungsmacht durchzusetzen und einem weiteren Umsichgreifen vorzubeugen. Dabei ist zu bedenken, daß ein Menschenleben in den betroffenen Ländern vielfach nichts gilt und eine abschreckende Wirkung nur durch ungewöhnliche Härte erreicht werden kann. Als Sühne für ein deutsches Soldatenleben muß in diesen Fällen im allgemeinen die Todesstrafe für 50–100 Kommunisten als angemessen gelten. Die Art der Vollstreckung muß die abschreckende Wirkung noch erhöhen.

Sollte es den Herren der militärischen Führung entgangen sein, daß Generalfeldmarschall von Manstein im November 1941 erklärte:

Das Judentum bildet den Mittelsmann zwischen dem Feind im Rücken und den noch kämpfenden Resten der Roten Wehrmacht und der Roten Führung. Er hält [...] alle Schlüsselpositionen der politischen Führung und Verwaltung, des Handels und des Handwerkes besetzt und bildet weiter die Zelle für alle Unruhen und möglichen Erhebungen. Das jüdisch-bolschewistische System muß ein für allemal ausgerottet werden. Nie wieder darf es in unseren europäischen Lebensraum eingreifen.

Sollte es den Herren der militärischen Führung entgangen sein, daß in einer Besprechung des OKH-Generalstabschefs Franz Halder mit den Stabschefs der Heeresgruppen und Armeen in der weißrussischen Stadt Orscha im November 1941 über die Anordnung zur Behandlung von Kriegsgefangenen wie folgt referiert wurde:

Seitens des Chefs der Heeresgruppe Mitte wird die Frage der Ernährung der Kriegsgefangenen angeschnitten. Insbesondere wird [...] darauf hingewiesen, daß die Kriegsgefangenen einen notwendigen Zuschuß an Arbeitskraft darstellten, in ihrem gegenwärtigen Zustand aber nicht arbeiten könnten, vielmehr in großem Umfang der Erschöpfung anheimfielen. Der Generalquartiermeister [General Wagner] greift in die Auseinandersetzung ein und erklärt: »Nichtarbeitende Kriegsgefangene haben zu verhungern.«

Sollte es den Herren der militärischen Führung entgangen sein, daß Großadmiral Karl Dönitz 1942 den Befehl erließ: »Jeglicher Rettungsversuch von Angehörigen versenkter Schiffe hat zu unterbleiben. Rettung widerspricht den primitivsten Forderungen der Kriegführung nach Vernichtung feindlicher Schiffe und Besatzung.«

Sollte es den Herren der militärischen Führung entgangen sein, daß OKW-Chef Wilhelm Keitel im Februar 1942 einen »Führerbefehl« an die Truppenkommandeure herausgab, dessen Inhalt u. a. lautete:

1. Der Feind setzt im Bandenkampf fanatische, kommunistisch geschulte Kämpfer ein, die vor keiner Gewalttat zurückschrecken. Es geht hier mehr denn je um Sein oder Nichtsein. [...]
Wenn dieser Kampf gegen die Banden sowohl im Osten wie auf dem Balkan nicht mit den allerbrutalsten Mitteln geführt wird, so reichen in absehbarer Zeit die verfügbaren Kräfte nicht mehr aus, um dieser Pest Herr zu werden.

Die Truppe ist daher berechtigt und auch verpflichtet, in diesem Kampf ohne Einschränkung auch gegen Frauen und Kinder jedes Mittel anzuwenden, wenn es nur zum Erfolg führt. Rücksichten, gleich welcher Art, sind ein Verbrechen gegen das deutsche Volk und den Soldaten an der Front [...]
2. Kein in der Bandenbekämpfung eingesetzter Deutscher darf wegen seines Verhaltens im Kampf gegen die Banden und ihre Mitläufer disziplinarisch oder kriegsgerichtlich zur Rechenschaft gezogen werden.

In seinem Buch *Soldaten sind Mörder – Die Deutschen und der Krieg* stellt Gerhard Zwerenz eine Anzahl von Thesen auf, in denen es u. a. zutreffend heißt:

Der Krieg war ab Frühjahr 1942 verloren. Die das wußten, sagten es nicht.
Wäre der Krieg zu diesem Zeitpunkt beendet worden, hätten sich die Verluste auf etwa ein Drittel beschränkt. Das heißt: Wer den Krieg über das Frühjahr 1942 hinaus verlängerte, hat zwei Drittel der Toten zu verantworten.
Jede Teilnahme eines Deutschen am Krieg war eine Teilnahme an Verbrechen. Die Ausrede, man habe nichts gewußt, ändert nichts daran. Wer beim Morden die Augen schließt, wird damit nicht unschuldig.
Alle Bewertungen des Krieges, die seinen kriminellen Charakter leugnen, tarnen, bagatellisieren, sind kriminell.
Die obersten Generale und Marschälle Hitlers wurden zum Kriegführen und Menschenschlachten bewogen, indem sie besondere Dotationen erhielten, die entweder aus großen Gütern oder Geldzahlungen bestanden. Oder aus beiden zusammen.

Bei den Zusammenkünften ehemaliger Soldaten des Dritten Reiches werden die deutschen Opfer des Zweiten Weltkrieges, auch deutsche Kinder, Frauen und Zivilisten, beklagt, und dies zu Recht. Was jedoch verschwiegen wird, sind die Leiden, die durch Deutsche anderen Völkern zugefügt wurden; es sei hier nur erinnert an die Zerstörung der spanischen Stadt Guernica durch Bomberverbände der deutschen Legion Condor 1937, das grausige Exempel, das durch deutsche Luftangriffe an Rotterdam und Coventry statuiert wurde, und an die 900 Tage während Belagerung Leningrads. Ursache und Wirkung des schrecklichen Krieges mit seinen nicht aufrechenbaren, aber auch nicht einseitig zu verschweigenden Opfern dürfen nicht in Vergessenheit geraten und nicht verdrängt werden. Uns bleibt, wie Willy Brandt es ausdrückte, die »Mühsal der Differenzierung«, die nicht durch Propaganda der Soldatenbünde und der mit ihnen verbundenen Organisationen verhindert werden darf. Zwar kommt den militärischen Traditionsverbänden heute, schon aufgrund biologischer Gegebenheiten, nicht mehr jene politische Bedeutung zu, die sie in den ersten Nachkriegsjahren besaßen. Dennoch verdienen sie hier Erwähnung, weil ihre Funktionäre mit ihren leidenschaftlichen Bekenntnissen zu Hitlers Kriegen eine ernsthafte Auseinandersetzung über die Mitverantwortung der Generalität an den von Deutschen begangenen Kriegsverbrechen zu unterbinden wußten. Hinzu kam, daß die hohen Offiziere, denen der Sprung von der Wehrmacht zur Bundeswehr gelungen war, aus naheliegenden Gründen kein Interesse an einer solchen Diskussion zeigten.

Arbeitsgemeinschaft der Reservisten, Soldaten- und Traditionsverbände (ARST)

Dieser 1969 gegründete rechtslastige Dachverband repräsentiert nach eigenen Angaben 350 000 ehemalige Soldaten und Reservisten. Die ARST wendet sich gegen die Auffassung von der Kollektivschuld, die nach ihrer Ansicht dazu führen soll, »die Deutschen zunächst geschichtslos zu machen, um sie dann weiter geschichtslos zu halten«.

Bund ehemaliger deutscher Fallschirmjäger

Zu Recht galten Fallschirmjägereinheiten als Eliteformationen des Dritten Reiches. Bei ihren Nachkriegstreffen, die unter gewerkschaftlichen Protesten stattfanden, öffnete sich nur zu rasch der geistige braune Fallschirm. In diesem Zusammenhang muß vor allem der Präsident des Bundes, General Bernhard Ramcke, erwähnt werden. In seiner Person verkörpert sich eine schier unglaubliche Hitler-Ergebenheit, die nach der Haftentlassung des wegen Kriegsverbrechen Verurteilten in rechtsradikalen Exzessen bei Fallschirmjägertreffen ihren Ausdruck fand.

In seinem Buch *Vom Schiffsjungen zum Fallschirmjägergeneral*, das der Nachwuchswerbung der Wehrmacht dienen sollte, berichtete Ramcke, daß sich im Ersten Weltkrieg in der Heimat die heimliche Waffe des jüdischen Dolchstoßes überall bemerkbar gemacht habe. Die Machtergreifung 1933 kam für ihn »wie ein Frühlingssturm über das Land«. Als erhebendste Stunde seines 38jährigen Soldatenlebens bezeichnete er die, als ihm der »Führer« das Eichenlaub zum Ritterkreuz überreichte. Ein Staatsanwalt, der 1959 vor einem bundesdeutschen Gericht die Anklage gegen den von Ramcke beklagten Publizisten Erich Kuby zu vertreten hatte, bescheinigte Ramcke, er sei der »Prototyp eines hitlerischen Durchhaltegenerals« gewesen und bedeute eine »Gefahr für unseren jungen Rechtsstaat«. Aufgrund der rechtsextremistischen Aktivitäten, welche dieser hochrangige Fallschirmjägeroffizier nach seiner vorzeitigen Entlassung 1952 aus französischer Haft an den Tag legte, erließ der hessische Innenminister im Mai 1953 gegen Ramcke Redeverbot, weil sonst die »verfassungsmäßige Ordnung und der Gedanke der Völkerverständigung« gefährdet gewesen wären.

Selbstverständlich kann man nicht alle einstigen Fallschirmjäger für Ramckes Umtriebe verantwortlich machen. Doch den Funktionären dieser Ehemaligenvereinigung ist vorzuhalten, daß sie auf Kundgebungen die neonazistischen Ausfälle ihres Generals widerspruchslos hinnahmen oder ihnen gar beipflichteten.

Deutscher Marinebund

Es war sicherlich kein Zufall, daß an der Verschwörung vom 20. Juli 1944 kein Angehöriger der Marine beteiligt war, galt sie doch aus der Sicht der Nationalsozialisten als der verläßlichste Wehrmachtsteil. Dementsprechend zählt der Deutsche Marinebund unter den militärischen Traditionsverbänden in der Bundesrepublik zu den rechtslastigsten. Beim Aufbau der Bundeswehr war er nicht ohne Erfolg bemüht, auf die entstehende Marine verstärkten Einfluß auszuüben. Dies bestätigte auf seine Weise der Vorsitzende des Hamburger Landesverbandes, Faber, als er bei einem Marinetreffen in Düsseldorf im Juni 1957 u. a. sagte:

Meine Kameraden! Wir haben in den letzten Jahren unser Ziel, das Eintreten für die Wiederherstellung der deutschen Seegeltung, fast völlig vernachlässigt. Es fehlt bei uns das Fundament. Es genügt nicht, wenn die Kameraden recht häufig Marinebälle veranstalten. Ich vermisse, daß die jungen Soldaten der Bundesmarine bei uns eintreten, damit sie von uns das ideelle Rüstzeug erhalten. Kamerad Ruge im Bundesverteidigungsministerium muß von uns die gleiche Unterstützung bekommen, wie sie Kamerad Raeder beim Aufbau der Kriegsmarine von den alten Offizieren der Reichsmarine bekam.

Das »ideelle Rüstzeug« fand seinen Ausdruck u. a. darin, daß der Marinebund ein bedingungsloses Bekenntnis zu den einstigen Großadmiralen Raeder und Dönitz ablegte. Dem schloß sich der als kommissarischer Leiter der Marine-Abteilung im Bundesverteidigungsministerium fungierende Kapitän Karl Adolf Zenker an. Vor ehemaligen Angehörigen der Marine erklärte er im Januar 1956 in Wilhelmshaven:

Jeder von uns alten Marineleuten, die unter der Führung der beiden Großadmirale Dienst getan haben, weiß, daß die Marine sauber, anständig und ehrenhaft geführt worden ist und daß kein Makel an der Person unserer ehemaligen Oberbefehlshaber haftet. Das will ich heute hier vor Ihnen offen aussprechen. Die Großadmirale tragen ihr Schicksal stellvertretend für uns alle.

Es hat sich für mich und alle meine Mitarbeiter in Bonn zuerst und ausschließlich die Frage erhoben, ob wir unsere Arbeit aufnehmen dürfen, solange unsere ehemaligen Oberbefehlshaber und weitere Kameraden noch in Haft gehalten werden.

Nur unter dem Gesichtspunkt der lebensnotwendigen Aufgabe der Verteidigung der gemeinsamen Freiheit kann man vertreten, daß wir uns über das Schicksal unserer alten Kameraden hinweggesetzt haben, nachdem in der Mehrzahl der Fälle sich deren Lage inzwischen durch eine Freilassung gebessert hat.

In der Erkenntnis des Charakters unserer alten Oberbefehlshaber, die immer die Pflichterfüllung und die Aufgabe vor die Person gestellt haben, war ich mir sicher, daß auch sie diese Haltung billigen würden. Ich habe die Freude gehabt, daß Großadmiral Raeder mir diese Einstellung nach seiner Freilassung bestätigt hat.

Man muß sich den Inhalt dieser Rede vergegenwärtigen, um deren restaurative Tendenzen in vollem Umfang zu begreifen. Allen Ernstes verteidigte der damals höchste Offizier der Bundesmarine öffentlich die politisch belasteten Großadmirale Hitlers und holte sich von Raeder sozusagen die Erlaubnis zum Dienst in der Bundesmarine – ebenjenem Erich Raeder, der im September 1939 erklärt hatte:

Das deutsche Volk hat den aus dem Geiste des deutschen Frontsoldaten geborenen Nationalsozialismus zu seiner Weltanschauung gemacht und folgt den Symbolen seiner Wiedergeburt mit ebenso heißer Liebe wie fanatischer Leidenschaft. Es hat den Nationalsozialismus erlebt und nicht, wie so viele hilflose Kritiker draußen glauben, erlitten. Darum die klare und schonungslose Kampfansage an den Bolschewismus und an das internationale Judentum, deren völkervernichtendes Treiben wir zur Genüge am eigenen Volkskörper zu spüren bekommen haben.

Nach Ansicht von Kapitän Zenker sollte neben Raeder auch Großadmiral Dönitz als Vorbild für die neue Bundesmarine gelten, derselbe Dönitz, der am 12. Mai 1944 bekundet hatte:

Was wäre aus unserer Heimat heute, wenn der Führer uns nicht im Nationalsozialismus geeinigt hätte! Zerrissen in Parteien, durchsetzt von dem auflösenden Gift des Judentums und diesem zugänglich, da die Abwehr unserer jetzigen kompromißlosen Weltanschauung fehlte, wären wir längst der Belastung dieses Krieges erlegen und der erbarmungslosen Vernichtung unserer Gegner ausgesetzt worden.

Jener Großadmiral Dönitz, der einen Tag nach dem mißglückten Attentat vom 20. Juli 1944 die folgende Proklamation erlassen hatte:

Männer der Kriegsmarine! Heiliger Zorn und maßlose Wut erfüllt uns über den verbrecherischen Anschlag, der unseren geliebten Führer das Leben kosten sollte. Die Vorsehung hat es anders gewollt. Sie hat den Führer beschirmt und beschützt und damit unser deutsches Vaterland in seinem Schicksalskampf nicht verlassen.
Eine wahnsinnige kleine Generalsclique, die mit unserem tapferen Heer nichts gemein hat, hat in feiger Treulosigkeit diesen Mord angezettelt, gemeinsten Verrat an dem Führer

und dem deutschen Volke begehend. Denn diese Schurken
sind nicht nur die Handlanger unserer Feinde, denen sie in
charakterloser, feiger und falscher Klugheit dienen, in Wirklichkeit ist ihre Dummheit grenzenlos [...] Wir werden diesen Verrätern das Handwerk legen, die Kriegsmarine steht
getreu zu ihrem Eid, in bewährter Treue zum Führer, bedingungslos in ihrer Einsatz- und Kampfbereitschaft [...] Sie
wird rücksichtslos jeden vernichten, der sich als Verräter
entpuppt. Es lebe unser Führer Adolf Hitler!

Jener Großadmiral Dönitz, der am 7. April 1945 ausführte: »Wir Soldaten der Kriegsmarine wissen, wie wir zu
handeln haben [...] Ein Hundsfott, wer nicht so handelt.
Man muß ihn aufhängen und ihm ein Schild umbinden:
Hier hängt ein Verräter!« Es ist jener Großadmiral Dönitz,
der am 1. Mai 1945 das folgende Manifest an das deutsche Volk erließ:

Unser Führer Adolf Hitler ist gefallen. In tiefer Trauer und
Ehrfurcht verneigt sich das deutsche Volk. Am Ende dieses
seines Kampfes und seines unbeirrbaren, geraden Lebens-
weges steht sein Heldentod.
    Sein Leben war ein einziger Dienst für Deutschland, sein
Einsatz im Kampf gegen die bolschewistische Sturmflut half
darüber hinaus Europa und der gesamten Kulturwelt.

Die von der damaligen britischen Besatzungsmacht ge-
duldete »Regierung Dönitz« wird von rechtsradikalen
Kreisen noch heute als die einzige rechtmäßige Regierung nach Hitler anerkannt.
    Bei einer Bundestagsdebatte über Zenkers Rede war
die Ablehnung, die sie erfuhr, bei weitem nicht so eindeutig und einhellig, wie dies im Interesse einer demokratischen Entwicklung zu wünschen gewesen wäre. Die
Aussprache im Parlament hatte zur Folge, daß an die
Stelle Kapitän Zenkers Vizeadmiral Ruge trat. Zenker
wurde mit der Bearbeitung von Ausbildungsfragen im
Marinekommando beauftragt. Im März 1957 avancierte
er zum Befehlshaber für die europäischen Seestreitkräf-
te der NATO-Staaten. Es ist nicht bekannt, ob er vor der
Annahme dieser Berufung bei Hitlers Großadmiralen
um Einverständnis gebeten hat.

Graue Front

Im Jahr 1953 wurde dieser der Deutschen Gemeinschaft (DG) nahestehende Verband von dem ehemaligen Ritterkreuzträger Karl-Heinz Wittig gegründet. Aus dem Programm verlautete u. a.:

Wir bekennen uns zur ungebrochenen Tradition deutschen Soldatentums [...]
Schimpf und Schande, die man dem deutschen Soldaten nach dem verlorenen Krieg angetan hat, können nicht durch Amnestien und verlogene nachträgliche Anerkennung ausgelöscht werden. Wir fordern offenen Widerruf der Schandurteile der Nachkriegszeit und völlige Rehabilitierung der durch Willkürjustiz zu Unrecht verurteilten Kameraden.
In unseren Reihen vereinigen sich Soldaten aller Waffengattungen, aber auch der ehemaligen Waffen-SS. In Treue stehen wir zu den Kameraden aus anderem Volkstum, die an unserer Seite im vergangenen Kriege gefochten haben. Wir bekennen uns zum Europa der Kriegsgeneration, aber uns trennt eine ganze Welt vom künstlichen Klein-Europa der Nachkriegsschieber und schwadronierenden Maulhelden.
Wir sind gebunden an den abendländischen Kulturraum. Gerade deshalb lehnen wir es ab, in fremde Dienste zu treten. Wir werden weder für Moskau noch für Washington kämpfen. Die fremden Weltzentralen versuchen mit allen Mitteln, deutsches Soldatentum als billige Ware zu kaufen. Wir sind nicht Pensionisten, die bei den jeweiligen Regierungen um Butterbrote feilschen, sondern Soldaten, die Armut und Not zu ertragen vermögen. Darum sind wir Gegner jeglicher Art von Materialismus. Wir handeln aus dem Geiste echter Gemeinschaftsverpflichtung [...]

Hilfsgemeinschaft auf Gegenseitigkeit der ehemaligen Angehörigen der Waffen-SS (HIAG)

Die Gründung der HIAG erfolgte 1951; formaler Anlaß hierzu war die Vorbereitung des 1. Großen Suchtreffens, das 1952 in Verden stattfand. Zur Klärung der Daseinsberechtigung dieser Hilfsgemeinschaft ist es erforderlich, in groben Zügen die geschichtliche Entwicklung der Waffen-SS als einer nationalsozialistischen Elitetruppe aufzuzeigen.

Im Jahr 1925, nachdem die NSDAP wieder erlaubt worden war, ließ Hitler durch Julius Schreck zu seinem persönlichen Schutz eine Stabswache aufstellen, die noch im selben Jahr die Bezeichnung Schutzstaffel (SS) erhielt. 1929 übernahm Heinrich Himmler deren Umorganisation. In einer Dienstvorschrift von 1931 heißt es: »Die SS wird im Unterschied zur SA besonders da eingesetzt, wo einzelne Männer verwendet werden müssen.«

Der SS waren also schon damals besondere Aufgaben innerhalb der NSDAP zugedacht. Ab 1931 baute Reinhard Heydrich sie dann zur militärischen und politischen Eliteeinheit der Partei aus. Dementsprechend wurden ihr bestimmte Sonderaufgaben, etwa die Niederwerfung von Parteirevolten, übertragen. Nach der Regierungsübernahme durch Hitler zählte die SS 50 000 Mitglieder. In mehreren Städten wurden aus verläßlichen Männern SS-Sonderkommandos zusammengestellt, die sich bei der Verfolgung der politischen Gegner durch besondere Bestialität auszeichneten; sie bildeten teilweise den Grundstock für die späteren SS-Verfügungstruppen. Die verschiedenen Sonderformationen gewannen immer mehr an Bedeutung, während die Allgemeine SS – so lautete die damalige Bezeichnung – stark an Wert verlor, da ihre aktivsten Leute in den schon erwähnten Sondereinheiten wie dem SD, der Gestapo und den SS-Verfügungstruppen tätig waren.

Aus den kasernierten SS-Verfügungstruppen wurde später die Waffen-SS aufgebaut. 1940 entstanden im Rahmen der damaligen Waffen-SS folgende Einheiten: Leibstandarte Adolf Hitler, Standarte Deutschland, Standarte Germania, Standarte Der Führer, Nachrichtensturmbann, Pioniersturmbann, Sturmbann Nürnberg, Sanitätsabteilung VT, Artillerie-Standarte, Junkerschule Tölz, Junkerschule Braunschweig, Junkerschule Klagenfurt.

Entscheidend ist nicht, ob sich unter den rund 900 000 Angehörigen der Waffen-SS 45 000 oder 120 000 Unfreiwillige befanden. Tatsache ist, daß die meisten Angehörigen der deutschsprachigen Waffen-SS freiwillig zu dieser Einheit gegangen sind und daß deren Offizierskorps sich aus geschulten wie politisch überzeugten Nationalsozialisten zusammengesetzt hat.

Aus den hier nur angedeuteten, dokumentarisch zu belegenden Tatsachen ergibt sich, daß die Behauptung, bei der Waffen-SS habe es sich um einen vierten Wehrmachtsteil gehandelt, in militärischer und politischer

Hinsicht sowie sachlich falsch ist; sie dient nur zur Rehabilitierung der Mitglieder der ehemaligen Waffen-SS und soll die von ihnen begangenen Verbrechen bemänteln. Im übrigen hatte jeder SS-Angehörige, der ohne sein Zutun in ein KZ versetzt wurde, die Möglichkeit, sich an die Front zu melden und damit das Schicksal Hunderttausender von »Volksgenossen« zu teilen.

Sämtliche SS-Einheiten, auch die der Waffen-SS, unterstanden militärisch der SS-Reichsführung mit ihren zwölf Hauptämtern. Auch diejenigen Verbände der Waffen-SS, die während des militärischen Einsatzes einzelnen Armeen oder Heeresgruppen zugeteilt waren, blieben der Befehlsgewalt Himmlers unterworfen. Folgerichtig lautete der Eid der SS-Männer nicht auf Hitler als Oberbefehlshaber der Wehrmacht, sondern auf Hitler als den »Führer«: »Ich schwöre dir, Adolf Hitler, als Führer und Kanzler des Reiches, Treue und Tapferkeit. Ich gelobe dir und den von dir bestimmten Vorgesetzten Gehorsam bis in den Tod, so wahr mir Gott helfe.«

Das Selbstverständnis der Waffen-SS als einer nationalsozialistischen Eliteeinheit beschrieb Dr. Werner Best 1944 in der in Darmstadt erscheinenden Zeitschrift *Die Deutsche Polizei*. Die dort wiedergegebene Verlobungs- und Heiratsgenehmigung des SS-Mannes enthielt folgende Passage:

Die Waffen-SS ist eine bewaffnete Truppe, die einen Teil der SS bildet und dem Reichsführer SS untersteht. Sie besteht aus der SS-Verfügungstruppe, welche ausschließlich dem Führer für besondere Aufgaben im Frieden und im Kriege zur Verfügung steht, und aus den SS-Totenkopfstandarten, denen die Sonderaufgaben der Bewachung der Konzentrationslager für bestimmte Zwecke der Staatssicherung gestellt sind.

So »belobigte« denn auch – laut Protokoll des Nürnberger Prozesses vom 5. August 1946 – der Reichsführer der SS Himmler die von ihm geschaffene Truppe auf seine Weise:

Sehr oft sagt sich der Angehörige der Waffen-SS, und diese Gedanken kamen mir heute so, wie ich da draußen diese sehr schwierige Tätigkeit ansah, die die Sicherheitspolizei, unterstützt von euren Leuten, die ihnen sehr gut helfen, hat: das Hinausbringen dieses Volkes hier. Genau dasselbe hat bei 40 Grad Kälte in Polen stattgefunden, wo wir Tausende und Zehntausende und Hunderttausende wegtransportieren mußten – Sie sollen das hören und sollen das aber auch gleich wieder vergessen –, Tausende von führenden Polen erschießen. Wo wir die Härte haben mußten, denn sonst würde sich das an uns später rächen.

Die SS-Totenkopfverbände entstanden aus jenen SS-Kommandos, die 1933 das KZ Dachau bewachten, zählten 1935 fünf Sturmbanne und waren für sämtliche in den Konzentrationslagern begangenen Verbrechen verantwortlich. Schon 1938 waren die Grenzen zwischen den SS-Totenkopfverbänden und den SS-Verfügungstruppen, der späteren Waffen-SS, in der Praxis durchaus nicht so klar, wie man es aus taktischen Gründen gegenwärtig darzustellen versucht. Es stimmt einfach nicht, wenn behauptet wird, die SS-Totenkopfverbände hätten ausschließlich die Bewachung der Konzentrationslager wahrgenommen; hingegen seien den kasernierten SS-Verbänden einschließlich der Waffen-SS andere Aufgaben zugedacht gewesen, das heißt, sie hätten nur als Fronttruppe Verwendung gefunden. Am Einmarsch in Österreich und in die Tschechoslowakei nahmen z. B. SS-Totenkopfverbände teil, während die Angehörigen der kasernierten SS, deren Kasernen sich mitunter neben Konzentrationslagern befanden, auch zur Bildung von Postenketten um die Lager und zur Begleitung von Außenkommandos der Häftlinge eingesetzt wurden; in dieser Funktion haben die Angehörigen der kasernierten SS nicht wenige Häftlinge »auf der Flucht« erschossen.

Wie unberechtigt das Pochen auf die formale Trennung zwischen Waffen-SS und SS-Totenkopfverbänden ist, sei anhand des folgenden Beispiels demonstriert: Die 3. SS-Panzerdivision Totenkopf, die eine Einheit der Waffen-SS bildete und später ganz in die verschiedenen Formationen der Waffen-SS aufgeteilt wurde, war im Oktober 1939 aus vier Totenkopfstandarten gebildet worden. 1939 wurden 14 Totenkopfstandarten in die kasernierten SS-Verbände kommandiert; sie bildeten den Grundstock für die spätere Waffen-SS.

Die hier skizzierte Darstellung rundet sich, wenn wir feststellen, daß bisher kein berufener Sprecher der SS-Verbände sich nachdrücklich – sieht man von unverbindlichen Erklärungen ab – von den inner- und außerhalb der Konzentrationslager verübten Verbrechen distanziert hat; statt dessen wurde von dieser Seite immer wieder versucht, die Untaten zu bagatellisieren oder abzustreiten.

Als Gründe für die Organisierung früherer Angehöriger der Waffen-SS wurden die Suche nach vermißten Kameraden und die Forderung nach Anerkennung der Versorgungsansprüche angegeben. Was das eine betrifft, so erhebt sich die Frage, ob man im Jahr 2000 auch noch nach verschollenen Gefährten suchen wird. Zum anderen sei daran erinnert, daß der Bundestag bereits im Juli 1961 die sozialen und versorgungsrechtlichen Ansprüche der HIAG anerkannt hat. Wenn sich dessenungeachtet ehemalige Angehörige dieser verbrecherischen Formation zu jährlichen Treffen einfinden, so geschieht dies weniger zwecks Suche nach vermißten Kameraden als vielmehr zu sehnsuchtsvoller Beschwörung einer als ruhmreich empfundenen Vergangenheit.

Kyffhäuserbund

Innerhalb der militärischen Traditionsverbände nimmt der Kyffhäuserbund aufgrund seiner Geschichte eine besonders rechte Position ein. Dies hinderte indessen die Generalität der Bundeswehr nicht daran, dem Kyffhäuserbund ihre kameradschaftliche Verbundenheit zu versichern. So äußerte Generalinspekteur Jürgen Brandt: »Ich freue mich besonders über Ihre Wünsche, denn der Kyffhäuserbund hat immer als einer der größten Soldatenverbände mit dazu beigetragen, den Verteidigungsauftrag in der Öffentlichkeit zu vertreten und die Bereitschaft für einen gesicherten Frieden wachzuhalten.« Generalleutnant Hans Poeppel, Inspekteur des Heeres, meinte: »Ihre Organisation hat stets mit Treue und kameradschaftlicher Verbundenheit den Weg der aktiven Soldaten begleitet. Das gab den Soldaten des Heeres Kraft und Ansporn, alles zu tun, um die in sie gesetzten Erwartungen zu erfüllen.« Von Generalleutnant Friedrich Obleser, Inspekteur der Luftwaffe, war zu vernehmen: »Ich darf Ihnen jedoch versichern, daß es wohltut, daß Vereinigungen wie der Kyffhäuserbund e. V. mit seinen mehr als 100 000 Mitgliedern ihre positive Einstellung zur Bundeswehr artikulieren und für Möglichkeiten, Probleme und Nöte der Soldaten Verständnis zeigen.« Vizeadmiral

Ansgar Bethge, Inspekteur der Marine, teilte mit: »Ich weiß, daß sich der Kyffhäuserbund als engagierter Wegbegleiter stets der Bundeswehr kameradschaftlich nahe gefühlt hat.«

Die Geschichte dieses Traditionsverbandes ist identisch mit der Geschichte der antiliberalen, antisozialdemokratischen und antikommunistischen Tradition. Unter dem Protektorat Kaiser Wilhelms II. wurde am 15. April 1900 der Kyffhäuser-Bund der Deutschen Landeskriegsverbände gegründet. Als Dachverband repräsentierte er 21 987 Kriegervereine mit 1 938 365 Mitgliedern. Zu seinen wichtigsten Aufgaben gehörte es, bei den Abgeordneten der bürgerlichen Parteien für eine ständige Erhöhung der Kriegskredite einzutreten und den Kampf gegen die aufstrebenden Sozialdemokraten und Gewerkschaften zu führen. Schon 1902 forderte der Bund vom preußischen Innenminister, »offen gegen die Sozialdemokraten anzukämpfen«, um diese »allmählich zu beseitigen«. Am 29. Februar 1912 brandmarkte Karl Liebknecht im preußischen Abgeordnetenhaus den »geradezu unerhörten, skandalösen Mißbrauch der Fortbildungsschulen« durch die Kyffhäuser-Agitation und charakterisierte die *Kyffhäuser-Korrespondenz* als »reines Hetzblatt allerniedrigsten Ranges«, das auf einer fast noch tieferen Stufe als die Publikationen gegen die Sozialdemokratie stehe. Bereits 1907 hatte der Kyffhäuserbund die ihm angeschlossenen Verbände und Vereine zu folgenden Maßnahmen verpflichtet:

In den Verbands- und Vereinsversammlungen sind die Kameraden über die Sozialdemokratie aufzuklären, um bei geeigneter Gelegenheit an die Betätigung ihrer Pflicht zur Bekämpfung der Sozialdemokratie zu erinnern.

Mitglieder der Kriegervereine können nicht gleichzeitig freien Gewerkschaften angehören, solange diese sozialdemokratische Organisationen sind, oder die sozialdemokratische Partei direkt unterstützen.

Als der vom Kyffhäuserbund propagierte und gewünschte Erste Weltkrieg ausbrach, erklärte der Vorstand in seinem Aufruf vom August 1914: »Voll zorniger Kampfbegier folgen dem kaiserlichen Rufe Millionen deutscher Streiter, nicht um Eroberungen zu machen, nicht aus Ruhmesgier, sondern um die Friedensstörer, die Frevler an menschlicher Sitte und Kultur zu bestrafen und sie zum Frieden zu zwingen.« Der schlesische Verband forderte zum Kampf »gegen slawische, russische Unkultur« auf. Nachdem es nicht gelungen war, »siegreich Frankreich zu schlagen«, verlor der Bund vorübergehend an Bedeutung und betonte – sich der Situation anpassend und als Ergebnis seiner Öffnung für alle Soldaten unter der kaiserlichen Parole »Ich kenne nur noch Deutsche« – nach 1918 seine parteipolitische Neutralität. Dies hinderte ihn allerdings nicht daran, seine extrem nationalistische Tradition in Wort und Tat fortzusetzen. Im Januar 1922 benannte sich der Kyffhäuserbund in Deutscher Reichskriegerbund Kyffhäuser (RKB) um. Da es die Zeit erforderte, versicherten die Pseudorepublikaner des RKB ihre Verfassungstreue und entfalteten eine Fürsorgetätigkeit für die überlebenden Opfer des Ersten Weltkriegs. Doch schon zwei Jahre später erübrigten sich unverbindliche Lippenbekenntnisse zur Republik; im RKB-Neujahrsaufruf für 1924 hieß es:

In Treue gedenken wir immer und immer wieder der Deutschen [...] in den uns entrissenen Gebieten. Wir wissen, daß sie eng und fest mit uns stets verbunden bleiben und den Gedanken, auch äußerlich mit uns wieder vereint zu werden, wie sie innerlich niemals von uns getrennt waren, hochhalten und auf Kinder und Kindeskinder übererben werden, damit einmal die Stunde kommt, die Alldeutschland vereinigt zum Schutz und Trutz und Wehr.

In zahlreichen dem RKB angeschlossenen Vereinen wurde ab 1929 der Einfluß der NSDAP immer stärker. Am 2. April 1933 lobte die Zeitung *Kyffhäuser* die Annahme des Ermächtigungsgesetzes und erklärte zutreffend: »Wir brauchen nicht umzulernen. Grundlage, Wege und Ziele müssen dieselben bleiben, wir müssen nur leidenschaftlicher an die Arbeit gehen und die Organisation durch entsprechende Satzungsänderungen nur auf diesen Kampf einstellen.« Im Januar 1934 wurde der ehemalige Freikorpsführer und spätere SS-Oberführer Oberst a. D. Wolfgang Reinhard Bundesführer; zum Ehrenführer des Bundes wurde der SA-Stabschef Ernst Röhm ernannt. 1938 erfolgte die Umbenennung in Nationalsozialistischer Reichskriegerbund; mit dem Namenszusatz wurde der RKB von Hitler als alleinige Vereinigung ehemaliger Soldaten anerkannt.

Nach dem Zweiten Weltkrieg fiel der RKB unter die

Verbotsbestimmungen des Alliierten Kontrollrats. Doch bereits 1951 wurde er, dem politischen Zug der Zeit entsprechend, wieder zugelassen. 1959 schrieb der damalige Bundesminister für Verteidigung, Franz Josef Strauß, dem Kyffhäuserbund: »Ich freue mich über die gute und erfolgreiche Zusammenarbeit zwischen Kyffhäuserbund und Bundeswehr und bin sicher, daß sich diese Entwicklung auch künftig fortsetzen wird. Für Ihre bisherige kameradschaftliche Hilfe darf ich Ihnen und Ihren Mitarbeitern besonders danken. Ihrer Arbeit wünsche ich weiterhin guten Erfolg.«

Reichsverband Deutscher Soldaten (RDS)

Diese im Mai 1981 in Frankfurt gegründete Vereinigung sah ihre oberste Aufgabe darin, »den Kampf gegen die Diffamierung der Soldaten von einst und jetzt zu führen«. Sie forderte ferner die Rehabilitierung aller zu Unrecht verurteilten Soldaten, die Pflege und Erhaltung der deutschen Tradition auf allen Gebieten sowie die Verbannung alles die deutsche Jugend Zersetzenden in Wort, Schrift und Bild. Der RDS versteht sich auch als Sammelgruppierung rechtsradikaler Gruppen und arbeitet engstens mit dem Witikobund zusammen.

Stahlhelm – Kampfbund für Europa

Diese Organisation ist mehr als ein Zusammenschluß rechtsradikaler Traditionalisten. In seiner Vergangenheit wie in seiner Gegenwart ist der Stahlhelm Synonym für eine eindeutig rechte Gesinnungsgemeinschaft. Schon in der Weimarer Republik war er nicht nur eine deutschnationale Wehrorganisation, sondern wurde zum Inbegriff für jene Gesinnung, der weite Kreise des Bürgertums und der von ihm getragenen konservativen Parteien verfallen waren und deren Wurzeln in der Agitation der Alldeutschen vor 1918 zu suchen sind.

Im Jahr 1918 gegründet, zeichnete sich der Stahlhelm – Bund der Frontsoldaten unter der Führung von Franz Seldte und Theodor Duesterberg bald durch eine eindeutig antirepublikanische und gewerkschaftsfeindliche Tendenz aus. Bei den Straßenkämpfen in den Jahren

1919 bis 1933 stand er auf seiten der SA gegen das Reichsbanner Schwarz-Rot-Gold (SPD) und den Roten Frontkämpferbund (KPD). Im Mai 1933 zählte er 750 000 Mitglieder. Folgende Gruppierungen waren ihm angeschlossen: Scharnhorst-Bund deutscher Jungmannen (für Jugendliche von 14 bis 17 Jahren), Jungstahlhelm (für Jugendliche von 18 bis 23 Jahren), Stahlhelm-Studentenring Langemarck, Stahlhelm-Reichskraftfahrstaffel, Stahlhelm-Arbeitsdienst und Bund Königin Luise (Frauenorganisation). Finanziert wurde die Vereinigung von dem feudalen Deutschen Herrenclub und Kreisen der Wirtschaft. Von 78 deutschnationalen Reichstagsabgeordneten gehörten 33 dem Stahlhelm an; der monarchistisch gesinnte Nachfolger Friedrich Eberts als Reichspräsident der Weimarer Republik, Hindenburg, war Stahlhelm-Ehrenmitglied. Nach der Machtergreifung durch die Nationalsozialisten wurde die Organisation in Nationalsozialistischer Deutscher Frontkämpferbund umbenannt. Welche Bedeutung ihr von seiten der Nazis zugemessen wurde, zeigt sich in der Ernennung des ersten Stahlhelm-Bundesführers Seldte zum Minister im ersten Kabinett Hitler.

Aus Gründen der geschichtlichen Wahrheit ist festzuhalten, daß der Stahlhelm ebenso wie Alfred Hugenberg, Hjalmar Schacht und Franz von Papen sowie die Deutschnationale Volkspartei und zahlreiche Wirtschaftsführer zu den Wegbereitern des Dritten Reiches gehörte. Dieser Tatsache war sich die Stahlhelm-Leitung sehr wohl bewußt, als sie im April 1933 einen Aufruf an die Mitglieder richtete, in dem es u. a. hieß:

Kameraden des Stahlhelm! Über 14 Jahre habt Ihr als Kampftruppe in der großen Front der nationalen Gesamtbewegung gegen das November-System Eure soldatische Pflicht erfüllt [...] Ihr habt in diesem dem Stahlhelm geschichtlich gewiesenen Kampfabschnitt die Straße freigemacht zu dem politischen Umschwung des 30. Januar, in dem an Eurer Seite Eure Kameraden der nationalsozialistischen Bewegung sich die Macht im Staate erstürmten.

Zum Zeichen dafür, wie einig sich Stahlhelm und NSDAP waren, möge der nachfolgende Auszug aus Seldtes Erklärung vom 25. September 1933 dienen.

Wir haben nach einem Führer ausgeschaut. Nun haben wir in Ihnen, Herr Volkskanzler, den Führer erkannt und gefunden, dem Gott die Fähigkeit verliehen hat, den Deutschen Befehle jetzt und für die Zukunft geben zu können. Sie als Führer wollen uns auch in die gemeinsame, große, nationalsozialistische Bewegung aufnehmen. Sie wollen unseren alten Frontsoldaten Ihr Hoheitsabzeichen, die Kampfbinde, verleihen. Wir nehmen dies mit tiefem Dank an. Wir heften die Hoheitzeichen an unsere graue Feldmütze.

Im Zeichen des Kalten Krieges wurde der Stahlhelm – Bund der Frontsoldaten 1951 neu gegründet und 1973 in Stahlhelm – Kampfbund für Europa umbenannt. Er arbeitete mit neonazistischen Gruppen wie dem Freiheitlichen Rat (FR), der Deutschen Volksfront (DV) und dem Arbeitskreis Volkstreuer Verbände (AVV) zusammen.

Verband deutscher Soldaten (VdS)

Nach vielen Querelen und Intrigen einigten sich im September 1951 in Bonn 50 versammelte Vertreter verschiedener Soldatenbünde, diesen Dachverband zu gründen. Die wichtigsten Vereinigungen, die dem VdS beitraten, waren: Deutscher Soldatenbund, Schutzbund ehemaliger deutscher Soldaten, Bund ehemaliger deutscher Fallschirmjäger, Verband Deutsches Afrikakorps, Organisation der Kraftfahrtruppen, Traditionsgemeinschaft Großdeutschland und Stahlhelm – Bund der Frontsoldaten; hinzu kamen Vertreter der Waffen-SS.
Die rechte Tendenz des von der Bundesregierung als Gesprächspartner angesehenen VdS äußerte sich schon darin, daß dem provisorischen Präsidium die beiden ehemaligen Waffen-SS-Generäle Haußer und Gille angehörten. Aber auch andere maßgebliche Offiziere vertraten bereits in den Anfängen der Bundeswehr, nicht zuletzt unter dem Einfluß der Soldatenbünde, rechtslastiges Gedankengut.
Im Jahr 1954 schloß sich der Kyffhäuserbund dem VdS an, ohne seine Selbständigkeit aufzugeben. In einer Erklärung über die Zusammenarbeit hieß es u.a.:

1. Alle Gliederungen bleiben unverändert bestehen.

2. Kameradschaftliche Zusammenarbeit ist geboten und bedeutet, Veranstaltungen im weitest möglichen Maße abzuhalten, sich gegenseitig einzuladen, um das kameradschaftliche Kennenlernen sicherzustellen.

3. Gemeinsames Auftreten in der Öffentlichkeit bei Gelegenheiten, die eine Repräsentation des deutschen Soldatentums erfordern.

4. Gegenseitige Unterstützung nach vorheriger Vereinbarung beim weiteren Aufbau, insbesondere bei Gründungen von Ortsgruppen und Kameradschaften.

Die Bemühungen der Bundesregierung, mit den Repräsentanten rechtsradikaler und konservativer Soldatenbünde ins Gespräch zu kommen, erreichten einen Höhepunkt vor den Bundestagswahlen im September 1953. In ihrem Buch *Entstehung und Entwicklung des Rechtsextremismus in der Bundesrepublik* rufen die Autoren Dudek und Jaschke die damalige Situation in Erinnerung:

> Im Vorfeld des Wahlkampfs besuchte Bundeskanzler Adenauer das Kriegsverbrechergefängnis in Werl und sprach dort mit dem inhaftierten Waffen-SS-General Meyer; am 30. August folgte seine Ehrenerklärung für die Waffen-SS, die die HIAG mit der Aufforderung honorierte, ihre Mitglieder sollten nur staatstragende Parteien wählen und keine Splitterparteien unterstützen.

Welche Relevanz die Regierungsparteien den Soldatenbünden zumaßen, verdeutlicht das große Soldatentreffen am 18./19. Juli 1953 in Hannover, das von 20 000 Personen besucht wurde. Unter ihnen befanden sich als Ehrengäste Bundestagspräsident Ehlers (CDU), Vizekanzler Blücher (FDP), der Sicherheitsbeauftragte der Bundesregierung, Blank (CDU), Bundesminister Hellwege (DP) und der Vorsitzende des Bundes der Heimatvertriebenen und Entrechteten (BHE), Kraft. Die *Welt* kommentierte das Treffen als den »Tag des offiziellen Friedensschlusses der Soldaten mit unserem Staat«.

In ihrem Kampf um Wählerstimmen warfen die Politiker der Regierungsparteien, die an dem Soldatentreffen in Hannover teilnahmen, ihre ab 1945 oftmals beteuerten pazifistischen Auffassungen und die Distanzierung von Hitlers Kriegen über Bord. So erklärte Bundesminister Heinrich Hellwege in Hannover:

246

Die deutsche Jugend hat im Zweiten Weltkrieg ausgehalten für Deutschland, hat zugleich auch mit anderen europäischen Divisionen in dem guten Glauben gelitten, daß sie mit Deutschland auch Europa und seine Kultur vor dem Bolschewismus schützen wird. Ich richte einen Appell an die freien Völker, daß sie mit uns über die Sauberkeit einer gesamtdeutschen Lösung wachen. Niemals darf Deutschland, auch auf Umwegen, dem bolschewistischen Moloch geopfert werden.

Ähnliches ließ Vizekanzler Franz Blücher vernehmen; er sagte:

Ich darf daran erinnern, daß wir selbst damals mit jener widerlichen Horde gekämpft haben, die nach jedem Krieg auf der Seite des sogenannten Siegers steht. Ich darf daran erinnern, daß wir bereits 1946 den Kampf um mehr Recht in einer unangenehmen Kleinarbeit aufgenommen haben und daß ich ein leidenschaftlicher Vertreter Ihres Rechts und Ihrer Ehre war.

Ein leidenschaftliches Bekenntnis zu Hitlers Kriegen legte bei der Kundgebung in Hannover der ehemalige General der Waffen-SS Herbert Gille ab:

Unsere Erkenntnisse wuchsen aus dem Kampferleben des letzten Krieges, sie formten sich, als der von feindlicher Kugel getroffene Kamerad mit blassen Lippen und leiser Stimme »Deutschland« flüsterte. Die Erlebnisse der Nachkriegszeit, als alle von uns wohlbehüteten und heiligen Tugenden mit Füßen getreten wurden, konnten uns den Glauben an das deutsche Volk nicht zerstören, weil selbst die unsagbare Not der deutschen Menschen die Kraftwelle des geeinten Deutschen Reiches in der europäischen Völkerfamilie sein kann, wenn über allem Tun und Handeln »Deutschland« steht.

Es wäre jedoch falsch, in diesen von Nationalismus strotzenden Reden nur eine Wahlwerbung zu sehen. In jenen Jahren begann auf dem rechten Flügel in Wort und Schrift die Rehabilitierung des Dritten Reiches und seiner Kriegführung; mildernde Umstände wurden gesucht und gefunden für hohe Beamte, Militärs und Politiker, ohne deren Zutun der Machtapparat im Nazistaat kaum so gut funktioniert hätte.

Der VdS zählt gegenwärtig nach eigenen Angaben 90 000 Mitglieder und bildet mit den angeschlossenen Traditionsverbänden einen wichtigen Faktor bei den restaurativen Bestrebungen in der Bundesrepublik. Besondere Bedeutung kommt seiner Zusammenarbeit mit der Bundeswehr zu. So wurde bei der Vertreterversammlung 1987 in Bonn einstimmig der Bundeswehr-Generalmajor a.D. Dr. Jürgen Schreiber zum neuen VdS-Vorsitzenden gewählt; auch sein Vorgänger, Generalmajor a.D. Johannes Müller, war aus der Bundeswehr gekommen.

Festzuhalten bleibt, daß weder der VdS als Gesamtverband noch seine Funktionäre, noch die mit ihm sympathisierenden Politiker sich von Hitlers Angriffskriegen distanziert haben; vielmehr ist man in diesem Lager nach Kräften um relativierende Bewertungen bemüht. Hierzu gehört auch, daß der VdS im April 1988 eine Erweiterung der Bestimmungen des Strafgesetzbuches (StGB) zum Tatbestand der Verunglimpfung des Andenkens Verstorbener forderte. Die verlangte Neufassung des Paragraphen 194 (II) des StGB in Verbindung mit Paragraph 189 StGB sollte folgendermaßen lauten:

> Ist das Andenken eines Verstorbenen verunglimpft, so steht das Antragsrecht dem in Paragraph 77 Abs. 2 bezeichneten Angehörigen zu. Hat der Verstorbene keine Antragsberechtigten hinterlassen oder sind sie vor Ablauf der Antragsfrist gestorben, so ist kein Antrag erforderlich, wenn der Verstorbene sein Leben als Opfer einer Gewalt- und Willkürherrschaft oder als Soldat im Krieg verloren hat und die Verunglimpfung damit zusammenhängt. Dies gilt auch in Fällen pauschaler Verunglimpfung der angesprochenen Personengruppen.

Die praktische Anwendung der geforderten StGB-Änderung würde bedeuten, daß ein Bürger, der etwa einen toten Massenmörder aus den Reihen der SS als einen solchen bezeichnete, unter Anklage gestellt werden könnte. Zu diskutieren wäre dann auch, ob der ehemalige Vorsitzende der CDU-Sozialausschüsse und gegenwärtige Bundesminister Dr. Norbert Blüm nicht auch vor Gericht zu zitieren wäre, weil er 1978 pointiert erklärte: »Ich habe die Gesänge von der treuen Pflichterfüllung nie verstanden, wenn nicht zuvor erklärt war, in wessen Dienst diese Pflichterfüllung steht. Ob einer im KZ Hitler gedient hat oder an der Front, macht in meinen Augen nur einen graduellen Unterschied aus. Das KZ stand schließlich nur so lange, wie die Front hielt.«

Rechtsextremistische Kulturvereinigungen

Die Bedeutung jener rechtsradikalen Vereinigungen, die sich mit der Wahrnehmung kulturpolitischer Aufgaben tarnen, liegt vor allem in der Tatsache, daß sie oftmals eine geistige Brücke zwischen Rechtsextremismus und Rechtskonservativismus darstellen. Da die Trennlinie zwischen den beiden Bereichen absichtsvoll verwischt wird, können solche Organisationen für ihre Veranstaltungen häufig konservative Persönlichkeiten gewinnen, denen dann eine Feigenblattfunktion zufällt. So kommt es sicher nicht von ungefähr, daß die seinerzeit stärkste Vereinigung auf diesem Gebiet, das Deutsche Kulturwerk Europäischen Geistes (DKEG), aufgrund von Interventionen CSU-naher Kreise nicht im Verfassungsschutzbericht auftauchte.

Abendländische Akademie

Im Jahr 1955 entstand, zum Teil aus Mitgliedern der Abendländischen Aktion, unter der Präsidentschaft Dr. Friedrich August Freiherr von der Heydtes die Abendländische Akademie. Ziel dieser Vereinigung sollte es sein, ein Diskussionsforum für christlich-konservative Strömungen zu bilden, doch wiesen die teilweise Übernahme der Ideen Dr. Gerhard Krolls und seiner Abendländischen Aktion sowie deren Verbreitung im Sprachrohr der Akademie, der Zeitschrift *Neues Abendland*, auf eine eher rechtslastige Richtung hin. Neben dem ehemaligen CSU-Landtagsabgeordneten Kroll und von der Heydte betätigten sich u.a. Dr. Heinrich von Brentano, damals Bundesaußenminister, Dr. Hans-Joachim von Merkatz, seinerzeit Bundesratsminister, Heinrich Hellwege, damals niedersächsischer Ministerpräsident, und Professor Dr. Theodor Oberländer, ehedem Bundesvertriebenenminister, bei der Akademie, zu deren engerem

Kreis Otto von Habsburg, Graf Waldburg-Zeil, Kurt Ziesel und Armin Mohler gezählt werden können. Enge Verbindung hielt die Akademie zum Europäischen Dokumentations- und Informationszentrum (CEDI) in Madrid, dessen Präsident Otto von Habsburg war und das gute Beziehungen zum Franco-Regime hatte. In den 60er Jahren kam die Akademie fast völlig zum Erliegen; die Aktivitäten ihrer einstigen Mitglieder waren jedoch weiterhin in den Zeitschriften *Deutschland-Magazin* und *Criticon* nachzuvollziehen.

Abendländische Aktion

Zu Beginn der 50er Jahre schrieb der vormalige bayerische Landtagsabgeordnete Dr. Gerhard Kroll (CSU) die beiden Werke *Grundlagen abendländischer Kultur – Das Manifest der Abendländischen Aktion* und *Das Ordnungsbild der Abendländischen Aktion*. Sie enthielten das weltanschauliche Credo dieser Vereinigung; u.a. war da zu lesen:

> Als Träger der Regierungsverantwortung kann man nicht gleichzeitig Gott in seinem Gewissen für sein Handeln verantwortlich sein und die Gesetze aus der Hand Dritter empfangen oder, wie es in der parlamentarischen Demokratie üblich ist, sogar noch vom Vertrauen des Parlaments abhängig sein [...] Die Abendländische Aktion erblickt im modernen Vielparteienstaat [...] einen Ausdruck neuzeitlicher Willkür.

Zum Vorstand der Aktion gehörte Dr. Friedrich August Freiherr von der Heydte, der 1955 die Abendländische Akademie gründete, zum großen Teil mit Mitgliedern der Aktion, die daraufhin ihre Aktivitäten weitgehend einstellte.

Aktion Deutsches Radio und Fernsehen (ARF)

Mit der 1981 gegründeten ARF versuchte der Herausgeber der *Deutschen National-Zeitung* und Vorsitzende der rechtsradikalen Deutschen Volksunion (DVU), Dr. Gerhard Frey, seinen Einflußkreis zu erweitern. Die Notwendigkeit der Aktion begründete Frey in einem von ihm unterzeichneten Aufruf in der *Deutschen National-Zeitung* vom 1. Januar 1982; u. a. hieß es dort: »In zunehmendem Maße agitieren Rundfunk und Fernsehen, obgleich vom deutschen Gebührenzahler finanziert, gegen das Lebensrecht und die Lebensinteressen des deutschen Volkes.« Höhepunkt dessen sei die »Aussendung des sowjetischen Propagandafilms ›Der unvergessene Krieg‹« gewesen; »alle Schuld« wolle man dem deutschen Volk aufbürden und »selbst heute noch Ungeborene kollektiv haftbar machen«. Die deutsche Geschichte sei einer »systematischen Verteufelung« ausgesetzt, das »unermeßliche Leiden der deutschen Zivilbevölkerung in und nach beiden Weltkriegen« werde minimalisiert. Das alles habe »mit einer objektiven, wahrheitsgemäßen und ausgewogenen Berichterstattung nichts mehr zu tun. Die vielverleumdete Mitte und Rechte sind praktisch ohne Einfluß in Rundfunk und Fernsehen [. . .]«

Aktion Funk und Fernsehen (AFF)

Die AFF, gegründet 1969, arbeitete engstens mit der Gesellschaft zur Förderung öffentlicher Verantwortung zusammen. 1973 hatten die AFF und die Funk- und Fernsehen-Mitbestimmung (FFM) gemeinsam mit der Studiengesellschaft für staatspolitische Öffentlichkeitsarbeit eine Aktion Bürgermitbestimmung beim Bayerischen Rundfunk gegründet, deren Haupttätigkeit darin bestand, eine Kampagne gegen den angeblichen »Rotfunk« zu führen.

Arbeitskreis für Kultur und Politik

Dieser Arbeitskreis hat sich 1985 unter Leitung von Gernot Mörig, vormals Bundesführer des Bundes Heimattreuer Jugend (BHJ), von der Deutschen Kulturgemeinschaft (DKG) abgespalten. In Zusammenarbeit mit dem BHJ wird alljährlich ein sogenanntes Norddeutsches Forum durchgeführt.

Deutsche Kulturgemeinschaft (DKG)

Die DKG hat sich 1979 vom Deutschen Kulturwerk Europäischen Geistes (DKEG) abgespalten. Die Initiatoren, unter ihnen der einschlägig bekannte Rechtsextremist Alfred E. Manke, wollten eine stärker völkisch-national ausgerichtete Kulturpolitik im Sinne Dr. Herbert Böhmes machen. Die DKG war Mitglied in Mankes Arbeitskreis Volkstreuer Verbände (AVV) und arbeitet eng mit dem Naturpolitischen Volksbund (NVB) zusammen. Sie veranstaltet vorwiegend Seminare und Vortragsveranstaltungen; alljährlich werden die sogenannten Norddeutschen Kulturtage durchgeführt, an denen in den letzten Jahren auch Vertreter von Wiking-Jugend (WJ) und Jungen Nationaldemokraten (JN) teilnahmen. In einem internen DKG-Rundschreiben hieß es u. a.:

Sie wissen selbst um die ständig wachsenden, lebenszerstörenden Niedergangserscheinungen und um die wenigen gesunden Kräfte, die dagegen tätig sind. Viele versagen, weil sie tagespolitisch zu einseitig in Vergangenheit und Gegenwart verhaftet sind und nicht erkennen, was in dieser Umbruchszeit für morgen not tut. Auch die nationale Rechte ist – bis auf wenige Ausnahmen – nahezu bedeutungslos geworden, weil sie dem Zeitgeist zu einseitig angepaßt oder in den Methoden zu extrem ausgerichtet ist und an den drängenden Lebensfragen der Zukunft vorbeigeht.

Wir wollen das für unseren Bereich ändern und uns in ganzheitlicher Ausrichtung für eine überparteiliche, aber zukunftsgerichtete, geistig-kulturelle und politisch-ökologische Neuausrichtung und Neuformierung einsetzen. Das ist nur mit *klarem Kurs nach vorn* und nicht nach rückwärts möglich!

Doch wenige können nicht alles! Unser das enge Vereinswesen meidender Gemeinschaftskreis mit den Arbeitsinstrumenten »Naturpolitischer Volksbund«, »Deutsche Kulturgemeinschaft« und »Deutsches Arbeitszentrum« muß *größer und stärker* werden, um in Gemeinsamkeit mit anderen positiven Gruppierungen *mehr* zu leisten und mehr erreichen zu können.

Deutsches Kulturwerk Europäischen Geistes (DKEG)

Das DKEG wurde 1950 auf Initiative des ehemaligen Reichsfachschaftsleiters für Lyrik in der NS-Reichsschrifttumskammer und Mitglieds der Obersten SA-Führung für kulturelle Belange, Dr. Herbert Böhme, gegründet. Ziele waren die »Neubildung volkshaften Selbstverständnisses und Selbstbewußtseins« und die »Pflege volkshaft konservativer Literatur«. Gemäß seiner Satzung will das DKEG die »aus eigenem Lebensraum und seiner Charakter- und Schöpferbildung entstehende Kunst« fördern. Dementsprechend versammelten sich in seinen Reihen viele Dichter und Schriftsteller, die sich in die Dienste des NS-Staates gestellt hatten und denen das DKEG nach 1945 ein Forum bot. Nach Böhmes Tod 1971 übernahm der Münchener Oberlandesgerichtsrat Karl Günther Stempel den DKEG-Vorsitz; er knüpfte damit an seine politische Tätigkeit während des Dritten Reiches an. Aufgrund einer Meldung des Pressedienstes Demokratische Aktion sah sich das bayerische Justizministerium 1973 veranlaßt, Stempel nahezulegen, als Präsident des DKEG zurückzutreten. Nachdem das Ministerium jedoch zu der Erkenntnis gelangt war, daß das DKEG als »extrem konservativ-national, aber nicht rechtsradikal im engeren Sinne« anzusehen sei, nahm Stempel seine Funktion als Vorsitzender des Kulturwerks wieder auf. Zu seinen Hochzeiten – etwa bis Mitte der 70er Jahre – hatte das DKEG fast 4000 Mitglieder und unterhielt bundesweit 70 »Pflegstätten«; diese Zahlen bröckelten allmählich ab. Alljährlich werden vom DKEG die Tage deutscher Kultur durchgeführt, in deren Rahmen der Schillerpreis verliehen wird.

Deutsches Seminar

Das Deutsche Seminar mit Sitz in Nürtingen, Vorsitzender Walter Staffa, veranstaltet seit 1986 ein sogenanntes Süddeutsches Forum. Verbindungen bestehen zur Deutschen Kulturgemeinschaft (DKG) und zu deren Vorsitzendem Alfred E. Manke. In einem Flugblatt der Vereinigung hieß es u. a.:

Wir wollen die Wahrheit

Die historische Wahrheit wird immer mehr verfälscht. Um von eigenen Verbrechen abzulenken und ihren Kriegseintritt zu begründen, haben die Siegermächte nach 1945 ein einseitig verzerrtes Geschichtsbild den Deutschen aufgezwungen. Sogar Schulbuchempfehlungen verstärken die einseitige Sicht und verfälschen die geschichtliche Wahrheit. Verbrechen an Deutschen wurden und werden geheimgehalten und von den Massenmedien verschwiegen. Wer betont heute noch,

– daß in Ost- und Westpreußen die Deutschen eher als die Polen siedelten,
– daß alle Städte Böhmens und Mährens (Ausnahme Tabor) sowie Schlesiens deutsche Gründungen sind,
– daß Ostoberschlesien 1922 gegen die eindeutig für Deutschland ausgefallene Volksabstimmung an Polen ausgeliefert wurde,
– daß keine Weimarer Regierung und kein Verschwörerkreis vom 20. Juli je den Raub deutschen Landes von 1919 im Osten anerkannten,
– daß England und Frankreich 1939 vor dem Münchener Abkommen Prag zur Abtretung des Sudetenlandes veranlaßten, ohne Hitlers Beteiligung,
– daß das Münchener Abkommen von den europäischen Großmächten in Freiheit beschlossen wurde und voll dem Selbstbestimmungsrecht entsprach,
– daß England und Frankreich 1939 Deutschland den Krieg erklärten und damit den Weltkrieg auslösten.

Die Besetzer brauchen deutsches Land nicht [. . .]

Ostdeutschland und das Sudetenland müssen deutsch bleiben.

Deutsch-Österreichisches Institut für Zeitgeschichte (DÖIZ)

Das im vorarlbergischen Lochau bestehende Institut ist eine Gründung Walter Ochensbergers, der im Mai 1988 an seine »lieben Freunde« einen Rundbrief sandte, in dem es u. a. hieß:

Auf 25 Billionen Mark werden die Reparationen geschätzt, die das Deutsche Volk seit dem 2. Weltkrieg geleistet hat. Sehen Sie nicht, wie es seine Substanz verzehrt?

Das ist doch die Schwindsucht, an der sie sterben soll.

Viele Deutsche verstehen noch immer nicht, daß die Sieger uns an unserer Rechtschaffenheit dahinsiechen lassen.

Der Kern des gegnerischen Systems ist *unsere* Ordnung, miß-braucht durch eine juristische Diktatur; alles, was deutsch denkt und handelt, wird in die Kostenflut der Prozesse ver-wickelt und darin erstickt.

Deshalb waren wir in all den Jahren verzweifelt bemüht, Prozesse zu vermeiden. Stehen sie aber an, dann gilt es, dem Sieger ein Stück deutsches Rechtsgut aus dem Rachen zu reißen.

Immer wird gelten:

> Wer dem Sieger Speichel leckt,
> macht seine Söhne zu Söldnern
> und seine Töchter zu Huren,
> und vergießt das Blut seiner Enkel,
> deren Brot er vorab verzehrt.

Das ominöse Institut versteht sich als Untergliederung einer volkstreuen grünen Bewegung, die ihre politische Propaganda in die Bundesrepublik Deutschland ex-portiert. Im Rahmen der Gruppierung erscheint das Hetzblatt *Sieg*, für das ebenfalls Walter Ochensberger verantwortlich zeichnet. In einer der Ausgaben (1988) war unter der Überschrift »Geschichte der Verfemung Deutschlands« u. a. zu lesen:

Was ist mit den etwa 150 000 bis 200 000 Juden geschehen, die während des jüdisch-deutschen Krieges verstarben?

Es ist nicht so, wie eine Lügenpropaganda der Welt glauben machen wollte und noch will, daß alle diese Menschen er-mordet wurden. Die Wahrheit ist, daß der allergrößte Teil von ihnen eines natürlichen Todes verstarb. Die in KZ und Ar-beitslagern internierten Juden hatten die höchste Sterblich-keitsziffer unter allen Gruppen von KZ- und Arbeitslager-Insassen. Dies lag nicht daran, daß die hygienischen Ein-richtungen der KZ und der Arbeitslager oder die Ernäh-rung dort zu schlecht und zu mangelhaft gewesen wäre oder die Behandlung auf die Vernichtung der Lagerinsassen abge-stellt gewesen wäre.

Die höhere Sterblichkeitsziffer der Juden in den KZ hatte ihren Grund darin, daß sie den seelischen Anforderungen einer Absonderung und Inhaftierung in den KZ und der Internierung in den Arbeitslagern am wenigsten von allen übrigen Insassen gewachsen waren. Die meisten Juden er-mangelten nicht nur jeder seelischen Widerstandskraft zur Ertragung eines Lager-Aufenthaltes. Sie ermangelten darüber hinaus in einem hohen Maß jener Willensdisziplin, die eine ordentliche hygienische Lebensführung erfordert. Vor allem dies wirkte sich besonders verhängnisvoll aus. Nur allzu viele Juden ließen sich völlig gehen, wuschen und reinigten sich monatelang, ja überhaupt nicht; sie vernachlässigten die primitivsten Anforderungen der Hygiene, der Reinlichkeit und Körperpflege. [...] Die Folgen dieser unhygienischen, sanitätswidrigen, unreinen Lebensweise und des willenlosen und widerstandslosen Sich-Gehen-Lassens vieler Juden waren verheerende schwere Epidemien und Seuchen, die nicht nur die Juden hinrafften, sondern für die ganze Umwelt eine schwere sanitäre Bedrohung darstellten, daß sie die zuständigen deutschen Stellen geradezu in Panik-Stimmung versetzten.

Freundeskreis Filmkunst

Der in Hamburg-Winterhude beheimatete Kreis wurde im November 1962 in das Vereinsregister eingetragen und war bis 1978 als gemeinnützig anerkannt. Er arbeitet eng mit der neonazistischen Hansa-Film GmbH zusammen, die in ihrem Verleihprogramm NS-Wochenschauen und andere Nazidokumentationen wie »Mit dem Führer zum Sieg«, »Hermann Göring«, »Flieger am Feind« und »Sieg im Westen« führt.

Gesamtdeutsche Medienstiftung (GMSt) – Weltbund der Deutschen

Der österreichische Rechtsradikale Walter Ochensberger trat im Mai 1988 mit dieser Neugründung an die Öffentlichkeit; in der schriftlichen Selbstdarstellung hieß es:

Wer sind wir?
Eine Gruppe von Menschen, die nicht resigniert haben vor der antideutschen (antigermanischen) Medienmafia. Hier melden sich Menschen zu Wort, die stolz sind, daß sie ihre geistige Selbständigkeit gegenüber dem »Liberalismus« und dem »Marxismus« bewahrt haben.

Was wollen wir?
Wir haben uns die nationale und soziale Befreiung des deutschen Volkes in Mitteleuropa zum Ziel gesetzt.
    Täglich wird einer zunehmend interessierten Öffentlichkeit eine Vielzahl von Nachrichten durch die System-Medien

entweder ganz vorenthalten oder verfälscht bzw. entstellt wiedergegeben.

Wichtige Lebensbereiche werden ausgeklammert:
- die Propagierung der Selbstbestimmungsrechte auch für das deutsche Volk
- Abzug aller Besatzungsmächte
- Schutz und Stärkung der deutschen Familie (nur deutsche Kinder sichern unsere Zukunft)
- Förderung der deutschen Kultur
- Umwelt

Gesellschaft für freie Publizistik (GfP)

Die 1960 unter Führung des ehemaligen stellvertretenden Reichspressechefs der NSDAP, Helmut Sündermann, gegründete GfP ist die derzeit größte kulturpolitische Vereinigung in der Bundesrepublik auf dem rechtsextremen Sektor. Zweck der Gründung war seinerzeit, »Verfolgte und Boykottierte der Vor- und Nachkriegszeit« zu versammeln, um »der Freiheit und Wahrhaftigkeit des Wortes zu dienen«, das heißt, NS-Schreibern wieder ein Forum zu bieten. Gemeinsames Anliegen der vereinigten rechtsextremen Publizisten war die politische Opposition gegen die »Diktatur der 200 Meinungsmacher« und die »neue Gleichschaltung«. Vorsitzender der etwa 375 Mitglieder zählenden »Kulturvereinigung« mit Sitz in München ist seit Mai 1975 der Verleger Dr. Gert Sudholt (Druffel-Verlag, Türmer-Verlag, Vowinckel-Verlag) aus Berg am Starnberger See. Als Publikationsorgan erscheint vierteljährlich der Informationsdienst *Das Freie Forum*; verantwortlich dafür zeichnet Dr. Holle Grimm, hierbei ganz in der Tradition ihres Vaters Hans Grimm stehend. Vordringlichstes Thema der GfP ist die Behandlung deutschlandpolitischer Fragen; vehement wendet sie sich gegen die »unwahren Darstellungen der Ursachen und Hintergründe beider Weltkriege und die Diffamierung des deutschen Soldatentums«. Regelmäßig veranstaltet die GfP Kongresse und Seminare; die Palette der Referenten reicht dabei vom rechtsextremen bis zum rechtskonservativen Lager.

Komitee zur Wiederherstellung der historischen Wahrheit

Die 1960 von dem ehemaligen Nationalsozialisten Dr. Gerhard Ohnesorge zusammen mit Professor Dr. Werner Weber und Otto Behnke gegründete Vereinigung trat mit einem zehn Punkte umfassenden Programm an die Öffentlichkeit, in dem es u. a. hieß:

Ein Hauptgrund für das Versacken der Wiedervereinigung ist die verbreitete und von Interessenten geflissentlich genährte Meinung, das deutsche Volk sei der »Weltbrandstifter« und habe im Zweiten Weltkrieg einmalige, bis dahin noch nie dagewesene Grausamkeiten begangen, die seine »Bestrafung« erforderten.

In Nürnberg aber waren die Siegermächte gleichzeitig Gesetzgeber – die allem Recht zuwider Gesetze mit rückwirkender Kraft erlassen hatten –, Ankläger und Richter – in eigener Sache! Dabei waren sie selbst verantwortlich für Kriegsverbrechen, und die am schwersten belastete Macht, die Sowjetunion, richtete mit.

Schon Mitte 1945 konnte man in »Neutralien« oft und ohne Bedauern hören: »Es werden Gerechte und Ungerechte nebeneinander gehenkt werden« [...] Das aber ist das Gegenteil von Rechtspflege, ja solche Schauprozesse sind schlimmer als bloße Siegergewalt, denn sie gefährden den Gedanken rechtlicher Nachprüfung überhaupt und sind deshalb neue Schuld. Es muß mithin alles noch einmal überprüft werden, mit Maßstäben, die seit 1945 weithin außer Übung gekommen sind, nämlich mit gleichem Maß für Recht und Unrecht, für alle Völker und alle Zeiten.

Bei solcher Beurteilung zeigt sich sehr schnell, daß es Übeltäter in jedem Volke gegeben hat. Aber aufs Ganze gesehen, war und ist das deutsche Volk ebenso sauber wie jedes andere Volk der Erde. Gerade das deutsche Volk hat sich – jahrzehntelangen Verleumdungen zum Trotz – ein Gefühl für Recht und Rechtlichkeit bewahrt, das angesichts der schon einmal, vor und nach der ersten englischen Kriegserklärung an Deutschland (1914), planmäßig gegen seinen Ruf und seine Ehre ausgestreuten falschen Behauptungen beinahe bewunderungswürdig ist.

Ein weiterer Mitgründer, Gustav Melcher, artikulierte im August 1962 in einem Gespräch mit dem DGB-Zentralorgan *Welt der Arbeit* die politischen Auffassungen des Komitees; u. a. sagte er:

Das mit den sechs Millionen Juden, die wir angeblich umgebracht haben, ist Quatsch. Aber wenn schon – wir hätten uns mit der Lösung des Judenproblems bis nach dem Sieg Zeit lassen sollen; das hat uns nur aufgehalten. Später wäre das auch noch zurechtgekommen [...]

Die Jugend wird schlapp gemacht durch die ewigen Selbstbezichtigungen, darum haben wir das Komitee gegründet. Wir dürfen nicht länger schweigen, wir müssen über die Vergangenheit die Wahrheit sagen. Hitler hat den Vormarsch der Bolschewiken aufgehalten, sonst säßen wir heute nicht hier. Dafür müssen wir ihm jetzt noch dankbar sein.

Kultur- und Zeitgeschichte- Archiv der Zeit

Im November 1985 forderten rechtsradikale Zeitungen ihre Leser dazu auf, dem unter diesem Namen firmierenden Verein beizutreten und ihn zu unterstützen; u. a. war da zu lesen:

> Dem Verein geht es vor allem darum, daß nicht auf Dauer ein so einseitig verzerrtes Bild der Deutschen in der Welt erhalten bleibt. Denn angesichts der bisherigen Darstellung des Deutschen Volkes im allgemeinen und der Deutschen der letzten Generation im besonderen ist zu befürchten, daß sich weltweit eine ganz falsche Vorstellung über die Deutschen verfestigt. Es besteht sogar die Gefahr, daß künftige Generationen von Deutschen selbst über die Bewertung der Vergangenheit ihres Volkes unsicher werden und insbesondere die Zeit vor 1945 mit einer teuflischen Epoche gleichsetzen. Der Verein will diesen Gefahren begegnen und mit der Sicherung und Verbreitung der historischen Wahrheit eine notwendige Aufgabe für unser Volk erfüllen. Er will auch verhindern, daß die Ergebnisse echter historischer Wissenschaft der Allgemeinheit aus volkspädagogischen Gründen vorenthalten werden und in Archiven oder Fachbibliotheken verschwinden.

Zu den Initiatoren der Archiv-Vereinigung zählen der ehemalige SS-Hauptsturmführer und rechtsextremistische Verleger Waldemar Schütz, der rechtsradikale Historiker Dr. Georg Franz-Willing und das NPD-Vorstandsmitglied Wolfgang Huber.

Neue Ordnung –
Deutscher Sozial- und Kulturdienst (NO/DSK)

Die von NPD-Angehörigen im Oktober 1971 gegründete
Gruppierung war ein als Kulturvereinigung getarnter
Zusammenschluß, der es sich zur Aufgabe gemacht hatte, internationale Verbindungen zu Gleichgesinnten in
anderen Ländern herzustellen, etwa zu dem rechtsextremistischen französischen Ordre Nouveau (ON).

Nordischer Ring

Den relativ stärksten Anhang hat diese 1977 gegründete rassistische Vereinigung in Schleswig-Holstein. Sie
bekennt sich zum »Vorhandensein einer Auslese von
Überlegenen« und bezeichnet eine »Aktionsgemeinschaft Gleichrassiger als den eigentlichen Kern des nor-
dischen Gedankens«.

Thule-Gesellschaft

Dieser Zusammenschluß setzt die unheilvolle Tradition
der Gruppe gleichen Namens in der Weimarer Republik
fort. Die damalige Thule-Gesellschaft war eine rechtsradikale logenähnliche Verbindung, die als Wegbereiter
der Freikorps und der später gegründeten NSDAP zu
gelten hat; aus einer ihrer ersten Erklärungen verlautete
u. a.:

> Die Eiszeit schuf den Arier, den weißen, weisen Menschen
> des Nordens, der der Welt die Kultur bringen sollte. Sein
> Wahrzeichen, das siegende Sonnenrad, finden wir überall
> aufgepflanzt, wohin er seinen Fuß setzte. Leicht vergaß er
> sein Volkstum, verlernte oft auch seine Muttersprache, aber
> Kultur hat der wandernde Arier hinterlassen, wenn auch oft
> durch Niederrassige so entstellt, daß sie kaum noch erkenn-
> bar ist.
> Die Notzeit des Krieges, die schwere Zeit nachher, schuf
> den Deutschen! Wieder erhebt sich das Sonnenzeichen, das
> Hakenkreuz aus der Vergangenheit; das uralte Heilszeichen
> der Arier ist zum Wahrzeichen des neuen Deutschland ge-
> worden! Nun wird der Deutsche nimmer vergessen, daß jeder
> Volksgenosse Blut von seinem Blute ist, daß alle Deutschen

Brüder und Schwestern sind, eine große, heilige Familie! [...]
Wir kennen keine internationale Brüderschaft, sondern nur
völkische Belange, wir kennen nicht die Brüderschaft der
Menschen, sondern nur die Blutsbrüderschaft. Wir wollen
frei sein, aber nicht in der Freiheit des Herdenmenschen,
sondern in der Freiheit der Pflicht.

Wir hassen das Schlagwort von der Gleichheit. Der Kampf
ist der Vater aller Dinge, Gleichheit ist der Tod. [...]

[...] Wir sind keine Demokraten, wir lehnen Demokratie
durchaus ab. Demokratie ist jüdisch, alle Revolution der Demokratie ist jüdisch. [...]

[...] Mit dem Aufblühen der Deutschen Arbeiterpartei
durch Hitler trat die Deutsch-Sozialistische Partei mehr und
mehr in den Hintergrund. Julius Streicher hatte in Nürnberg
eine Bewegung entfacht, die dortigen Glieder des Germanenordens, der Thule und der Deutsch-Sozialistischen Partei
zusammengefaßt und sie Adolf Hitler angeschlossen.

Im Rahmen der von der heutigen Thule-Gesellschaft
veranstalteten Seminare entstand auch das ausländerfeindliche »Heidelberger Manifest« vom Juni 1981. In
einem Aufruf des Thule-Seminars und des Heidelberger Kreises hieß es u.a.:

Völker sind (biologisch und kybernetisch) lebende Systeme
höherer Ordnung mit voneinander verschiedenen Systemeigenschaften, die genetisch und durch Tradition weitergegeben werden. Die Integration großer Massen nichtdeutscher
Ausländer ist daher bei gleichzeitiger Erhaltung unseres Volkes nicht möglich und führt zu den bekannten ethnischen
Katastrophen multikultureller Gesellschaften. Jedes Volk, auch
das deutsche Volk, hat ein Naturrecht auf Erhaltung seiner
Identität und Eigenart in seinem Wohngebiet. Die Achtung
vor anderen Völkern gebietet die Erhaltung, nicht aber ihre
Einschmelzung (»Germanisierung«). Europa verstehen wir
als einen Organismus aus erhaltenswerten Völkern und Nationen auf der Grundlage der ihnen gemeinsamen Geschichte. »Jede Nation ist die einmalige Facette eines göttlichen
Plans« (Solschenizyn). Die Vielvölkernation Schweiz hat am
5. 4. 81 mit ihrer in freier Abstimmung der Wähler erzielten
Entscheidung ein Modell für dieses Europa gegeben.

Das Grundgesetz der Bundesrepublik geht nicht aus vom
Begriff »Nation« als der Summe aller Völker innerhalb eines
Staates. Es geht vielmehr aus vom Begriff »Volk«, und zwar
vom deutschen Volk. Der Bundespräsident und die Mitglieder der Bundesregierung leisten den Amtseid: »Ich schwöre, daß ich meine Kraft dem Wohle des deutschen Volkes

widmen, seinen Nutzen mehren, Schaden von ihm wenden werde.« Somit verpflichtet das Grundgesetz zur Erhaltung des deutschen Volkes. Die Präambel des Grundgesetzes verpflichtet auf das Ziel der Wiedervereinigung. Wie soll diese möglich bleiben, wenn sich die Teilgebiete ethnisch fremd werden? Die jetzt praktizierte Ausländerpolitik, welche die Entwicklung zu einer multirassischen Gesellschaft fördert, widerspricht dem Grundgesetz, das alle Deutschen der Bundesrepublik zur Bewahrung und Verteidigung der Lebensrechte unseres Volkes verpflichtet.

Welche Zukunftshoffnung verbleibt den Hunderttausenden von Kindern, die heute sowohl in ihrer Muttersprache wie in der deutschen Sprache Analphabeten sind? Welche Zukunftshoffnung haben unsere eigenen Kinder, die in Klassen mit überwiegend Ausländern ausgebildet werden? Werden sich die Abermilliarden für die Verteidigung unseres Landes am Ende einer solchen Entwicklung lohnen?

Werner Maser beschreibt in seinem Buch *Die Frühgeschichte der NSDAP – Hitlers Weg bis 1924* die verhängnisvolle Rolle der Thule-Gesellschaft; u.a. ist dort zu lesen:

Die in Bayern rund 1500 Mitglieder zählende Thule-Gesellschaft, die Tarnorganisation des 1912 gegründeten Germanenordens, dessen bayerische Ordensprovinz Rudolf Freiherr v. Sebottendorff bereits im Januar 1918 ins Leben gerufen hatte, propagierte die »neue« Formel zur rechten Zeit: »[...] jetzt wollen wir sagen, daß der Jude der Todfeind ist, von heute ab werden wir handeln.« Daß dieses »Handeln« der Thule-Gesellschaft vor nichts zurückschreckte, bezeugt beispielsweise eine Drohung Sebottendorffs an den Münchener Polizeipräsidenten, den Sebottendorff davor warnte, Mitglieder der Thule-Gesellschaft verhaften zu lassen [...]

In der Thule-Gesellschaft ging es (seit November 1918) zu wie in einem Taubenschlag: Hier konstituierte sich von neuem die Nationalliberale Partei unter Hans Dahn, hier tagten die Alldeutschen unter Verlagsbuchhändler Lehmann, der deutsche Schulverein unter Rohmeder, die Fahrenden Gesellen, der Hammerbund, dessen aktivstes Mitglied Dannehl war, kurz, es gab keinen Verein in München, der irgendwelche nationale Belange vertrat, der nicht in der Thule Unterkunft fand. Gottfried Feder, den Hitler nach der Niederwerfung der Räte kennenlernte, verfocht hier erstmalig seine Theorien, der Verleger Lehmann, der Führer der Münchener Alldeutschen, spielte eine entscheidende Rolle. Die Thule-Gesellschaft stellte nationalen Kreisen nicht nur ihr Hotel Vier Jahreszeiten zur Verfügung. Sie steuerte auch zahlreiche politische Vereinsgründungen unter harmlosen Tarnbezeichnungen und unterstützte antisemitische und antikommunistische Publikationen [...]

Bei der Gründung der Bürgerwehr (Ende 1918), die in dem von der Thule-Gesellschaft intensiv betriebenen Sabotage- und Nachrichtendienst eingesetzt wurde, hatte die Thule-Gesellschaft ihre Hände entscheidend im Spiele, das politisch und militärisch bedeutsame Freikorps »Oberland« stellte Rudolf v. Sebottendorff auf. Alle Vereinigungen, die gegen »die Juden« kämpften, wurden von dort gefördert. Kurz nach der Gründung der Deutschen Arbeiterpartei, der Karrer als Mitglied des Arbeitsausschusses angehörte, rief er im Thule-Hotel Vier Jahreszeiten, wiederum im Auftrage seiner Geheimverbindung, zusammen mit Drexler einen nationalsozialistischen deutschen Arbeiterverein ins Leben, dessen Reichsvorsitzender er wurde. Dem von ihm in die Thule-Gesellschaft eingeführten Drexler war das Amt des Leiters der Münchener Ortsgruppe und des stellvertretenden Reichsvorsitzenden übertragen worden. Mitglieder der Thule-Gesellschaft und des Germanenordens, Dr. Paul Tafel, Dietrich Eckart, Gottfried Feder und Dr. Friedrich Krohn, der über eine »nationalsozialistische« Bibliothek mit ca. 2500 Bänden verfügte, die besonders Hitler von 1919 bis Sommer 1921 eifrig benutzte, beeinflußten nun Drexlers politisches Denken in ihrem Sinne.

Verein für Kultur und Zeitgeschichte

Aufgabe dieses 1985 gegründeten, der NPD nahestehenden Vereins sollte es sein, die »Sicherstellung geschichtlicher Wahrheit für die kommende Generation« zu gewährleisten und dafür »Wissenschaftler, Historiker, Publizisten und Verleger« zur Mitarbeit zu gewinnen. Einer der Referenten war Dr. Werner Stäglich, der Verfasser des Buches *Der Auschwitz-Mythos*. Eine aktive Rolle in dem Verein spielt der Verleger Waldemar Schütz.

Volksbund Deutscher Ring (VDR)

Der VDR hält Kontakte zu der rechtsextremistischen Zeitschrift *Mut*. Sein Sprecher Günther Gussmann eröffnete im Januar 1978 das »Mut-Lesertreffen« in Köln. Als Referenten des VDR fungierten u. a. die rechtsradikalen Autoren Hans-Michael Fiedler und Udo Walendy.

Weltbund gegen Geschichtsverfälschung

Im Auftrag dieser Vereinigung versandte 1982 ein Hauptmann a.D. Carlus Baagoe aus Hamburg ein antisemitisches Pamphlet, das an die von den Nazis propagierte Hetzschrift *Protokolle der Weisen von Zion* erinnerte. Baagoe warb darin um die Bestellung des Flugblatts »Die Weisen von der Wallstreet« und führte dazu u.a. aus:

> Bitte lesen Sie die Beilage gründlich durch, und Sie werden feststellen, daß jeder Satz mit dem Geschichtsablauf übereinstimmt. Wenn wir also nicht selbst Hilfeleistungen bei unserer eigenen Abschlachtung geben wollen, ist es höchste Zeit, daß wir als Masse der Völker wach werden und »demokratisch« die Führer unserer Völker so ändern, daß der Hohe Rat keine Veranlassung mehr hat, sie als »adressierte Affen«, »Goj-Schafe«, »Lakaien« oder »Marionetten« zu titulieren.

Der Werbebrief schloß mit dem Satz: »Jeder gegen die Unnatur.«

Zeitberichter

Der Name bezeichnet ein 1952 gegründetes rechtsradikales Wanderkabarett, das regelmäßig bei neonazistischen Veranstaltungen auftritt. Zusammenarbeit besteht u.a. mit dem deutschen Kulturwerk Europäischen Geistes (DKEG). Die 25-Jahre-Jubiläumsfeier der Zeitberichter wurde 1977 von der Gesellschaft für freie Publizistik (GfP) in Bad Vilbel ausgerichtet. Leiter ist der ehemalige Offizier der Waffen SS Gerd Knabe.

Neonazistische Hilfsorganisationen

Es kann als bezeichnend für die geistige Situation in der Nachkriegszeit gelten, daß damals einige sehr entschlossen und zielbewußt arbeitende Vereinigungen entstanden, die eine Wiedergutmachung für die angeblich durch die Entnazifizierung Geschädigten forderten. Sie verlangten also allen Ernstes, daß jene, die an den Schalthebeln des nationalsozialistischen Partei- und Staatsapparates gestanden, die Verbrechen geistig propagiert und vorbereitet hatten und teilweise aktiv daran beteiligt gewesen waren, nun dafür entschädigt werden sollten, daß sie ihre Machtstellung verloren hatten. Dabei bedeutete für viele von ihnen die Entlassung aus Amt und Würden nur einen etwas längeren unbezahlten Urlaub, denn sie wurden nur allzu bald wieder in ihre Ämter berufen. Die Organisationen, die es sich zum Ziel gesetzt hatten, eine Entschädigung für jene zu erreichen, die seinerzeit entschädigungslos Hab und Gut politisch Andersdenkender, ihrer Gegner und der zu Feinden Gestempelten an sich gerissen hatten, bezeichneten sich beispelsweise als Interessengemeinschaft ehemaliger hauptamtlicher Angestellter der NSDAP, als Kameradschaftshilfe der ehemaligen Internierten, als Schutzgemeinschaft verdrängter Staatsdiener, als Soziales Hilfswerk für ehemalige Zivilinternierte (in Nordrhein-Westfalen im April 1959 verboten), als Unpolitische Interessenvertretung der ehemaligen Internierten (in Bayern im September 1952 verboten) oder als Vereinigung ehemaliger Internierter und Entnazifizierungsgeschädigter. Diese und andere Gruppen waren im Bundesverband ehemaliger Internierter und Entnazifizierungsgeschädigter zusammengeschlossen.

Zu den einhelligen Forderungen zählte dabei bereits 1952 die Generalamnestie für alle Kriegsverbrecher. Aufgrund der politischen Verhältnisse und der rechtlichen Bestimmungen herrschte damals der groteske Zustand, daß z.B. die hinterbliebene Ehefrau eines Richters, der einen Gegner des NS-Regimes zum Tode verurteilt hatte, eine um vieles höhere Pension erhielt als die Witwe seines Opfers. Während Landesverbände der Vereinigung der Verfolgten des Naziregimes (VVN) verboten wurden, entstanden und wirkten die Zusammenschlüsse ehemaliger Verfolger größtenteils unbehelligt von den zuständigen Behörden und trieben nationalsozialistische Agitation. Zur Durchsetzung der Forderungen wurde 1952 ein Ausschuß gegründet, dem u. a. folgende Personen angehörten: Dr. Ernst Achenbach, MdL; Cläre Blaeser, MdL; Dr. Josef Bollig, MdL; Josef Hermann Dufhues, MdL; Professor Dr. Friedrich Grimm; Dr. Friedrich Middelhauve, MdL; Hans Spiecker, MdL; Dr. Hans Toussaint, MdL und Oberbürgermeister der Stadt Essen. Der Bundestagsabgeordnete der Deutschen Partei (DP) Professor Ernst Christoph Brühler verstieg sich zu der Behauptung: »Deutschland wird nur dann wieder Achtung in der Welt erhalten, wenn das Unrecht von 1945 und 1946 an den Besatzungsinternierten wiedergutgemacht wird.« Auf einer Kundgebung der Entnazifizierungsgeschädigten erklärte der DP-Bundestagskandidat Dr. Emil Ehrich, ehemaliger Landesgruppenleiter der NSDAP, es falle ihm schwer, »sich positiv und konstruktiv zu diesem Staate zu äußern«, fügte dann aber hinzu, eine neue »deutsche Revolution« werde manches ändern. »Sie wird so aussehen wie in Berlin: Da werden die roten Fahnen heruntergerissen, und da wird das Deutschlandlied gesungen, aber von vorne!«

Nachdem die Forderungen ehemaliger Nationalsozialisten mit Hilfe ihrer Interessenvertretungen weitgehend erfüllt waren, lösten sich diese auf. Ihre ehemaligen Mitglieder fanden nun Zeit und Muße, sich wieder rechtsradikalen Aktivitäten zu widmen; viele von ihnen waren maßgeblich beteiligt an der Gründung neonazistischer Gruppen und Parteien. Sofern Mitglieder wegen – mitunter schwerster – begangener Delikte vor Gericht gestellt und verurteilt worden waren, gewährten neu gegründete Hilfsorganisationen finanzielle und politische Unterstützung.

Bundesverband der ehemaligen Internierten und Entnazifizierungsgeschädigten (BIE)

Der 1955 gegründete BIE, der Haftentschädigung für die interniert gewesenen Nationalsozialisten forderte, repräsentierte folgende Organisationen: Schutzgemeinschaft verdrängter Staatsdiener, Soziales Hilfswerk für ehemalige Zivilinternierte Nordrhein-Westfalen (im April 1959 verboten), Kameradschaftshilfe der ehemaligen Internierten Hessen, Notgemeinschaft ehemaliger berufsmäßiger Arbeitsdienst-Angehöriger und ihrer Hinterbliebenen, Interessengemeinschaft ehemaliger hauptamtlicher Angestellter der NSDAP. Die Anzahl der Verbandsmitglieder wurde auf etwa 50000 geschätzt. Drei Mitteilungsblätter standen dem BIE zur Verfügung: *Der Staatsbürger* (Hannover), *Die Anklage* (Wörishofen/Bayern) und *Der Ring* (Wuppertal; Herausgeber Soziales Hilfswerk für ehemalige Zivilinternierte). Sprecher des Verbandes war Otto Koellreutter, vormals Mitglied der NSDAP, 1934/1935 Professor an der Universität München und Verfasser von Werken wie *Der Deutsche Führerstaat, Volk und Staat in der Weltanschauung des Nationalsozialismus* und *Vom Sinn und Wesen der nationalen Revolution*. In seinem bereits 1933 erschienenen Buch *Grundriß der allgemeinen Staatslehre* schrieb er u.a.:

Auch die faschistische Revolution und die nationale deutsche Revolution des März 1933 sind in diesem Sinne echte Revolutionen, weil sie an die Stelle der politischen Grundsätze der liberalen Demokratie das neue Staatsbild des nationalen Rechtsstaates als Führerstaat gesetzt haben [...]

Jeder gesunde Staat muß sich der politischen Weltanschauung, auf der er aufbaut, klar bewußt sein. Es ist deshalb immer ein Zeichen politischer Schwäche und einer Staatskrise, wenn ein Staat mehrere Parteien, die in ihren weltanschaulichen Grundlagen Gegenpole sind, als »revolutionär« oder »staatsfeindlich« auf dieselbe Stufe stellt und bekämpft. In der gleichzeitigen Bekämpfung der kommunistischen Partei und der nationalsozialistischen Bewegung zeigte sich deshalb die Schwäche des deutschen und österreichischen Parteistaates nach dem Weltkriege, die zum Zusammenbruch dieses politischen Systems führen mußte [...]

Im nationalen Rechtsstaat bedeutet deshalb »Gleichheit vor dem Gesetz« gleichmäßige und damit verantwortungsbewußte Handhabung des Gesetzes innerhalb der völkischen Lebensordnung. Die in der deutschen liberalistischen Staats-

rechtslehre bisher vertretene Auffassung, daß der Gleich-
heitssatz auch bindende Kraft gegenüber dem Gesetzgeber
und damit gegenüber der politischen Führung des Staates
habe, ist nur der Ausdruck einer übertriebenen Liberali-
sierungstendenz. Der von dieser Richtung willkürlich auf-
gestellte Begriff der »Gerechtigkeit« ist ausgesprochen in-
dividualistischer Art und zeigt überspannt liberalistische Züge.
Rechtsstaat ist vor allem auch der durch die deutsche nationale Revolution geschaffene »nationale Rechtsstaat«, als
die bewußte politische Form einer völkischen Lebensordnung [...]

Für ihn besteht aber der entscheidende Rechtswert in der
rechtlichen Gestaltung und Sicherung der nationalen Lebensordnung. Damit bejaht die Staatsidee des nationalen Rechtsstaates bewußt das Spannungsverhältnis zwischen Macht und
Recht. Autorität, Macht und Recht sind die Erlebniswerte des
nationalen Rechtsstaates, der damit gerade die ethischen
Grundlagen des Staatslebens wieder bewußt zur Geltung
bringt [...]

Nur aus der gewaltigen politischen Umwälzung der Revolution des März 1933 ist es auch zu verstehen, daß dem
deutschen Reiche neue Symbole gegeben wurden. Diese
bringen das Wesen der nationalen, d.h. in diesem Sinne
traditionell »konservativen« Revolution dadurch zum Ausdruck, daß die Flagge des Bismarckschen Reiches neben der
Hakenkreuzflagge, die ihrerseits über die staatlichen Grenzen des Reiches hinaus die Flagge der deutschen Volkserhe-
bung ist, zum Symbol des neuen Deutschen Reiches wurde.
Aber auch die Hakenkreuzflagge allein weist in ihrer Far-
benzusammenstellung schwarz-weiß-rot und in der Anordnung dieser Farben sowohl in die Vergangenheit wie in die
Zukunft. Ein besonders starkes Symbol der nationalsozialistischen Bewegung ist auch das »Braunhemd« als Zeichen
der Volksverbundenheit aller schaffenden Stände und als
Bekenntnis des soldatischen Geistes zur neuen politischen
Form.

Deutscher Rechtsschutzkreis –
Deutsche Rechtsschutzkasse (DRSK)

Diese »gemeinnützige Vereinigung zur Abwehr politischer Justiz«, wie sie sich bezeichnete, wurde 1979 von
Mitgliedern der rechtsextremistischen Unabhängigen
Freundeskreise (UFK) gegründet. Über Art, Ziel und Aufgaben hieß es in der Satzung:

Der Verein ist eine nichtwirtschaftliche, gemeinnützige Vereinigung. Er ist überparteilich und überkonfessionell und verfolgt ausschließlich und unmittelbar gemeinnützige Zwecke.

Ziel des Vereins ist die Förderung des Rechts- und Verfassungsbewußtseins in der Öffentlichkeit und damit die Stärkung rechtsstaatlicher Grundvorstellungen in breitesten Kreisen und in allen Lebensbereichen. Insbesondere wird der Erhalt und die Durchsetzung der Rechte des Staatsbürgers erstrebt, die sich aus Art. 2 GG (Freie Persönlichkeitsentfaltung), Art. 5 GG (Freie Meinungsäußerung), Art. 19 und 20 GG (Recht zum Widerstand gegen die Einschränkung von Grundrechten) und aus Art. 25 GG (Vorrang der allgemeinen Regeln des Völkerrechts) ergeben.

Das besondere Augenmerk des Vereins gilt dabei der Erhaltung der Unabhängigkeit der Rechtsprechung, der Gewaltenteilung und der Verhinderung bzw. Abwehr jeder Form von »politischer Justiz«.

Dies gilt auch für die deutschen Minderheiten im Ausland, insbesondere in den Ostblockstaaten, über deren Rechtslage Unterlagen und Dokumente gesammelt und Aufklärung mit dem Ziel des Schutzes dieser Deutschen vor Verfolgung durch »politische Justiz« betrieben werden soll. Der Verein will jenen ideelle und materielle Unterstützung gewähren, die wegen Inanspruchnahme von Grundrechten oder wegen ihrer völkischen Abstammung oder ihres Bekenntnisses zum deutschen Volk politischer Verfolgung unterworfen werden.

Zur Erläuterung und Festlegung wurde der folgende Beschluß der Gründungsversammlung als Bestandteil in die Satzung des Vereins aufgenommen:

»Zu allen Zeiten und in allen Staatsformen besteht die Gefahr der ›politischen Justiz‹, die von den Rechtsnormen abweicht und aus unterschiedlichsten Gründen zugunsten oder zuungunsten der von ihr betroffenen Einzelpersonen oder Personengruppen entscheidet.

In Würdigung des Werkes und des persönlichen Beispieles des international anerkannten großen deutschen Strafverteidigers und Mahners Prof. Dr. Friedrich Grimm, dessen Leben erfüllt war von einem unermüdlichen Kampf gegen die politische Beeinflussung der Rechtsprechung durch die jeweils herrschenden Kräfte, stellen sich die Mitglieder und Förderer des Vereins die Aufgabe, für die Verankerung eines tiefgehenden Rechtsbewußtseins in der Öffentlichkeit zu wirken und die Grundpfeiler jeder rechtsstaatlichen Verfassung, die unbedingte Gewaltenteilung zwischen Legislative (Gesetzgebung), Exekutive (Verwaltung) und Judikative (Rechtsprechung) zu verteidigen und das allgemeine Rechts- und Verfassungsbewußtsein zur Abwehr ›politischer Justiz‹ in je der Weise zu stärken. Zur Förderung dieser Ziele bringen die Begründer, Mitglieder und Förderer Stiftungen, testamentarische Nachlässe, Mitgliedsbeiträge und Spenden ein. Sie verpflichten sich, im Rahmen der Satzungsbestimmungen die Ziele des Vereins uneigennützig zu vertreten.«

Die Aufgaben des Vereins sind: Öffentlichkeitsarbeit durch eigene Veröffentlichungen und Maßnahmen sowie Mitarbeit und Unterstützung aller dem Ziel des Vereins dienenden rechtswissenschaftlichen und aufklärenden Arbeiten Dritter, Unterstützung von Personen und Gruppen einschließlich möglicher Rechtshilfe in Fällen, wo durch eine von den Normen der Rechtsstaatlichkeit abzuweichen drohende »politische Justiz« Einzelne oder Gruppen gefährdet werden könnten, Aufbau einer der Öffentlichkeit zugänglichen Bibliothek und eines Seminars oder Instituts für Forschungen sowie allgemeine Volksbildung und Volkserziehung im Sinne der Zielsetzung des Vereins.

Zu den Gründern und Vorsitzenden des DRSK zählte der in Kreisen der politischen Rechten aktive Martin Voigt. Die Vereinigung bringt monatlich erscheinende »Mitteilungen zur Entwicklung des Rechtsstaates im Bereich der politischen Justiz« unter dem Titel *Recht und Justiz* heraus, für die der im rechtsradikalen Lager zu den Führungspersonen zählende Jürgen Rieger verantwortlich zeichnet. Der DRSK begnügt sich nicht damit, verfolgten Kameraden in Zuchthäusern zu helfen, sondern betreibt eine kontinuierliche neonazistische Agitation. Hierzu gehört auch die regelmäßige Herausgabe von Broschüren, zu deren Autoren der Verfasser des Buches *Der Auschwitz-Mythos,* Dr. Werner Stäglich, zählte, der »Kritische Gedanken zum sogenannten Judenmord-Urteil des Bundesgerichtshofes« veröffentlichte; der Verleger und Autor Udo Walendy beschäftigte sich mit dem Thema »Sieg des Rechtsstaates«, während Rechtsanwalt Jürgen Rieger der Frage nachging: »Wie glaubwürdig sind Zeugen in NS-Prozessen?«

Die Ehemaligen

Zur Bundestagswahl 1957 versandte ein Otto Wetzel im Auftrag einer Gruppe von Gesinnungsfreunden ein Flugblatt, in dem er auf die in Köln gegründete Vereinigung Die Ehemaligen hinwies. Die Gründung erfolgte laut Wetzel aufgrund der Initiative von »Einzelpersönlichkeiten aus allen Bevölkerungsschichten, aus Verbänden, Gruppen und Vereinen, die gleiche oder ähnliche Bestrebungen verfolgen«. Als Ziele waren u. a. genannt:

Bekämpfung der andauernden Verleumdungen, Diskriminierungen und Beleidigungen, denen die »Ehemaligen« im In- und Ausland ausgesetzt sind.
Wiedergutmachung allen an den »Ehemaligen« begangenen Unrechts, der erlittenen Schäden und deren Folgen.
Schaffung eines gerechten Geschichtsbildes über die »Epoche des 3. Reiches«.

Wie es sich für wohlerzogene Menschen gehört, gab Wetzel seine politische Visitenkarte ab:

Geboren 1905 in Heidelberg als Sohn des Fabrikanten Wetzel.
Gymnasium, Abitur, Studium als Bauingenieur.
Altwandervogel, Völkische Jugend, SA und NSDAP.
Ortsgruppenleiter, Kreisleiter.
1930: Stadtrat und Fraktionsführer.
1932: Reichstagsabgeordneter (freie, demokratische Wahl).
1933: Bürgermeister.
1935: Siedlungsamt München.
1937: Reichsheimstättenamt Berlin, Deutsche Akademie für Wohnungsbau. Referent des Reichswohnungskommissars, Reichsamtsleiter der DAF.
1942: Fronteinsatz (Stalingrad- und Westfront).
1945–48: Internierungslager (Ludwigsburg, Hohenasperg, Staumühle). Eingestuft in Gruppe 3, später 4. Berufsverbot, Einkommensbeschränkung; Verlust der Existenz.

Freiheitliches Sozialwerk

Diese in den 80er Jahren von Dr. Gerhard Frey gegründete Gruppe wollte sich dafür einsetzen, daß »deutsches Geld für deutsche Aufgaben« ausgegeben würde. Dieses Geld, so die *Deutsche National-Zeitung,*

... hilft Deutschen, die außerhalb der Bundesrepublik für die Erhaltung des deutschen Volkstums fechten

... unterstützt Volkstums-Aktivisten, die unterdrückt werden

... kümmert sich um Bundesbürger, die wegen ihres nationalen Bekenntnisses Verfolgungen ausgesetzt sind

... steht Deutschen bei, die gnadenloser Rachsucht der Sieger zum Opfer fallen sollen.

Ein Beispiel:

Überall Hetze gegen Südafrika. Wer kümmert sich um die Deutschen dort? Das Freiheitliche Sozialwerk unterstützt deutsche Schulen und Altenheime in Südwestafrika und Südafrika.

Nationale Solidarität der Tat!

Helfen auch Sie mit!

Hilfsorganisation für nationale politische Gefangene und deren Angehörige (HNG)

Die im September 1979 gegründete HNG mit Sitz in Frankfurt zählte zu den wichtigsten neonazistischen Organisationen. Im Februar 1984 löste die ehemalige ANS/NA-Aktivistin Christa Goerth aus Bielefeld den Initiator und Gründungsvorsitzenden Wilhelm Beier im Vorsitz ab. Die Schriftleitung der monatlich herausgegebenen HNG-Nachrichten lag seit 1985 bei Volker Heidel, vormals Landesvorsitzender der Freiheitlichen Deutschen Arbeiterpartei (FAP) in Niedersachsen und ehedem Führungsmitglied der verbotenen Volkssozialistischen Bewegung Deutschlands / Partei der Arbeit (VSBD/PdA), der Nachfolger des seinerzeit inhaftierten Christian Worch geworden war. Zum engeren Kreis der HNG zählte auch das in der rechtsextremistischen Szene bekannte Ehepaar Curt und Ursula Müller aus Mainz-Gonsenheim.

Die HNG verstand sich als Sammelbecken verschiedener rechtsradikaler Gruppierungen und als »Bindeglied zwischen gefangenen Patrioten und Volksgenossinnen und Volksgenossen«. Ein nicht genau feststellbarer Kreis von HNG-Sympathisanten umfaßte etwa 400 Personen. Die HNG unterhielt enge Verbindungen zu zahlreichen Neonazis im In- und Ausland, insbesondere zu den HNG-Schwesterorganisationen Comité Objectif entraide et solidarité avec les victimes de la Répression Antinationaliste (COBRA) in Frankreich, Committee to free Patriots and Anticommunist Political Prisoners (COFPAC) in den USA und Hulpkomitee voor nationalistische politieke gevangenen (HNG) in Belgien. Gute Kontakte bestehen auch nach Dänemark, den Niederlanden und Österreich. In den *HNG-Nachrichten* wurden die verurteilten neonazistischen Aktivisten als Opfer der Willkür der deutschen Justiz beklagt. In einem internen Schreiben an »liebe Kameraden und Freunde« heißt es:

Was ist die HNG?
Die HNG ist ein eingetragener Verein beim Amtsgericht in Frankfurt/M. und umfaßt alle nationalen Kräfte im In- und Ausland. Sie ist das Gegengewicht zu Amnesty International.
Was will die HNG?
Wir kämpfen um das Recht eines jeden national Gesinnten im In- und Ausland. Wir arbeiten nach den Grundrechten der gegebenen Gesetze und treten für die Freilassung aller politischen Inhaftierten und Kriegsgefangenen ein.
Was leistet die HNG?
Wer bei uns Mitglied ist und seinen Beitrag pünktlich bezahlt, wird bei einer eventuellen Verhaftung von uns finanziell unterstützt. Zur Zeit leisten wir an alle uns bekannten Kameraden monatliche Unterstützung und halten engen Briefkontakt. Unsere Arbeit ist ehrenamtlich!
Das Ziel der HNG?
Wir setzen uns so lange ein, bis jeder Andersdenkende frei seine Meinung äußern kann, ohne eine Verfolgung befürchten zu müssen.
Kamerad! Stehst Du immer noch abseits?
Werde auch Du Mitglied!

Im Januar 1989 berichteten die *HNG-Nachrichten* über einen für die Organisation beachtenswerten Erfolg. Es war ihr gelungen, einen politischen Waffenstillstand zwischen den beiden sich befehdenden Gruppen um Michael Kühnen und Jürgen Mosler herbeizuführen. Die nachstehende Erklärung wurde von führenden Rechtsradikalen wie Walter Matthaei, Michael Kühnen, Volker Heidel, Thomas Brehl, Jürgen Mosler, Friedhelm Busse, Thomas Wulff und Christian Worch unterzeichnet.

Auseinandersetzungen zwischen den Unterzeichnern in der Vergangenheit, speziell innerhalb der letzten zweieinhalb Jahre, haben zu einer ernsthaften Beeinträchtigung der jeweiligen politischen Arbeit geführt und unser aller Ansehen geschadet. Aus diesem Grunde beschließen die Unterzeichner gemeinsam folgende öffentliche Erklärung:

Die Unterzeichner verzichten gegenseitig auf Angriffe auf die politische Integrität und/oder die persönliche Ehre jeweils aller anderen Unterzeichner. Weiterhin sorgen sie dafür, daß seitens ihrer Kameraden und Anhänger keine solchen Angriffe gegeneinander gerichtet werden.

Interessengemeinschaft der Entnazifizierungsgeschädigten

Diese rechtsradikale Hilfsorganisation stellte 1954 folgende Forderungen auf:

1. Freilassung aller noch in Haft befindlichen Deutschen.
2. Gewährung einer Haftentschädigung an alle Internierten, die in ihrer Höhe der bereits erprobten Gesetzgebung des Bundes und der Länder für die ehemaligen KZ-Inhaftierten des Dritten Reiches angepaßt ist.
3. Gesetzliche Anerkennung und Regelung von Personenschäden, die durch Internierungshaft eingetreten sind.
4. Anerkennung und Ersatz aller Rechts- und Vermögensverluste, die als Folge der Internierung für die Internierten oder für deren Angehörige entstanden sind.
5. Gewährung von Pauschalentschädigung an alle Personen, die nach Rang oder Stellung der automatischen Internierung unterlagen und sich zur Abwendung einer solchen Gefahr für Freiheit, Leib und Leben Lebensverhältnissen unterwerfen mußten, die eine geordnete Lebensführung unmöglich machten.

Die Vereinigung brachte auch die vierzehntäglich erscheinende Zeitschrift *Die Anklage* heraus, die sich als »Organ der entrechteten Nachkriegsgeschädigten« bezeichnete. Unter dem Titel »Widerstandskämpfer sind Rechtsbrecher« wurden dort die nachstehenden Forderungen vertreten:

1. Entfernung aller Denkmäler, Straßenbezeichnungen usw., die der Glorifizierung des Widerstandes dienen.

2. Rückgängigmachung aller Entschädigungszahlungen und Rückforderung der bereits nunmehr zu Unrecht bezahlten Summen.

3. Verbot aller Vereinigungen der sogenannten Widerstandskämpfer, da es sich nunmehr offensichtlich um Vereinigungen von Rechtsbrechern handelt.

4. Wiederaufrollung aller Prozesse, die sogenannte Widerstandskämpfer nach 1945 gegen ihre seinerzeitigen Richter bzw. vermeintlichen Gegner veranlaßt hatten.

Interessengemeinschaft der Entnazifizierungsgeschädigten Niedersachsen

Diese Interessengemeinschaft bemühte sich vor den Bundestagswahlen 1953 darum, Wähler für die Deutsche Partei zu gewinnen. Ihre Ziele waren:

1. Die Erwirkung der vollen staatsbürgerlichen Gleichberechtigung für alle seit 1945 aus politischen Gründen Entrechteten und Geschädigten.

2. Die Wiederherstellung des Rechtszustandes, der für jeden Betroffenen vor der Entnazifizierung bestand.

3. Die Erlangung eines gesetzlich anerkannten Anspruches der Geschädigten auf Wiedergutmachung begangenen Unrechts.

4. Die gesetzliche Verfolgung von Handlungen, die die Schädigung oder Diffamierung deutscher Staatsbürger aus Gründen früheren politischen Bekenntnisses zum Gegenstand haben.

Interessengemeinschaft zur Wahrung der gesetzlichen Versorgungsansprüche der ehemaligen Arbeitnehmer der NSDAP

Diese 1956 gegründete Vereinigung setzte sich für einstige NS-Funktionäre ein, die sich als besonders verläßlich erwiesen hatten.

Internationales Hilfskomitee für nationale politische Verfolgte und deren Angehörige (IHV)

Die 1987 von Ernst Tag gegründete Gruppierung war als Konkurrenz zu der unter dem Einfluß Michael Kühnens stehenden Hilfsorganisation für nationale politische Gefangene und deren Angehörige (HNG) gedacht.

Kameradschaftshilfe der ehemaligen Internierten Hessen

Bezeichnend für diese Vereinigung war die Zusammenarbeit mit der Deutschen Reichspartei (DRP), die auch in personeller Hinsicht ihren Ausdruck fand: Der Vorsitzende der Kameradschaftshilfe, Otto Schnell, zählte bei der Bundestagswahl 1953 zu den Spitzenkandidaten der DRP.

Sonstige Parteien und Gruppen
rechts von der Union

Nicht wenige Gegner rechtsgerichteter Politik und rechtsgerichteter Politiker neigen dazu, im Rahmen der politischen Auseinandersetzung zwecks propagandistischer
Verkürzung Begriffe wie Nazi und Neofaschist allzu groß-
zügig zu gebrauchen. Eine solche Vereinfachung ist un-
gerechtfertigt, denn nicht jedes Mitglied rechtskonservativer Gruppen oder Parteien ist als potentieller Neonazi
einzustufen. Zweifellos gab es in den Jahren 1945 bis
1988 konservative Zusammenschlüsse, die sich sehr
wohl von solchen mit rechtsradikalen Tendenzen unter-
schieden.

In der politischen Alltagspraxis zeigt es sich indessen, wie schwierig die Unterscheidung ist, gibt es doch
zwischen Rechtsradikalen und Konservativen mehr Ver-
bindendes als Trennendes. So treffen sie sich beispielsweise oftmals
– in dem Bemühen, die Führung der deutschen Wehrmacht nicht für die Verbrechen Hitlers mitverantwortlich zu machen und deren Teilhabe an der Vorbereitung
des Zweiten Weltkriegs zu bestreiten;
– in dem Bestreben, den industrialisierten Massenmord
im Dritten Reich zu relativieren;
– in der Forderung nach völkerrechtlicher Nichtaner-
kennung der nach 1945 entstandenen Grenzen;
– in der Absicht, den politischen Einfluß der Gewerkschaften mit Hilfe gesetzlicher Regelungen zurückzu-
drängen;
– bei dem Versuch, die objektiv schwierige Situation,
die durch den stärkeren Zuzug von Asylanten, ausländischen Arbeitern und Umsiedlern entstanden ist, für eine
fremdenfeindliche Agitation zu nutzen.

Hinzu kommt, daß große Teile der konservativen Gruppierungen in der Tradition der deutsch-national gesinnten konservativen Parteien der Weimarer Republik
und der Alldeutschen im Kaiserreich stehen. Es ist eine
historische Tatsache, daß im Deutschland des 20. Jahr-

hunderts weite Kreise des politisch bestimmenden Bürgertums konservative Strömungen mehr förderten und unterstützten als liberale. Dementsprechend waren sie zu keinem Zeitpunkt bereit, sich ernsthaft zu ihrer historischen Mitverantwortung für das Entstehen des NS-Regimes zu bekennen – wie dies von seiten der christlichen Kirchen in unterschiedlichem Maß geschah –, sondern vielmehr unermüdlich bestrebt, diese zu bagatellisieren oder überhaupt zu verneinen.

Bisweilen scheuen sie nicht davor zurück, sich der Sprache der Unmenschen zu bedienen, wie dies etwa der bayerische Innenminister Edmund Stoiber tat, als er ausgerechnet in den Wochen der fünfzigsten Wiederkehr des Jahrestages der Pogromnacht vom 9./10. November 1938 im Zusammenhang mit asylsuchenden Menschen von der Gefahr sprach, die von einer multinationalen, »durchrassten« Gesellschaft auf deutschem Boden ausgehe.

Aus all diesen Gründen sind die Ursachen eines unzulänglich differenzierenden Umgangs mit Rechtskonservativen weniger bei deren Gegnern zu suchen als vielmehr bei jenen, die es unterließen, einen Trennungsstrich zwischen Konservativismus und Rechtsradikalismus in Vergangenheit und Gegenwart zu ziehen.

Aktionsausschuß Nordrhein-Westfalen für eine Zusammenarbeit mit der CSU

Organisator des 1974 gegründeten Ausschusses war der Mülheimer Getränkegroßhändler Kurt Meyer. Um die CSU nicht gegenüber der CDU in Verlegenheit zu bringen, verzichtete Meyer darauf, die Vereinigung wie ursprünglich geplant »Gründungsausschuß für eine CSU in Nordrhein-Westfalen« zu nennen. Noch im Gründungsjahr entstand aus der Gruppierung die Deutsche Soziale Union (DSU).

Aktionsgemeinschaft Vierte Partei (AVP)

Nach Franz Josef Strauß' berüchtigter Sonthofener Rede vom März 1975, in welcher der CSU-Vorsitzende die damalige sozial-liberale Bundesregierung scharf angegriffen hatte, fanden erste Gespräche zur Gründung einer »vierten Partei« statt. Beteiligt waren daran Dietrich Bahner senior von der Deutschen Union (DU), Horst Götting von der Liberal-Sozialen Union (LSU) und Vertreter des Bundes Freies Deutschland (BFD). Nach dem guten Abschneiden des BFD bei den Berliner Senatswahlen 1975 (3,4 Prozent) sah man auf überregionaler Ebene für eine rechts von der CDU stehende Partei reale Chancen. Die entsprechenden politischen Kreise beabsichtigten zu diesem Zeitpunkt, sich mit einer »vierten Partei« an den Bundestagswahlen 1976 zu beteiligen. Bestärkt wurden sie darin durch das Ergebnis einer Wickert-Umfrage, wonach 21 Prozent der Wahlberechtigten ihre Bereitschaft erklärt hatten, einer solchen Partei ihre Stimme zu geben. In dem von ihm herausgegebenen *Parteienhandbuch* schildert der Politologe Dr. Richard Stöss den Verlauf der Gründungsversammlung, auf der sich bereits erste Auflösungserscheinungen abzeichneten.

Zur Gründungsversammlung der AVP in Stuttgart (18. Oktober 1975) waren 120 Interessenten erschienen. 36 Delegierte aus beteiligten Parteien wählten Bahner zum Parteivorsitzenden, Meyer und Götting zu seinen Stellvertretern. Weiterhin wurden eine Satzung und programmatische Leitsätze verabschiedet und die Bildung von Landesverbänden in allen Bundesländern, auch in Bayern, angekündigt. Das Spektrum der Delegierten machte jedoch deutlich, daß die ursprünglich angestrebte Bündnisbreite zunächst jedenfalls nicht erreicht werden würde:
- Die FSU hatte sich zurückgezogen, nur einzelne ihrer Mitglieder engagierten sich weiterhin in der AVP.
- Erfolgversprechende Verhandlungen mit der Bayernpartei scheiterten rasch an deren Verlangen nach einem besonderen Autonomiestatus innerhalb der Partei.
- Auch die DU war nicht geschlossen, sondern nur in Teilen in der AVP aufgegangen, wobei bekanntere Namen wie Siegfried Zoglmann, Willi Horneier, Rudolf Wollner oder Heinz Lange, um nur einige zu nennen, fehlten.
- Von den »CSU-Freundeskreisen« erhielt die Partei nur geringen Zulauf, so beispielsweise den baden-württembergi-

schen Schatzmeister Rudolf Metzger aus dem Kreis um Berthold Rubin, der eine kurz vorher gegründete »Freie Republikanische Partei« sowie repräsentative Büroräume, acht Fahrzeuge und eine größere Geldspende in die AVP eingebracht hatte.

– Als gravierendster Rückschlag mußte jedoch die Tatsache gewertet werden, daß sich der BFD nicht an der AVP beteiligte. Er zeigte sich auf die Wahrung seiner organisatorischen Selbständigkeit bedacht, und die AVP verzichtete (zunächst) auf die Bildung eines Landesverbands in Berlin.

Als hinzugewonnene Kooperanten wurden indessen eine »Deutsche Soziale Volkspartei« und eine »Liberal-Nationale Volkspartei« genannt, die freilich weithin unbekannt waren. Dies galt auch für eine kleine Wählergemeinschaft in Hessen. Weiteren – bescheidenen – Zulauf erhielt die Aktionsgemeinschaft bei der Bildung von Landesverbänden (Ende 1975/Anfang 1976), wobei sich der AVP gelegentlich auch Mitglieder aus anderen Parteien bzw. aus mittelständischen Interessenverbänden anschlossen.

Arbeitskreis Soziale Marktwirtschaft

Der Arbeitskreis, im Januar 1972 bei einem Treffen von Spitzenmanagern der Großkonzerne (Kronberger Dialog) gegründet, steuerte von München aus eine Anzeigenkampagne für die Ziele der CSU. Die in 16 Motiven variierten Anzeigen in Tageszeitungen und Zeitschriften hatten einen Gesamtwert von über 4,5 Millionen DM. Schlagzeilen der Kampagne waren u. a.: »Die kubanische Katastrophe« (gegen die kubanische Planwirtschaft); »Sozialismus ist die Philosophie des Versagens, das Credo der Ignoranz und das Glaubensbekenntnis des Neids« (Zitat von Winston Churchill); »Trau keinem über 130 – Merke: Soziale Marktwirtschaft ist besser« (mit einem Bild von Karl Marx); »Wohlstand für uns alle« (mit Bildmotiven wie Hochspannungsmast, Mähdrescher, Hochofen usw.); »Kapital ohne Zinsen« (mit einem Bild des Buches *Das Kapital* von Karl Marx); »Die Opas bitten zur Kasse« (mit Büsten von Marx, Engels und Lenin).

Bewegung für das Leben

Im Jahr 1979 wurde diese Organisation von kirchlichen Gegnern des straffreien Schwangerschaftsabbruchs im südhessischen Abtsteinach gegründet. Sie zählte nach eigenen Angaben 11 000 Mitglieder, die in 20 Landesverbänden organisiert waren. Bei einer Protestaktion gegen den liberalisierten Strafgesetzbuchparagraphen 218 in Hadamar sprach einer der Redner, Pfarrer Winfried Pietrek, von einem »Blutparagraphen, der immer tiefer das Gewissen unseres Volkes schädigt«. Diese Feststellung ergänzte der Abt des Klosters Weltenburg, Thomas Niggl, mit der Bemerkung: »Das Blut der im Mutterleib getöteten Kinder schreit nach Rache.« Die Rechtslastigkeit dieser Bewegung geht schon daraus hervor, daß die Wilhelmshavener Gruppe die dortige Liste für Ausländerstopp mitunterzeichnete.

Brüsewitz-Zentrum

Diese Institution, benannt nach dem sächsischen Pfarrer Oskar Brüsewitz, der durch seine Selbstverbrennung auf die Situation der Christen in der DDR aufmerksam machen wollte, wurde im Oktober 1977 in Bad Oeynhausen als Informations- und Bildungszentrum der Paneuropa-Jugend gegründet. Unter dem Vorwand, humanitäre Hilfe zu leisten, fordern ihre Vertreter in militanter Weise eine Wiedervereinigung Deutschlands und diffamieren kirchliche Kreise in der DDR, die eine Verständigung mit der Regierung suchen. Das Zentrum arbeitet u. a. mit der Internationalen Gesellschaft für Menschenrechte (IGFM), dem Witikobund und der Evangelischen Notgemeinschaft in Deutschland zusammen. Zu den Kuratoriumsmitgliedern zählten im Lauf der Jahre Otto von Habsburg, CSU, MdEP, Präsident der Paneuropa-Union; Dr. Ursula Besser, CDU, Mitglied des Abgeordnetenhauses von Berlin; Claus Jäger, CDU, MdB; Dr. Heinrich Aigner, CDU, MdEP, Vizepräsident der Paneuropa-Union Deutschland; Hans Klein, CSU, MdB; Hans Graf Huyn, CSU, MdB, Vizepräsident der Europäischen Konferenz für Menschenrechte und Selbstbestimmung; Ludek Pachmann, CDU, Präsident der Freien Gesellschaft zur Förderung der Freundschaft

mit den Völkern der Tschechoslowakei; Richard Hacken-
berg, CDU, Präsident des Katholischen Flüchtlingsrates
in Deutschland; Walburga von Habsburg, Mitglied des
Bundesvorstandes der Paneuropa-Jugend Deutschland;
Heinrich Lummer, CDU-Fraktionsvorsitzender im Berliner Abgeordnetenhaus; Dr. Norbert Blüm, CDU, Vorsitzender der Christlich-Demokratischen Arbeitnehmerschaft (CDA); Professor Lothar Bossle, Zentralkomitee
der Deutschen Katholiken.

Bürgeraktion Demokraten für Strauß

Im Januar 1980 gründeten Gerhard Löwenthal, die Ex-
Sportlerin Jutta Heine und andere CSU-Sympathisanten
diese Wählerinitiative für Franz Josef Strauß. Sie verstand sich als Koordinierungsstelle verschiedener Pro-
Strauß-Initiativen wie Jugend für Strauß, Junge Demokraten für Strauß, Studenten für Strauß, Initiative pro
Strauß und Komitee Gastarbeiter für Franz Josef Strauß.

Christliche Liga – Die Partei für das Leben

Rechts von den Unionsparteien ist diese 1985 gegründete Liga angesiedelt, die für eine christliche Wende in der
Bundesrepublik Deutschland eintritt. Über Entstehungs-
geschichte und Zielvorstellungen heißt es:

> Die Christliche Liga wurde am 13. April 1985 als neue politi-
> sche Kraft hauptsächlich von katholischen und evangelischen
> Christen gegründet. Ihr ursprünglicher Name lautete »Christ-
> liche Partei für das Leben (CPL)«, um auszudrücken, daß der
> Schutz des menschlichen Lebens, vor allem des ungebore-
> nen Lebens, ein Hauptanliegen in der politischen Auseinan-
> dersetzung sein werde. Zwei Jahre später, im Februar 1987,
> wurde als neuer Parteiname Christliche Liga gewählt, um
> eine Dachorganisation zu schaffen, mit deren Hilfe alle gesell-
> schaftspolitischen Bereiche mit christlichen Werten durch-
> drungen werden sollen. Die Liga (zu deutsch: Bündnis) ist als
> Zusammenschluß bekennender Christen aus allen Parteien
> gedacht, die sich ihrer hohen Verantwortung für die Zukunft
> unseres Volkes bewußt sind und ihre Bereitschaft zeigen, sich
> für den Aufbau einer christlichen Gesellschaftsordnung ein-
> zusetzen.

Die Ziele der Christlichen Liga sind klar und konkret: Der Sprung in die Kommunal- und Landesparlamente, die Präsenz im Europaparlament und schließlich der Einzug in den Deutschen Bundestag, damit in Bonn endlich wieder jene christliche Politik betrieben wird, die die Union zugunsten einer liberalen und feministischen Ideologie schmählich verraten hat. Unsere deutsche Nation muß ihre Selbstachtung wiederfinden. Wie kann sie dies aber, wenn sie nach den Schrecknissen der NS-Vergangenheit nun erneut millionenfach »lebensunwertes Leben« im Mutterleib vernichtet?

Unser Ziel heißt daher: Es darf in Bonn keine christlich-liberale Koalition mehr geben, da eine solche Verbrüderung in sich ein Widerspruch ist. Der Geist des Liberalismus und die christliche Religion sind miteinander unvereinbar. Die Folgen sind unverkennbar: Nicht die große christliche Union bestimmt in Bonn die Richtlinien der Politik, sondern der kleine liberale Koalitionspartner FDP. Eine christliche Politik ist unter diesen Umständen der reinen Machterhaltung gewichen. Fazit: Wir brauchen eine rein christliche Koalition unter Beteiligung der Christlichen Liga, damit der Negativeinfluß des FDP-Liberalismus durch den Positiveinfluß der Christlichen Liga ersetzt wird.

Die Christliche Liga muß in die Parlamente, denn unsere Kinder brauchen intakte Familien, in denen auch religiöse Erziehung wieder ein Thema ist. Unsere Jugendlichen brauchen Werte und Ideale, für die es lohnt, Zukunft zu gestalten. Nur dann sind sie bereit, diese Demokratie zu bejahen, statt sie in die Hände der rot-grünen Anarcho-Sozialisten zu geben.

Ein christliches Leitbild für Deutschland ist Ziel und Instrumentarium unserer Politik.

CSU-Freundeskreise

Die CSU unter Führung von Franz Josef Strauß erhielt bei ihrer politischen Tätigkeit sowohl publizistische als auch organisatorische Unterstützung durch rechts von den Unionsparteien beheimatete Personen. So entstanden unter verschiedenen Namen Freundeskreise, die ihre Aufgabe darin sahen, die Sympathisanten der CSU-Politik außerhalb Bayerns zu erfassen. Im März 1970 bezeichnete die neonazistische *Deutsche National-Zeitung* Strauß als »die Hoffnung breiter bürgerlicher Bevölkerungsschichten«, denn, so das Blatt, viele Erklärungen von Franz Josef Strauß entsprechen auch der Überzeugung breiter nationaler Schichten des deutschen Volkes [. . .] Die Zukunft muß zeigen, ob er kraft einer beständigen Politik, die in Bonn und München nicht mit zwei Zungen redet, durch das Vertrauen des Volkes zum maßgeblichen Oppositionsführer wird. Blößen jedenfalls gibt sich die rote Regierung in Bonn genug, und noch besteht die Chance, wenn auch vielleicht nicht mehr lange, die Dinge zu wenden.

Deshalb entsprach es durchaus der politischen Konzeption von Strauß und seinen Gesinnungsfreunden, daß in den Jahren 1969 und 1970 in Baden-Württemberg, Berlin, Hamburg, Hessen und Nordrhein-Westfalen CSU-Freundeskreise konstituiert wurden. Schließlich kam es laut Beschluß einer Bundesdelegiertenversammlung im März 1970 in Wahn bei Köln zur Gründung eines CSU-Freundeskreises auf Bundesebene. Man wählte ein Präsidium aus vier gleichberechtigten Mitgliedern, zu denen der Kölner Professor Berthold Rubin zählte. Daß der Freundeskreis von rechtsradikaler Seite manipuliert war, wurde auch innerhalb der CDU erkannt, vor allem in der Jungen Union (JU). Deren Unbehagen über diese »geplante Aktion [. . .] mit dem Ziel, die CDU zu unterwandern« artikulierte der damalige JU-Bundesvorsitzende Jürgen Echternach u. a. wie folgt:

Ohne auf die Analyse von Herrn von Studnitz im einzelnen einzugehen, möchte ich vor der – auch von anderer Seite vertretenen – Ansicht warnen, die Freundeskreise seien eine innerparteiliche Angelegenheit der CDU. Deren personelle Zusammensetzung beweist das Gegenteil: Die meisten führenden Mitglieder der Freundeskreise gehören der CDU nicht an. Dagegen ist der Pressesprecher des Hamburger Freundeskreises ehemaliger Chef eines extrem rechten Studentenverbandes und zeichnet für Flugschriften der rechtsradikalen »Aktion Oder-Neiße« verantwortlich. Die Ankündigung des hessischen Freundeskreis-Vorsitzenden, daß man auch NPD-Anhänger aufnehmen wolle, deutet in die gleiche Richtung.

Das gesamte Auftreten der Freundeskreise würde aber nur belächelt oder von der Öffentlichkeit ignoriert werden, wenn die CSU nicht bis heute deren Treiben tatenlos zugesehen hätte.

In der Tat fand das offizielle CSU-Organ *Volksbote* in den ersten März-Tagen 1970 für die politische Notwendigkeit und die Ziele dieser Freundeskreise zustimmende Worte:

Wie CSU-Politiker erklären, gibt es einen zuverlässigen Weg, wie die Unionsparteien wieder die absolute Mehrheit im Bundestag erringen können: nämlich eine Kandidatur der CDU und der CSU im gesamten Bundesgebiet. Das bedeutet, daß die CDU auch in Bayern ihre Kandidaten aufstellt, während dies die CSU in allen übrigen Bundesländern tut. Zahlreiche Schreiben, die bei der CSU-Landesgruppe in Bonn wie auch bei der Landesleitung der Partei in München eingehen, enthielten die Aufforderung, CSU-Kandidaten auch außerhalb Bayerns aufzustellen, weil man mit der Politik der CDU nicht zufrieden sei. Es bestehe, so meint man in CSU-Kreisen, die Gefahr, daß die Schreiber solcher Briefe und mit ihnen Gleichgesinnte abwandern könnten, wenn sie keine Möglichkeit hätten, eine Partei zu wählen, die ihren Vorstellungen von einer kräftigen Opposition entspricht. Andererseits sei es durchaus vorstellbar, daß es auch in Bayern Wähler gibt, die die Politik der CDU attraktiver finden und die man mit einer Kandidatur dieser Partei in Bayern davon abhalten könnte, SPD oder FDP zu wählen.

Noch deutlicher gegenüber der CDU wurde der Pressa-Artikeldienst, dessen verantwortlicher Redakteur Erich Maier, ein vormals führender NS-Journalist, der Strauß und dem Bundestagsabgeordneten Dr. Walter Becher nahestand, ebenfalls im März 1970 folgenden Beitrag veröffentlichte:

Erst vor wenigen Wochen ging durch die Presse das Zitat aus einem Brief Adenauers, womit dieser vor vier Jahren auf die mögliche Machtergreifung der SPD nach den Bundestagswahlen von 1969 und auf die Gefahr, »daß eine Bundesregierung unter solcher Führung mit der SED, der ›DDR‹ und der Sowjetunion zusammengehen wird«, hinwies. Die Erfüllung dieser Vision ist heute greifbar nahe. Die CSU hat durch die politischen Äußerungen ihrer Repräsentanten zu erkennen gegeben, daß sie sich des Ernstes dieser Warnung bewußt ist. Und darum ist es auch sie, die das Erbe Adenauers wahrt. Wenn dies auch Außenstehende erkennen und dies mit der Gründung ihrer Freundeskreise zum Ausdruck bringen, sollte dies in der CDU ein Anlaß zum Nachdenken, nicht aber zum Protest sein.

Strauß und seine Freunde waren nicht nur sehr wohl über die Gründung der CSU-Freundeskreise informiert, sondern hatten für sie schon seit längerem den politischen Boden bereitet. Bereits im Spätsommer 1968 hatten CSU-Prominente, die mit dem damaligen Bundeskanzler Kurt Georg Kiesinger nicht übereinstimmten, erwogen, eine neue Partei auf Bundesebene zu gründen. Damals erklärte Strauß anläßlich eines internen Gesprächs in Bad Reichenhall: »Man muß sich der nationalen Kräfte bedienen, auch wenn sie noch so reaktionär sind. So hat es auch de Gaulle gemacht. Hinterher ist es immer möglich, sie elegant abzuservieren.« Dieser Gedanke mag Strauß schon 1964 geleitet haben, als er eine »Wahlabsprache« mit dem damaligen bayerischen Landesverband der Gesamtdeutschen Partei (GDP) traf und Vertretern der GDP für die Bundestagswahl zwei Direktmandate und drei Listenplätze zur Verfügung stellte. Mit Hilfe dieser Vereinbarung kam ein Mann wie Dr. Walter Becher, dessen nationalsozialistische Gesinnung an Kontinuität von der Zeit des Dritten Reiches bis in die Gegenwart nichts zu wünschen übrigläßt, in den Bundestag.

So war es nicht weiter erstaunlich, daß zu den Unterstützern der CSU-Freundeskreise und ähnlicher Gruppierungen mit gleicher Zielsetzung Rechtsradikale wie der NPD-Kreisvorsitzende Manfred Plöckinger und der Hamburger Rechtsanwalt Jürgen Rieger, ein führender Mann des rechtsextremistischen Spektrums, gehörten, die beide gemeinsam mit Professor Rubin 1971 eine Entführung vortäuschten, um die Chancen der CDU bei den Landtagswahlen in Schleswig-Holstein zu verbessern. Im ganzen beweisen die Aktivitäten dieser Freundeskreise, von denen die meisten auf Initiative Rechtsradikaler zur Unterstützung der Politik von Franz Josef Strauß entstanden, ein weiteres Mal das Zusammenspiel zwischen Rechtskonservativen und Rechtsradikalen.

Deutsche Partei (DP)

Vorgängerin der DP war die im Juni 1945 von Heinrich Hellwege gegründete Niedersächsische Landespartei (NLP), die sich als Nachfolgerin der Partei der Welfen aus der Zeit der Weimarer Republik verstand. Bei ihrem Bundesparteitag im Juni 1947 erfolgte dann die Umbenennung in Deutsche Partei. Zu den Parteigründern zählten Dr. Albert Derichsweiler, Wolfgang Hedler, Heinrich Hellwege, Dr. Fritz Krebs, Heinrich Leuchtgens, Dr. Hans-Joachim von Merkatz und Dr. Helmut Schranz. Die vor allem in Norddeutschland agierende DP trat mit betont konservativem Anspruch auf, um ihre nationalistischen Tendenzen zu überdecken. Nach den ersten Bundestagswahlen im August 1949, bei denen die Partei 17 Abgeordnete ins Parlament brachte – zu ihnen gesellten sich 1951 weitere 7 der Wirtschaftlichen Aufbauvereinigung (WAV), die unter dem Namen DP Bayern firmierten –, ging die DP mit den Unionsparteien und der FDP eine Bürgerblock-Koalition ein, was ihr zwei Ministerposten eintrug. Nach den Bundestagswahlen im September 1953 wurde das Regierungsbündnis unter Einschluß des Gesamtdeutschen Blocks/BHE erneuert; die jetzt nur noch mit 15 Bundestagsmandaten ausgestattete DP war abermals mit zwei Ministern im Kabinett vertreten.

Zu den politischen Forderungen der DP gehörten die Revision der Nachkriegsgrenzen und die Rehabilitierung der Waffen-SS; mit besonderem Nachdruck betrieb sie gewerkschaftsfeindliche Agitation. Auf dem DP-Bundesparteitag im November 1955 in Bielefeld wurden Grundsätze und Richtlinien aufgestellt, in denen es u. a. hieß:

Nach Auffassung der Deutschen Partei ist hinsichtlich der Verhandlungen über die deutsche Wiedervereinigung von folgenden Grundsätzen auszugehen:

Zusammenbruch und Kapitulation haben im Jahre 1945 das Deutsche Reich als Völkerrechtssubjekt nicht beseitigt. Lediglich die einheitliche Staatsorganisation ist weggefallen. Die Besatzungsmächte haben ihren Plan, eine einheitliche neue Organisation für Deutschland herzustellen, nicht durchführen können. Einseitige Maßnahmen der einzelnen Besatzungsmächte in ihren Zonen haben die Wiederherstellung der einheitlichen Staatsorganisation bisher verhindert.

Die Grenzen des fortbestehenden Deutschen Reiches sind nach Völkerrechtsgrundsätzen nach wie vor diejenigen vom 31. Dezember 1937.

Die Existenz Deutschlands innerhalb seiner Grenzen vom 31. 12. 1937 ist von den Siegermächten gemeinsam anerkannt [...] Die Verpflichtung, eine einheitliche Staatsorganisation vorzubereiten, ist von ihnen ausdrücklich übernommen worden. [...]

Eine gefestigte Gewerkschaftsbewegung ist vor der Gefahr einer mißbräuchlichen Machtausübung, die jeder Massenorganisation innewohnt, nur dann gesichert, wenn die gewerkschaftlichen Mittel (Streikrecht) nur im Kampfe für die Durchsetzung der berechtigten Ansprüche der Arbeitnehmerschaft an den Erfolg der Wirtschaftspolitik und des Sozialprodukts verwandt werden und im Rahmen der gegebenen staatlichen und gesellschaftlichen Ordnung ihre Begrenzung finden. Jede politische Betätigung der Gewerkschaften mit dem Ziel, die gewerkschaftlichen Mittel auf lange Sicht zum Umsturz der wirtschaftlichen oder demokratischen Ordnung zu mißbrauchen, wird auf die Dauer in einer freiheitlichen Demokratie zur Selbstzerstörung der Gewerkschaften führen.

Die Deutsche Partei sieht daher in jeder monopolisierten Gewerkschaft, die an die Stelle der Koalitionsfreiheit den Koalitionszwang setzen will, eine Gefahr für die Existenz einer freien Gewerkschaftsbewegung. Sie fordert im Interesse aller in abhängiger Stellung arbeitenden Menschen unabhängige Gewerkschaften, die das Recht der Minderheiten durch demokratische Wahlordnungen und Satzungen garantieren und die von Arbeitgebern, politischen Parteien, Kirchen und Interessengruppen jeder Art unabhängig sind. Das Vertretungsrecht der Gewerkschaften innerhalb der demokratischen Einrichtungen der Wirtschaft, in den Anstalten des öffentlichen Rechts, in den Selbstverwaltungsorganen der Versicherungsträger und bei der Vorbereitung und Gestaltung der Gesetzgebung muß notwendigerweise eine Legitimation aus dem tatsächlichen Willen ihrer Mitglieder herleiten und darf nicht von einem Funktionärapparat mißbraucht werden.

Die staatliche Anerkennung und Festigung der Gewerkschaften durch die Gesetzgebung zwingt sie zur Mitverantwortung für das Gemeinwohl. Das gilt insbesondere für die Lohnpolitik wie für alle Forderungen zur Erhöhung der sozialen Leistungen, durch die die Wohlfahrt der Alten und Rentner, die Sicherheit der Währung und die Freiheit der Wirtschaft nicht gefährdet werden darf. Ein gewerkschaftliches Programm, das durch klassenkämpferisches Denken, kollektivistische Pläne und gesellschaftspolitische Ziele solch klare Gesamtverantwortung ausschließt, muß abgelehnt werden.

[...] Die Wehrgesetzgebung soll nach dem Willen der Deutschen Partei unter Wahrung der großen soldatischen Tradition den Aufbau einer modernen Wehrmacht ermöglichen. Übertriebene politische Kontrollen, die nur verärgern und die Schlagkraft und den Geist der Truppe schädigen, sind abzulehnen.

Die Deutsche Partei, die den Personalgutachterausschuß abgelehnt hat, lehnt auch Methoden und Richtlinien seiner Arbeit grundsätzlich ab.

[...] Die Bundestags-Fraktion wird ersucht, sich nachdrücklich dafür einzusetzen, daß die 2. Novelle zum Gesetz nach Artikel 131 GG im engen Zusammenwirken mit den zuständigen Berufsverbänden und auf der Grundlage der von diesen Verbänden erarbeiteten Entschließungen und Denkschriften alsbald verabschiedet wird. Insbesondere erwartet die Deutsche Partei, daß mit der 2. Novelle endgültig jede kollektive Benachteiligung bestimmter Berufsgruppen und Staatsdiener sowie der ehemaligen Waffen-SS ausgeschlossen wird und daß die im Gesetz noch vorhandenen Härten und ungerechtfertigten Einschränkungen gegenüber Berufssoldaten und Angehörigen des ehemaligen Reichsarbeitsdienstes beseitigt werden. Eine unterschiedliche Behandlung der Angehörigen der ehemaligen Waffen-SS muß auch hinsichtlich ihrer Wiederverwendung in der neuen Wehrmacht unterbleiben.

Nachdem die Unionsparteien und der rechte Flügel der FDP sich für eine rechtsgerichtete Politik eigenen Zuschnitts stark genug fühlten, verlor die DP zusehends an Bedeutung, was im Parteiwechsel von DP-Funktionären zur CDU/CSU und zur FDP seinen Ausdruck fand. Im Juli 1960 traten 9 von 17 DP-Bundestagsabgeordneten der CDU bei, unter ihnen die beiden Bundesminister von Merkatz und Dr. Hans-Christoph Seebohm. Im April 1961 vereinigte sich die DP nach einstimmigem Beschluß mit dem Gesamtdeutschen Block/BHE (GB/BHE) zur Gesamtdeutschen Partei (GDP). Diese erreichte bei den Bundestagswahlen im September 1961 nur 871 208 Stimmen (2,8 Prozent), während die noch getrennt marschierenden Parteien bei den Bundestagswahlen im September 1957 zusammen deren 2 381 348 (8 Prozent) hatten gewinnen können, nämlich die DP 1 007 282, der GB/BHE 1 374 066 Stimmen.

Die meisten DP-Abgeordneten betrieben unverhüllt neonazistische Agitation. Für ihre Sonntagsreden wählten sie vorwiegend Treffen von Landsmannschaften, wo sie für ihre rhetorischen Exzesse den erhofften Beifall fanden. Im Mai 1953 veranstaltete die DP sogenannte Deutsche Maifeiern, die, ganz nach dem Vorbild der seinerzeitigen Deutschen Arbeitsfront, ausgesprochen gewerkschaftsfeindlichen Charakter hatten. So gab der DP-Landesleiter in Bremen ein Flugblatt heraus, das sich im alten Leyschen Jargon gegen die marxistische Vorherrschaft in den Gewerkschaften wandte und dessen Schlußsatz lautete: »Sorgt dafür, daß der 1. Mai wieder ein Feiertag aller Schaffenden im deutschen Volke wird. Deshalb entscheidet euch bei den kommenden Sozial- und politischen Wahlen nicht marxistisch oder bolschewistisch, sondern deutsch.« Zum rechtsradikalen

Stoßtrupp der DP gehörten Bundesminister Seebohm; Wolfgang Hedler, der Widerstandskämpfer als Landesverräter beschimpfte; Dr. Fritz Krebs, NSDAP-Mitglied seit 1929 und NS-Oberbürgermeister von Frankfurt/ Main; Fritz Pfeffer von Salomon, ehemaliger NS-Polizeichef von Kassel, SS-Führer und Regierungspräsident von Wiesbaden; Dr. Helmut Schranz, seinerzeit NS-Oberbürgermeister von Offenbach; Dr. Albert Derichsweiler, vormals Reichsstudentenführer.

Als eine publizistische Todeszuckung der DP kann die nachfolgend wiedergegebene Erklärung von Ende 1985 gelten:

Die Deutsche Partei hat sich zu ihren obersten Grundsätzen gemacht, alle Möglichkeiten zur Wiederherstellung der deutschen Einheit auszuschöpfen, allen Tendenzen einer Spaltung der deutschen Nation wirksam entgegenzutreten und jede Art der Preisgabe von Interessen des deutschen Volkes anzuprangern. Die Deutsche Partei besteht auf der strikten Einhaltung des Völkerrechts.

Am 8. Mai 1945 haben nur die Streitkräfte des Deutschen Reiches kapituliert. Das Bundesverfassungsgericht hat mit Recht festgestellt, daß das Deutsche Reich völkerrechtlich in den Grenzen von 1937 fortbesteht und nur zur Zeit handlungsunfähig ist. Die Behauptung der Alleinschuld Deutschlands am 2. Weltkrieg ist unwahr. Auch die Erklärung des Bundespräsidenten v. Weizsäcker, daß der 8. Mai 1945 ein Tag der Befreiung sei, ist historisch falsch. Derartige geschichtsverfälschende Erklärungen erschweren den Abschluß eines gerechten Friedens und belasten die Interessen Deutschlands. Gegen derartige historisch unwahre Behauptungen verwahrt sich die Deutsche Partei. Sie fordert Frieden durch Wahrheit und Recht. Recht verträgt keine Unterordnung oder Nachordnung durch Verständigungsgebot. Recht ist souverän und verträgt keine Unterordnung. Nicht weniger haltbar sind die Erklärungen des Niedersächsischen Ministerpräsidenten Albrecht über Grenzfragen. Kein deutscher Ministerpräsident hat das Recht, Grundgesetz, Deutschland-Vertrag und die Urteile des Bundesverfassungsgerichts zu umgehen oder gar außer Acht zu lassen. Vielmehr sind diese verpflichtet, wie sie bei ihrer Amtsübernahme beschworen haben, die Interessen des deutschen Volkes zu vertreten und jeden Schaden abzuwenden. Sie sind verpflichtet, rechtlich und moralisch alles zur Wiederherstellung der deutschen Einheit und zum Abschluß eines gerechten Friedensvertrages zu tun.

Die Deutsche Partei wird daher jede subversive Tätigkeit, die sich gegen Deutschland richtet, anprangern.

Deutsche Soziale Union (DSU)

Das frühere Mitglied im Vorstand des FDP-Landesver-
bandes Nordrhein-Westfalen, Geschäftsführer der Natio-
nalliberalen Aktion (NLA) und Funktionär der Deutschen
Union (DU), Kurt Meyer, konstituierte im November
1974 in Mülheim/Ruhr die DSU. Ursprünglich wollte er
in Nordrhein-Westfalen den ersten Landesverband einer überregionalen CSU gründen. Meyers Bemühungen
scheiterten wie viele ähnliche Bestrebungen, eine CSU-
nahe Kraft außerhalb Bayerns zu aktivieren, an der
Unentschlossenheit von Franz Josef Strauß.

Deutsche Union (DU)

Die 1971 von Siegfried Zoglmann und Dietrich Bahner
senior gegründete DU beabsichtigte, sich an den Bundestagswahlen 1976 zu beteiligen, um als vierte politische Kraft Koalitionspartner der CDU/CSU zu werden.
Aufgrund organisatorischer Schwäche kam die geplante
Teilnahme an den Bundestagswahlen nicht zustande.

Deutschlandrat

Initiatoren der im Dezember 1983 in Bad Homburg gegründeten konservativen Sammlungsgruppe waren Professor Wolfgang Seiffert, Armin Mohler, Professor Hans-
Joachim Arndts, Professor Hellmut Diwald, Professor
Robert Hepp, Professor Bernard Willms und Franz Schönhuber. In einer programmatischen Erklärung hieß es:

> Die innen- und außenpolitischen Vorgänge des Jahres 1983 ha-
> ben gezeigt, daß Deutschland im Falle eines Krieges zwischen
> Ost und West atomarer Vernichtung preisgegeben wäre.
> Dies ist die Lage: Deutschlands Vergangenheit heißt Nie-
> derlage und Schuld, seine Gegenwart ist Teilung und Fremd-
> bestimmung, seine Zukunft erscheint hoffnungslos.
> Aber wir Deutschen haben Zukunft, wenn wir uns wieder
> auf die Grundsätze nationaler Politik besinnen:
> – Frei ist nur, wer über sich selbst bestimmen kann. Dies gilt
>   auch im Leben der Völker. Nur wer souverän ist, kann ein
>   verläßlicher Bündnis- und Vertragspartner sein. Jeder Staat
>   muß über die Waffen auf seinem Boden verfügen können.

– Wir können weder außenpolitisch noch innenpolitisch dauernd in einem Ausnahmezustand leben. Wir wollen wieder eine normale Nation sein. Dazu gehört auch die Entkriminalisierung unserer Geschichte als Voraussetzung für ein selbstverständliches Nationalbewußtsein.

Nur dieser Weg führt zur Wiederherstellung Deutschlands.

Deutschnationale Volkspartei (DNVP)

Die im April 1962 gegründete DNVP hatte ihren Schwerpunkt in Nordrhein-Westfalen. Den Vorsitz bekleidete Johann Freiherr von König. Im Katalog der Parteiziele hieß es u. a.:

> Eine selbstverständliche Forderung der DNVP ist es, unter keinen Umständen Verzicht auf ehemalige deutsche Gebiete, auch ostwärts von Oder und Neiße, zu leisten. Die DNVP fordert von jedem deutschen Politiker, nach dem Grundsatz zu handeln: Wir wollen nichts von anderen, sind aber auch nicht bereit, uraltes Kulturland im deutschen Osten aufzugeben!

Freie Gesellschaft zur Förderung der Freundschaft mit den Völkern der Tschechoslowakei

Im Januar 1977 brachte Ludek Pachmann, Mitbegründer dieser Vereinigung, im ZDF-Magazin seine offensiven Europa-Ziele so zum Ausdruck: »Für den Westen und für die westlichen Regierungen [...] entsteht hier eine geschichtliche Chance, zu [...] Änderungen in Osteuropa beizutragen, sie zu beschleunigen und dadurch eventuell schon die ersten Schritte in Richtung Gesamt-Europa, freies Gesamt-Europa zu machen.« Hinter dem anspruchsvollen Namen der 1973 gegründeten Gesellschaft mit Sitz in München verbarg sich ein Zusammenschluß vor allem solcher Personen, die sich durch extrem entspannungsfeindliche Politik auszeichneten und sich dementsprechend gegen die Verständigungsstrebungen der sozial-liberalen Koalition wandten. So erklärte die Gesellschaft 1974, Verträge mit kommunistischen Zwangsregimen von Moskaus Gnaden seien der Verständigung kaum dienlich.

Erster bundesdeutscher Vorsitzender der Gesellschaft

war Dr. Rainer Gepperth, Mitarbeiter der CSU-eigenen Hanns-Seidel-Stiftung; ihm folgte in gleicher Funktion der Schachgroßmeister Ludek Pachmann, der 1974 zusammen mit Franz Josef Strauß den Bund Freies Deutschland (BFD) unterstützte. Mitglieder des aus öffentlichen Haushalten subventionierten Vereins waren u. a. Dr. Walter Becher, CSU, MdB, Sprecher der Sudentendeutschen Landsmannschaft; Dr. Walter Brand, ehemals Chef der Kanzlei von Hitlers Sudetenland-Statthalter Konrad Henlein; Cornelia Gerstenmaier, Vorsitzende der Internationalen Gesellschaft für Menschenrechte (IGFM); Gerhard Löwenthal, damaliger ZDF-Moderator und Vorsitzender der Deutschland-Stiftung; Winfried Martini, Mitarbeiter des Bayerischen Rundfunks und des *Deutschland-Magazins*, Preisträger der Deutschland-Stiftung; Dr. Günter Reichert, persönlicher Referent des CDU-Bundestagsabgeordneten Dr. Alfred Dregger. Zu den Förderern zählte der Verleger Dr. Franz Burda.

Freiheitliche Volkspartei (FVP)

Nach seinem Austritt aus der Partei der Republikaner im April 1985 gründete deren Mitbegründer Franz Handlos die FVP. Knapp zwei Jahre zuvor, im Juli 1983, hatte der damalige Bundestagsabgeordnete nach 27jähriger CSU-Zugehörigkeit seine Partei verlassen, für die er bei den Bundestagswahlen im März desselben Jahres im Wahlkreis Deggendorf 73,6 Prozent der Erststimmen errungen hatte. Bei den bayerischen Landtagswahlen 1986 kandidierte Handlos mit seiner FVP und kam im Landesdurchschnitt auf 0,4 Prozent der Stimmen. Im Juli 1987 trat er anläßlich einer Mitgliederversammlung von seinen Parteiämtern zurück, was faktisch einer Auflösung der FVP gleichkam.

Gesamtdeutscher Block (GB) / Bund der Heimatvertriebenen und Entrechteten (BHE) / Gesamtdeutsche Partei (GDP)

Als Vorläufer des BHE können lokale Gründungen wie der Neubürgerbund, die Liste der Schlesier, Ostpreußen und Sudetendeutschen (SOS), die Notgemeinschaft sowie örtliche Wählergemeinschaften gelten. So kandidierte zu den Bundestagswahlen 1949 Waldemar Kraft noch als Unabhängiger; im Januar 1950 gründete er dann den Landesverband Schleswig-Holstein des BHE. Es war sicherlich kein Zufall, daß der erste BHE-Landesverband im nördlichsten Bundesland entstand, denn das bis 1945 zu Preußen gehörende Gebiet zählte schon in der Weimarer Republik zu den Hochburgen der Nationalsozialisten. Hier hatte die NSDAP nach der Provinz Ostpreußen ihre höchsten Stimmenanteile; diese lagen seit den Reichstagswahlen 1924 immer um einige Prozent höher als im Reichsdurchschnitt. Nach der Kapitulation 1945 waren viele ehemalige Insassen der schleswig-holsteinischen Wehrmachtslazarette unter schlechten Lebensbedingungen im Land verblieben. Zu ihnen kamen zahlreiche Flüchtlinge aus den ehemaligen Ostgebieten. Die Bevölkerung Schleswig-Holsteins setzte sich nach Kriegsende aus 1,5 Millionen Alteingesessenen und 1,1 Millionen Neubürgern zusammen. Mit Hilfe der in wirtschaftlicher und sozialer Hinsicht entwurzelten, politisch weithin noch nationalsozialistisch orientierten Bevölkerungsteile gelang es dem BHE, bei den Landtagswahlen im Juli 1950 einen Stimmenanteil von 23,4 Prozent (306 800 Wählerstimmen) auf sich zu vereinigen. Er wurde damit hinter der SPD, die 27,5 Prozent der Stimmen erreicht hatte, zweitstärkste Partei und bildete mit der CDU, die auf 19,7 Stimmenprozent gekommen war, der FDP und der DP die Regierung. Die schleswigholsteinische CDU, die im Gegensatz zu den Unions-Landesverbänden anderer Bundesländer nicht in der Tradition des Zentrums stand, sondern überwiegend deutsch-national ausgerichtet und überdies dem politischen Druck des rechtsstehenden BHE ausgesetzt war, stellte den Ministerpräsidenten, Dr. Walter Bartram, der BHE den stellvertretenden Ministerpräsidenten und Finanzminister in der Person Waldemar Krafts. Vorsitzender der 15 Abgeordnete umfassenden BHE-Frak-

tion im schleswig-holsteinischen Landtag war Dr. Alfred
Gille.

Im Jahr 1951 erfolgten die Konstituierung des BHE auf
Bundesebene und die damit verbundene Wahl eines
zentralen Parteivorstandes. Von den damals führenden
BHE-Funktionären hatten nicht wenige Positionen in
NSDAP oder SS bekleidet; zu ihnen zählten etwa Hans-
Adolf Asbach, Abteilungsleiter der Deutschen Arbeitsfront; Dr. Alfred Gille, NSDAP-Funktionär; Waldemar
Kraft, Ehrenhauptsturmführer der SS; Dr. Theodor Oberländer, Reichsführer des Bundes Deutscher Osten; Frank
Seiboth, Gauleiter der NSDAP für Schulung im Sudetengebiet. Auf dem Parteitag in Goslar 1952 einigte man sich
auf den neuen Namen Gesamtdeutscher Block/BHE und
veröffentlichte das nachstehend auszugsweise wiedergegebene Programm, das ebenso unverbindlich war, wie
es mit seiner sozialen Demagogie als typisch für die
rechtsgerichtete Agitation der Partei gelten kann.

Die bitteren Erfahrungen der vergangenen Jahre haben gelehrt, daß die alten politischen Kräfte es nicht vermocht haben, aus dem Zusammenbruch des Vaterlandes eine gerechte Neuordnung zu formen. [...]
Millionen entrechteter entwurzelter Menschen warten ver-
geblich darauf, daß die Folgen des verlorenen Krieges gleichmäßig auf allen Schultern verteilt werden.
Der Gesamtdeutsche Block/BHE verlangt vor aller Welt
eine friedliche Revision der Beschlüsse von Yalta und Potsdam durch Rückgabe der angestammten Heimat der Vertriebenen.
Der Glaube an das Recht ist erschüttert. [...]
Anstelle der Einsicht für die gemeinsame Verpflichtung
aller sind Einzelinteressen, Gruppenselbstsucht und Länder-
egoismus getreten.
Der sozial Schwache steht dieser Entwicklung hilflos gegenüber und versinkt in immer tieferes Elend. [...]
Die Kriegsgeneration und die Jugend sind von dem politischen Geschehen enttäuscht und lehnen es ab, Millionen
gutwilliger Deutscher sind ohne eigenes Verschulden bestraft
und zu Unrecht verfolgt worden.
Der deutsche Soldat findet seine Opfer nicht gewürdigt.
Der Gesamtdeutsche Block/BHE als Vorkämpfer für ein ge-
eintes Deutschland in einem vereinten Europa macht dieses
Opfer wieder sinnvoll und weist der Jugend den Weg in eine
bessere Zukunft.
Der Bedrohung durch fremde Ideologien steht kein mitrei-
ßendes eigenes Gedankengut zur Rettung Europas gegen

über. Das deutsche Volk ist zwar noch weitgehend immun gegen den Kommunismus, aber passiv in seiner Abwehr. [...]

In dieser Lage ist im Jahre 1950 der Gesamtdeutsche Block/ BHE auf den Plan getreten. Die fremde Gedankenwelt des Ostens kann nicht durch militärische Auseinandersetzungen überwunden werden. Allein durch eine neue überzeugende Geisteshaltung aller Menschen abendländischer Kultur wird dieser Flut Einhalt geboten. Deshalb fordert der Gesamtdeutsche Block/BHE von allen Deutschen, von allen Europäern eine innere Wandlung ihrer Geistes- und Lebenshaltung.

Der Gesamtdeutsche Block/BHE ruft alle auf, die guten Willens sind, den Grundstein für eine gerechte Neuordnung des deutschen Gemeinschaftslebens zum Schutze des Abendlandes zu legen. Im Geiste nationaler Solidarität, abendländischer Verpflichtung und christlicher Nächstenliebe müssen die unvermeidbaren Opfer gemeinsam getragen werden, um die Ziele zu verwirklichen, die in den folgenden Leitsätzen niedergelegt sind.

Der Gesamtdeutsche Block/BHE ist keine Kapitalisten- und keine Sozialistenpartei. Er ist weder Rechts- noch Linkspartei, sondern die Partei des Rechts, des Menschen- und Völkerrechts.

Der Gesamtdeutsche Block/BHE ist kein Selbstzweck und keine Interessenpartei.

Der Gesamtdeutsche Block/BHE fordert:

1. die volle Gleichberechtigung aller Deutschen,

2. die Durchsetzung wahrhaft demokratischer Grundsätze im staatlichen und kommunalen Leben,

3. eine saubere staatliche und kommunale Verwaltung und ihre Beschränkung auf das notwendige Maß,

4. ein parteipolitisch unabhängiges Berufsbeamtentum, das nur nach Charakter, Fähigkeit und Leistung gewertet wird, und die Entlassung der berufsfremden öffentlichen Bediensteten, soweit ihnen die persönliche und fachliche Eignung fehlt,

5. äußerste Sparsamkeit der Verwaltung und Einschränkung des repräsentativen Aufwandes entsprechend der Not des Volkes,

6. einen wirksamen Rechtsschutz gegen alle Übergriffe der Bürokratie,

7. die Bekämpfung der Korruption in allen Erscheinungsformen,

8. Duldsamkeit gegenüber religiösen, nationalen, rassischen und politischen Minderheiten und Wahrung ihrer Rechte,

9. wirkliche Freiheit für Presse und Rundfunk,

10. unabhängige, nur an das Gesetz gebundene Richter. [...]

Der Gesamtdeutsche Block/BHE wünscht einen geistigen Austausch mit anderen Ländern auf der Grundlage der Gegenseitigkeit und den Schutz der deutschen Kultur vor Überfremdung.

Im Jahr 1955 traten Waldemar Kraft und Theodor Oberländer zur CDU über, was den Anfang vom Ende des GB/BHE bedeutete. Die politische und in der Folge auch organisatorische Krise der Partei (Parteiaustritte, Wählerschwund) hatte ihre entscheidende Ursache darin, daß der Antikommunismus in der Innen- und Außenpolitik durch Konrad Adenauers Regierung zur Staatsdoktrin erhoben wurde und sich der GB/BHE für das rechte Wählerpotential als überflüssig erwies. Um sich der GB/BHE-Wählerschaft zu versichern, honorierte man auf Länder- und Bundesebene führende GB/BHE-Mandatsträger nach ihrem Übertritt zur CDU/CSU mit Ämtern. So wurde im Oktober 1957 Theodor Oberländer Bundesminister für Vertriebene, Flüchtlinge und Kriegsgeschädigte. Keiner anderen Partei in der Bundesrepublik ist es gelungen, so viele führende ehemalige Nationalsozialisten aus den seinerzeitigen Ostgebieten in wichtige Positionen zu bringen wie der BHE, dem Adenauer die Aufgabe zugewiesen hatte, den rechten Rand der Wählerschaft zu erfassen und so mittelbar seinen politischen Absichten zu verpflichten.

Im April 1961 fusionierte der GB/BHE mit der Deutschen Partei (DP) zur Gesamtdeutschen Partei (GDP), die sich 1972 auflöste.

Gesellschaft der Freunde Südtirols

Vorsitzender dieser eindeutig rechtsorientierten Vereinigung war bis zu seinem Tod 1983 Dr. Rudolf Aschenauer. Hauptanliegen der Gesellschaft war es, den rechten Flügel der Südtiroler Volkspartei im »Volkstumskampf« gegenüber dem italienischen Staat zu unterstützen; nach eigenen Angaben brachte die Gesellschaft dafür im Jahresdurchschnitt 125 000 DM auf.

Konservative Aktion

Im November 1981 stellte sich diese Aktionsgemeinschaft durch eine große Anzeigenkampagne vor, mit der
sie u. a. die Bildung von Bürgervereinigungen nach dem
Vorbild der rechtskonservativen Bürgerwehren in den
USA zu fördern gedachte. Unterstützt wurde sie dabei
u. a. von ZDF-Magazin-Moderator Gerhard Löwenthal,
dem Likörfabrikanten Ludwig Eckes, dem Hochschul-
professor Lothar Bossle und Günther Ossmann, Anwalt von Franz Josef Strauß und Kurt Ziesels Deutschland-Stiftung. Werbebriefe der Aktion, unterschrieben
von dem Bremer Journalisten Joachim Siegerist, trugen
die nachfolgend auszugsweise wiedergegebenen zehn
Grundsätze vor.

1. Wir sind konservativ. Deshalb sind wir für Frieden und
Freiheit. Frieden ohne Freiheit ist undenkbar. [...]
2. Wir sind konservativ. Deshalb sind wir für die Wiedervereinigung Deutschlands. Die Unfreiheit im kommunistisch
beherrschten Teil unseres Vaterlandes macht die Wiederherstellung der Einheit Deutschlands zur vorrangigen Aufgabe
einer verantwortlichen Politik. Die Ära der »Entspannung«
und eine Politik des »Wandels durch Annäherung« hat uns
dem Ziel der deutschen Einheit in Freiheit nicht näher gebracht. [...]
3. Wir sind konservativ. Deshalb sind wir stolz darauf,
Deutsche zu sein. Deshalb sind wir stolz auf unser deutsches
Vaterland. [...]
4. Wir sind konservativ. Deshalb bekämpfen wir entschieden den Links- und Rechtsradikalismus sowie rigoristische
Eiferer und Dogmatiker. [...]
5. Wir sind konservativ. Deshalb bekämpfen wir die Zerstörung und Aushöhlung von Eigentum in jeglicher Form.
In unserem Grundgesetz ist Eigentum als Grundrecht ver-
bürgt. [...]
6. Wir sind konservativ. Deshalb bejahen wir das Prinzip
der Leistung. Es gibt keinen Fortschritt ohne Leistung und
Wettbewerb. Chancengerechtigkeit ist zu schaffen und zu
schützen. Die Gleichheit des Ergebnisses ist jedoch als lei-
stungsfeindlich und utopisch abzulehnen. Dem sozial Schwä-
cheren ist zu helfen. Der Stärkere ist in seiner Verantwortung
für die Gemeinschaft zu respektieren, wie er seinerseits diese
zu respektieren hat. [...]
7. Wir sind konservativ. Deshalb kämpfen wir für Freiheit
der Forschung und Lehre und die Qualität der Bildung und
Ausbildung. [...]

8. Wir sind konservativ. Deshalb bejahen wir notwendige Verteidigungsausgaben zur Erhaltung der Freiheit. Wachsamkeit und militärische Vertragsbereitschaft dürfen nicht politischen Strömungen der Anpassung und der Anbiederung zum Opfer fallen. [...] Abrüstung wird nur dann Frieden bringen, wenn in Ost und West unter Wahrung des militärischen Gleichgewichts sie unter Kontrolle durchgeführt wird. [...]

9. Wir sind konservativ. Deshalb bejahen wir uneingeschränkt die Soziale Marktwirtschaft [...] Die Infragestellung des Gewinns nach den ideologischen Regeln einer als Gleichheit mißverstandenen Gerechtigkeit bringt dem einzelnen nichts, unterbindet wirtschaftliche Investitionen und ist daher der sicherste Weg zu einer Armut aller in einem Verteilungssozialismus.

10. Wir sind konservativ. Deshalb reden wir mit der Jugend und nicht über sie [...] Die Jugend muß mit Herz und Verstand in unser Gemeinwesen einbezogen werden. Unser Staat muß der heranwachsenden Generation geistig-ethische und nicht zuletzt gefühlsmäßige Identifikation mit ihrem Gemeinwesen ermöglichen, mit seiner freiheitlichen Wertordnung, seinem nationalen Selbstbehauptungswillen und seinen geschichtlichen Verwurzelungen. [...] Alte Tugenden wie Fleiß, Leistung, Mäßigung und Dienen werden in angemessener »moderner« Form ihre unmittelbare Brauchbarkeit erweisen. [...]

Konservative Sammlung

Die im Januar 1970 von Professor Hans-Joachim Schoeps gegründete Vereinigung formulierte ihre Ziele in einer Anzeige so:

Aus Sorge und Verantwortung für die Zukunft des deutschen Volkes haben sich Männer und Frauen aus allen Teilen Deutschlands zur Konservativen Sammlung zusammengefunden.

Die Konservative Sammlung fördert und verbreitet konservatives Ideengut in Wort und Schrift. Sie füllt eine im politischen Leben der Bundesrepublik bisher bestehende Lücke aus und schafft vielen politisch Heimatlosen, denen es um Wahrung deutscher Geschichte und Tradition zu tun ist, eine öffentliche Plattform. Den aus den Pervertierungen der Revolutionen von 1789 und 1917 abgeleiteten Bestrebungen, die auf die Zerstörung der bestehenden Rechtsordnungen hinarbeiten, soll die konservative Position entgegengestellt werden.

Die Konservative Sammlung bejaht den Machtcharakter des Staates zur Schaffung und Aufrechterhaltung der Rechtsordnung, weil sie in der gerechten Ordnung des Staates einen göttlichen Auftrag sieht. Die Konservative Sammlung wendet sich gegen die heute in Mode gekommene zersetzende Theologie.

Die Konservative Sammlung fordert auf, Stellung zu nehmen gegen eine einseitige Verzichtpolitik gegenüber den Staaten des Warschauer Paktes (sog. »sozialistisches Lager«) und bestreitet jeder deutschen Regierung das Recht, die Oder-Neiße-»Grenze« anzuerkennen, ohne daß vorher das deutsche Volk die Möglichkeit erhält, in einer solchen schwerwiegenden nationalen Schicksalsfrage durch Plebiszit seinen Willen kundzutun.

Die Konservative Sammlung hält es für notwendig, daß bewußt zersetzende Kritik an der Bundeswehr nicht länger schweigend hingenommen wird, ferner, daß der Auflösung von Hochschulen und Universitäten durch angebliche Reformen unter dem Schlagwort der Demokratisierung Einhalt geboten wird. Hingegen werden positive Reformen der Ausbildungswege bejaht.

Die Konservative Sammlung tritt ein für die Umwandlung des Bundesrates in ein echtes Oberhaus, das größere Unabhängigkeit von den Parteien haben soll und die Bildung politischer Nobilität ermöglichen kann. Sie wünscht ferner, daß der Bundespräsident durch die Bürger direkt gewählt wird, um dieses Amt den parteipolitischen Willkürkompromissen und Zufallsmehrheiten zu entziehen.

Die Konservative Sammlung fordert Maßnahmen gegen die dem Artikel 8 des Grundgesetzes widerstreitende Manipulation von Presse, Rundfunk und Fernsehen durch einseitige tendenziöse Berichte seitens aller radikalen Kräfte, in der augenblicklichen Situation hauptsächlich derer von links.

Die Konservative Sammlung verurteilt die Vergabe des Wahlrechts an die heranwachsenden Achtzehnjährigen als staatspolitisch verantwortungslos. Sie wünscht aber eine Reform des Wahlrechts, die der Ungleichheit der politischen Verantwortung und Kompetenz Rechnung trägt.

Die Konservative Sammlung leistet Widerstand gegen die auflösenden Tendenzen des gegenwärtigen Zeitgeistes, vor allem gegen das einseitig nur auf materielle Güter gerichtete Wohlstandsdenken, dem gegenüber sie an das einstige preußische Staatsethos erinnert.

Paneuropa-Union

Die 1947 neu gegründete internationale Paneuropa-Union war bemüht, die Tradition der 1923 von Graf Coudenhove-Kalergi geschaffenen gleichnamigen Organisation fortzusetzen. Unter ihrem Präsidenten Otto von Habsburg ist sie jedoch zu einem Werbeverein für ein extrem konservatives Europa geworden. »Wir sind Großeuropäer. Für uns ist die Linie, die im Februar 1945 in Jalta durch Nichteuropäer quer durch unseren Erdteil gezogen wurde, keine gültige Grenze« – so der Leitgedanke von Habsburgs. Bernd Posselt, Vorsitzender der Paneuropa-Jugend, wurde noch deutlicher: »Es geht um die Entscheidung, ob ganz Europa frei wird. Es gilt, die heutigen Grenzlinien zu verändern.« Der internationalen Paneuropa-Union gehörten 1977/1978 nach eigenen Angaben 16 Sektionen an; die stärkste davon war die der Bundesrepublik mit 10 Landesverbänden. An deren Spitze standen zumeist führende CDU/CSU-Funktionäre, so Hans Edgar Jahn, MdB, ehemals Präsident der von der Bundesregierung finanzierten Arbeitsgemeinschaft Demokratischer Kreise (ADK). Präsident der Paneuropa-Union Deutschland war zeitweilig Bundesminister a.D. Dr. Hans-Joachim von Merkatz, der im Lauf der Jahre leitende Funktionen bei Landsmannschaften und rechtsgerichteten Gruppierungen innehatte, u.a. die des Präsidenten des Ostdeutschen Kulturrates und des Ehrenpräsidenten der ultrarechten Deutschland-Stiftung. Als Bundesgeschäftsführer der Paneuropa-Union fungierte u.a. der Vizepräsident des Bundes der Vertriebenen (BdV), Rudolf Wollner.

Patrioten für Deutschland

Im Oktober 1985 rief diese Vereinigung in großformatigen Anzeigen in der *Welt*, der *Frankfurter Allgemeinen Zeitung* und *Bild* zu einer »überparteilichen Sammlung« aller »patriotisch gesinnten Mitbürger und schon bestehender Gruppen und Vereinigungen« auf. Unterzeichner des Aufrufs waren u.a. Helga Zepp-LaRouche, Vorsitzende der von US-Kreisen initiierten Europäischen Arbeiterpartei (EAP), und der ehemalige Vorsitzende der Abendländischen Akademie, Friedrich August Freiherr von der Heydte, Mitglied der CSU. Unterstützung erfuhr die Gruppierung insbesondere durch die in den USA beheimatete Bewegung Peace through Strength, die das Ziel verfolgte, der US-amerikanischen Strategischen Verteidigungsinitiative SDI Befürworter zu gewinnen. Das US-Patronat wurde auch in dem nachstehend abgedruckten Programm deutlich, das die Vereinigung in einem Extrablatt im Januar 1988 veröffentlichte und in dem sie Punkt für Punkt ihre Position darlegte.

Außenpolitik
Die Patrioten sind gegen die Finnlandisierung und den Ausverkauf der Bundesrepublik Deutschland. Die westliche Allianz kann nur überleben, wenn die Amerikaner ihre Politik entscheidend verändern, wobei die Präsidentschaftskampagne Lyndon LaRouches die größte Hoffnung darstellt. Die Patrioten sagen ein deutliches NEIN zum INF-Vertrag und jeder weiteren Untergrabung unserer Verteidigungsfähigkeit. Wir stehen fest zum Bündnis mit Amerika, Frankreich und den anderen westeuropäischen Staaten.

Innenpolitik
Die Patrioten sind, erst recht nach der Ermordung der Polizisten am Frankfurter Flughafen, für einen kompromißlosen Kampf gegen den internationalen Terrorismus, der von der Sowjetunion gegen den Westen eingesetzt wird. Wir sind für die schonungslose Aufdeckung der Hintermänner, Finanziers und internationalen Verbindungen des Rauschgift- und Waffenhandels. Die effektive Beobachtung und Isolierung des terroristischen Umfelds ist dringend erforderlich.

Wirtschaftspolitik
Die Patrioten haben seit Jahren vor einem Finanzkollaps von weit schlimmeren Ausmaßen als 1929 gewarnt. Es muß sofort gehandelt werden. Die Bundesregierung muß den erheblichen Einfluß der führenden Industrienation Bundesrepublik Deutschland geltend machen, um sicherzustellen, daß IWF und Weltbank durch ein neues, leistungsfähiges Weltwährungssystem ersetzt werden, das auf produktive Entwicklung ausgerichtet ist. Dazu soll der Goldreservestandard wieder eingeführt und die Bundesbank der Bundesregierung unterstellt werden.

Landwirtschaft
Wir lehnen den brutalen Strukturwandel, wie er jetzt überall gepredigt wird, grundsätzlich ab. Die Patrioten fordern eine grundsätzliche Reform des Weltagrarmarktes auf hohem Preisniveau. Statt immer mehr Nahrungsmittel zu Spottpreisen aus den hungernden Ländern einzuführen, fordern wir einen Marshallplan, mit dessen Hilfe Landwirtschaft und Infrastruktur in diesen Ländern entwickelt werden können.

Wir brauchen unsere leistungsfähige Landwirtschaft, um mehr Nahrungsmittel für mehr Menschen erzeugen zu können.

Gesundheitspolitik

Die Gesundheitspolitik unseres Landes hat sich zu einem untragbaren Sicherheitsrisiko entwickelt, besonders wegen der skandalösen Verharmlosung der bedrohlichen Massenseuche AIDS durch Frau Süssmuth. Die Patrioten fordern die Aufnahme von AIDS ins Bundesseuchengesetz: namentliche Meldepflicht von AIDS-Erkrankungen und -Ansteckungen, kostenlose Reihenuntersuchungen. Am wichtigsten aber ist ein Sofortprogramm in der AIDS-Forschung, das keine Kosten scheuen darf.

Kultur und Bildung

Die Bürger Baden-Württembergs sollten auf den großen Dichter Friedrich Schiller, den Wissenschaftler Johannes Kepler und den Wirtschaftspolitiker Friedrich List stolz sein und diese kulturelle Tradition fördern und pflegen. Die Patrioten fordern die Erziehung der jungen Generation im Sinne der deutschen Klassik und des Humboldtschen Bildungsideals. Im Bereich der Naturwissenschaften müssen wir die Tradition von Leibniz, der Göttinger Schule und der Weltraumpioniere der 20er Jahre wiederbeleben und fortsetzen.

Wissenschaftspolitik

Die Patrioten setzen sich für die Modernisierung der deutschen Stahl- und Werftindustrie sowie für die Modernisierung des Verkehrsnetzes – z.B. mit der umweltfreundlichen Magnetschwebebahn – ein. Im Gegensatz zu Lothar Späth wollen die Patrioten den zügigen Ausbau unserer sicheren Kernenergie, des Schnellen Brüters und des HTR. Nur durch die Förderung industrieller Großprojekte werden wir neue Arbeitsplätze schaffen.

Die Republikaner

Im November 1983 gründeten die beiden einstigen CSU-Abgeordneten Franz Handlos und Ekkehard Voigt sowie der mit Franz Josef Strauß ehemals eng befreundete Journalist Franz Schönhuber die Partei der Republikaner. Die angeblich von 600 Personen besuchte Gründungsversammlung wählte Handlos zum Vorsitzenden, Voigt und Schönhuber zu seinen Stellvertretern. Im Dezember 1983 wurde die Partei vom Bundeswahlleiter anerkannt.

Im März 1985 kam es durch den Austritt einer Gruppe unter Führung von Ekkehard Voigt zu einer Abspaltung, die fortan unter dem Namen Bayerische Republikaner agierte. Es folgten gegenseitige Beschuldigungen und Ausschlußverfahren zwischen Handlos, Voigt und Schönhuber. So klagte Handlos 1985 gerichtlich auf Ausschluß Schönhubers und Amtsenthebung Voigts. Zur Begründung führte er an, Schönhuber und Voigt würden die Republikaner zum »Auffangbecken rechter Kräfte umfunktionieren«; unumwunden bezeichnete er seine bisherigen Parteifreunde als Nazis. Die Klage wurde zurückgewiesen, worauf Handlos der Partei den Rücken kehrte und die Freiheitliche Volkspartei (FVR) gründete. Dieser Neugründung kam jedoch ebensowenig politische Bedeutung zu wie der Voigtschen.

Ungeachtet aller Querelen waren die Republikaner bereits eindeutige Gewinner im bayerischen Landtagswahlkampf 1986: Im ersten Anlauf konnten sie 342 000 Stimmen – das entsprach 3 Prozent der Wähler – verbuchen. Bei der Beurteilung des Wahlergebnisses muß berücksichtigt werden, daß den rechts von der CSU stehenden Republikanern aufgrund der genannten innerparteilichen Streitigkeiten nur ein halbes Jahr Zeit geblieben war, ihre Partei für den Wahlkampf organisatorisch aufzubauen. Um so bemerkenswerter ist es, daß Franz Schönhuber in seinem Stimmkreis Rosenheim 9,2 Prozent der Erststimmen erhielt. Die Wahlresultate zeigten, daß die Republikaner in jenen Städten und Orten einen überproportionalen Stimmenanteil bekommen hatten, wo sich die Parteiorganisation etablieren konnte. Besonders erfolgreich war die neue Partei in den früheren NPD-Hochburgen Mittel- und Oberfranken; es war ihr offensichtlich gelungen, einen Teil des früheren NPD-Wählerpotentials zu gewinnen, wenn auch nicht die NPD-Stammwählerschaft. Außerdem vermochten die Republikaner die »Altparteien«-Verdrossenheit vieler Bürger für sich zu nutzen.

Die Republikaner können als junge Partei mit alter Phraseologie gelten. Im Wahlkampf müssen sie sich einerseits formal von der rechtsextremen NPD distanzieren und andererseits versuchen, deren Wähler zu gewinnen. Hierzu kommt noch das Potential von CSU-Wählern, die gesinnungsmäßig am rechten Rand der Partei stehen. Der politisch sehr wandlungsfähige Schönhuber balanciert auf dem schmalen Grat zwischen rechtsextremer und rechtskonservativer Agitation. Zwar fühlt sich der ehemalige Angehörige der SS-Leibstandarte Adolf Hitler bemüßigt zu betonen, daß »die Juden keine Untermenschen« seien, doch steht er auf dem Standpunkt: »Wer als Jude in diesem Lande lebt, muß sich auch unseren Gesetzen unterwerfen!« (*Der Republikaner*, 9/1986) Im Klartext heißt das, daß die Bürger jüdischen Glaubens, deren Familien seit Generationen in Deutschland leben, als Gäste abqualifiziert werden. Dies erinnert an die »Nürnberger Gesetze« von 1935, nach denen Staatsangehöriger nur sein konnte, wer »Volksgenosse« und »deutschblütig« war. Die sogenannten gemäßigten Nationalsozialisten wie auch ihre Vorfahren, die Alldeutschen, wollten seinerzeit den Juden nur einen Gästestatus zubilligen. Sie wurden von den radikalen Antisemiten überrollt und erwiesen sich ebenso wie diese als Wegweiser nach Auschwitz.

Zu Recht beschuldigt die NPD in einem Flugblatt die Republikaner, sie bedienten sich der NPD-Argumente. In der Tat erinnert die Diktion Franz Schönhubers und Harald Neubauers, der beiden Hauptredner der Republikaner, an jene neonazistische Partei. In einem von Unverbindlichkeiten strotzenden Flugblatt wenden sich die Republikaner gegen »Skandale und Korruption«, die »Auflösung familiärer Bindung«, die »Benachteiligung von Frauen«, die »Förderung von Angst und Hoffnungslosigkeit«, den »Ausverkauf deutscher nationaler Interessen«, die »Steigerung von Kriminalität, Unsicherheit und Drogenmißbrauch«, außerdem sei die Justiz »schwach, hilflos und nachgiebig« und »durch die APO von 1968« unterwandert.

Bei Veranstaltungen werden sie dann deutlicher. So sprach Schönhuber bei einer Kundgebung im Oktober 1986 in München von den »Republikanern als Widerstandskämpfern gegen die moralische Versumpfung unseres Volkes« und forderte »die Wiederherstellung von Gesetz und Ordnung«. Als Wege dorthin empfahl er die Einführung eines sozialen Pflichtjahres für Mädchen und eines Arbeitsdienstes für Wehrdienstverweigerer, denn »die Zukunft gehört den Anständigen und den Tapferen«. Des weiteren wandte er sich gegen den »schwarzen Sumpf«, die »Liberalen als Krebsschaden unserer Demokratie« und bezeichnete die Grünen als »die Todesschwadronen unserer Gesellschaft«. Zur Bewältigung des Asylantenproblems schlug Schönhuber die Einführung des Straftatbestands »Asylbetrug« vor; in diesem Zusammenhang geißelte er eine »unheilige Allianz zwischen deutschen Bischöfen und Gewerkschaften«, die sich für die Aufnahme weiterer Asylanten aussprächen. Ferner versicherte er, die Republikaner hätten nichts gegen die Türken, zumal sie den Deutschen »voraus im Familienzusammengehörigkeitsgefühl« seien. Keinesfalls aber dürfe die schwierige soziale Situation in der Türkei auf dem »Rücken der deutschen Arbeitnehmer ausgetragen« werden. Im übrigen sei das »Schicksal eines bayerischen Holzfällers wichtiger als das eines Plantagenarbeiters in Nicaragua«.

Im Januar 1989 sprachen sich in West-Berlin 90140 Wähler (7,5 Prozent) für die Republikaner aus, die somit im Berliner Senat mit 11 und im Bundestag mit 2 Abgeordneten vertreten waren. Sie votierten damit für einen extremen Nationalismus ebenso wie für radikale Ausländerfeindlichkeit. Selbstverständlich wäre es verfehlt, den Personenkreis, der sich für die Republikaner entschied, als unverbesserliche Rechtsradikale in einen braunen Eintopf zu werfen. Doch auch die NSDAP-Wähler in den 30er Jahren waren unterschiedlich motiviert. Tatsache ist, daß es seit 1945 keiner rechtsradikalen Partei gelungen war, auf Landesebene aus dem Stand einen solch hohen Stimmenanteil zu gewinnen. Zwar erhielt die NPD bei den Landtagswahlen 1966 in Hessen 7,9, 1967 in Bremen 8,8 und 1968 in Baden-Württemberg 9,8 Prozent der Stimmen, doch handelte es sich hier um eine Partei, die, obwohl erst 1964 gegründet, auf den organisatorischen Kern, also Funktionäre und Mitglieder, der schon vorher erfolgreichen Deutschen Reichspartei und verschiedener anderer rechtsradikaler Gruppen zurückgreifen konnte.

Die objektiven Voraussetzungen waren bei der Westberliner Wahl schon deshalb andere, weil die NPD aufgrund des Alliiertenstatus nicht kandidieren durfte und ihr Berliner Landesverband daher am 9. Januar 1989 dazu aufgerufen hatte, der Partei Schönhubers die Stimme zu geben, da »deren Positionen gerade in der Ausländerfrage mit unseren absolut identisch sind«. Dementsprechend kamen die Stimmen eindeutig rechtsradikaler Wähler in Berlin den Republikanern zugute. Nicht zu Unrecht erklärte NPD-Bundesgeschäftsführer Jürgen Schützinger: »Berlin voll im Aufwärtstrend« und berief sich darauf, daß die Republikaner in Berlin nur wegen der vielen »Leihstimmen der Nationaldemokraten« ein solches Ergebnis erzielen konnten.

Mit dem Hinweis, daß die Aussagen der Republikaner im politischen Alltag mitunter merklich reißerischer klingen, seien im folgenden die »Zehn Leitthesen« wiedergegeben, die sie ihren Absichten zugrunde legen:

1. Demokratie

Wir Republikaner leiten unsere Existenz ab von dem altrömischen »res publica«. Wir wollen diesem Staate dienen und nicht an ihm verdienen. Alles Denken und Handeln ist auszurichten auf eine Gesellschaft von mündigen Bürgern in einer Republik, in der sich konservative und liberale Grundzüge gegenseitig ergänzen.

2. Staat

Der demokratische Staat ist die Gemeinschaft selbstbewußter, eigenverantwortlicher und freier Bürger. Er hat die Interessen der Nation, vor allem ihre Identität und ihre Sicherheit nach innen und außen, zu bewahren. Wir Republikaner bekennen uns dazu, Deutsche zu sein. Wir werden kämpferisch diese Republik verteidigen und werden es nicht zulassen, daß dieses unser Land in die Hände von Extremisten fällt.

3. Verwaltung

Die staatlichen Organe sind nicht Obrigkeit. Sie sind vielmehr Diener der Bürger. Die staatliche Verwaltung ist auf ein Mindestmaß zu beschränken.

4. Steuern

Der Staat erhebt nur die Steuern und Abgaben, welche für seine Aufgaben im Dienste am Bürger notwendig sind. Die erhobenen Steuern und Abgaben sind von den staatlichen Organen sorgfältig und verantwortungsbewußt zu verwalten. Das Steuersystem hat für jedermann verständlich und überschaubar zu sein. Die Bürger sind gleichmäßig und gerecht zu belasten.

5. Gesellschaft

Der freiheitlich-demokratische Bürgerstaat beruht auf einer intakten Gesellschaftsordnung. Die gesetzlichen Vorschriften haben diese gemeinsame und persönliche Verantwortung zu sichern.

6. Familie

Die Familie steht im Mittelpunkt. Ihr gilt deshalb auch besonderer Schutz, Förderung und Sorge des Staates.

7. Umwelt

Der Staat ist ausgerichtet auf eine heile Umwelt für seine Bürger. Die Erhaltung, Schaffung und Sicherung natürlicher und gesunder Lebensbedingungen des Menschen einschließlich der Tier- und Pflanzenwelt hat Vorrang.

8. Wirtschaft

Die Leistung der Volkswirtschaft ist das Ergebnis technologischer Entwicklung und der Leistungskraft seiner Bürger. Wettbewerb und Leistungsprinzip sind die entscheidenden Antriebskräfte freier Marktwirtschaft.

9. Eigentum

Die Vermögensverteilung ist so zu verwirklichen, daß das gemeinsam geschaffene Vermögen gerecht allen Mitbürgern zukommt. Die Konzentrationsförderung muß beendet werden.

10. Rechtsordnung

Die Rechte des einzelnen haben ihre Grenze, wo die Allgemeinheit Schaden erleidet. Der Staat hat für konsequentes Handeln im allgemeinen Bürgerinteresse zu sorgen.

Wenn sich Schönhuber von den rechts von ihm stehenden Parteien wie NPD und Deutsche Volksunion (DVU) distanziert hat, so haben hierbei persönliche und taktische Erwägungen zweifellos eine nicht zu unterschätzende Rolle gespielt. Es ist durchaus eine Situation denkbar, in der Schönhuber und seine Mitkämpfer mit ihrem deutsch-nationalen Taktieren einem Teil der Mitglieder und der Wähler zu wenig rechtsradikal wären und dieser daraufhin zu eindeutig neonazistischen Gruppierungen und Parteien überwechselte. Eine solche politische Wanderbewegung von konservativen, deutsch-nationalen Parteien zur NSDAP haben die linken Parteien zur Weimarer Zeit miterlebt und später miterlitten. Eine andere Variante wäre Schönhubers Hoffnung, daß ihn die Unionsparteien als Mehrheitsbeschaffer benötigen könnten. Diese politische Rechnung ist nicht ganz abwegig, dürften doch die großen Parteien SPD und CDU/CSU in Zukunft nur in seltenen Fällen jene Mehrheit erreichen, die sie zur Regierungsbildung brauchen, und deshalb für Bürgerblock-Koalitionen auf Länder- und Bundesebene unter Umständen auf Abgeordnete der Republikaner angewiesen sein. Nicht von ungefähr hieß es in der Tageszeitung *Die Welt* vom 9. Februar 1989: »Mit der Union geht Schönhuber ansonsten mit milder Nachsicht um, in seinen Worten schwingt die Botschaft mit: Die werden uns noch brauchen – und umgekehrt.«

Sammlungsbewegung für eine freie deutsche Republik

Im Juni 1977 rief der damalige Vorsitzende der Deutsch-land-Stiftung, Gerhard Löwenthal, anläßlich der Verlei-hung des Konrad-Adenauer-Preises zur Bildung dieser Sammlungsbewegung auf. Deren Notwendigkeit begrün-dete er wie folgt: »Das Unbehagen der Bürger an den etablierten Parteien wächst zusehends und läßt begrün-dete Zweifel daran entstehen, ob das nunmehr über dreißig Jahre alte Parteiengefüge der Bundesrepublik Deutschland noch geeignet ist, die Sozialisten und ihre Hilfstruppen noch einmal in die Opposition zurückzu-verweisen. Davon aber, daß dies gelingt, hängt die Zu-kunft unseres Landes ab.«

Umweltschutz-, Steuerzahler- und Arbeitnehmer-Partei (USA)

Im Oktober 1984 präsentierte der ehemalige CDU-Bun-destagsabgeordnete Dietrich Bahner junior diese Neu-gründung, mit der er sich an den bevorstehenden Wahlen zum Abgeordnetenhaus in Berlin zu beteiligen gedachte. Bahner rechnete vor allem mit Wählern rechts von der CDU. Außerdem zählte er auf die Mitarbeit von Per-sonen, die aus der SPD entweder ausgeschlossen wor-den oder ausgetreten waren, etwa Hermann Kreutzer, ehemaligem Ministerialdirektor im Innerdeutschen Mi-nisterium; Professor Alexander Schwan; Herbert Bath, Landesschulrat; Wolfgang Staschen, ehemals Vorsitzen-dem der SPD-Arbeitsgemeinschaft der Selbständigen; und Horst Bowitz, zehn Jahre Bezirksbürgermeister in Wedding. Der erwartete Wahlerfolg blieb dem USA-Eh-renvorsitzenden Dietrich Bahner versagt.

Verein für das Deutschtum im Ausland (VDA)

Es gibt kaum eine zweite rechtskonservative Organisa-tion, bei der die – über 100jährige – Kontinuität des extre-men Nationalismus so offensichtlich ist wie beim VDA, der im August 1881 unter dem Namen Allgemeiner

Deutscher Schulverein (ADSV) gegründet wurde. Die ADSV–Statuten galten der Verschleierung einer expansionistischen Politik; u. a. hieß es da:

§ 1 Der »Deutsche Schulverein« hat den Zweck, die Deutschen außerhalb des Reiches dem Deutschtum zu erhalten und sie nach Kräften in ihren Bestrebungen, Deutsche zu bleiben oder wieder zu werden, zu unterstützen.

§ 2 Seinen Zweck sucht der Verein zu erreichen durch Unterstützung und nach Umständen Errichtung deutscher Schulen und Bibliotheken, Beschaffung deutscher Bücher, Anstellung und Unterstützung von deutschen Lehrern und ähnlichen Mitteln.

In der Praxis standen hinter den ADSV-Gründern Vertreter des Großhandels, zu denen sich später Repräsentanten der Schwerindustrie gesellten. Ihnen ging es weniger darum, Schulen für deutsche Kinder im Ausland zu gründen, als vielmehr um die Sicherung von Absatzgebieten und, damit verbunden, die Vergrößerung ihres wirtschaftlichen und politischen Einflusses. 1908 wurde der ADSV in Verein für das Deutschtum im Ausland umgenannt. Welche Bedeutung dem ADSV und späteren VDA im Kaiserreich und in der Weimarer Republik zukam, ist an der Entwicklung der Mitgliederzahl abzulesen:

1881	1 345 Mitglieder
1885	19 000 Mitglieder
1890	36 000 Mitglieder
1895	26 524 Mitglieder
1900	32 000 Mitglieder
1905	34 774 Mitglieder
1910	45 272 Mitglieder
1915	57 452 Mitglieder
1917	62 000 Mitglieder
1930	rund 2 000 000 Mitglieder

Die große Stunde des VDA schlug mit Beginn des Ersten Weltkriegs; während der Kriegsjahre 1914 bis 1918 trat er durch ausgeprägt chauvinistische Propaganda hervor. In der Weimarer Republik konnte er wie so viele andere alldeutsche Vereinigungen seine Tätigkeit fortsetzen. Bereits wenige Monate nach Kriegsende begann er die Idee von der Errichtung eines Großdeutschlands nachhaltig zu unterstützen. Einer der Ideologen des Vereins, Hugo Grothe, versicherte, mit der Verwirklichung des Selbstbestimmungsrechts der Völker werde auch »die Schöpfung des Einheitsblocks des Deutschtums in Mitteleuropa seine Verwirklichung finden«. Es zählt zu den Merkwürdigkeiten der Weimarer Republik, daß deren Regierungen ihre Feinde von rechts nicht nur tolerierten, sondern sogar finanziell förderten. Allein aus dem Deutschtumfonds kassierte der VDA jährlich 30000 bis 50000 Reichsmark. Die enge Zusammenarbeit mit dem republikanischen Staatsapparat nutzten die Antirepublikaner des VDA dazu, die deutschen Schulen im Ausland zu Stützpunkten deutsch-nationaler ideologischer Beeinflussung der Auslandsdeutschen auszubauen. Ab 1933 gehörte der VDA zu den wenigen Organisationen, die von den Nazis weder verboten noch gleichgeschaltet, sondern aufgewertet wurden. Er war für die Regierung Hitlers wichtig, weil die NSDAP zu diesem Zeitpunkt noch nicht über eine funktionierende Auslandsorganisation verfügte. Nach der Kapitulation wurde der inzwischen in Volksbund für das Deutschtum im Ausland umbenannte VDA von den Alliierten verboten.

Im Jahr 1955 erfolgte in München die Wiedergründung. Schon im November 1958 traten Persönlichkeiten wie Dr. Wilhelm Hoegner, Waldemar von Knoeringen und Alois Hundhammer aus dem VDA mit der Begründung aus, der Verein sei durch ehemalige NS-Belastete unterwandert. In der Programmschrift von 1955 war etwa folgendes zu lesen: »Wer wandert, gefährdet sein Volkstum, schwächt seine volkliche Heimat, kann ungeschützt der Forderung auf Assimilation gegenüberstehen und gehört zu jenen dünnen Zwischenschichten von Volkstum, die keinen Bestand haben.« Und an anderer Stelle hieß es: »Bestehende Volksinseln in fremdem Volkstum haben Anspruch auf Volkstumsschutz, Volksgrenzen sollen heiliggehalten werden.« Es entspricht deshalb durchaus der politischen Logik, daß der VDA zu Organisationen wie der Deutschland-Stiftung, der Sudetendeutschen Landsmannschaft und dem Witikobund sowie zur NPD Kontakte unterhält. In den Reihen seiner Gönner steht auch der Pressesprecher der Bundesregierung im Ministerrang, Hans Klein (CSU).

Vereinigung für Kultur und Politik (VKP)

Unter diesem Namen betätigte sich ab Sommer 1987 eine »Regionalgruppe Ostwestfalen-Lippe«. Die VKP gedachte »im westfälischen Raum an der Zusammenführung erneuerungsorientierter, konservativer Kräfte aus dem christlichen, wertkonservativen und nationalen Bereich« zu arbeiten. Ihre Thesen lauteten:

1. Die Vereinigung für Kultur und Politik setzt sich zum Ziel, eine menschenwürdige Zukunft der Deutschen auf der Grundlage der kulturellen, politischen und geisteswissenschaftlichen Tradition mitzugestalten.

2. Vorrangig soll der Orientierungslosigkeit, dem Verlust christlicher und humaner Wertmaßstäbe sowie dem Verfall der politischen Kultur entgegengewirkt werden.

3. Es ist nach Wegen zu suchen, den Schutz des menschlichen – auch des ungeborenen – Lebens umfassend zu gewährleisten.

4. Die Selbstverantwortung des Einzelnen für Umwelt und Natur und deren Erhaltung als Lebensgrundlage künftiger Generationen ist zu fördern.

5. Die Interessen der Ökologie und Ökonomie müssen in vernünftiger Weise miteinander in Einklang gebracht werden.

6. Die Verantwortung des Einzelnen für die geistig-kulturelle Entwicklung unserer Gesellschaft muß klargestellt werden. Die Realisierung des Rechts auf freie Entfaltung der Persönlichkeit findet ihre Grenzen in den Rechten der Mitmenschen.

7. Alle religiösen und ethisch orientierten Menschen sollen die Möglichkeit haben, an den geistigen, kulturellen und politischen Aufgaben mitzuwirken, wobei der Sinn für die Geschichte geweckt werden soll, besonders weil die Deutsche Frage immer noch ungelöst ist.

8. Der Bürger muß wahrheitsgemäßer informiert werden; deshalb sind die Praktiken manipulierter Berichterstattungen in den Medien gezielt zu entlarven.

9. Unsere Arbeit darf sich nicht nur darauf beschränken, uns mit Fehlern der Regierung, der Parteien und anderer gesellschaftlicher Gruppen auseinanderzusetzen. Wir müssen uns auch mit der unbefriedigenden Haltung weiter Teile der christlichen Kirchen befassen, die zwischen der Anpassung an gesellschaftliche Trends und Politisierung der Theologie wetteifern.

10. Den Auswirkungen einer radikalen Emanzipationspolitik und ihren bedenklichen Entwicklungen in der Gesellschaft ist entgegenzuwirken. Die im Grundgesetz garantierte

Gleichberechtigung und Chancengleichheit von Mann und Frau im privaten, beruflichen und politischen Leben bleiben selbstverständlich garantiert.

11. Ideologisierte Schul- und Hochschulexperimente sind zu bekämpfen. Schulische und berufliche Ausbildung sollen aus ihrer einseitigen Fachorientierung herausgeführt werden. Humanistische Unterrichtung, Religions- oder Ethikunterricht und ein breiteres Allgemeinwissen, aber auch die musischen Interessen junger Menschen sind stärker zu fördern.

12. Die existentielle Sicherung und notwendige Reform des Rechts-, Wirtschafts- und Sozialsystems, um die Funktionsfähigkeit unserer freiheitlichen Demokratie zu erhalten, erfordern ein tieferes Nachdenken der Menschen in den ethischen und moralischen Bereichen von Kultur und Politik.

Die größte Sorge der VKP war es, daß es zu einer Entspannung zwischen der Sowjetunion und den USA kommen könnte. Aus diesem Grunde warnte Helmut Bärwald bei einer Vortragsveranstaltung im Januar 1988 besonders nachdrücklich vor einer gefährlichen Gorbatschow-Euphorie, die zur Aufweichung wertebezogener Grundpositionen unserer freiheitlich-rechtsstaatlichen Demokratie führen werde.

Vereinigung zur Förderung der politischen Willensbildung

Die 1972 gegründete Vereinigung wandte sich vor allem an potentielle NPD-Wähler. Sie behauptete, die Regierung Brandt/Scheel sei »ein Kind der NPD« gewesen. Bei den bevorstehenden Bundestagswahlen dürfe man keine Stimme für eine Partei verschenken, die an der 5-Prozent-Klausel scheitern werde; weiter hieß es: »Der Kampf aller, die deutsch denken und fühlen, gilt zunächst und vor allem der roten Koalition! Jetzt kommt es darauf an, daß keine Stimme – sei es mittelbar oder unmittelbar – den Roten zugute kommt! Darum seid klug und wachsam am 19. November!« Die Spenden, mit deren Hilfe in zum Teil ganzseitigen Zeitungsanzeigen für die CDU/CSU geworben wurde, stammten nach Aussage des Organisators dieser Gruppe, Karl-Friedrich Grau, »aus Industriekreisen«.

Chronologisches Verzeichnis rechtsradikaler Organisationen und Parteien 1945–1989

Die nachfolgende chronologische Zusammenstellung von rechtsradikalen und rechtskonservativen Gruppen, Organisationen und Parteien von 1945 bis 1989 ist zwangsläufig unvollständig, da nur jene Gruppierungen genannt sind, deren Gründungsjahr sich feststellen ließ. Von vornherein keine Erwähnung fanden jene kurzfristig agierenden Zusammenschlüsse, die teilweise nur auf örtlicher Ebene erfolgten und kaum von der Öffentlichkeit wahrgenommen wurden; soweit sie im Text des Buches erscheinen, findet sie der Leser im Register verzeichnet.

1945/1946

Bismarck-Jugend
Deutsche Aufbau-Partei (DAP)
Deutsche Jugend im Verband der Soldaten
Deutsche Konservative Partei – Deutsche Rechtspartei (DKP-DRP)
Deutsche Rechtspartei (DRP)
Deutsche Rechtspartei/Konservative Vereinigung (DRP/KV)
Deutscher Jugendbund Kyffhäuser (DJBK)
Deutsch-Hannoversche Partei (DHP)
Gauleiter-Kreis
Interessenvertretung der Ausgewiesenen in Bayern
Jugendkorps Scharnhorst
Marine-Jugend
National-Demokratische Partei (NDP)
Nationale Freiheitsbewegung
Neubürgerbund
Niedersächsische Landespartei (NLP)
Notgemeinschaft
Odessa (Organisation der ehemaligen SS-Anhänger)
Republikanische Partei Deutschlands (RPD)
Tatgemeinschaft freier Deutscher
Wirtschaftliche Aufbauvereinigung (WAV)

1946/1947

Wählergemeinschaft der Fliegergeschädigten, Vertriebenen und Währungsgeschädigten

1947

Bund Deutscher Erneuerung (BDE)
Deutsche Partei (DP)
Deutscher Block (DB)
Junger Adler
Konservative Vereinigung
Nationale Einheitspartei (NAP)
Paneuropa-Union
Sammlung Zur Tat

1948

Arbeitsgemeinschaft Nationale Rechte (ANR)
Bewegung Reich
Bruderschaft
Bund der Danziger
Deutscher Bund
Landsmannschaft der Banater Schwaben
Landsmannschaft Berlin-Mark Brandenburg
Landsmannschaft der Deutschen aus Jugoslawien
Landsmannschaft der Deutschen aus Litauen
Landsmannschaft der Deutschen aus Rußland
Landsmannschaft der Deutschen aus Ungarn
Landsmannschaft Mecklenburg
Landsmannschaft der Oberschlesier
Landsmannschaft der Ostpreußen
Landsmannschaft Pommern
Landsmannschaft Provinz Sachsen
Landsmannschaft der Sachsen und Thüringer
Landsmannschaft der Schlesier
Landsmannschaft Siebenbürger Sachsen in Deutschland
Landsmannschaft Weichsel-Warthe
Landsmannschaft Westpreußen
Nationale Rechte (NR)
Nationale Reichs-Partei (NRP)
Sudetendeutsche Landsmannschaft

1949

Anders-Partisanen
Arbeitsgemeinschaft Unabhängiger Kandidaten (AUK)
Beratungsstelle für die Aufstellung unabhängiger Kandidaten
Bund für Deutschlands Erneuerung
Bund Junger Deutscher
Demokratische Wirtschafts- und Aufbaugemeinschaft (DWA)
Deutsche Gemeinschaft (DG)
Deutsche Union (DU)
Deutsch-Nationale Volkspartei (DNVP 49)
Deutsch-Soziale Union (DSU)
Gemeinschaft unabhängiger Deutscher (GuD)
Gesamtverband der Ostvertriebenen für die britische Zone
Interessengemeinschaft für die Bildung der Nationalen Union
Jungeuropäischer Arbeitskreis
Kampfgruppe gegen Unmenschlichkeit (KgU)
Pfadfinderschaft Nation Europa
Das Reich
Sozialistische Reichspartei (SRP)
Untersuchungsausschuß freiheitlicher Juristen (UfJ)
Vaterländischer Bund
Vaterländische Union (VU)
Witikobund (WB)
Zentralverband der Fliegergeschädigten, Vertriebenen und Währungsgeschädigten (ZvF)
Zentralverband der Vertriebenen Deutschen – Arbeitsgemeinschaft der Zonenverbände im vereinigten Wirtschaftsgebiet

1950

Arbeitsgemeinschaft Sudetendeutscher Turnerinnen und Turner (AGST)
Arbeitsgemeinschaft zur Förderung der Partnerschaft in der Wirtschaft
Block der Nationalen Vereinigung
Bund der Heimatvertriebenen und Entrechteten (BHE)
Bund Deutscher Jugend (BdJ)
Bruderschaft

316

Deutsche Pfadfinderschaft
Deutsche Rechtspartei (DRP)
Deutscher Heimatschutz
Deutsches Kulturwerk Europäischen Geistes (DKEG)
Die Gefährtenschaft
Jugendbund Adler (JA)
Jungdeutsche Freischar
Konservative Gesellschaft
Konservative Partei (KSP)
Nationaldemokratische Reichspartei (NDRP)
Nationale Partei Deutschlands (NPD)
Nationale Rechte
Nationale Union
Niederdeutsche Union
Reichsfront
Reichsjugend
Stahlhelm – Bund der Frontsoldaten
Verband Heimatvertriebener Deutscher Studenten
  (VHDS)
Vereinigung der Opfer des Stalinismus (VOS)
Volksbund für Frieden und Freiheit (VFF)
Widerstandsbewegung gegen den Bolschewismus

1951

Arbeitsgemeinschaft demokratischer Kreise (AdK)
Arbeitsgemeinschaft Nie vergessene Heimat (ANVH)
Bund der Heimatvertriebenen und Entrechteten (BHE)
Bund der vertriebenen Deutschen (BvD)
Deutsche Kommunale Wählergemeinschaft
Deutscher Arbeitnehmer-Verband (DAV)
Deutsche Sozialistische Partei (DSP)
Erste Legion
Freie Deutsche Wählergemeinschaft
Freier Deutscher Wählerblock
Freie Wählergemeinschaft
Freikorps Deutschland
Gesellschaft Freies Europa
Gesellschaft zur Förderung des Films Unsterbliche Ge-
  liebte
Hilfsgemeinschaft auf Gegenseitigkeit der Soldaten der
  ehemaligen Waffen-SS (HIAG)
Jungstahlhelm
Kirche in Not – Ostpriesterhilfe

Kommunalpolitischer Einheitsblock
Kyffhäuserbund
Nationale Arbeiter-Partei (NAP)
Nationale Deutsche Arbeiterpartei (NDAP)
Nationale Jugend Deutschlands
Nationale Wählergemeinschaft
Nationaler Kommunalpolitischer Einheitsblock
Ostdeutsche Jugend (ODJ)
Reichsorden
Unabhängige Nationale Wählergemeinschaft
Unabhängiger Kommunalpolitischer Einheitsblock
Unabhängiger Nationaler Wählerblock
Unabhängige Wählergemeinschaft
Verband Deutscher Soldaten (VdS)
Wahlblock der Parteilosen

1952

Antimarxistischer Wahlblock
Arbeitsausschuß der Unabhängigen
Arbeitsausschuß zur Erforschung des gesamten Kriegs-
    verbrecher-Komplexes
Arbeitsgemeinschaft Nation Europa
Arbeitsgemeinschaft Vaterländischer Verbände (AVV)
Arbeitskreis Sudetendeutscher Studenten (ASST)
Bund für Wahrheit und Recht
Bund Heimattreuer Deutscher (BHD)
Dachverband der Nationalen Sammlung (DNS)
Deutsche Arbeiter-Partei
Deutsche Solidarität
Deutsche Soziale Bewegung (DSB)
Deutscher Arbeiterverband (DAV) Hessen
Europäische Soziale Bewegung (ESB)
Gemeinschaft der Kriegsgeneration
Gemeinschaft Deutscher Ritterkreuzträger
Gesamtdeutscher Block/BHE
Kameradschaftsverband ehemaliger internierter Natio-
    nalsozialisten
Moralische Aufrüstung
Nationale Opposition (NO)
Nationale Reichspartei (NRP)
Nationale Sammlungsbewegung
Nationale Solidarität
Stoßtrupp gegen bolschewistische Zersetzung

Verband der Landsmannschaften (VdL)
Vereinigung Ehemaliger Internierter
Wiking-Jugend (WJ)
Zeitberichter

1953

Abendländische Akademie
Abendländische Aktion
Aktion Die Ehemaligen
Aktionsgemeinschaft 17. Juni
Arbeitsgemeinschaft vaterländischer Verbände
Deutsche Aufbau-Vereinigung
Graue Front
Interessengemeinschaft der Entnazifizierten Niedersachsen
Nationale Sammlung
Nationale Solidarität Deutschlands
Reichsblock
Sozialistische Jugend Europas
Technischer Dienst, Niedersachsen/Baden-Württemberg
Unabhängige Deutsche Jugend
Vereinigung freier, unabhängiger Deutscher, Berlin

1954

Arbeitskreis Ost-Deutscher Unternehmer
Bauern- und Mittelstandsbund
Bayerischer Rechtsblock
Bund der Reichstreuen
Bundesverband der Ehemaligen Internierten
Deutsche Freiheits-Partei (DFP)
Deutsche Landwirte Partei
Deutsche National-Partei (DNP)
Deutscher Arbeiter-Verband (DAV)
Deutscher Jungsturm
Freie Wählergemeinschaft Berlin
Freischar Ostland
Interessengemeinschaft der Entnazifizierungsgeschädigten
Kameradschaftsring Nationaler Jugendverbände (KNJ)
Kampfbund Gegen den Bolschewismus
Monarchistische Partei Deutschlands (MPO)

Nationaldemokratische Partei Deutschlands (NPD)
Republikanische Partei Deutschlands (RPD)
Vereinigung der Opfer des Stalinismus
Vereinigung Nation Europa Freunde
Volksbewegung für Kaiser und Reich (VKR)
Zentralausschuß Nationaler Verbände

1955

Abendländische Akademie
Arbeitsgemeinschaft Nationaler Verbände Ostwestfalen
Arbeitsgemeinschaft Vaterländischer Verbände
Block Junger Deutscher
Bundesverband der ehemaligen Internierten und Entna-
  zifizierungsgeschädigten (BIE)
Bund für Deutschlands Erneuerung
Dachverband nationaler Jugendverbände
Deutsche Reichsjugend
Deutscher Block
Deutscher Mittelstandsblock
Freie Wählerschaft Hessen-Nassau
Nationalpolitische Arbeitsgemeinschaft
Scharnhorst-Jugend
Schillerjugend
Verein für das Deutschtum im Ausland (VDA)

1956

Arbeitsgemeinschaft Vaterländischer Jugendverbände
  (AVJ)
Arbeitsgemeinschaft zur Erforschung der Kriegsschuld-
  frage
Arbeitskreis für die Vereinigung der nationalen Parteien
Deutsch-Arabische Gemeinschaft (DArG)
Deutsche Volkspartei (DVP)
Deutsch-Soziale Union (DSU)
Freie Volks-Partei (FVP)
Interessengemeinschaft zur Wahrung der gesetzlichen
  Versorgungsansprüche der ehemaligen Arbeitnehmer
  der NSDAP
Jungwandervogel
Komitee Freiheit für Dönitz
Nationale Arbeitsgemeinschaft
Partei für Einigkeit und Recht und Freiheit

1957

Bund Nationaler Jugendlicher (BNJ)
Deutsch-Wandervogel
Die Ehemaligen
Gesamtdeutscher Block / Bund der Heimatvertriebenen
   und Entrechteten (GB/BHE)
Gotenbund
Nationale Opposition (NO)
Nationaler Kameradschaftsring (NKR)
Nationales Jugendkorps (NJK)
Sozial-Konservative Gesellschaft

1958

Arbeitsgemeinschaft Deutsch-Soziale Union/Vaterländi-
   sche Union (DSU/VU)
Arbeitsgemeinschaft für Deutsche Politik
Arbeitsgemeinschaft Nationaler Jugendverbände
Bund der Vertriebenen – Vereinigte Landsmannschaften
   und Landesverbände (BdV)
Bund Heimattreuer Jugend (BHJ)
Deutscher Kreis
Freie Sozialistische Volkspartei (FSVP)
Greifenbund alter Wandervögel
Gruppe Zusammen
Nationaler Kameradschaftskreis
Sammlung der Mitte
Vaterländische Union

1959

Bund für Gotterkenntnis (BfG)
Bund Nationaler Jugend
Bund Nationaler Studenten (BNS)
Deutsche Gesellschaft von 1959
Freie Sozialisten Deutschlands
Goden-Orden
Jungdeutsche Bewegung
Jungdeutschlandbund (JDB)
Kampfbund für Freiheit und Recht
Komitee zum Schutz der Bürger gegen Diffamierung
   durch die Linkspresse

National-Demokratische Union (NDU)
Nationale Jugendgemeinschaft
Notgemeinschaft der reichstreuen Verbände
Rettet die Freiheit
Soziales Hilfswerk für Zivilinternierte

1960

Arbeitsgemeinschaft für unabhängige Politik
Bund Vaterländischer Jugend (BVJ)
Gesellschaft für freie Publizistik (GfP)
Komitee zur Wiederherstellung der historischen Wahr-
    heit
Nationaljugend Deutschlands
Sammlung der Reichstreuen
Vorläufiger Ausschuß zur Aktivierung der vom Partei-
    staat ausgeschlossenen Kräfte

1961

Aktion 61
Arbeitskreis für Lebenskunde der Ludendorff-Bewegung
Deutsche Volksbewegung
Deutsch-Spanisch-Südamerikanische Gemeinschaft
Freie Sozialisten Deutschlands (FSD)
Gesamtdeutsche Partei (GDP)
Initiative für Ausländerbegrenzung (IfA)
Reichsverband Deutscher Soldaten (RDS)
Vereinigung Deutsche Nationalversammlung (VDNV)
Weltanschauungsgemeinschaft Mathilde Ludendorff

1962

Aktion Oder/Neiße (AKON)
Bund Deutscher Jugend (BDJ)
Bund Heimattreuer Jugend (BHJ)
Deutsche Freiheits-Jugend
Deutsche Freiheits-Partei (DFP)
Deutschnationale Volkspartei (DNVP)
Deutscher Jugendklub Steuben
Freie Sozialistische Partei (FSP)
Freundeskreis Filmkunst

Freundeskreis Vaterländischer Jugend
Gesellschaft für Erbgesundheitspflege
Junge Kameradschaft
Unabhängige Arbeiterpartei (UAP)
Unabhängige Freundeskreise aller Waffengattungen

1963

Arbeitsgemeinschaft 13. August
Europäisches Dokumentations- und Informationszen-
trum
Freundeskreis der Nationalen Jugend
Freundeskreis für Jugendarbeit (FK) im Arbeitskreis
Volkstreuer Verbände (AVV)
Kroatische Kreuzlerbruderschaft

1964

Aktion Deutscher Osten (ADO)
Arbeitsgemeinschaft Nationale Politik (ANP)
Arbeitskreis Junges Forum
Außerparlamentarische Mitarbeit (APM)
Deutsch-Sozialistische Partei (DSP)
Nationaldemokratische Partei Deutschlands (NPD)
Nationaldemokratische Union (NDU)
Nationaldemokratische Wählervereinigung Frankfurt
Notgemeinschaft Deutscher Bauern
Ostpolitischer Deutscher Studentenverband (ODS)

1965

Aktionsgemeinschaft Unabhängiger Deutscher (AUD)
Arbeitskreis Volkstreuer Verbände (AVV)
Büro für Politische Studien
Deutsche Volkspartei (DVP)

1966

Deutschland-Stiftung
Evangelische Notgemeinschaft in Deutschland
Jungeuropäische Arbeitstagung für Wehrfragen
Mittelstands-Partei Deutschlands
Nationaldemokratischer Hochschulbund (NHB)

1967

Blaue Adler-Jugend (BAJ)
Deutsche Studenten-Union
Frankfurter Kreis Deutscher Soldaten
Junge Nationaldemokraten (JN)
Nationale Volkspartei Deutschlands (NVP)
Republikanische Partei
Vereinigung der Freunde der CSU

1968

Antikomintern-Bund
Arbeitskreis Sudetendeutscher Jungakademiker (ASJA)
Bund Deutscher National-Sozialisten (BDNS)
Deutscher Aufklärungskreis W (DAK W)
Gesellschaft für Konservative Publizistik
Republikanischer Studentenbund (RSB)
Sozialrevolutionäre Nationale Kampfgemeinschaft
    Deutschlands (SNKD)
Volkspolitische Aktion (VOPA)

1969

Aktion Funk und Fernsehen (AFF)
Arbeitsgemeinschaft der Reservisten, Soldaten- und Tra-
    ditionsverbände (ARST)
Arbeitskreis Schülerfragen
Deutsche Volks-Partei (DVP)
Europäische Befreiungsbewegung
Freundeskreis Nationalsozialistischer Deutscher
Gesamtdeutsche Aktion (GA)
Nationale Front
Notverwaltung des Deutschen Ostens (NDO)
Partei Aller Deutschen
Sozial-Liberale Deutsche Partei (SLP)

1970

Aktion Deutschland
Aktion Junge Rechte (AJR)
Aktion 70
Aktionskomitee 21. August
Aktionskreis Widerstand Stuttgart

Aktion Widerstand (AW)
Arbeitskreis Südwest (ASW)
Außerparlamentarische Mitarbeit (APM)
Bürgeraktion zum Schutz des Demokratischen Rechts-
    staats
Bund Freiheit der Wissenschaft
CSU-Freundeskreis
Deutscher Presseförderungsclub
Deutsch-Französische Gesellschaft
Deutsch-Soziale Aktion (DSA)
Europäische Befreiungsfront (EBF)
Freundeskreis Dichterfein Offenhausen
Gemeinschaft Ost- und Sudetendeutscher Grundeigen-
    tümer und Geschädigter (GOG)
Junges Forum
Kirchhaimer Kreis
Konservative Sammlung
Liga Europa
Misburger Gesprächskreis
National-Europäische Jugend (NEJ)
National-Liberale Aktion (NLA)
National-Politischer Arbeitskreis (NPA)
Nationalsozialistische Deutsche Arbeiterpartei – Aus-
    landsorganisation (NSDAP – AJ)
Niedersächsische Landespartei (NLP)
Solidarische Offensive (SOL)
Unabhängiger Freundeskreis
Verfassunggebende Nationalversammlung des deut-
    schen Ostens

1971

Arbeitsgemeinschaft zur Förderung des Monarchisti-
    schen Gedankens Aktion 2000
Bürgeraktion zum Schutz des demokratischen Rechts-
    staates
Bürgerinitiative Neue Ordnung überall
Bürger- und Bauerninitiative (BBI)
Christliche Wählerinitiative
Deutsche Arbeiter-Partei (DAP)
Deutsche Bürgerinitiative (DBI)
Deutsche Union (DU)
Deutsch-Europäische Gesellschaft (DEG)
Deutsche Volksunion (DVU)

Gesamtdeutscher Jugendkreis (GDJ)
Nationale Deutsche Befreiungsbewegung (NDBB)
National-Europäisches Centrum
Nationalrevolutionäre Jugend
Nationalsozialistische Kampfgruppe Großdeutschland (NSKG)
Neue Ordnung – Deutscher Sozial- und Kulturdienst (NO – DSK)
Ostdeutsche Volks-Partei (OVP)
Partei der Arbeit (PdA)
Volkspolitische Aktion W

1972

Aktion Junge Wähler für die CDU
Aktion Kanzler-Test
Aktion Neue Rechte
Aktion Nüchterne Bürger in der Gesellschaft für Konstruktive Politik
Aktion Solidarität Arbeiter, Angestellte und Unternehmer der Sozialen Marktwirtschaft
Aktion Solidarität Arbeiterinnen, Angestellte und Unternehmer der Sozialen Marktwirtschaft
Arbeitsgemeinschaft nationaldemokratischer Lehrer
Arbeitskreis Soziale Marktwirtschaft
Bismarck-Bund
Bürgeraktion 72
Bürgerinitiative Aktion der Mitte
Bürgerinitiative der Realisten
Bürgerinitiative für Frieden, Freiheit, Selbstbestimmung
Bürgerinitiative für Klare Entscheidungen
Bürgerinitiative pro Union
Bürgerinitiative Schalke
Bürgerinitiative 72
Deutsch-Amerikanische Interessengemeinschaft
Deutsch-Europäische Studiengesellschaft (DESG)
Deutsche Aktionsgemeinschaft für Nationale Politik
Einheitsfront der Nationalen Publizistik (ENP)
Freiheitlicher Rat (FR)
Fraueninitiative Aktion der Mitte
Freie Unabhängige Wählerinitiative zur Bundestagswahl
Gemeinschaft für Demokratisches Bewußtsein
Gesellschaft für Konstruktive Politik
Initiative Ehemaliger SPD-Wähler

Initiative Liberaler Staatsbürger
Initiative Mündiger Bürger
Internationale Gesellschaft für Menschenrechte (IGFM)
Internationale Studiengesellschaft für Staats-, Wirt-
    schafts- und Gesellschaftspolitische Öffentlichkeits-
    arbeit
Jugendinitiative Aktion der Mitte
Junge Gruppe der Aktion Solidarität
Konzentration Demokratischer Kreise
Neue Deutsche Jugend (NDJ)
Parteilose Wählerinitiative
Prominenten-Initiative
Projektgruppe Hessen der Gesellschaft zur Förderung
    der Wahlbeteiligung
Staats- und Wirtschaftspolitische Gesellschaft
Steuer-Notgemeinschaft
Studiengesellschaft für Eigentumsfragen
Studiengesellschaft für Staatspolitische Öffentlichkeits-
    arbeit
Stuttgarter Rechtsblock
Unabhängige Schüler-Union
Verein zur Förderung des Parlamentarismus
Vereinigung zur Förderung der Politischen Willensbil-
    dung
Verlag für Öffentlichkeitsarbeit in Wirtschaft und Politik
Vereinigte Freiheitliche
Wählerinitiative Freiheitlich Gesinnter Staatsbürger
Wählerinitiative Patriotische Mitte
Wählerinitiative 72
Wählerinitiative Deutsche Union Nordrhein-Westfalen
Wählerinitiative der Arbeiter, Kleingewerbetreibenden
    und Kaufleute in der Gesellschaft für Konstruktive
    Politik
Wehrsportgruppe Hoffmann
Zur Sache

1973

Aktion Deutscher Sozialismus
Aktion Kampf für Deutschlands Vereinigung (KDV)
Benrather Kreis
Bürgerinitiative für Freiheit, Recht und Ordnung
Bund Freies Deutschland (BFD)

Deutscher Jugendbund (DJB)
Deutsche Sozialistische Volkspartei (DSV)
Deutsch-Nationale Arbeiter-Partei (DNAP)
Deutsch-Völkische Gemeinschaft (DVG)
Freie Deutsche Bauernschaft
Freie Gesellschaft zur Förderung der Freundschaft mit
  den Völkern der Tschechoslowakei
Freier Deutscher Autorenverband (FDA)
Nationaleuropäisches Jugendwerk (NEJ)
Nationalrevolutionäre Basisgruppe Kempten
Schillerbund – Deutscher Kulturverband
Solidaristische Volksbewegung
Stahlhelm – Kampfbund für Europa

1974

Aktionsausschuß Nordrhein-Westfalen für eine Zusam-
  menarbeit mit der CSU
Aktionskreis Volkstreue Verbände
Arbeitskreis Deutsche Ostgebiete
Arbeitskreis für Jugend und Politik
Bund parteifreie Politik
Bürger-Recht-Partei (BRP)
Demokratische Bürgerpartei Deutschlands (DBD)
Demokratische Nationalsozialistische Gemeinschaft
  (DNSG)
Deutsche Aktionsgemeinschaft
Deutsche Allgemeine Volkspartei
Deutsche Division für Naturpolitik (DDN)
Deutsche Jugend des Ostens (DJO)
Deutsches Arbeitszentrum
Deutsche Soziale Union (DSU)
Deutsch-Sozialistische Volkspartei (DSVP)
Deutsch-Völkische Jugend (DVJ)
Europäische Arbeiterpartei (EAP)
Freundeskreis der Nationalen Jugendbünde
Gemeinschaft Deutscher Sozialisten (GDS)
Gemeinschaft Junges Ostpreußen
Gesamtdeutscher Freundeskreis
Heimattreuer Arbeitskreis (HAK)
Kampfbund des Deutschen Nationalsozialismus
Kampfgruppe Priem
Konzentration Demokratischer Kräfte (KDK)
Kulturpolitischer Arbeitskreis Rhein-Ruhr

Liberal-Soziale Union (LSU)
Nationale Volkspartei
Nationalrevolutionäre Basisgruppe Nürnberg
Nordischer Ring
NSDAP-AO Mainz/Rheinland-Pfalz
Politischer Informations-Club (PIC)
Reichsblock für Arbeiter, Bauern und Soldaten
Sache des Volkes – Nationalrevolutionäre Aufbauorga-
  nisation (SdV–NRAO)
Solidaristische Volksbewegung (SVB)
Sozialistische Nationalrevolutionäre Aufbauorganisation
  (SNRAO)
Sozialrevolutionäre Kampfgemeinschaft Deutschlands
  (SNKH)
Studentenbund Schlesien – Gesamtdeutscher Jugend-
  bund (SBS)
Unabhängiger Schüler-Bund (USB)
Union für Verantwortungsvolle Politik (UvP)
Vereinigung Verfassungstreuer Kräfte (VVK)
Volksbewegung Vernunft und Verantwortung
Weltbund zum Schutze des Lebens (WSL)

1975

Aktion Freies Deutschland
Aktionsgemeinschaft Vierte Partei (AVP)
Antikommunistische Kampfgruppe Horst Wessel
Bund der Aufrechten
Christliche Bayerische Volkspartei (Bayerische Patrio-
  tenbewegung)
Deutsche Volkspartei
Faschistische Front
Freizeitverein Hansa
Freundeskreis Denk mit
Freundeskreis der nationalen Jugendverbände
Freundeskreis Deutsche Partei
Freundeskreis Franz Josef Strauß
Hilfskomitee Südliches Afrika (HSA)
Jungdeutscher Bund (JB)
Kampfbund Deutscher Soldaten (KDS)
Kampfgemeinschaft des Deutsch-Nationalen Sozialis-
  mus
Kampfgruppe Freiburg
Mut-Freundeskreis

Nationaldemokratischer Schülerbund
Nationales Forum
Nationalrevolutionäre Bewegung
Nationalrevolutionärer Bund
NSDAP-Gruppe Bocholt
Ring Deutsche Bürgergemeinschaften
Volkspartei
Volkssozialistische Bewegung Deutschlands/Partei der
    Arbeit (VSBD/PdA)
Volkstreue Außerparlamentarische Aktion (VOPA)

1976

Arbeitsgemeinschaft Demokratische Neuordnung
    (AGDN)
Bürgerinitiative Wählt NPD
Bund der Preußen
Deutsche Aktion für Nationale Politik
Freundeskreis zur Förderung der Wehrsportgruppe
    Hoffmann
Fünf-Prozent-Block
Kampfgemeinschaft des Deutsch-Nationalen Sozialis-
    mus
Kampfgruppe Zündel
Konservative Vereinigung
Menschen-Rechts-Partei
National-Sozialistische D.A.P. Ortsgruppe Berlin
Naturpolitische Volksbewegung
NSDAP-AO Braunschweig
NS-Gruppe Wübbels
NS-Kampfgruppe Mainz
Orden vom Reichsbekenntniskreuz
Ordensgemeinschaft der Trägerinnen des Reichsbe-
    kenntniskreuzes
Stille Hilfe Deutschland

1977

Aktion Ausländerrückführung – Volksbewegung gegen
    Überfremdung und Umweltzerstörung (AAR)
Aktionsfront Nationaler Sozialisten (ANS)
Aktionsgemeinschaft Nationales Europa (ANE)
Aktionskomitee Peter Fechter
ANS-Gau Schleswig-Holstein

Arbeitskreis »Das Reich«
Arbeitskreis für deutsche Politik
Brüsewitz-Zentrum
Bürgergemeinschaft Hamburg
Bürgerinitiative für die Todesstrafe und gegen Pornographie und Sittenverfall
Bund Albert Leo Schlageter
Bund Deutscher Mädel (BDM)
Bund Re Patria
Deutsche Volksfront (DV)
Europäische Kameradschaft Ehemaliger Soldaten
Freundeskreis für Jugendarbeit (FU)
Gesellschaft zur Förderung der öffentlichen Verantwortung
Hilferuf von drüben
Institut für Frieden in Sicherheit
Junge Nationalsozialistische Deutsche Arbeiterpartei
Kampfbund Freiheit für Rudolf Heß
Komitee Neues Nationales Europa (NNE)
Der Kritische Kreis
Ludwig-Frank-Stiftung (LFS)
National-Rat Deutschland
Neues Nationales Europa (NNE)
Nordischer Ring
NSDAP-Gau Hamburg
NS-Gruppe Hanau
Ring Deutscher Hilfe
Sammlungsbewegung für eine freie deutsche Republik
SA-Sturm Hamburg 8. Mai
Schüleraktion für Wahrheit und Demokratie
Soziale Demokratische Union (SDU)
Sozialnationalistische Jugend Hamburg
Verein gegen parlamentarischen und bürokratischen Mißbrauch (VgM)
Volksstaat gegen Rufmord
Wehrsportvereinigung Schleswig-Holstein
Wehrt dem Terror
Wehrwolf-Unterorganisation
Widerstandsgruppe Ruhr-West Ehemaliger Ostfrontsoldaten

1978

Amnesty National
Arbeitskreis für Heimat und Volkstum durch historische Wahrheit
Braune Hilfe – Gau Nordmark
Braune Legion
Bürgerinitiative für Volksaufklärung
Bürgerinitiative gegen Kriegsschuld und Vergasungslüge
Bürgerinitiative gegen Terrorismus und Fünf-Prozent-Klausel
Deutsche Befreiungsfront im White Fower Movement
Deutsche Kulturgemeinschaft (DKG)
Deutsche Vereinigung Reich
Deutsche Volksbewegung
Deutsch-nationale Verteidigungsorganisation (DNVO)
Europäische Freiheitsbewegung (EFB)
Freiheitliche Deutsche Arbeiterpartei (FAP)
Freiheitsbewegung Deutsches Reich (FDR)
Grüne Liste Umweltschutz (GLU)
Gruppe Paul Otte
Junge Front (JF)
Kampfgruppe Großdeutschland
Münchner Gruppe der NSDAP i. A. (Nationalsozialistische Deutsche Arbeiterpartei im Ausland)
Nationalsozialistische Partei Deutschlands (NSPD)
Neue Partei – Nationalsozialistische Partei Deutschlands
Nothilfetechnische Übungs- und Bereitschaftsstaffel (Teno)
NSDAP Baden-Württemberg
NS-Hauptquartier Walhalla
NS-Kampfgruppe Müller
Territoriale Widerstandsarmee
Unabhängiges Zentrum Deutschlands
Volkssozialistische Einheitsfront
Wehrsportgruppe Ostwestfalen-Lippe
Wehrwolf Deutsches Reich

1979

Aktion deutsche Einheit – Aktionsgemeinschaft für die Wiedervereinigung Gesamtdeutschlands (AKON)
ANS Würzburg
Antikomintern-Jugend (AKJ)

Arbeitskreis Nationaler Verbände
Bewegung für das Leben
Bürgerinitiative Roswitha von Gandersheim
Bund Deutscher Nationaler Sozialisten
Deutsche Kulturgemeinschaft (DKG)
Deutscher Arbeitskreis Witten
Deutscher Rechtsschutzkreis – Deutsche Rechtsschutz-
    kasse (DRSK)
Die Nationalistische Internationale
Europäische Freiheitsbewegung (EF)
Europäische Konferenz für Menschenrechte und Selbst-
    bestimmung
Gruppe Bokel
Hilfsorganisation für nationale politische Gefangene und
    deren Angehörige (HNG)
Internationale christliche Aktion
Jugendpresseverband Nordrhein-Westfalen
Mut – Solidargemeinschaft zur geistigen Erneuerung
    Deutschlands
Nachrichten-Austausch-Dienst
Nationale Jugend Ostfrieslands (NJO)
Nationalsozialistischer Schülerbund (NSB)
Nationalrevolutionäre Arbeiterfront (NRAF)
Naturpolitische Volkspartei
NSDAP München/Bayern
NS-Gruppe Düren
RCDS-Freundes- und Förderkreis
Sturmgruppe 7
Verein zur Förderung der Wiederherstellung der Einheit
    Deutschlands und des Deutschen Volkes in Frieden
    und Gleichheit vor allen Völkern – Vereinigtes Deut-
    sches Reich (VDR)
Volksbewegung für Generalamnestie (VOGA)
Volksbewegung gegen antideutsche Greuellügen
Zentralstelle für gegenseitige Nachrichtenübermittlung

1980

Aktionsgemeinschaft Nationaler Sozialisten
Alster-Gesprächskreis
Anti-Holocaust-Aktion
Antikommunistische Vereinigung (AKV)
Arbeitskreis Deutscher Sozialismus
Arbeitskreis für geistig-ethische Erneuerung

Bürgeraktion Demokraten für Strauß
Bürgerinitiative Ausländerstopp (BIA)
Bürgerinitiative Einwanderungsstopp
Bürgerinitiative zur Wahrheitspflege
Bund für Deutsche Wiedervereinigung
Bund Deutscher Solidaristen (BDS)
Deutsche Akademie für Bildung und Kultur
Deutsche Aktionsgruppe (DA)
Deutsche Bewegung für Demokratie-, Volks- und Um-
    weltschutz
Deutsche Gesellschaft für Erbgesundheitspflege
Grüne Aktion Deutschland (GAD)
Initiative 1. Mai
Initiative für Ausländerbegrenzung (IfA)
Kampfeinheit Nationaler Sozialisten (KNS)
Kampfgruppe Wolfgram
Kampfsportgruppe Willich-Anrath/Winter
Kampfstelle Adlerhorst
Kuratorium zur Förderung historischer Waffensamm-
    lungen
Motorrad-Club National (MCN)
Nationalrevolutionärer Koordinationsausschuß (NRKA)
National-Sozialistische Demokratische Arbeiter-Partei
    (NSDAP)
Überparteiliche Bürgerinitiative Einwanderungs-Stopp
Volksbewegung gegen Überfremdung (VÜB)
Wehrsportgruppe Germania
Wehrsportgruppe Schlageter

1981

Aktion Deutsches Radio und Fernsehen (ARF)
Aktion wehrhafte Demokraten
Aktionsgruppe Frank Schubert
Aktionsgruppe Schlageter und Oxner
Alternative Demokratische Bürgerbewegung (AGB)
Arbeitskreis Europa der Vaterländer (AEV) – Vereini-
    gung zum Schutz des deutschen Volkes vor Überfrem-
    dung
Braune Armeefraktion
Bürgerinitiative zur Rettung des Deutschen Volkes
Elsässische Kampfgruppe schwarze Wölfe
Heidelberger Kreis

Kampfgruppe Jochen Peiper
Kampfgruppe Schwarzwald
Kampfsportgruppe Linden-Dietramszell (KSG)
Konservative Aktion
Volksbegehren/Bürgerinitiative gegen Pornographie und
    Sittenverfall
Volksbund Deutsches Reich
Wehrwölfe Mainz-Kastel
Wiedergutmachungskommando Rudolf Heß
Widerstandsbewegung Deutsche Volksfront
Wehrsportgruppe Bamberg
Wehrsportgruppe Fulda
Wehrsportgruppe Göppingen
Wehrsportgruppe Großdeutschland
Wehrsportgruppe Hildesheim
Wehrsportgruppe Jürgens
Wehrsportgruppe Osnabrück

1982

Aktionsgemeinschaft der Aufrechten (ADA)
Allgemeiner Verein für deutsche Sprachgestaltung
Arbeitskreis Überfremdung (AKÜ)
Ausländer-Vernichtungs-Kommando (AVK)
Bayerische Liste für Ausländerstopp
Bewegung der Deutschen Nationalen Erhebung
Brigade Remer
Bund freier Juristen (BFJ)
Deutsche Feme-Aktion
Deutscher Bürgerschutz (DBS)
Deutsches Vereinigtes Reich (DVR)
Freundeskreis Ulrich von Hutten
Front Volkstreuer Deutscher
Germanischer Glaubensbund
Gruppe Wehrwolf
Hamburger Liste für Ausländerstopp (HLA)
Hessenliste für Ausländerstopp (HLA)
Junge Front
Kampfeinheit Nationaler Sozialisten (KNS)
Kieler Liste für Ausländerbegrenzung (KLA)
National-Deutscher Senat
Nationale Front – Bund Sozialrevolutionärer Nationali-
    sten
Nationale Sozialistische Jugend

Nationalsozialistische Deutsche Befreiungsfront
Reichsadler
Schutzbund für das deutsche Volk (SDV)
Stander-Greif
Wehrsportgruppe Celle
Wehrsportgruppe Fulda
Wehrsportgruppe Geislingen
Wehrsportgruppe Hannover
Wehrsportgruppe Heepen
Wehrsportgruppe Lemgo
Wehrsportgruppe Minden
Wehrsportgruppe Ostfriesland
Wehrsportgruppe Schaumburg
Wehrsportgruppe Schwarzwald
Wehrsportgruppe Stuckenberg
Wehrsportgruppe Wilhelmshaven
Wehrsportgruppe Wolfspack, Sturm 12

1983

(Die) Deutsche Freiheitsbewegung (DDF)
Deutschlandrat
Ehrenbund Rudel – Gemeinschaft zum Schutz der Front-
    soldaten
Freundeskreis Deutsche Politik
Gemeinschaft Volkstreuer Jugend
Hilfswerk Manfred Roeder
Initiative Deutsche Interessen
Kampfgruppe Prinz Eugen
Nationale Sozialistische Ortsgruppe Ludwigshafen
NS-Initiativgruppe
Die Republikaner
Unabhängiger Wahlkreis Würzburg – Arbeitskreis für
    Wiedervereinigung und Volksgesundheit (UWK)
Wehrsportgruppe Totila

1984

Bundesrepublikanisch-Jüdischer Wiedergutmachungs-
    Club (WC)
Deutsche Befreiungsarmee vom ausländischen Terror
Deutsche Frauenfront (DFF)
Deutsche Liste
Deutsches Afghanistan-Komitee (DAK)

Gesamtdeutscher Studentenverband
Komitee zur Vorbereitung der Feierlichkeiten zum hundertsten Geburtstag Adolf Hitlers (KAH)
Kreis Heilbronner Bürger
Münchener Initiative Ausländerstopp (MIA)
Nationale Volksfront
Nationalsozialistische Deutsche Vereinigung (NSDU)
Schutzbund für Leben und Umwelt
Stoßtrupp Nagold
Unabhängige Freie Wählervereinigung (UFW)
Umweltschutz-, Steuerzahler- und Arbeitnehmer-Partei (USA)
Vereinigung für gesamtdeutsche Politik (VGP)

1985

Aktion Lebensschutz
Arbeitsgemeinschaft Nationaler Verbände – Völkischer Bund (ANV-VB)
Arbeitskreis für Kultur und Politik
Bayerische Republikaner
Die Bewegung
Christliche Liga – Die Partei für das Leben
Deutsche Aktionspartei – Bewegung der totalen Ordnung (DAF)
Frauen helfen Afghanistan
Freiheitliche Jugend
Freiheitliche Volkspartei (FVP)
Gesamtdeutscher Heimatbund (GHB)
Gesellschaft für Kulturwissenschaft
Gesinnungsgemeinschaft der Neuen Front
Gruppe 33
Kultur- und Zeitgeschichte – Archiv der Zeit
Nationalistische Front
Patrioten für Deutschland
Verein für Kultur und Zeitgeschichte
Volkstreue Außerparlamentarische Aktion (VOPA)

1986

Aktion Sauberes Deutschland (ASD)
Arbeitskreis Patriotische Sammlung
Bonner Friedensforum
Bürgerinitiative Deutsche Arbeiterpartei

Bund Deutsche Legionäre
Deutsche Familienbewegung – Idealverein
Deutsche Jugendinitiative Berlin
Die Deutschen
Deutscher Schutzbund für Volk und Kultur
Deutsches Seminar
Deutsche Volksinitiative
Deutsche Volksliste
Europäische Bewegung
Gesinnungsgemeinschaft Michael Kühnen
Hamburger Gruppe Deutsches Schlesien
Nationalrevolutionäre Basisgruppe München
Ring Krefelder Jungredakteure
Schutzbund für Volk und Kultur

1987

Aktion Deutschland den Deutschen
Antikommunistisches Aktions-Bündnis
Antizionistische Aktion
Arbeitsgemeinschaft Fränkisches Volk
Arbeitskreis Junge Familie
Demokratische Allianz
Deutsche Konservative (DK)
Frankfurter Freundeskreis Germania (FFG)
Freie Wählerinitiative politische Sauberkeit
Freiheitliches Sozialwerk
Hilfe in Not
Internationales Hilfskomitee für nationale politische Ver-
    folgte und deren Angehörige (IHV)
Kameradschaft Günzburg
Kampfbund Deutsches Schlesien (KDS)
Karlsruher Front – Stoßtrupp Renchen
Königstreue Deutsche Volkspartei (KDVP)
Nationalrevolutionäre Arbeiterbewegung (NRAB)
Patriotische Sammlung
Politische Offensive
Schülerbund Junges Schlesien
Vereinigung für Kultur und Politik
Volksbund Rudolf Heß
Wehrwolf 21

1988

Antisemitischer Club (ASC)

Arbeitsgemeinschaft »Menschenrechtsverletzungen in Ostdeutschland« (AGMO)

Arbeitskreis Deutschland

Ausländer raus – Nationale Sammlung (NS)

Auto- und Bürgerpartei Deutschlands (ABD)

Autonome Nationalsozialisten

Bürgerinitiative deutscher Patrioten gegen die Wiederwahl des Herrn von Weizsäcker zum Bundespräsidenten

Bürgerinitiative für Ausländerstopp (BIFAS)

Christliche Mitte

Demokratie 2000 (D-2000)

Deutsche Autofahrer-Interessengemeinschaft – Volkspartei (DAFIG)

Deutscher Rechts- und Lebensschutzverband

Deutsch-Nationale Volkspartei (DNVP)

Förderkreis Deutsche Einheit

Freiheitspartei

Gesellschaft für die Einheit Deutschlands

Heimatschutzverband

Initiative zur Förderung kulturtragenden Schrifttums

Interessengemeinschaft für republikanische Außenpolitik (Schillerinstitut)

Junge Republikaner

Nationalkomitee Deutsches Volks-Bündnis

Neuer Deutscher Nationalverein

Ost- und Mitteldeutsche Vereinigung (OMV)

Partei Freies Berlin

Partei Freie Wähler

Patriotischer Wanderverein Neckarstrand

Zentrale Erfassungsstelle jüdischer Verbrechen

1989

Deutsches Jugendbildungswerk (DJBW)

Friedensaktion Wiedervereinigung

Gesamtdeutsche Medienstiftung (GMST)

Initiative Volkswille

Langener Freundeskreis

Nationale Liste

Wehrsportgruppe Mündener Stahlhelm-Bund

Der Personenkreis

Das nachstehende Personenverzeichnis soll und will keine schwarze Liste rechter Aktivisten sein. Es geht vielmehr darum, die Aufmerksamkeit des Lesers auf die mannigfaltigen Querverbindungen im rechtsradikalen Spektrum zu lenken. Des weiteren wird versucht nachzuweisen, wie sehr sich in vielen Fällen neonazistische mit rechtskonservativen Tendenzen überschneiden, anders gesagt, daß sich allzuoft rechtsradikale und rechtskonservative Personen in Gruppen, Vereinigungen und Parteien zusammenfinden und sich in ihrer Diktion kaum unterscheiden.

Diese Gemeinsamkeit des Ungeistes bezieht sich vor allem auf die nicht erfolgte politische Bewältigung des Zweiten Weltkriegs und der Mitverantwortung der militärischen Führung für die von den Nationalsozialisten begangenen Verbrechen sowie auf die fehlende Bereitschaft, die nach 1945 als Folge von Hitlers Kriegen entstandenen neuen Grenzen und die Existenz zweier deutscher Staaten bedingungslos zu akzeptieren. Dazu gehört auch die Auseinandersetzung mit jenem »Zeitgeist«, den die Rechten unter dem Begriff »links« zusammenfassen. Sie spiegelt sich in den ständigen Bemühungen, durch Verschärfung der Gesetze die in unserem Grundgesetz verankerten demokratischen Gedanken und die daraus erwachsenen Gegebenheiten zu untergraben. Im übrigen wären viele rechtsradikale Aktivitäten zu unterbinden gewesen, wenn Behörden und Gerichte gegenüber Militanten weniger Nachsicht geübt hätten. Es soll hier nicht nach Sondermaßnahmen gerufen, sondern vielmehr die Forderung nach konsequenter Anwendung der bestehenden Gesetze erhoben werden. Dazu bieten die folgenden Paragraphen des Strafgesetzbuches (StGB) alle Möglichkeiten:

§ 84   Fortführung einer für verfassungswidrig erklärten Partei

§ 85   Verstoß gegen ein Vereinigungsgebot

Es ist nichts dagegen einzuwenden, daß Gerichte bei
Jugendlichen, die sich erstmalig rechtsradikaler Handlungen schuldig gemacht haben, die Strafe zur Bewährung aussetzen. Nicht hinzunehmen ist es dagegen, daß
unverbesserliche nationalsozialistische Agitatoren, vor-
bestrafte Terroristen oder Personen, die sich während
der Bewährungszeit neuerdings strafbar gemacht haben,
in den Genuß der Bewährung gelangen, denn es heißt in
§ 56, Absatz 1 StGB über die Strafaussetzung zur Bewährung: »Bei der Verurteilung zu Freiheitsstrafe von nicht
mehr als einem Jahr setzt das Gericht die Vollstreckung
der Strafe zur Bewährung aus, wenn zu erwarten ist, daß
der Verurteilte sich schon die Verurteilung zur Warnung dienen lassen und künftig auch ohne die Ein-
wirkung des Strafvollzugs keine Straftaten mehr begehen
wird [. . .]« Ende 1982 wurde der rechtsradikale Aktivist
Michael Kühnen mit Bewährungsauflage vorzeitig aus
der Haft entlassen, nachdem er drei Jahre einer vierjährigen Freiheitsstrafe verbüßt hatte. Trotzdem wurde Ende
1983 eine vom Landgericht Braunschweig wegen falscher uneidlicher Aussage ausgesprochene Strafe von
8 Monaten zur Bewährung auf 5 Jahre ausgesetzt mit
der Begründung einer »günstig ausgefallenen Zukunfts-
prognose«, so daß Kühnen unbehelligt von den zuständigen Behörden sich weiterhin der Verbreitung und
Verwendung verfassungswidriger Propagandamittel und
Kennzeichen widmen konnte, bevor er im Januar 1985
vom Landgericht Frankfurt erneut zu einer Haftstrafe von
3 Jahren und 4 Monaten verurteilt wurde.
    Friedhelm Busse, der Führer der Volkssozialistischen
Bewegung Deutschlands (VSBD), erreichte einen Bewäh-

rungsrekord. Dreimal wurde er mit Bewährung verurteilt: 1953 wegen Beihilfe zur Freiheitsberaubung, 1963 wegen Vergehens gegen das Sprengstoffgesetz, 1980 wegen Volksverhetzung und Beleidigung. Erst 1983 wurde er dann wegen Verstoßes gegen das Waffengesetz und Begünstigung von Bankräubern zu einer Haftstrafe von 3 Jahren und 9 Monaten verurteilt.

Die Aktivitäten des neonazistischen Vielgründers Edgar Geiß sind polizeibekannt. So bezeichnete er 1978 das *Tagebuch der Anne Frank* als »Schwindel« und stellte die Behauptung auf, während der Zeit des Dritten Reichs sei »kein Jude ermordet worden«. In den Jahren 1978 bis 1984 stand Geiß zwölfmal wegen Volksverhetzung, Aufstachelung zum Rassenhaß, Beleidigung und anderer Vergehen vor bundesdeutschen Gerichten. 1978 wurde er zu 1 Jahr Haftstrafe verurteilt. 1979 erhielt er zweimal ein Urteil auf Bewährung; ebenso sprach das Landgericht Hamburg 1980 gegen ihn ein Urteil von 1 Jahr Freiheitsentzug auf Bewährung aus. In welchem Sinne sich dieser unverbesserliche rechtsradikale Agitator wohl bewährt haben mag?

Thies Christophersen, ehemaliger SS-Offizier, zählt seit 1968 zu den besonders skrupellosen Propagandisten im internationalen rechtsradikalen Lager. Unrühmlich bekannt wurde er durch die von ihm verfaßte und vertriebene Broschüre *Die Ausschwitz-Lüge*, deren Einzug das Landgericht Flensburg 1979 veranlaßte. Auch Christophersen weist ein beachtliches Vorstrafenregister auf. 1978 wurde er vom Landgericht Flensburg zu 6 beziehungsweise 4 Monaten Haft wegen Verwendung von Kennzeichen verfassungswidriger Organisationen und Verunglimpfung des Staates auf Bewährung verurteilt. Dasselbe Landgericht verurteilte Christophersen 1979 zu 9 Monaten Haft auf Bewährung. 1981 schließlich sprach das Landgericht Flensburg eine Haftstrafe von 8 Monaten mit vier Jahren Bewährungsfrist aus, die Christophersen zur Flucht nach Belgien nutzte, um sich einer drohenden Festnahme zu entziehen. 1983 konnte er an der deutsch-belgischen Grenze bei Aachen festgenommen werden. 1984 wurde gegen Christophersen erneut wegen Verunglimpfung des Staates und des Andenkens Verstorbener eine Haftstrafe von 8 Monaten erlassen, unverständlicherweise wieder mit Bewährung.

Thomas Brehl, Stellvertreter Michael Kühnens und

einer der rührigsten Initiatoren neonazistischer Umtriebe, wurde 1983 vom Landgericht Frankfurt wegen Volksverhetzung und Verunglimpfung des Staates zu 8 Monaten Haft auf Bewährung verurteilt. Ein Jahr später mußte er sich wegen Eintretens für die Wiederzulassung der NSDAP und Verbreitung entsprechender Propaganda vor der hessischen Staatsschutzkammer verantworten und erhielt wiederum ein Urteil von 6 Monaten Haft auf Bewährung.

Arnulf Priem, ehemaliger NPD-Landtagskandidat und zeitweiliges Mitglied der Deutschen Volksunion (DVU), wurde 1979 vom Berliner Landgericht wegen Verbreitung von verbotenem Propagandamaterial sowie Körperverletzung zu einer Haftstrafe von 1 Jahr mit Bewährung verurteilt. Wegen wiederholten Waffenbesitzes und Verwendung von NS-Kennzeichen erhielt er von einem Berliner Gericht 1982 abermals eine Strafe von 1 Jahr Freiheitsentzug auf Bewährung.

Ernst Tag zählt zu den notorischen Gründern rechtsradikaler Gruppierungen. Daneben betrieb er neonazistische Telefonagitation, indem er Anrufer vom Tonband mit entsprechenden Phrasen traktierte. Dieses Treiben wurde ihm 1984 untersagt, doch schon zwei Wochen nach dem Verbot nahm er die Agitation wieder auf. Im selben Jahr erhielt Tag wegen Volksverhetzung von einem Schöffengericht in Ludwigshafen eine Freiheitsstrafe von 10 Monaten auf Bewährung; zwei Jahre später verurteilte ihn ein anderes Gericht wegen gleicher Delikte zu einer Haftstrafe von 6 Monaten, ebenfalls auf Bewährung.

Gegen den Altnazi und ehemaligen Generalmajor Otto Ernst Remer verhängte das Amtsgericht Kaufbeuren im Juli 1986 wegen fortgesetzter Beleidigung und Verunglimpfung des Andenkens Verstorbener eine Freiheitsstrafe von 6 Monaten, die zur Bewährung ausgesetzt wurde. Nach nicht widerlegten Aussagen der Journalisten Gerhard Kromschröder und Burghard List bezeichnete Remer anläßlich des Treffens ehemaliger SS-Angehöriger in Nesselwang 1985 im Kreis seiner Gesinnungsfreunde die Bundesrepublik als Scheißdemokratie und erzählte makabre Judenwitze. Laut Kromschröder und List verbreitete Remer ferner eine 110-Minuten-Videokassette, mit deren Hilfe der Nachweis erbracht werden sollte, daß es keine Judenvernichtung gegeben habe. Im Gespräch mit den beiden Journalisten versicherte Remer nachdrücklich: »Ich war und bin Nationalsozialist.« Obwohl gegen Remer wegen Verbreitung eines Flugblattes zur sogenannten Auschwitzlüge, das die Feststellung des millionenfachen Massenmordes als »die perverseste Geschichtslüge, die je gegen unser Volk erfunden wurde« bezeichnete, bereits im August 1986 ein neues Verfahren anhängig war, wurde die vom Gericht eingeräumte Bewährung nicht widerrufen.

Auch ein fast 50mal zu »lebenslänglich« verurteilter NS-Mörder kam in den Genuß der Bewährung. Dem vormaligen Blockführer im Konzentrationslager Sachsenhausen Wilhelm Schubert genügte es nicht, Gefangene einfach zu ermorden: Er trampelte sie zu Tode, ertränkte oder erdrosselte sie, preßte so lange Wasser in ihren Körper, bis sie starben. Wegen Beteiligung an der Ermordung von 18 000 sowjetischen Kriegsgefangenen wurde er 1947 von einem Tribunal der sowjetischen Militärverwaltung in Deutschland zu lebenslangem Zuchthaus verurteilt. Nach seiner Entlassung aus sowjetischer Kriegsgefangenschaft kam er 1956 als »Heimkehrer« in die Bundesrepublik. Gemeinsam mit dem berüchtigten seinerzeitigen Rapportführer Gustav Sorge mußte sich der einstige SS-Oberscharführer Schubert vor dem Schwurgericht Bonn verantworten und wurde im Februar 1959 wegen Mordes in 46 Fällen sowie achtfachen Mordversuchs zu 46mal lebenslanger Haft verurteilt. Auf Anfrage des SPD-Pressedienstes *Blick nach rechts* im März 1986 bestätigte der stellvertretende Pressereferent des Oberlandesgerichts (OLG) Hamm, Hugemann, daß Wilhelm Schubert aufgrund eines Beschlusses des Ersten Senats des OLG Hamm aus der Haft entlassen worden war. Dieser Entscheidung war ein Einspruch der Bonner Staatsanwaltschaft gegen die vorzeitige Entlassung Schuberts vorausgegangen. Das OLG Hamm berief sich bei seinem endgültigen Beschluß auf den Paragraphen 57a StGB, der bestimmt, daß eine lebenslange Haftstrafe zur Bewährung ausgesetzt werden kann, wenn dem die Schwere der Schuld nicht entgegensteht.

Offensichtlich ist in der Bundesrepublik die Schwere der Schuld relativ. Angehörige der Roten Armee Fraktion (RAF) wurden wegen viel geringerer Delikte zu mehrfach lebenslänglicher Haft verurteilt; in den meisten

Fällen wurden Anträge auf vorzeitige Haftentlassung abgelehnt. So stellten die Anwälte von Christoph Wackernagel und Gert Schneider 1984 einen Antrag auf Haftentlassung nach Verbüßung der Hälfte der Strafe. Dieser wurde mit der Begründung abgelehnt, die geistige Distanzierung der beiden sei »noch nicht lange genug bewiesen«. Wackernagel und Schneider hatten sich wie Angelika Speitel, Verena Becker, Klaus Jünschke, Manfred Grashof und Peter Jürgen Boock in Interviews und Zeitungsartikeln von der Gewaltkonzeption der RAF distanziert. Das Abschiednehmen Boocks von seiner terroristischen Vergangenheit wurde von Bundesanwalt Peter Zeis als »feiger Opportunismus und partiell verlogen« bezeichnet; nach seiner Ansicht handelte es sich um eine Schutzbehauptung, hinter der sich ein Abgrund von Lügen auftat.

Im Fall Boock vertrat die Bundesanwaltschaft die Auffassung, daß die »Ziele und Aktionen der Bande erst nach eingehender Diskussion einstimmig festgelegt« worden seien und »infolgedessen jedes einzelne Mitglied sich die Taten der RAF anrechnen lassen« müsse, auch wenn der konkrete Beitrag zur Straftat nicht genau zu ermitteln war. So wurde Boock für den Mord an Hanns Martin Schleyer zu lebenslanger Haft verurteilt, obwohl er zur Tatzeit im Ausland gewesen war.

Gegen Kriegsverbrecher, KZ-Schergen und militante Rechtsradikale nach 1945 wurde von keinem deutschen Gericht das Prinzip der Kollektivschuld angewandt, wie dies bei den RAF-Leuten geschah. Selbst die Tatsache der Zugehörigkeit zu den in den Nürnberger Prozessen für verbrecherisch erklärten Organisationen SS, Gestapo und Sicherheitsdienst im Zusammenhang mit den von den Angeklagten begangenen Verbrechen reichte in vielen Fällen nicht für einen Schuldspruch aus.

Generalbundesanwalt Rebmann erklärte zum Fall Boock, die Überprüfung der lebenslangen Freiheitsstrafe nach 15 Jahren des Vollzugs sei kein Versprechen; für den, der zu dreimal »lebenslang« und 15 Jahren verurteilt worden sei, bedeute dies gar nichts. Rebmann weiter: »Die Gnadenfrist im Falle Boock jetzt schon zu diskutieren erscheint mir verfrüht. Das muß der Gnadenträger einmal entscheiden, der in den ersten Jahrzehnten des nächsten Jahrtausends Bundespräsident oder Bundesjustizminister oder Generalbundesanwalt ist.«

Die unterschiedliche Behandlung der Haftentlassungsanträge bei einem sadistischen Massenmörder wie Schubert, dessen Untaten zweifelsfrei nachgewiesen wurden, und ins politische Abseits geratenen jungen Terroristen, deren Tatbeteiligung eben nicht in allen Fällen einwandfrei erwiesen war und die sich von ihren Handlungen distanziert hatten, ist nicht zuletzt mit Rechts-Tendenzen in der Justiz zu erklären, die wiederum auf eine entsprechende gesellschaftspolitische Entwicklung in der Bundesrepublik Deutschland zurückzuführen sind.

Die aus einer unübersehbaren Anzahl ähnlicher Fälle herausgegriffenen Beispiele sollen aufzeigen, wie häufig Gerichte bei Verfahren gegen unverbesserliche rechtsradikale Aktivisten Strafen leichtfertig und mißbräuchlich zur Bewährung aussetzen. Diese Praxis erscheint um so weniger verständlich, als im November 1984 der Dritte Strafsenat des Bundesgerichtshofes sich zu der Empfehlung veranlaßt sah, in Fällen neonazistischer Straftaten bei der »Strafaussetzung zur Bewährung Zurückhaltung zu üben«; Bewährung in solchen Fällen sei mit dem Rechtsempfinden nicht zu vereinbaren und könne »von der Bevölkerung als ungerechtfertigte Nachgiebigkeit gegenüber dem Rechtsradikalismus empfunden werden« (Aktenzeichen 3STR449/84 vom 11. November 1984).

Mit der folgenden Namensliste, die keinen Anspruch auf Vollständigkeit erhebt, soll auf die spezifisch deutsche Variante der Gefährlichkeit nationalistischer Aktivitäten hingewiesen werden. Diese liegt einerseits in den oft unübersichtlichen Querverbindungen militanter rechtsgerichteter Gruppen, andererseits in der fehlenden Immunität rechtskonservativer Organisationen und Personen gegenüber rechtsextremistischer Agitation.

Achenbach, Ernst
Geboren 1909
Bis 1945
1936–1944 Beamter des Auswärtigen Amtes
1944 Gesandtschaftsrat
Ab 1945
1950 Hält im Auftrag von Naumanns Gauleiter-Kreis Verbindung zu einflußreichen Männern der Wirtschaft.
1950–1957 FDP-Landtagsabgeordneter in Nordrhein-Westfalen

1953 Trotz Empfehlung des FDP-Bundesvorstandes, ihn im Zusammenhang mit der Naumann-Affäre auszuschließen, lehnt dies der FDP-Landesvorstand von Nordrhein-Westfalen ab.
1957–1976 FDP-Bundestagabgeordneter

Adelmann von Adelmannsfelden, Rainer René Graf
1986 Gerät durch Pressemeldungen mit einem Bund Deutsche Legionäre ans Licht der Öffentlichkeit.
1987 Vermittelt nach eigener Aussage Söldner an afrikanische Regierungen. Originalton: »Warum soll jemand für drei Mark Wehrsold am Tag auf bewaffnete Russen schießen, wenn er 3000 Mark bekommt, indem er auf unbewaffnete Neger schießen kann.«
1988 Versucht eine Agentur für den Handel mit Kleinkindern aus Entwicklungsländern zu etablieren, was ihm von den zuständigen Ordnungsbehörden untersagt wird. Ferner ist er bemüht, einen Handel mit menschlichen Organen zu betreiben. In einem von ihm versandten Werbebrief heißt es: »Sie sind jetzt rechtlich aussätzig, rechtlich gesehen wie aidskrank [. . .] Deswegen werden sich nur mehr die letzten Aasgeier an Sie heranmachen [. . .] Sie können auch die Niere Ihrer Frau oder eines Ihrer Verwandten spenden.« Wird von der Staatsanwaltschaft Karlsruhe wegen Volksverhetzung und Beleidigung angeklagt. Im November kündigt er beim Bundeswahlleiter an, er wolle mit einem Antisemitischen Club als Partei bei den nächsten Bundestagswahlen teilnehmen.

Althans, Ewald
1988 Der Aktivist der Freiheitlichen Deutschen Arbeiterpartei (FAP) und Vermittler zwischen Deutschem Jugendbildungswerk (DJBW) und Deutscher Freiheitsbewegung (DDF) schreibt im August in einem DJBW-Rundbrief:

Liebe Förderer,
zurück aus Kanada melde ich mich nun wieder bei Ihnen.
  Die Fahrt war ein enormer Erfolg. Auch in Kanada hat sich gezeigt, daß deutsche, nein weiße, Menschen überhaupt, auf eine ethische Erneuerung drängen. So ist es mir innerhalb kurzer Zeit unter anderem gelungen, den Anfang für eine kanadisch-nationalsozialistische Jugendbewegung zu schaf-

fen. Viele Kameraden in Kanada trauten ihren Augen nicht, einer Jugendgruppe voller Idealismus zu begegnen, die sich nun bemüht, nach dem in Europa bewährten Vorbild unserer »Bewegung« ein Netz von organisierten Aktivisten über Kanada zu spannen, um auch in diesem Land die Voraussetzung für eine Zukunft in Frieden und Freiheit zu schaffen. Konstruktiver, nationaler Sozialismus wird auch dort, wo er übrigens (noch) legal ist, nicht mehr wegzudenken sein.

Altermann, Hans
Geboren 1935
1987 Der vordem parteilose Schiffsingenieur ist bei den Bremer Bürgerschaftswahlen im September Spitzenkandidat des rechtsradikalen Wahlbündnisses Deutsche Volksunion – Liste D (DVU – Liste D), das einen Stimmenanteil von 3,41 Prozent erzielt (13 299 Stimmen); im Wahlbereich Bremen sind es 2,99 Prozent (9596 Stimmen), in Bremerhaven 5,4 Prozent (3703 Stimmen). Damit zieht Altermann in die Bremer Bürgerschaft ein.

Andrae, Alexander
1888–1971
Bis 1945
1919–1933 Abgeordneter der Deutschen Volkspartei in Potsdam
1935 Inspekteur des Luftwaffen-Bildungs- und Erziehungswesens und Kommandant mehrerer Luftgaustäbe
Bis 1943 Besatzungskommandant von Kreta
Ab 1945
1945 Auslieferung aus britischer Kriegsgefangenschaft an Griechenland
1947 In Griechenland als Kriegsverbrecher zu viermal lebenslangem Zuchthaus verurteilt
1952 Begnadigung und Rückkehr in die Bundesrepublik Deutschland
1952/1953 Mitglied des Direktoriums des Reichsfachrats des Deutschen Blocks (DB)
1953 Mitgründer des Reichsblocks
1953–1955 Mitglied des Direktoriums der Deutschen Reichspartei (DRP)
1957 Austritt aus der DRP, Aktivität in verschiedenen neonazistischen Zirkeln
1961 Mitgründer der Vereinigung Deutsche Nationalversammlung (VDNV)

Arlt, Erwin
1962 Mitgründer der Aktion Oder/Neiße (AKON)
1970 AKON-Vorstandsmitglied
1970–1977 Vorsitzender der Deutschen Volksunion (DVU)
1972 Mitinitiator der Frey-Gründung Freiheitlicher Rat (FR)

Asbach, Hans-Adolf
1904–1964
Bis 1945
1933 Mitglied der NSDAP
1934/1935 Mitglied der SA
1934–1939 Abteilungsleiter der Deutschen Arbeitsfront (DAF) in Stettin
Ab 1945
1950 Mitgründer des Bundes der Heimatvertriebenen und Entrechteten (BHE); zählt zum Gauleiter-Kreis Naumanns.
1950–1962 Landtagsabgeordneter in Schleswig-Holstein, zunächst für den BHE, ab 1961 für die Gesamtdeutsche Partei (GDP)
1950/1951, 1951–1957 Minister für Arbeit, Soziales und Vertriebene
1951–1960 Mitglied des BHE-Bundesvorstands
1954–1961 BHE-Landesvorsitzender in Schleswig-Holstein
1957 Zum Rücktritt vom Ministeramt gezwungen, weil er u.a. eine Vielzahl ehemaliger Nationalsozialisten und SS-Mitglieder in sein Amt geholt hat
1961 Vorstandsmitglied der GDP

Aschenauer, Dr. Rudolf
1913–1983
1952 Eintritt in die Deutsche Gemeinschaft (DG), Mitherausgeber der *Deutschen Blätter*; hält im Auftrag der DG Verbindung zu Naumanns Gauleiter-Kreis; Mitgründer der Nationalen Opposition (NO)
1953 Übertritt zum Bund der Heimatvertriebenen und Entrechteten (BHE)
1954 Fungiert als Verbindungsmann zwischen dem damaligen Bundesinnenminister Dr. Gerhard Schröder und der Deutschen Reichspartei (DRP), Nachfolgeorganisation der Sozialistischen Reichspartei (SRP).

1963–1983 Vorsitzender der Gesellschaft der Freunde Südtirols in München. Aschenauer, juristischer Berater und Vorsitzender der Unterstützungsorganisation für NS-Kriegsverbrecher Stille Hilfe sowie Verteidiger in mehreren Kriegsverbrecherprozessen, war bis 1977 auch Vorsitzender des Vereins für das Deutschtum im Ausland (VDA).

Aschenbrenner, Dr. Viktor
Geboren 1913
Bis 1945
Mitglied der später verbotenen rechtsradikalen Deutschen Nationalsozialistischen Arbeiter-Partei (DNSAP) in der ČSR, Gauhauptstellenleiter der NSDAP. Im Organ der sudetendeutschen Nationalsozialisten, *Die Zeit*, hieß es 1939 über seine Aktivitäten: »Seit 1929 arbeitete er im Deutschen Kulturverband, wo er starken Anteil an der völkischen Ausrichtung und Verankerung der Schutzarbeit in weitesten Kreisen hatte.«
Ab 1945
Regierungsrat im hessischen Kultusministerium, Mitherausgeber der Rundbriefe der Bundesarbeitsgemeinschaft für deutsche Ostkunde im Unterricht, Herausgeber der Vierteljahreshefte *Sudetenland*, Vorsitzender der Gesellschaft zur Förderung des ostmitteleuropäischen Schrifttums, Kulturreferent im Bundesvorstand der Sudetendeutschen Landsmannschaft, Mitglied des Witikobundes

Bahner, Dietrich (senior)
1913–1987
1946 Mitglied der FDP
1956 FDP-Bezirksvorsitzender in Schwaben und Mitglied des bayerischen FDP-Landesvorstands
1967–1970 Landesvorsitzender der FDP in Bayern
1970 Mitgründer der National-Liberalen Aktion (NLA)
1971–1974 Stellvertretender Bundesvorsitzender und Landesvorsitzender der Deutschen Union (DU) in Bayern
1974 Geschäftsführender Vorsitzender der DU
1975 Mitgründer und Bundesvorsitzender der Aktionsgemeinschaft Vierte Partei (AVP)
1977 Niederlegung aller Ämter und Austritt aus der AVP

Bahner, Dietrich (junior)
Geboren 1939
1984 Der vormalige CDU-Bundestagsabgeordnete grün-
det die Umweltschutz-, Steuerzahler- und Arbeitnehmer-
Partei (USA) mit der Absicht, sich bei den Wahlen zum
Abgeordnetenhaus in Berlin zu beteiligen.

Banszerus, Georg
1974 Initiator der Demokratischen Nationalsozialistischen Gemeinschaft (DNSG)
1976 Wird vom Bonner Amtsgericht wegen Verwendung
von Kennzeichen verfassungswidriger Organisationen
zu einer Geldstrafe von 525 DM verurteilt.
1977 Banszerus, Besitzer und Herausgeber des *Heimat-
Buchdienstes*, interpretiert in seiner Schrift *Deutschland
ruft Dich* Hitlers Ziele folgendermaßen:

> Auch daß Hitler glaubte, im Osten diesen Boden nehmen zu
> müssen, lag nur daran, daß Rußland seinerzeit zwar selbst
> große fremde Gebiete besetzt hielt, aber im Lande selbst
> anarchieartige Zustände herrschten. [...] Eine Landnahme
> nach den Forderungen des Buches *Mein Kampf* wäre somit
> die humanste und entschuldbarste gewesen, die je ein Volk
> auf dieser Erde durchgeführt hätte. [...] Daran, daß die Juden
> die Niederlage in der Mehrzahl nicht als Schmerz empfan-
> den, erkennt man deutlich, daß sie sich nicht als deutsche
> Menschen fühlten. [...] Die Juden [...] blieben [...] ein un-
> übersehbarer Fremdkörper im deutschen Volk. Die National-
> sozialisten wollten den Juden in etwa den gleichen Status
> geben, den die 2 Millionen Gastarbeiter in Westdeutschland
> ebenfalls haben [...]

Bärwald, Helmut
Geboren 1928
1949 Hauptamtlicher Mitarbeiter beim Ostbüro der SPD
1967 Verantwortlicher Leiter des SPD-Ostbüros
1971 Austritt aus der SPD
1973 Erster Vorsitzender des Landesverbands Nordrhein-Westfalen des Freien Deutschen Autorenverbands.
Bärwald wirkte als freier Publizist sowie Mitarbeiter
mehrerer rechtsgerichteter Blätter und des *Deutschland-
Magazins*; außerdem war er Leiter des Bonner Arbeitskreises der Deutschland-Stiftung.

Becher, Dr. Walter
Geboren 1912
Bis 1945
Zeichnet als Redakteur der amtlichen Tageszeitung der
NSDAP, Gau Sudetenland, *Die Zeit* für die Rubrik »Kunst,
Wissenschaft und Unterhaltung« verantwortlich, in der
mit den »jüdischen Kulturwanzen«, den »Ghetto-Schau-
spielern« und den »Gönnerjuden« abgerechnet wird. In
der Ausgabe vom 23. Mai 1939 schreibt er u.a.:

> [...] während in Paris wie in London der Künstler nach wie
> vor von den Brosamen der städtischen Salons ernährt wird
> und auch im Heer der Arbeitslosen stark vertreten ist, mar-
> schiert – jawohl »marschiert!« – das Deutschland Adolf Hit-
> lers einer noch nie dagewesenen Blüte des Kulturlebens
> entgegen [...] Das Sudetenland ist Kulturland geworden. Erst
> die befreiende Tat des Führers hat unzählige schlummernde
> Kräfte wieder geweckt [...] Was unter der Patronanz einer
> volksfremden, von jüdischen Maklern beeinflußten Regie-
> rung bewußt totgeschwiegen wurde, kann sich heute dem
> allgemeinen Urteil stellen.

Ab 1945
1950–1954 Vertritt die Deutsche Gemeinschaft (DG) im
bayerischen Landtag.
1954 Landtagsabgeordneter und Fraktionsvorsitzender
des Gesamtdeutschen Blocks/Bund der Heimatvertriebenen und Entrechteten (GB/BHE); Geschäftsführer eines der wichtigsten Gremien der Landsmannschaften,
des Sudetendeutschen Rates
1956 Vorsitzender des Witikobundes
1957 Nach Angriffen Bechers gegen den Bayerischen
Rundfunk erklärt die FDP-Abgeordnete Dr. Hildegard
Hamm-Brücher im bayerischen Landtag, wenn man dem
Willen Bechers gerecht werden wolle, müsse man »ein
gesetzliches Verbot von Sendungen über nazistische Verbrechen erlassen«, und Kommentatoren, »die keine Nazis waren oder sind«, dürften nicht mehr vor das Mikro-
phon treten.
1959 Initiator der rechtsradikalen Sammlungsbewegung
National-Demokratische Union (NDU)
1962 Mit dem Bayerischen Verdienstorden ausgezeichnet
1963 Referent für Öffentlichkeitsarbeit im Bundesvorstand der Sudetendeutschen Landsmannschaft

1965 Gelangt über die CSU-Landesliste in den Bundestag.

1967 Eintritt in die CSU. Äußert nach einem Bericht der *Nürnberger Nachrichten* vom April im Ostkundeunterricht des Forchheimer Gymnasiums zu Fragen der Ostpolitik u.a. den Satz: »Eher nehme ich eine vierte oder fünfte polnische Teilung in Kauf, als daß Breslau für immer polnisch bliebe.«

1968 Stellvertretender Vorsitzender der Sudetendeutschen Landsmannschaft

1968–1982 Sprecher der Sudetendeutschen Landsmannschaft

Beck-Broichsitter, Helmut
Bis 1945
Generalstabsoffizier
Ab 1945
Initiator und Gründer der Bruderschaft, deren Führung in den Händen eines »Reichs-Bundesrates« liegt

Beer, Dr. Herbert
1914–1971

1953 Landesvorsitzender der BHE-Jugendorganisation Block Junger Deutscher

1954–1958 Mitglied des Landtags von Schleswig-Holstein

1956–1958 Stellvertretender BHE-Landesvorsitzender in Schleswig-Holstein

1960–1961 BHE-Landesvorsitzender in Schleswig-Holstein; Übertritt zur Gesamtdeutschen Partei (GDP)

1961–1968 Landesvorsitzender der GDP in Schleswig-Holstein

1969 Übertritt zur CDU

Beier, Wilhelm (alias Fritz Henry Bayer)
Geboren 1928

1975 Aktivist in verschiedenen rechtsradikalen Gruppen, z.B. einer NS-Kampfgruppe in Rheinland-Pfalz

1976 Gründet die NSDAP Frankfurt; Verurteilung zu einer Freiheitsstrafe von 1 Jahr bzw. einer Geldstrafe von 2500 DM durch das Landgericht Düsseldorf wegen Gründung einer kriminellen Vereinigung und Verstoßes gegen das Kriegswaffengesetz

1977 In der Wohnung Beiers werden im November 500

Hakenkreuzplakate, 2500 Hakenkreuzklebezettel mit NS-Parolen der NSDAP-AO sowie weiteres NS-Propagandamaterial beschlagnahmt.

1978 Leiter der militanten Kampfgruppe Großdeutschland und enge Zusammenarbeit mit dem Freizeitverein Hansa und der NSDAP-AO. In einer Rede vertritt er die Ansicht: »Nur ein toter Jude ist ein guter Jude [. . .] das mit den Verbrennungen in Konzentrationslagern ist Quatsch. Wo ist denn die Asche? Irgendwohin muß das Zeug gekommen sein.«

1979 Gründung der Hilfsorganisation für nationale politische Gefangene und deren Angehörige (HNG), deren Vorsitzender er wird. Kontakt zur Deutsch-Völkischen Gemeinschaft (DVG) und zu deren Vorsitzendem Werner Braun. Verhaftung unter dem dringenden Verdacht der Bildung einer kriminellen Vereinigung, der Volksverhetzung, der Verbreitung verfassungswidriger Schriften und der Verwendung von Symbolen verfassungswidriger Organisationen.

1980 Wird vom Frankfurter Landgericht wegen Volksverhetzung und Verbreitung von NS-Schriften wie dem *Braunen Bataillon* zu einer Freiheitsstrafe ohne Bewährung von 18 Monaten verurteilt.

Böhme, Dr. Herbert

1907–1971

Bis 1945

1933 NSDAP- und SA-Mitglied, Mitglied der obersten SA-Führung, Abteilungsleiter beim Reichssender Berlin

1937 Tätigkeit in der Reichspropagandaleitung der NSDAP, Lektor des Zentralverlags der NSDAP

1938 Obersturmführer der SA

1944 Ordinarius an der Universität Posen. Galt im Dritten Reich als führender NS-Dichter.

Ab 1945

1950 Gründer und Präsident des Deutschen Kulturwerks Europäischen Geistes (DKEG), Herausgeber der *Klüter-Blätter*, Inhaber des Türmer-Verlags. Zählt zum Gauleiter-Kreis Naumanns.

1965 Mitgründer des Arbeitskreises Volkstreuer Verbände (AVV)

1970 Mitgründer der Aktion W und der Deutschen Bürgergemeinschaft

Borchardt, Siegfried
Geboren 1954
1983/1984 Leiter des Fußballfanclubs Borussenfront in Dortmund; in dieser Funktion beginnt er seine rechtsradikale »Karriere«.
1985 Spitzenkandidat der Freiheitlichen Deutschen Arbeiterpartei (FAP) bei den Landtagswahlen in Nordrhein-Westfalen; zu diesem Zeitpunkt befindet er sich wegen Körperverletzung in Haft.
1986 Wird in zweiter Instanz vom Landgericht Dortmund freigesprochen, das es für nicht erwiesen ansieht, daß er als Rädelsführer der Borussenfront bei einem Anschlag auf ein türkisches Kulturzentrum beteiligt gewesen sei.
1987 Wegen Volksverhetzung und Körperverletzung verurteilt, wird er vom Landgericht Detmold vorzeitig aus der Haft entlassen. Im November sehen sich die Behörden veranlaßt, erneut ein Ermittlungsverfahren gegen ihn einzuleiten, weil er einen politisch Andersdenkenden in einer Gaststätte brutal zusammengeschlagen habe.
1988 FAP-Landesvorsitzender in Nordrhein-Westfalen. Im Mai widerruft die Strafvollstreckungskammer in Dortmund die Bewährungsfrist für den zum Führungskreis Michael Kühnens Zählenden. Wird als Kandidat für die Europa-Wahlen 1989 aufgestellt.

Börm, Manfred
1971 Verpflichtet sich für zwei Jahre zur Bundeswehr.
1978 Stellvertretender Gauführer der Wiking-Jugend in Schleswig-Holstein
1979 Wird vom 3. Strafsenat des Oberlandesgerichts in Celle im sogenannten Bückeburger Prozeß wegen Bildung einer terroristischen Vereinigung und der Durchführung von Gewalttaten zu einer Haftstrafe von 7 Jahren verurteilt.

Brand, Dr. Walter
Bis 1945
Bis 1938 Stellvertreter Konrad Henleins und Chef von dessen Kanzlei, Generalreferent für den Vierjahresplan des Sudetenlandes
Ab 1945
Führender Funktionär des Witikobundes

1950 Hält im Auftrag Naumanns Verbindung vom Gauleiter-Kreis zum BHE und bekleidet im FDP-Landesverband Nordrhein-Westfalen die Funktion des Referenten
für Kommunalpolitik und Vertriebene.
1963 Referiert im Oktober bei der Jahrestagung des Witikobundes in Dinkelsbühl über das Thema »Bewältigung
der Vergangenheit – Bewältigung der Zukunft«; u.a. führt
er aus:

> Immerhin sollte man gelegentlich heute auch im freien We-
> sten daran denken, was das deutsche Volk in der ersten
> Hälfte der zwanziger Jahre, praktisch nur aus eigener Kraft,
> noch dazu von den schwersten wirtschaftlichen Katastro-
> phen (Hunger, Arbeitslosigkeit, Inflation usw.) erschüttert,
> fertigbrachte: die schon damals drohende Machtübernahme
> des Bolschewismus in Deutschland zu verhindern! Wir wol-
> len ruhig einmal die Frage stellen, wie es wohl heute um
> Frankreich, Großbritannien, aber auch um Amerika gestellt
> wäre, wenn damals Deutschland ein kommunistischer Staat
> geworden wäre. Einen Dank für die große Leistung, dies zu
> jenen Zeiten verhindert zu haben, hat das deutsche Volk
> allerdings niemals empfangen!
> [...] Außerdem griff der Nationalsozialismus vielfach Be-
> strebungen auf, die lange vor ihm lebendig geworden waren,
> übernahm sie und lieh ihnen seine Unterstützung. Denken
> wir nur an alle jene Bemühungen, die gegenüber den zivilisa-
> torischen Schäden die echten Gemütswerte ansprachen, die
> sich in die großen Zeiten der deutschen Geschichte vertief-
> ten, die den Gedanken einer echten Volksgemeinschaft an-
> sprachen, eine Festigung des Volksbewußtseins bewirkten
> und noch vieles andere mehr, was in so unendlich vie-
> len Menschen die besten Saiten ihres Wesens zum Klingen
> brachte.
> Dem gegenüber steht die Entwicklung innerhalb der enge-
> ren Kader der nationalsozialistischen Partei selbst, die schließ-
> lich dazu führte, daß diese Parteikreise sämtliche Machtmittel
> usurpierten und die Gesamtheit des Volkes als Mittel zur
> Verwirklichung von Zielen mißbrauchten, die nur einem sehr
> begrenzten Menschenkreis bekannt waren und deren Funda-
> mente in hohem Maße gott- und sittenlos waren.

Braun, Werner
Geboren 1951
1974 Jugendreferent der Deutsch-Völkischen Gemeinschaft (DVG)
1977 Verurteilung durch ein Karlsruher Gericht zu 4800
DM Geldstrafe wegen Verbreitens von Propagandamit-

teln verfassungswidriger Organisationen. Autor neonazistischer Flugschriften, Herausgeber der Pamphlete *Der
Angriff* und *Die Wahrheit für Deutschland*, wo u.a. zu
lesen ist:

> Was wollte Adolf Hitler wirklich? Sein Aufstieg war aus den
> sozial unteren Schichten des Volkes, sein Werdegang aus
> dem Nichts, sein jahrelanges Ringen um die Seele jedes ein-
> zelnen Volksgenossen hatte nur ein Ziel: sein Volk aus dem
> Elend und der Not herauszuführen, die Fesseln des Versailler
> Diktates zu sprengen und jedem Deutschen wieder ein men-
> schenwürdiges Dasein zu sichern! [...]
> Infolge des derzeitigen Geburtenrückgangs sterben jähr-
> lich Zehntausende Deutsche mehr, als geboren werden.
> Durch Ehen mit Ausländern und die dadurch bedingte Ras-
> senvermischung gehen uns Deutschen jährlich Tausende von
> Kindern verloren [...] Für unsere deutschen Mädchen gibt es
> genügend deutsche Männer. Ausländerehen sind also nicht
> notwendig. Verbot der Abtreibung, dafür Ehestandsdarlehen
> und wesentlich mehr Kindergeld (statt der unsinnigen Wie-
> dergutmachung und hoher staatlicher Personalkosten), To-
> desstrafe für Mörder und Rauschgifthändler. Erziehung zur
> Lebensfreude statt zu Materialismus, Marxismus und Sinnlo-
> sigkeit, die Grundlage des hohen Alkoholismus. Förderung
> unserer Bauern! Zusammenschluß aller Deutschen in einen
> Staat, das Großdeutsche Reich! Ständige Forderung nach
> Rückgabe der besetzten deutschen Ostgebiete. Wir fordern
> mit alledem nur das, was für andere Völker selbstverständ-
> lich ist, also auch für uns!

1978 Vorsitzender der DVG. Verkündet in deren Mitteilungsblatt: »Wer in Presse, Rundfunk, Schulen oder Fernsehen Lügen über Adolf Hitler und das Dritte Reich
verbreitet, ist ein Schwein und gehört in ein Arbeitslager
oder in eine Nervenklinik.« Verurteilung in Karlsruhe zu
1 Jahr Freiheitsentzug mit 4 Jahren Bewährungsfrist und
14000 DM Geldstrafe wegen Verbreitens der Ideen der
früheren NSDAP. Kündigt in einem Rundschreiben an,
die Schriften der DVG würden während seiner Bewährungszeit von der Aktionsfront Nationaler Sozialisten
(ANS) weiter verbreitet; auch behauptet er darin, die
Juden hätten ihre Vernichtungslager selbst errichtet, und
sagt den »Judenparteien«, zu denen er auch CDU, SPD
und DKP zählt, den Kampf an.
1979 Bekundet seine Absicht, die Bewährungsfrist bis
1982 zur politischen Weiterbildung zu nutzen.
1987 Das Landgericht Karlsruhe verurteilt ihn im Oktober

wegen Verunglimpfung der Bundesrepublik Deutschland und Verwendung von Kennzeichen verfassungswidriger Organisationen zu einer Freiheitsstrafe von 1 Jahr mit Bewährung.

Brehl, Thomas
Geboren 1956
1977 Zählt mit Michael Kühnen und Siegfried Borchardt zu den Organisatoren der Aktionsfront Nationaler Sozialisten / Nationale Aktivisten (ANS/NA).
1979 Wird bei der Gründung der Freiheitlichen Deutschen Arbeiterpartei (FAP) zu Kühnens Stellvertreter ernannt.
1982 Aktivist in der Wehrsportgruppe Fulda
1983 Wird anläßlich eines Besuchs bei Wiener Gesinnungsgenossen festgenommen und in die Bundesrepublik Deutschland abgeschoben; gegen ihn und den ihn begleitenden Kühnen wird ein unbefristetes Aufenthaltsverbot für Österreich verhängt. Das Landgericht Frankfurt verurteilt ihn wegen Volksverhetzung und Verunglimpfung des Staates zu 8 Monaten Haft mit Bewährung.
1984 Verurteilung durch die Hessische Staatsschutzkammer zu 6 Monaten Haft mit Bewährung wegen Eintretens für die Wiederzulassung der NSDAP und Verbreitung entsprechender Propaganda
1987 Bildet im Januar eine »Sammlung«; zu ihr gehören u. a. die Antizionistische Aktion (AA), das Antikommunistische Aktionsbündnis (ANTIKO) und die Volksbewegung gegen Überfremdung (VBÜ), als deren Sprecher Brehl schon bisher fungiert hat.

Busse, Friedhelm
Geboren 1929
1950 Wird Mitglied des Bundes Deutscher Jugend.
1953 Verurteilung zu 6 Wochen Gefängnis mit Bewährung wegen Beihilfe zur Freiheitsberaubung
1961–1965 Mitglied der Deutschen Reichspartei (DRP)
1963 Verurteilung mit Bewährung wegen Vergehens gegen das Sprengstoffgesetz
1965 Eintritt in die NPD
1967 Wird Landesleiter des Ausschusses für Sozialpolitik und Gewerkschaftsfragen des NPD-Landesverbandes Nordrhein-Westfalen

1969 NPD-Bundestagskandidat
1970 Beteiligt sich an militanten Aktionen der Deutsch-
Sozialen Aktion (DSA).
1971 Wegen seiner Zusammenarbeit mit der DSA aus
der NPD ausgeschlossen, initiiert er die Deutsche Arbeiter-Partei (DAP), aus der sich im selben Jahr die Partei der Arbeit (PdA) entwickelt, deren Vorsitzender er
wird. Inspiriert den Zusammenschluß verschiedener
kleiner Gruppen zur Partei der Arbeit – Deutsche Sozialisten. Die Neugründung versteht sich in bewußtem Gegensatz zur NPD als eine rechtsradikale Kadergruppe;
im Programm heißt es: »Wir wollen keine Massen, sondern Kämpfer, die befähigt sind, im entscheidenden Mo-
ment Massen zu führen!«
1972 Tritt der NDP-Abspaltung Aktion Neue Rechte
(ANR) bei und wird deren Landesbeauftragter in Nordrhein-Westfalen.
1973 ANR-Bundesvorstandsmitglied, verantwortlich für
das Referat Strategie
1975 Vorsitzender der neugegründeten Volkssozialistischen Bewegung Deutschlands/Partei der Arbeit (VSBD/
PdA), deren Programm u. a. folgende Forderungen aufstellt:

Herausstellung der Reichs-Kompetenz in allen deutschen Fragen und Bekenntnis zu den deutschen Reichsfarben Schwarz-
Weiß-Rot.
Überwindung des nationalen und sozialen Status-quo-Sy-
stems der imperialistischen Kolonialmächte in Deutschland
und Europa.
Neuvereinigung Deutschlands als Teil eines freien, einigen
und sozialistischen Europas der Völker (einschl. Osteuro-
pas).
Zurückweisung jeder Völker- oder Rassen-Haß-Propagan-
da; Eintreten für eine Rassen-Trennung.
Oberster Grundsatz der volkssozialistischen Ordnung: Die
Gesamtinteressen eines Volkes stehen über jedem Einzelin-
teresse.
Aktive Solidarität mit allen nationalrevolutionären Kräften
in Europa und in Übersee.
Kampf gegen Imperialismus in jeder Erscheinungsform
(Monopolkapitalismus, Kommunismus, Zionismus u. a.).

Teilnahme an einer von Thies Christophersen einberu-
fenen Tagung auf der Burg Rothenfels am Main, bei der
30 neonazistische Organisationen vertreten sind und die

der Gründung eines Nationalen Forums der VSBD/PdA dient.

1977 Zusammenarbeit mit Friedhelm Kathagen vom Deutschen Arbeitskreis Witten (DAW). Verbreitet *Volkssozialistische Schulungsbriefe* und die Broschüre *Zionismus – Rassismus*. Kollaboriert mit Erwin Schönborns Kampfbund Deutscher Soldaten (KDS) und führt gemeinsame Veranstaltungen mit dessen Bürgerinitiative für die Todesstrafe und gegen Pornographie und Sittenverfall durch. Wird beim 3. Parteitag der VSBD/PdA als Vorsitzender bestätigt.

1978 Erklärt bei einer Veranstaltung der VSBD/PdA den 9. November 1938 zum »Schicksalstag« deutscher Geschichte und die »Reichskristallnacht« zur »Explosion des deutschen Volkes gegen die jüdische, antideutsche Hetze, gegen die jüdisch-bolschewistische Propaganda«. Inspiriert den Zusammenschluß verschiedener nationalistischer Gruppen zur Volkssozialistischen Einheitsfront.

1979 Anklage wegen Rechtfertigung der Ausschreitungen in der »Reichskristallnacht«

1980 Wiederwahl zum Parteivorsitzenden der VSBD/PdA. Verurteilung zu 11 Monaten Haft wegen Volksverhetzung und Beleidigung. Eine von ihm ins Leben gerufene Initiative 1. Mai wird von folgenden Organisationen unterstützt: PdA, Unabhängige Arbeiter-Partei, Aktion 62, Volkssozialistische Jugend Deutschlands, Blaue Adler-Jugend, Aktion Demokratischer Gewerkschafter, Volkssozialistischer Hochschulbund, Aktion 17. Juni, Volkssozialistische Basisgruppen.

1981 In einem internen Rundschreiben solidarisiert sich die auf internationaler Ebene aktive NSDAP-AO mit Busses VSBD/PdA; u. a. heißt es da:

> Darum unterstützt die NSDAP-AO den legalen Kampf der VSBD mit allen zur Verfügung stehenden Mitteln. Jeder nationalsozialistische Aktivist wird aufgerufen, die VSBD ideell und finanziell zu unterstützen. Jeder Aktivist der NSDAP-AO, der auch zu legaler Arbeit bereit ist, hat die Verpflichtung, Mitglied der VSBD oder ihrer Jugendorganisation Junge Front zu werden.

1982 Im Januar werden die VSBD/PdA und ihre Jugendorganisation Junge Front wegen »gegen die freiheitliche demokratische Grundordnung gerichteter Tätigkeit« verboten.

1983 Wegen Verstoßes gegen das Waffengesetz und Begünstigung von Bankräubern wird Busse zu 3 Jahren und
9 Monaten Freiheitsentzug verurteilt.
1987 Spricht im Januar bei einem Treffen der Anhänger
Jürgen Moslers in Dortmund.
1988 Löst den bisherigen Vorsitzenden der Freiheitlichen Deutschen Arbeiterpartei (FAP), Martin Pape, ab
und kandidiert auf Platz 2 der FAP-Liste für die Europa-
Wahlen 1989.

Christophersen, Thies
Geboren 1918
Bis 1945
SS-Sonderführer für Pflanzenschutz
Ab 1945
1968 Landesgeschäftsführer der Notgemeinschaft Deutscher Bauern (NDB)
1969 Herausgeber der Zeitschrift *Die Bauernschaft – Für
Recht und Gerechtigkeit*
1971 Herausgeber der Schriftenreihe *Kritik – Die Stimme
des Volkes* und Gründer der Bürger- und Bauerninitiative (BBI)
1972 Verfasser der Broschüre *Die Auschwitz-Lüge*, Inhaber des Kritik-Verlags und Herausgeber der ersten
Ausgabe von Manfred Roeders Schrift *Deutsche Bürgerinitiative* unter dem Titel *Unser Kampf gegen eine
widernatürliche Justiz*
1973 Die Staatsanwaltschaft Flensburg leitet gegen ihn
ein Ermittlungsverfahren wegen übler politischer Nachrede und Verleumdung ein; Anlaß hierfür ist das von
ihm herausgegebene Buch *Ist Rassenbewußtsein verwerflich?*, in dem es u.a. heißt:

Ein Rassist ist, wer seine eigene Art erhalten will. Das will ich
auch – also bin ich ein Rassist [...]
   Ich glaube, daß jede Eheschließung eine Auslese ist. Der
Ehepartner – oder die Ehepartnerin – sind eben der – oder
die Auserlesene [...]
   Rassengesetze sind Naturgesetze. Wer sie leugnet, handelt
gegen die Natur. Leider sind es heute zum Teil führende
Politiker, die widernatürlich handeln [...]
   Zweifellos sind die nationalsozialistischen Führer Irrtü-
mern verfallen, sonst hätten sie den Krieg gewonnen. Wer
eine Schachpartie verloren hat, weiß, daß er einen oder mehrere Fehler beging [...]

Aber der Nationalsozialismus hat auch seine starken Seiten gehabt, sonst hätte er nicht so erstaunlich dem Angriff der ganzen Welt widerstanden. Und zu den starken Seiten zählt der Rassismus, der dem deutschen Volk die Überzeugung gegeben hat, für eine gerechte Sache zu kämpfen. – Es ist ungeschickt, wird man uns hier entgegnen, an einem von der Weltmeinung verworfenen Regime gute Seiten zu finden. – Ungeschickt ist vielmehr, einer verlogenen Weltpropaganda nachzugeben, die, unter Ausschlachtung der schwachen Seiten, die starken in Verruf bringen will, um deren Rückkehr zu verhindern!

Dieses rassistische und antisemitische Machwerk war trotz staatsanwaltlichen Verbots in der Bundesrepublik Deutschland jahrelang zu beziehen, und zwar über Adressen in Dänemark und der Schweiz.

1974 Spricht in Berlin und Hamburg und fordert die Aufhebung des Verbots der NSDAP.

1975 Verteilt im Mai auf einem verbotenen »Reichstag« in Flensburg gemeinsam mit dem Leiter der Deutschen Bürgerinitiative (DBI), Manfred Roeder, Flugblätter, die das NS-Regime verherrlichen.

1976 Wird von der 1. Großen Strafkammer des Landgerichts Flensburg wegen Verbreitung von NS-Propaganda zu einer Geldstrafe von 1500 DM verurteilt.

1977 Der Bundesgerichtshof in Karlsruhe hebt einen zugunsten Christophersens ergangenen Freispruch des Landgerichts Flensburg auf. Dieses hatte in dem Buch *Ist Rassenbewußtsein verwerflich?* und in der Zeitschrift *Die Bauernschaft* zwar einen Verstoß gegen die Grundordnung der Bundesrepublik gesehen, jedoch eine aktiv kämpferische Tendenz gegen die Grundordnung auch in Ansatzpunkten nicht erkennen wollen. Der Bundesgerichtshof hingegen zieht zahlreiche Textstellen aus dem Buch und der Zeitschrift heran, in denen die Errichtung eines Führerstaates und eine arische Rassengemeinschaft propagiert werde. Nach Auffassung des Bundesgerichtshofs ziehen derartige Äußerungen die Menschenwürde in Zweifel und stimmen in ihrer Zielrichtung in wesentlichen Punkten mit dem Programm der NSDAP überein. Aus diesen Gründen sei der Freispruch nicht zu rechtfertigen.

1978 Fortsetzung des Prozesses vor der 2. Großen Strafkammer des Landgerichts Flensburg; Christophersen wird in zwei Verfahren zu je 4 und 6 Monaten Freiheitsstrafe mit Bewährung verurteilt. Er behauptet, der BBI sei die Gemeinnützigkeit zugesprochen worden.

1979 Das Landgericht Flensburg verurteilt ihn wegen Verbreitung verfassungswidriger Symbole zu 9 Monaten Haft mit Bewährung.

1981 Erneute Anklage, da bei einer Hausdurchsuchung NS-Schriften bei ihm gefunden worden sind. Das Landgericht Flensburg hält eine Strafe von 8 Monaten mit 4 Jahren Bewährung für ausreichend. Christophersen flüchtet nach Belgien.

1983 Wird an der deutsch-belgischen Grenze bei Aachen festgenommen.

1984 Wird wegen Verunglimpfung des Staates und des Andenkens Verstorbener zu einer Gefängnisstrafe von 8 Monaten auf Bewährung verurteilt.

1986 Läßt sich in Kollund/Dänemark nieder und führt von dort seine Versandbuchhandlung Nordwind weiter.

1987 Verlegt seinen Kritik-Verlag nach Lausanne/Schweiz. Seine Publikation *Die Bauernschaft* wird vom Nordland Forlag des dänischen Neonaziführers Poul Rijs-Knudsen in Aalborg herausgegeben.

1988 Im April hebt das Bezirksgericht Gravenstein, im Juni das Landgericht Sonderburg die Ausweisungsentscheidung des dänischen Justizministeriums auf. Damit steht fest, daß Dänemark dem Auslieferungsbegehren der Landesregierung von Schleswig-Holstein nicht entsprechen wird. Zur Begründung der Ablehnung wird laut dpa angegeben:

> Da es in Dänemark nicht strafbar ist, die nationalsozialistischen Verbrechen zu leugnen, eine Auslieferung aber nur wegen Handlungen erfolgen kann, die auch in Dänemark strafbar sind, hatte das dänische Justizministerium seinem Ausweisungsbescheid den dänischen Rassismus-Paragraphen zugrunde gelegt. Zwei Gerichtsinstanzen gaben aber nun Christophersens Einspruch recht. Es sei nicht anzunehmen, daß Christophersen wegen seiner in der Zeitschrift *Die Bauernschaft* vertretenen Ansichten in Dänemark verurteilt würde. Für eine Verurteilung wegen Rassendiskriminierung sei eine gewisse nicht unbedeutende Grobheit der Äußerungen notwendig, meint das Gericht, dem Christophersens Aussagen nicht grob genug waren.

Dementsprechend darf Christophersen bis zum Auslaufen seiner Aufenthaltsgenehmigung im September 1991 in Dänemark bleiben.

Dahl, Walter
1916–1986
Bis 1945
Kommandeur der Rammjäger und Eichenlaubträger
Ab 1945
1961 Gründer des Reichsverbandes Deutscher Soldaten
(RDS)
1979 Gründungsmitglied bei Gerhard Freys Volksbewegung für Generalamnestie (VOGA)
1980 Gründungsmitglied bei Freys Initiative für Ausländerbegrenzung (IfA)
1982 Teilnehmer der Gründungsversammlung von Erwin Schönborns National-Deutschem Senat

Deckert, Günter
1969 NPD-Bundestagskandidat, NPD-Kreisvorsitzender in Mannheim
1972 Vorstandsmitglied des NPD-Landesverbandes Baden-Württemberg, Gründer der Arbeitsgemeinschaft Nationaldemokratischer Lehrer, NPD-Bundestagskandidat im Wahlkreis Heidelberg-Land/Sinsheim, Landesvorsitzender der Jungen Nationaldemokraten bis 1975
1974 Erhält bei der Bürgermeisterwahl in der 42 000 Einwohner zählenden Stadt Weinheim 25,3 Prozent der Stimmen.
1975 NPD-Stadtrat in Weinheim, stellvertretender Bundesvorsitzender der NPD
1977 Im August bestätigt die für Disziplinarsachen in Beamtenangelegenheiten zuständige Kammer beim Verwaltungsgericht in Karlsruhe dem Oberstudienrat Deckert, daß er seine Lehrtätigkeit weiter ausüben darf; sein Einsatz für die NPD sei »kein beamtenrechtliches Dienstvergehen«.
1982 Verläßt nach mehreren Dienstenthebungen und Disziplinarverfahren durch die Schulbehörde die NPD.
1984 Gründet die Deutsche Liste, faktisch eine NPD-Ersatzpartei, und zieht mit ihr in den Gemeinderat von Weinheim ein.
1985 Wird vom Schuldienst neuerlich suspendiert.
1986 Gründet unter dem Namen Die Deutschen eine Hilfs- und Tarnorganisation der NPD.
1988 Im März wird seine Berufung gegen die Suspen-

dierungs-Entscheidung von der Disziplinarkammer in Karlsruhe zurückgewiesen.

Dehoust, Peter
Geboren 1936
1959 Gilt als Chefideologe des (1961 verbotenen) Bundes Nationaler Studenten (BNS).
1960–1978 Herausgeber des rechtsgerichteten *Deutschen Studenten-Anzeigers*
1968 Bezirksvorstandsmitglied der NPD in Bayreuth und 1. Vorsitzender des NPD-Kreisverbandes Coburg
1970 NPD-Landtagskandidat in Bayern
1971 Verantwortlicher Redakteur der Zeitschrift *Nation Europa*
1972 Vorstandsmitglied des NPD-Landesverbandes Bayern und Verbindungsmann zur Deutsch-Europäischen Studiengesellschaft
1976 Vorsitzender von Nation Europa – Freunde e. V. sowie des Hilfskomitees Südliches Afrika
1978 NPD-Landtagskandidat und stellvertretender NPD-Kreisvorsitzender in Oberfranken
1979 Vorsitzender des außenpolitischen Bundesausschusses der NPD, Vorstandsmitglied der Gesellschaft für freie Publizistik
1988 Chefredakteur von *Nation Europa*

Dinter, Berthold
1986 Dinter, ehemals NPD-Kreisvorsitzender in Gütersloh, gründet die Deutsche Familienbewegung – Idealverein, als deren Geschäftsführer er selbst fungiert. In seinem Mitteilungsblatt *Wehr Dich* erteilt er Freunden Ratschläge für konspirative Arbeit; u. a. ist dort zu lesen:

> Schau Dir Deinen »Kameraden« genau an, denn diese V-Männer erkennt nicht jeder auf den ersten Blick. Es wurden schon viele Kameraden durch Verrat und V-Männer hinter Gitter gebracht! So mancher von uns kann ein Lied davon singen. [...] Aktionen lieber mit altbewehrten [sic!] Kameraden durchführen, als jeden Hans und Franz mitmachen lassen! [...] Solange es noch junge Deutsche gibt, die für unser Land eintreten, ist Deutschland nicht verloren!

1988 Mitveranstalter einer Gedenkfeier für Rudolf Heß in Wunsiedel

Dorls, Dr. Fritz
Geboren 1910
Bis 1945
1929 Mitglied der NSDAP
1945 Lehrer für Geschichte an der Reichsschule der Deutschen Arbeitsfront in Erwitte
Ab 1945
1946 CDU-Mitglied
1947 Hauptamtlicher Schriftleiter des CDU-Parteiblattes *Niedersächsische Rundschau*
1949 Mitgründer der Gemeinschaft unabhängiger Deutscher (GuD), die mit der Deutschen Konservativen Partei/ Deutsche Rechtspartei (DKP/DRP) ein Wahlabkommen schließt. Bei den Bundestagswahlen als Kandidat der DKP/DRP zum Abgeordneten gewählt, tritt er aus der Fraktion aus und wird aus der Partei ausgeschlossen. Am Tag des Parteiausschlusses gründet er mit anderen die Sozialistische Reichspartei (SRP) und wird deren Vorsitzender.
1952 Versucht die im Oktober verbotene DRP illegal weiterzuführen. Einer Verhaftung entzieht er sich durch Flucht ins Ausland; wie sich später herausstellt, übernimmt der Flüchtige vom Verfassungsschutz einen Überwachungsauftrag in Ägypten.
1955 Wird nach Rückkehr in die Bundesrepublik Deutschland verhaftet.
1957 Verurteilung zu 14 Monaten Gefängnis wegen Rädelsführerschaft in einer verfassungsfeindlichen Organisation

Eckart, Wolf-Dieter
Geboren 1939
1968 Gründet den (1969 verbotenen) Bund Deutscher National-Sozialisten (BDNS)
1974 Verschickt Einladungen zu einer Veranstaltung Thies Christophersens, bei der Gary Rex Lauck, Vorsitzender der NSDAP-AO, die Aufhebung des NS-Verbots fordert.
1975 Herausgeber der *Reichsschulungsbriefe*. Wird von der Staatsanwaltschaft Hamburg angeklagt, die Bestrebungen einer verbotenen Organisation unterstützt und deren Symbole verbreitet zu haben.
1976 Verurteilung zu einer Freiheitsstrafe von 8 Monaten, zur Bewährung ausgesetzt auf 5 Jahre, und einer

Geldstrafe von 3000 DM wegen Äußerungen in dem von ihm herausgegebenen *Nationalsozialistischen Deutschen Nachrichtendienst*
1977 Herausgeber der neonazistischen Zeitschrift *Wille und Weg*
1978 Wird von der Strafkammer des Landgerichts Hamburg wegen Verbreitung neonazistischen Schrifttums zu zwei Freiheitsstrafen verurteilt; in der Gerichtsverhandlung beschwört er die »strahlende Wiedergeburt des Reiches unseres geliebten Führers Adolf Hitler, koste es, was es wolle«.
1979 Die beiden im Vorjahr ausgesprochenen Haftstrafen werden zu einer Freiheitsstrafe von 2 Jahren und 6 Monaten ohne Bewährung zusammengezogen. Vom Landgericht Köln wird Eckart wegen Verbreitung rechtsradikaler Pamphlete zu weiteren 9 Monaten Freiheitsstrafe verurteilt.

Ehrhard, Arthur
Geboren 1896
Bis 1945
1932 Obertruppführer im Ausbildungswesen der SA
1941 SS-Sturmbannführer, Spezialist für Bandenbekämpfung
Ab 1945
1951 Gründet unter Mitarbeit von Karl-Heinz Priester die Zeitschrift *Nation Europa* und den gleichnamigen Verlag.
1953 Der Verlag Nation Europa wird in eine GmbH umgewandelt, deren Mitglieder aus Kreisen in- und ausländischer Rechtsradikaler stammen. Im Lauf der Zeit gelingt es Ehrhard und seinen Mitarbeitern, *Nation Europa* zu einem Organ europäischer Rechtsradikaler zu gestalten.

Engelhardt, Eberhard
1977 Engelhardt, ursprünglich Mitglied der NPD und der Arbeitsgemeinschaft Unabhängiger Deutscher (AUD), schreibt einen offenen Brief an Bundeskanzler Willy Brandt, in dem er diesem vorwirft, im Zweiten Weltkrieg »auf der Feindseite« gestanden zu haben.
1978 Vorsitzender der Bürgerinitiative gegen Terrorismus und Fünf-Prozent-Klausel

1979 Wird von der Aktionsgemeinschaft Nationales Europa (ANE) für die Europa-Wahlen aufgestellt.
1980 Gründer der Grünen Aktion Deutschland
1982 Teilnehmer der Gründungsversammlung von Erwin Schönborns National-Deutschem Senat

Etzel, Richard
Geboren 1910
Bis 1945
1929 Beitritt zur NSDAP, später Jungvolkführer der HJ
1934 HJ-Oberbannführer
Ab 1945
1947 Gründer des Deutschen Blocks (DB)
1950 Bundesführer des Jugendbundes Adler (JBA)
1952 Herausgeber der Zeitschrift *Der Adlerführer*
1954 Vorsitzender des JBA, Mitgründer des Kameradschaftsrings Nationaler Jugendverbände (KNJ)
1961 Stellvertretender DB-Reichsvorsitzender
1970 Erster Sprecher der Wiking-Jugend (WJ)
1973 Ehrenmitglied der Freikorpsvereinigung von 1919 Ritter von Epp
1974 Spricht als Referent der Aktion Oder/Neiße (AKON) zum Thema »Zusammenarbeit im Freiheitlichen Rat«.
1976 Referent der Deutschen Volksunion (DVU)

Feitenhansl, Karl
Geboren 1922
1949 Gründet die Vaterländische Union (VU). Wegen fortgesetzter Vergehen gegen das Betätigungsverbot durch rechtsextremistische Agitation wird ein Spruchkammerverfahren gegen ihn eingeleitet.
1950 Kurzfristig in Haft. Wegen neofaschistischer Aktivitäten wird ihm für die Dauer von 5 Jahren jegliche politische Betätigung untersagt.
1951 Mitgründer der Nationalen Deutschen Arbeiterpartei (NDAP)
1952 Wird wegen Irreführung der bayerischen Behörden zu 3 Monaten Gefängnis verurteilt.
1957 Mitgründer der Nationalen Opposition (NO), die sich aus nachstehenden Gruppierungen zusammensetzt: Deutsche Gemeinschaft (DG), Deutscher Block (DB), VU, Deutsch-Soziale Union (DSU), Deutscher Bauern- und Mittelstandsbund, Deutsches Kulturwerk Europäischen Geistes (DEKG).

1965 NPD-Landtagsabgeordneter in Bayern und NPD-Vorstandsmitglied
1969 NPD-Bundestagskandidat
1972 NPD-Bundestagskandidat und NPD-Vorstandsmitglied
1973 NPD-Bundesgeschäftsführer
1974 NPD-Spitzenkandidat für die bayerischen Landtagswahlen
1976 NPD-Bundestagskandidat
1977/1978 Bundesgeschäftsführer und stellvertretender Bundesvorsitzender der NPD
1988 Im NPD-Vorstand zuständig für Agrarfragen

Fiedler, Hans-Michael
1970 Leitet den Arbeitskreis Wiedervereinigung in der Hochschulgruppe Pommern.
1972 NPD-Bundestagskandidat in Niedersachsen
1976 Mitglied des Redaktionskollegiums des rechtsradikalen *Deutschen Studenten-Anzeigers* und Herausgeber der rechtsgerichteten Vierteljahresschrift *Missus*
1978 Spricht laut Einladung bei rechtsradikalen Veranstaltungen über eine »sozialdemokratisch-kommunistische Verbrüderungsaktion zu Lasten Deutschlands«.
1980 Redakteur des *Deutschen Hochschulanzeigers*
1983 Soll im Auftrag der Hochschulgruppe Pommern in Göttingen schwarze Listen zusammenstellen, auf denen Namen von Zeitungen, Organisationen und Journalisten aus dem linken Pressespektrum notiert sind. Dieser Aktivität geht die Gründung eines Arbeitskreises Feindaufklärung voraus. Fiedler zählt zu den Initiatoren der 26. Göttinger Runde, eines Treffens von rechtsgerichteten Gruppierungen aus dem ganzen Bundesgebiet; in den Tagungsunterlagen werden auch Auszüge aus den schwarzen Listen angeführt.
1988 Referent für politische Bildung im NPD-Landesvorstand Niedersachsen

Frank, Sven Thomas
1971 Vorsitzender der Außerparlamentarischen Mitarbeit (APM), Mitinitiator der Christlichen Wählerinitiative, die Verbindung zum National-Europäischen Zentrum hält
1972 Mitarbeiter von Professor Hans-Joachim Schoeps
1974 Mitinitiator der Sache des Volkes – Nationalre-

volutionäre Aufbauorganisation (SdV–NRAO), einer Abspaltung von Siegfried Pöhlmanns Aktion Neue Rechte
(ANR)

Franke-Gricksch, Alfred
Bis 1945
1927 Beitritt zur NSDAP
1934 Enger Mitarbeiter Otto Strassers. Kehrt aus der
Prager Emigration freiwillig nach Deutschland zurück
und soll bei der Zerschlagung der illegalen Schwarzen
Front einen erheblichen Beitrag geleistet haben.
1935 SS-Obersturmbannführer
Ab 1945
1950 Ist in einem Hamburger Herrenklub tätig, dem vorwiegend ehemalige NS-Funktionäre angehören und der
im Sinne von Naumanns Gauleiter-Kreis arbeitet. Initiator der Bruderschaft, einer militanten Organisation, deren Ordenskanzler er wird.

Frauenfeld, Eduard
Geboren 1898
Bis 1945
1929 Bezirksleiter der NSDAP in Wien
1930 Gauleiter der NSDAP in Wien
1932 NSDAP-Stadtrat von Wien
1934 Umsiedlung von Österreich nach Deutschland
1935 Geschäftsführer der Reichstheaterkammer und Mitglied des Reichskultursenats
1936 Mitglied des Reichstags
1943 Höherer SS-Führer
1943 Generalkommissar für die Krim
Ab 1945
1950 Wird zu Naumanns Gauleiter-Kreis gezählt.
1951 Mitinitiator des Freikorps Deutschland

Freiberger, Herbert
Geboren 1916
Bis 1945
HJ-Führer
Ab 1945
1952 Landesgeschäftsführer der FDP in Niedersachsen
1954 Austritt aus der FDP. Gründet die Deutsche National-Partei (DNP).
1955 Tritt mit einigen seiner Parteifreunde der Deut-

schen Reichspartei (DRP) bei und wird Vorsitzender von deren niedersächsischem Landesverband.
1956 Mitglied des DRP-Vorstands
1957 Rücktritt von allen Parteiämtern

Frey, Dr. Gerhard
Geboren 1933
1958 Gründet die DSZ-Druckschrift- und Zeitungsverlags-GmbH
1959 Herausgeber und Chefredakteur der *Deutschen National-Zeitung*, die mit einer Auflage von 130 000 Exemplaren (einschließlich aller Kopfblätter) die meistverbreitete rechtsradikale Zeitung der Bundesrepublik ist
1960 Alleininhaber des DSZ-Verlags
1962 Ankauf der *Schlesischen Rundschau* und Gründung der Aktion Oder/Neiße, der späteren Aktion Deutsche Einheit (AKON)
1964 Mitgesellschafter der Nation Europa Verlags-GmbH
1968 Unterstützt bei den Landtagswahlen in Baden-Württemberg publizistisch die NPD und hält Kontakt zum dortigen NPD-Landesvorsitzenden, Martin Mußgnug.
1971 Gründer der Deutschen Volksunion (DVU), deren Vorsitzender er seither ist
1972 Gründer des Freiheitlichen Rats, dem später die von ihm geförderte Aktion Neue Rechte (ANR) Siegfried Pöhlmanns beitritt
1974 Mitglied des AKON-Bundesvorstands. Wendet sich gegen das »zum Himmel schreiende Unrecht einer über Jahrzehnte währenden gnadenlosen Verfolgung« und fordert eine »Generalamnestie für alle Verbrechen in Zusammenhang mit politischen Einflüssen bis 1945, ohne Rücksicht auf Rasse, Volkstum oder Religion«. Dr. Adolf Arndt, seinerzeit Kronjurist der SPD, bezeichnet im Bundestag die *Deutsche National-Zeitung* als das Blatt der »potentiellen Mörder«. In vielen Prozessen, die gegen Frey als Herausgeber geführt werden, erkennen die Gerichte keine Gefahr für die freiheitliche, demokratische Grundordnung. Bis zu den Wahlbündnissen mit der NPD in Baden-Württemberg und Schleswig-Holstein setzt sich Frey bei Landtags- und Bundestagswahlen in den meisten Fällen für die CSU und Franz Josef Strauß ein.
1975 Kandidiert zum stellvertretenden NPD-Bundesvorsitzenden, wird aber nur zum Beisitzenden im Parteivorstand gewählt und tritt daraufhin aus der NPD aus.

1978 Wird auf der 4. Bundesversammlung der DVU für weitere drei Jahre zum Bundesvorsitzenden wiedergewählt.

1979 Gründet die Volksbewegung für Generalamnestie (VOGA). Nach dem Tod Reinhard Gehlens, des ersten Chefs des Bundesnachrichtendienstes (BND), veröffentlicht die *Deutsche National-Zeitung* Ausschnitte aus dem Briefwechsel zwischen Frey und Gehlen; dieser wird u.a. mit folgendem Satz zitiert: »Sie wissen ja, daß ich parteipolitisch nicht Stellung nehmen kann, da ich in der Vergangenheit stets dem großen ganzen dienen mußte und auch jetzt mich am wirkungsvollsten äußern kann, wenn ich diese parteipolitische Neutralität zumindest formal in Anspruch nehmen kann.«

1980 Gründer der Initiative für Ausländerbegrenzung (IfA)

1981 Gründet die Aktion Deutsches Radio und Fernsehen (ARF)

1983 Gründet den Ehrenbund Rudel – Gemeinschaft zum Schutz der Frontsoldaten

1984 Gründer des Schutzbundes für Leben und Umwelt, 1986 in Schutzbund für Volk und Kultur umbenannt

1986 Neuerliche Kontakte zur NPD

1987 Nach Gesprächen zwischen ihm und Mußgnug erfolgt die Gründung der Deutschen Volksunion – Liste D (DVU – Liste D). Zum 85. Geburtstag des 1979 verstorbenen Reinhard Gehlen rühmt sich Frey seiner engen und freundschaftlichen Beziehungen zu dem einstigen BND-Präsidenten.

1988 In den ersten Junitagen wird bekannt, daß Frey der NPD für ihren Verzicht auf Teilnahme an den Europa-Wahlen 1 Million DM als Wahlkampfhilfe hat zukommen lassen; dies geht aus einer Vereinbarung hervor, die Anfang Januar zwischen DVU und NPD getroffen worden ist. Im Zusammenhang mit der Beteiligung der DVU – Liste D an den Europa-Wahlen appelliert Frey in seinen Blättern an den deutsch denkenden Bürger wie folgt:

Unsere junge Partei, die im vergangenen Herbst unmittelbar nach ihrer Gründung durch einen sensationellen Landtagswahlerfolg bewies, daß Sperrklauseln für sie kein Hindernis sind, will das Recht und die Interessen des deutschen Volkes durchsetzen. Die Bundesrepublik darf nicht länger der Zahlmeister Europas bleiben. Wir lehnen jegliches Wahlrecht für Ausländer in Deutschland, wie es etablierte Parteien anstreben, konsequent ab. Wir wollen Ausländerbegrenzung und Abschiebung von Scheinasylanten. Wir wehren uns dagegen, daß ein westeuropäischer Bundesstaat entsteht, der die Einheit Deutschlands verhindert. Die deutschen Bauern dürfen ebensowenig wie ganze Industriezweige und Berufsgruppen auf dem Altar Europas geopfert werden. Aus diesen Gründen kandidiert die DVU bei den Europa-Wahlen und wird mit ihrer Hilfe in das Europa-Parlament einziehen und dort für Deutschland wirken.

1989 Zur Vorbereitung der Europa-Wahlen läßt Frey im Januar 28 Millionen ausländerfeindliche Postwurfsendungen an alle Haushalte der Bundesrepublik Deutschland versenden. Das Bundespostministerium sieht sich aufgrund des Paragraphen 13 der Postverordnung verpflichtet, die Sendungen zu befördern – dasselbe Ministerium, das die Beförderung von Massendrucksachen, als deren Absender Friedensgruppen oder Kriegsdienstverweigerer zeichneten, verweigerte, weil auf ihnen Symbole wie Friedenstauben oder zerbrochene Gewehre zu sehen waren. Die Druckauflage der Freyschen Wochenblätter *Deutsche National-Zeitung, Deutscher Anzeiger* und *Deutsche Wochen-Zeitung* zählt 270000 Exemplare.

Gebhardt, Werner
1951 Funktionär der (1952 verbotenen) Sozialistischen Reichspartei (SRP)
1960 Stellvertretender Bundesvorsitzender der Deutschen Reichspartei (DRP)
1961 Verläßt die DRP.
1962 Gründung der Deutschen Freiheits-Partei (DFP) unter seinem maßgeblichen Programmeinfluß. Die DFP geht später in der 1965 gegründeten Aktionsgemeinschaft Unabhängiger Deutscher (AUD) auf.
1970 Spaltet sich mit einigen Gesinnungsfreunden von der AUD ab und gründet den Unabhängigen Freundeskreis, der das Monatsblatt *Unabhängige Nachrichten* herausbringt. Es behandelt die üblichen rechtsradikalen Themen wie »Kriegsschuldlüge« und »Auschwitzlüge«, nur noch etwas aggressiver, als dies bei solchen Blättern sonst der Fall ist.

Geiß, Edgar
Geboren 1929
1978 Geiß, Gründer zahlreicher rechtsradikaler Vereinigungen und Zirkel sowie Herausgeber einer Vielzahl von Flugschriften, bezeichnet das *Tagebuch der Anne Frank* als Schwindel und stellt die Behauptung auf, während des Dritten Reiches sei kein Jude ermordet worden. Wird zu 1 Jahr Haft mit Bewährung verurteilt; bis 1984 steht er zwölfmal, u.a. wegen Volksverhetzung, Aufstachelung zum Rassenhaß und Beleidigung, vor bundesdeutschen Gerichten.
1979 Wird zweimal auf Bewährung verurteilt.
1980 Das Landgericht Hamburg verurteilt ihn erneut zu 1 Jahr Haftstrafe mit Bewährung.
1981 Nennt in einem Pamphlet die Fernsehserie *Holocaust* eine Ausgeburt perverser Phantasie.
1983 Verurteilung wegen Volksverhetzung durch das Landgericht Stade; bei einem Prozeß 1980 in Köln, bei dem es um die Ermordung von Juden gegangen war, hatte er Flugblätter verteilt, in denen bestritten wurde, daß in der NS-Zeit eine Massenvernichtung von Juden stattgefunden hat.
1985 Aufhebung des Stader Urteils durch das Oberlandesgericht Celle mit der Begründung, da der Zeuge kein Jude und deshalb durch den Inhalt der Flugblätter nicht beleidigt worden sei, fehle ein wirksamer Strafantrag.

Gericke, Dr. Bernhard
1946 Mitglied der Deutschen Konservativen Partei (DKP) und der Deutschen Rechtspartei (DRP)
1949 Mitgründer und Vorstandsmitglied der Sozialistischen Reichspartei (SRP)
1950 Austritt aus der SRP
1951 Gründet die Nationale Arbeiterpartei (NAP), deren Vorsitzender er wird. NAP-Stadtratsmitglied in Wolfsburg.
1954 Geschäftsführer des Deutschen Arbeiter-Verbands (DAV)
1957 Tritt nach Auflösung der NAP zur FDP über mit der Begründung, die Partei enthalte in ihrer Substanz »alle geistig-politischen Kräfte, die für die Meisterung des nationalen Schicksals benötigt werden«.
1958 Leiter des Presseamts der Stadt Wolfsburg

Gille, Dr. Alfred
1901–1971
Bis 1945
1928–1945 Bürgermeister der ostpreußischen Stadt Lötzen
1937 Mitglied der NSDAP
Ab 1945
1950 Mitgründer des Blocks der Heimatvertriebenen und Entrechteten (BHE), in dessen Auftrag er Kontakt zu Naumanns Gauleiter-Kreis hält
1950–1953 Abgeordneter und zeitweise BHE-Fraktionsvorsitzender im schleswig-holsteinischen Landtag
1951–1966 Bundesvorsitzender der Landsmannschaft Ostpreußen
1953–1957 Mitglied des Bundestags und dort stellvertretender Vorsitzender der GB/BHE-Fraktion
1958–1962 Abgeordneter im schleswig-holsteinischen Landtag, zunächst für den GB/BHE, dann für die Gesamtdeutsche Partei (GDP); Mitglied des GDP-Bundesvorstands
1961 Stellvertretender Vorsitzender des GB/BHE
1964 Stellvertretender Vorsitzender der GDP
1966 Bezeichnet Politiker, die bereit sind, die Oder-Neiße-Grenze anzuerkennen, als »Verfassungsbrecher und Schädlinge«.

Goerth, Christa
Geboren 1936
1984 Im Februar löst diese neonazistische Aktivistin, eine der wenigen Frauen, die im rechtsradikalen Spektrum führende Positionen bekleiden, den Initiator der 1979 gegründeten Hilfsorganisation für nationale politische Gefangene und deren Angehörige (HNG), Wilhelm Beier, im Vorsitz dieser Organisation ab. Unter ihrer Führung wird die HNG zu einem Sammelbecken von Mitgliedern verschiedener rechtsextremistischer Gruppierungen; als Bindeglied zwischen den »Kameraden draußen und unseren politischen Gefangenen« identifiziert sie sich mit den terroristischen Aktionen der von ihr betreuten Gesinnungsfreunde. Den Kern dieses rechtsradikalen Stoßtrupps bilden vorwiegend Funktionäre der Freiheitlichen Deutschen Arbeiterpartei (FAP).

Goetzendorf, Günter
Geboren 1917
Bis 1945
Journalist und Redakteur
Ab 1945
1945 Gründet einen Flüchtlingsausschuß
1946 Gründung des aus dem Flüchtlingsausschuß entstandenen Neubürgerbundes, der wenig später verboten wird; Vorstandsmitglied der Interessenvertretung der Ausgewiesenen in Bayern
1946–1949 Redakteur bei der *Passauer Neuen Presse*
1948 Wiedergründung des Neubürgerbundes; Präsident der Interessenvertretung der Ausgewiesenen in Bayern
1949 Bemühungen um die Gründung eines überparteilichen Blocks der Vertriebenen, der aber nicht lizenziert wird. Dank einem Wahlbündnis von Neubürgerbund und anderen Vertriebenengruppen mit der Wirtschaftlichen Aufbauvereinigung (WAV) gelangt Goetzendorf in den Bundestag.
1950 Gründung des Bundes der Heimatvertriebenen und Entrechteten (BHE); als Bundestagsabgeordneter zunächst Mitglied der WAV-Fraktion
1950/1951 Mitinitiator der Gruppe Nationale Rechte
1952 Gründet gemeinsam mit dem rechtsextremen Bundestagsabgeordneten Wolfgang Hedler die Nationale Reichspartei (NRP) und beteiligt sich an der Bildung des Dachverbands der Nationalen Sammlung (DNS).
1957 Wird wegen Meineids zu 10 Monaten Gefängnis verurteilt.

Götting, Horst
1956 Beitritt zur FDP
1957 Gründet die Deutsche Volkspartei (DVP, nicht identisch mit der Partei gleichen Namens, die 1965 von Dr. Claus-Heinrich von Wendorff gegründet wurde).
1964 Übertritt zur Gesamtdeutschen Partei (GDP)
1965 Eintritt in die NPD
1967 Verläßt mit einer Gruppe um Friedrich Thielen die NPD und tritt der Nationalen Volkspartei (NVP) bei, einer Abspaltung der Deutschen Partei (DP).
1974 Mitgründer der Liberal-Sozialen Union (LSU) in Göttingen, die 1975 in der Aktionsgemeinschaft Vierte Partei (AVP) aufgeht

Grimm, Hans
1875–1959
Bis 1945
1920–1925 Arbeitet an dem »Schicksalsroman« *Volk ohne Raum*. Welche verheerende Wirkung das Buch auf weite Teile des deutschen Volkes hatte, ist bis heute schwer zu ermessen. Es erreichte bis 1945 eine Auflage von 650 000 Exemplaren und kann als einer der wichtigsten publizistischen Wegbereiter des NS-Regimes gelten.
Ab 1945
1950 Bekennt in seiner Schrift *Rückblick*:

Ich gehöre nicht zu denen, die den Kriegsausbruch Hitler zur Last legten. Ich hatte inzwischen die wachsende Gefahr vom zertrümmerten Ostwall Europas her mit all ihrem Drum und Dran begriffen. Ich wußte, daß der Krieg kommen müsse, falls ein Einverständnis mit England nicht gelänge und die unruhige deutsche Leistungsfähigkeit von neuem sichtbar und spürbar würde [. . .] Hitler und die offizielle nationalsozialistische Parteileitung zogen mit ihren antisemitischen Aussprüchen und quälerischen Methoden ohne Zweifel den menschlich wohl zu erwartenden kriegstreiberischen Abwehrhaß des Weltjudentums auf uns; doch das, was man Antigermanismus nennen mag, war schon vorher dagewesen, und wir unabhängigen deutschen Geistigen hatten es Jahre vor Hitler zu spüren bekommen.

1953 Kandidiert bei den Bundestagswahlen auf der Liste der Deutschen Reichspartei (DRP) und spricht im Wahlkampf auf Kundgebungen neonazistischer Organisationen; dabei versichert er seinen Zuhörern, sich die Konjunktur des Kalten Kriegs zunutze machend, Hitler habe »in seiner traumhaften Sicht schon früher als andere die dem Abendland drohenden Gefahren erkannt«.
1955 Erachtet ein Verbot seiner Versammlungen als »unverständlich«, denn bereits im Mai 1950 habe er in Glücksburg bei Flensburg einen ähnlichen Vortrag gehalten; damals habe der jetzige Ministerpräsident von Hassel als Versammlungsleiter fungiert, und anschließend sei er, Grimm, Gast bei von Hassel in dessen Glücksburger Wohnung gewesen. Über eine seiner Versammlungen berichtete die *Frankfurter Allgemeine*:

Nun aber tritt Herr Grimm rüstig vor die »Vereinigung ehemaliger Internierter und Entnazifizierungsgeschädigter« und wirbt für Adolf Hitler, den er gut und selbstlos nennt. Frischfröhlich predigt Grimm die unselige Parole »Du bist nichts, dein Volk ist alles«, redet abfällig über Humanität, schwatzt von »der Rache des Weltjudentums« und von Hitlers »abend-ländisch-antibolschewistischer Politik«, um schließlich be-scheiden anzufügen: manches Wahnsinnige sei zwar im Drit-ten Reich geschehen, aber daran seien die »Zustände« und die bösen Gegner Hitlers schuld gewesen.

Grimm, Dr. Holle
1969 Die Tochter Hans Grimms übernimmt die Führung des Klosterhaus-Verlags im hessischen Lippoldsberg. Die unheilvolle Tradition ihres Vaters fortsetzend, veranstal-tet sie alljährlich Lippoldsberger Dichtertage, bei denen konservative und rechtsradikale Schriftsteller Lesungen halten; ferner bekleidet sie längere Zeit den Vorsitz in derGesellschaft für freie Publizistik (GfP).
1978 Betätigt sich im Fremdenverkehrsverein ihres Woh-norts; dies ist wohl mit ein Grund dafür, daß gegen die jährlich wiederkehrenden, als literarisch getarnten neo-nazistischen Veranstaltungen nichts unternommen wird.

Grohé, Josef
Geboren 1902
Bis 1945
1921 Eintritt in die NSDAP
1926–1931 Hauptschriftleiter des *Westdeutschen Beob-achters*
1929 NSDAP-Stadtverordneter in Köln
1932 Mitglied der NSDAP-Fraktion im Preußischen Land-tag, Mitglied des Rheinischen Provinzialrats, Staatskom-missar der Universität Köln, Preußischer Staatsrat, Be-vollmächtigter der Rheinprovinz zum Reichsrat
1933 Mitglied des Reichstags, NSDAP-Gauleiter im Gau Köln-Aachen
1943 NSKK-Obergruppenführer
1944 Militärverwalter in Belgien
Ab 1945
1950 Wird zum Gauleiter-Kreis Naumanns gezählt.

Grünberg, Dr. Hans Bernd von
Geboren 1903
Bis 1945
1931 Eintritt in die NSDAP; Gauamtsleiter im Gau Ost-preußen, Gau-Dozentenbundführer

1944 Rektor der Universität Königsberg
Ab 1945
Mitinitiator der Vereinigung Ostverdrängter Hochschullehrer, Mitgründer der Deutschen Reichspartei (DRP)
1964 Mitgründer und Vorstandsmitglied der NPD

Gutmann, Wilhelm
1900–1976
Bis 1945
1932 Mitglied der NSDAP
1933–1945 Bürgermeister einer Gemeinde in Südbaden
Ab 1945
1946 Ist in der Bewegung der Internierungs- und Entnazifizierungsgeschädigten aktiv.
1947/1948 Mitarbeiter der Notgemeinschaft Württemberg-Baden
Bis 1963 Mitarbeit in der Gesamtdeutschen Partei (GDP)
1964 Mitgründer der NPD, stellvertretender Bundesvorsitzender und baden-württembergischer Landesvorsitzender der Partei
1968–1972 Mitglied der NPD-Fraktion im baden-württembergischen Landtag

Handlos, Franz
Geboren 1939
1966 Redakteur für Innenpolitik beim *Münchner Merkur*
1967–1971 Pressesprecher der CSU-Fraktion im bayerischen Landtag
1970–1972 CSU-Landtagsabgeordneter
1972 CSU-Bundestagsabgeordneter
1976–1980 Mitglied der Parlamentarischen Versamm-
lung des Europarats
1979 Landesvorsitzender des Wehrpolitischen Arbeitskreises der CSU
1980 Verleger verschiedener Zeitschriften
1983 Verläßt im Juli nach 27jähriger Zugehörigkeit die
CSU, die er, im Wahlkreis Deggendorf mit 73,6 Prozent
der Erststimmen gewählt, als Bundestagsabgeordneter
vertreten hat; als Anlaß seines Parteiaustritts gibt er den
von Ministerpräsident Strauß eingefädelten Milliarden-
kredit an die DDR an. Bleibt als fraktionsloser Abgeordneter im Bundestag. Gründet im November gemeinsam
mit Franz Schönhuber und Ekkehard Voigt die Partei der
Republikaner.

1985 Tritt im April aus der Partei der Republikaner aus und gründet die Freiheitliche Volkspartei (FVP).
1987 Gibt im Juli den Bundesvorsitz der FVP ab.

Haushälter, Jörg Günter
1970 Gründet mit Schülern des Gymnasiums in Seelze bei Hannover die Wehrsportgruppe Germania.
1974 Meldet sich freiwillig zum Bundesgrenzschutz. Fällt während der vierjährigen Dienstzeit durch das Tragen von NS-Emblemen auf.
1976 Die Staatsschutzabteilung der Kriminalpolizei Hannover befragt ihn zu den Aktivitäten der Wehrsportgruppe; Konsequenzen ergeben sich daraus nicht.
1979 Wird wegen Einbruchs und Körperverletzung zu einer geringen Geldstrafe verurteilt.
1980 Die Polizei beschlagnahmt bei ihm NS-Literatur, Gaspistolen und Stichwaffen, die jedoch wieder ausgehändigt werden.
1981 Wird im Oktober wegen verbotenen Uniformtragens zu einer Geldstrafe verurteilt. Legt Berufung ein.
1982 Das Landgericht Hannover bestätigt das Urteil vom Oktober des Vorjahrs.

Haußleiter, August
1905–1989
Bis 1945
Redakteur des rechtskonservativen *Fränkischen Kuriers* in Nürnberg; nach einem Konflikt mit dem damaligen Gauleiter Julius Streicher wird er entlassen. Steht der NSDAP nahe. Sein Kriegstagebuch *An der mittleren Ostfront*, das Hitlers Kriege verherrlicht, erreicht eine Auflage von 100 000 Exemplaren.
Ab 1945
1946 Zählt zu den Mitgründern der CSU und ist Mitglied der Verfassunggebenden Landesversammlung in Bayern sowie des bayerischen Landtags.
1947 Mitglied des CSU-Fraktionsvorstands. Wird vom damaligen CSU-Vorsitzenden Dr. Josef Müller in den Geschäftsführenden Landesvorstand der Partei berufen.
1948/1949 Stellvertretender CSU-Landesvorsitzender
1949 Austritt aus der CSU. Gründet eine Arbeitsgemeinschaft, die sich als Deutsche Union (DU) bezeichnet und neutralistische Auffassungen vertritt, sowie die Deut-

sche Gemeinschaft (DG), die als Sammelbecken für ehemalige Vertriebene und Heimkehrer gedacht ist.
1950 Hält Verbindung zum Gauleiter-Kreis Naumanns.
1952 Spaltung der DG. Haußleiter bildet einen Dachverband der Nationalen Sammlung (DNS), der sich jedoch als erfolglos erweist.
1953 Zusammenarbeit mit dem Deutschen Block (DB)
1965 Gründet die Aktionsgemeinschaft Unabhängiger Deutscher (AUD).
1986 Kandidiert für die Grünen bei den Landtagswahlen in Bayern und zieht in den Landtag ein. Haußleiter ist als seltenes Beispiel dafür anzuführen, daß extreme Nationalisten sich zu aktiven Mitarbeitern der Friedensbewegung entwickeln können.

Hedler, Wolfgang
Geboren 1899
1947 Angestellter des Kirchlichen Hilfswerks in Rendsburg
1949 Bundestagsabgeordneter der Deutschen Partei (DP). Hält in dieser Funktion in Einfeld/Schleswig-Holstein eine Rede, in der er die Widerstandskämpfer des 20. Juli 1944 als Landesverräter bezeichnet. Daraufhin beantragt die SPD-Fraktion mit Erfolg die Aufhebung der Immunität durch den Bundestag. In einem Brief an die *Frankfurter Rundschau* bekennt Hedler sich im Dezember zu seinen rechtsradikalen und antisemitischen Auffassungen; u.a. schreibt er:

Jeder Amerikaner, Engländer, Franzose und so weiter betrachtet den Menschen, der im Krieg sein Vaterland durch Konspiration mit dem Ausland verrät, Sabotage verübt oder desertiert, als Landesverräter, und das gleiche Recht haben auch wir, derartige Menschen als Landesverräter zu bezeichnen.
Wenn Herr Dr. Kurt Schumacher erklärt, das deutsche Volk stünde heute besser da, wenn es diese Kräfte des jüdischen Geistes und der jüdischen Wirtschaftspotenz bei dem Aufbau eines neuen Deutschlands in seinen Reihen haben würde, so muß ich hierzu betonen, daß wir genügend deutsche Arbeiter, deutsche schaffende Menschen und deutsche Intelligenz haben, die ihr Vaterland allein und mit aller Tatkraft aufbauen wollen und werden. [...] Der Nationalsozialismus ist tot. Aber wir müssen bekennen, daß in seiner Zeit viel Gutes geschaffen worden ist, das zu übernehmen wir gewillt sind, so z.B. die soziale Gesetzgebung für den Arbeiter.

1950 Das Gerichtsverfahren, zu dem die erwähnten Äußerungen Anlaß gegeben haben, endet mit Freispruch mangels Beweisen; als Nebenkläger zur Wahrung der Interessen der ehemaligen Widerstandskämpfer waren u.a. der SPD-Vorsitzende in Bayern, Waldemar von Knoeringen, Ulrich Goerdeler – Sohn des hingerichteten ehemaligen Leipziger Oberbürgermeisters – sowie die Witwen dreier führender Männer des 20. Juli 1944, Frau von Tresckow, Frau Trott zu Solz und Frau Leber, zugelassen. Das Urteil erregt in der breiten Öffentlichkeit, in den Länderparlamenten und im Bundestag allgemeinen Widerspruch. Unter dem Druck der Öffentlichkeit sieht sich die DP veranlaßt, Hedler auszuschließen; er tritt der Deutschen Reichspartei (DRP) bei.

1951 Wegen Fragebogenfälschung wird gegen ihn ein Spruchkammerverfahren durchgeführt. Außerdem wird er vom Oberlandesgericht Kiel wegen öffentlicher Beleidigung in Tateinheit mit öffentlicher Verunglimpfung Verstorbener zu 9 Monaten Gefängnis verurteilt. Die DRP trennt sich von ihm, und er wird im Bundestag fraktionslos.

1952 Seine Revision wird ebenso wie die von ihm eingebrachte Verfassungsbeschwerde verworfen. Gründet mit Günter Goetzendorf die Nationale Reichspartei (NRP).

1953 Schließt sich gemeinsam mit Goetzendorf der Gruppe Wirtschaftliche Aufbauvereinigung (WAV) im Bundestag an.

Heidel, Volker
Geboren 1954
1975–1977 Führender NPD-Funktionär in Hannover
1978 Wegen neonazistischer Aktivitäten angeklagt
1979 Leiter der Nationalen Sozialistischen Antikominternjugend, »Gaubeauftragter« der NSDAP-AO, in der er eng mit Paul Otte zusammenarbeitet. Verurteilung wegen neonazistischer Aktivitäten zu 12 Monaten Haft mit Bewährung
1980 Vom Landgericht Lüneburg u.a. wegen Verbreitung von NS-Kennzeichen, Volksverhetzung und Aufhetzung zum Rassenhaß zu 10 Monaten Haft ohne Bewährung verurteilt
1981 Schließt sich mit einer Gruppe der Volkssozialistischen Bewegung Deutschlands/Partei der Arbeit (VSBD/PdA) an, deren Vorsitzender in Niedersachsen er wird.

Hellwege, Heinrich
Geboren 1908
1945/1946 Mitgründer und Vorsitzender des Direktoriums der Niedersächsischen Landespartei (NLP)
1947 Umbenennung der NLP in Deutsche Partei (DP).
Hellwege bleibt Vorsitzender.
1947–1952 Mitglied des niedersächsischen Landtags
1949–1953 DP-Fraktionsvorsitzender im Bundestag
1949–1955 Bundesminister für Angelegenheiten des
Bundesrats
1955–1959 Ministerpräsident von Niedersachsen
1959–1963 Mitglied des niedersächsischen Landtags
1961 Rücktritt als Bundes- und niedersächsischer Landesvorsitzender der DP, CDU-Beitritt
1979 Austritt aus der CDU. Hellwege war außerdem
Mitglied der Abendländischen Akademie und des Eh-
renpräsidiums der Deutschland-Stiftung.

Hepp, Odfried
Geboren 1958
1975 Beitritt zur Wiking-Jugend
1977 Leitet im Schwarzwald ein Lager des Bundes Heimattreuer Jugend (BHJ).
1979 Versucht eine neue NSDAP zu gründen und wird
deshalb kurzfristig in Untersuchungshaft genommen. Gegen ihn wird wegen Gründung einer terroristischen Vereinigung ermittelt.
1980 Gründet nach dem Hoffmannschen Vorbild die
Wehrsportgruppe Schlageter, deren Angehörige zum Teil
in Libanon militärische Ausbildung erhalten. Die Staatsanwaltschaft beim Oberlandesgericht Stuttgart erhebt
Anklage gegen ihn, und der Generalbundesanwalt leitet
ein Ermittlungsverfahren wegen des Verdachts der Bildung einer kriminellen Vereinigung ein.
1981 Gründet die Kampfgruppe Schwarzwald. Wird im
Juni in England wegen Diebstahls verhaftet. Im Oktober
wird er wegen Volksverhetzung und Waffenbesitzes zu
1 Jahr und 4 Monaten Haft ohne Bewährung verurteilt.
1982 Nach vorzeitiger Haftentlassung soll er im Oktober
gemeinsam mit dem damals bei der US Army in einer
Vertrauensposition beschäftigten Arndt-Heinz Marx folgende Bombenanschläge verübt haben: am 10. auf eine
US-amerikanische Wohnsiedlung in Berkersheim, wobei fünf Autos zerstört wurden; am 17. auf die Preunges-

heimer Gibbs-Kaserne (Sachschaden 150 000 DM); am 19. auf Privatfahrzeuge von US-Amerikanern in Frankfurt; am 31. auf eine Soldatenwohnsiedlung in Gießen, dabei Zerstörung von zwanzig Privatautos (Sachschaden 500 000 DM). Verbreitet im selben Jahr gemeinsam mit seinem Terroristenkameraden Walther Kexel unter dem Namen »Abschied vom Hitlerismus« ein Arbeitspapier, in dem Hitler als Verräter am Nationalsozialismus bezeichnet wird, weil er die ursprünglichen antikapitalistischen Ziele der NSDAP verdrängt und die Partei »verbonzt« habe.

1983 Nachdem aufgrund von Hinweisen in einer Wohnung ein Waffenlager ausgehoben worden ist, erhebt der Generalbundesanwalt gegen fünf Bandenmitglieder der rechtsradikalen Vereinigung um Hepp und Kexel Anklage. Hepp, der sich in England versteckt hält, soll nach Beschluß eines Londoner Gerichts an die Bundesrepublik Deutschland ausgeliefert werden, entzieht sich jedoch der Verhaftung durch Flucht.

1985 Im April in Paris festgenommen. Die Bundesregierung stellt einen Auslieferungsantrag.

1986 Im Dezember erfolgt seine Auslieferung an die Bundesrepublik.

1987 Wird im Oktober wegen versuchten Mordes, Mitgliedschaft in einer terroristischen Vereinigung von Rechtsextremisten und Beteiligung an bewaffneten Banküberfällen und Sprengstoffanschlägen zu 10 Jahren und 6 Monaten Haft verurteilt.

Hertel, Hans
Geboren 1908
Bis 1945
1929–1934 NSDAP-Kreisleiter in Schlesien
Ab 1945
1945 Mitarbeiter im Zentralverband vertriebener Deutscher
1950 Zugehörigkeit zu Naumanns Gauleiter-Kreis, BHE-Mitglied
1952 Übertritt zur Deutschen Reichspartei (DRP)
1953 Mitglied der DRP-Leitung
1954/1955 Niedersächsischer DRP-Vorsitzender
1955 Mitglied des niedersächsischen Landtags; Rücktritt wegen einer Wahlgeldaffäre
1964 Austritt aus der DRP

1973–1975 Funktionär und Referent des Stahlhelms –
Kampfbund für Europa
1977 Gründet die Deutsche Volksfront (DV); in deren
Zielsetzung heißt es u.a.:

> Solange die nationale Selbstaufgabe zur Voraussetzung ei-
> ner Zusammenarbeit gemacht wird, beraubt sich der Westen
> der besten Kräfte, die er zur Abwehr des Bolschewismus
> braucht [...] Wir brauchen eine »Bürgerinitiative für Deutsch-
> land«, den Aufstand von unten, der die Funktionäre aller Par-
> teien und Organisationen zwingt, Deutschland, das ganze
> Deutschland, an die Spitze ihrer Tagesordnung zu setzen.

Heß, Otto
Geboren 1908
Bis 1945
1930 Mitglied der NSDAP
1932–1936 Kreisleiter und Gauredner in Hessen
1937–1939 Mitarbeit in der Obersten SA-Führung
1939 Regierungsrat in München und NS-Führungsof-
fizier
Ab 1945
1945 Mitglied der Deutschen Union (DU) in Rheinland-
Pfalz und des DU-Gesamtvorstands
1953 Mitgründer des Reichsblocks und Übertritt zur
Deutschen Reichspartei (DRP)
1954–1958 Mitglied der DRP-Leitung
1957 Stellvertretender DRP-Vorsitzender
1964 Gründungsmitglied und Mitglied des Parteipräsi-
diums der NPD
1967 NPD-Landtagsabgeordneter in Niedersachsen

Heydte, Dr. Friedrich August Freiherr von der
Geboren 1907
Bis 1945
1933 Schreibt fünf Monate nach Hitlers Machtergreifung
anläßlich einer soziologischen Tagung des Katholischen
Akademikerverbands Ende August in Maria Laach:

> Es war Sünde wider den Heiligen Geist, die notwendig zum
> Untergang des politischen Katholizismus führen mußte, daß
> der deutsche Katholizismus dieses sein Erstgeburtsrecht im
> Kampf gegen den Liberalismus nicht ausgenützt hat, sondern
> im politischen Katholizismus der Nachkriegszeit die unnatür-
> liche Verbindung mit einem entarteten Liberalismus noch
> enger geschlossen hat – daß er Tagespolitik getrieben hat,

statt Grundsatzpolitik, und daß er leidenschaftlichen Widerstand dem entgegensetzte, der mit Intuition im Liberalismus den Feind des Volkes erkannt hat.

Ab 1945

1947 Mitglied der CSU

1955 Vorsitzender der rechtslastigen Abendländischen Akademie

1956 Mitglied des Vereins Westliches Wehrwesen. Im selben Jahr wird eine Ansprache bekannt, die der ehemalige Fallschirmjäger-Oberstleutnant und Professor von der Heydte bei einer Tagung der Abendländischen Akademie gehalten hat. Er bekennt sich darin zu den Auffassungen des spanischen Staatsmannes Juan Donoso Cortés, der 1849 in einer historischen Rede vor dem spanischen Parlament erklärte:

> Wenn die Legalität genügt, die Gesellschaft zu retten, dann meinetwegen Legalität. Wenn sie aber nicht genügt, dann eben die Diktatur [...] Es handelt sich darum, zwischen der Diktatur, die von oben kommt, zu wählen; ich erwähle mir die, welche von oben kommt, weil sie aus reichlicheren und ausgeglicheneren Gegenden stammt. Es handelt sich schließlich darum, zu wählen zwischen der Diktatur des Dolches und der Diktatur des Säbels; ich wähle mir die Diktatur des Säbels [gemeint ist der Adel], denn sie ist vornehmer und ehrenhafter.

1957 Vorsitzender der neugegründeten Christlich-demokratischen Hochschulgemeinschaft

1958/1959 Zählt zu den Initiatoren der Kalte-Kriegs-Organisationen Deutscher Kreis und Rettet die Freiheit. Die FDP-nahe *Liberale Studenten-Zeitung* schreibt 1959:

> Mit Steuergeldern wurden die Wehrdienstverweigerer kleingemacht. Mit Steuergeldern sind die Wahlschlachten geführt worden. Mit Steuergeldern wurde die Aktion Kampf dem Atomtod bekämpft. Mit Steuergeldern wird man jetzt die Angst vor dem roten Mann schüren, um die Furcht vor dem Schwarzen zu übertönen. Man malt den Teufel an die Wand, um vom Geschehen im Inneren des Hauses abzulenken. Alles mit Steuergeldern. Alles wie gehabt. Wie einst vor tausend Jahren. Wehe, wenn uns erst die »Freiheit« der von der Heydte blüht. Wir warnen vor diesen »Rettern der Freiheit«. Um unserer Freiheit willen.

1958–1965 Statthalter und Träger des Großkreuzes des Ordens vom Heiligen Grabe zu Jerusalem, Mitarbeiter der rechtsgerichteten Studiengemeinschaft für staatspolitische Öffentlichkeitsarbeit

1962 Wird zum Reserve-Brigadegeneral befördert. Wegen mehrerer im *Spiegel* erschienener Beiträge, die sich kritisch mit der Bundeswehr und verwandten militärischen Themen auseinandersetzen, erstattet der Würzburger Staatsrechtler, der über gute Beziehungen zu Franz Josef Strauß verfügt, im Oktober bei der Bundesanwaltschaft zwei Strafanzeigen wegen Landesverrats.
1964 Mitglied des der CSU nahestehenden Demokratisch-konservativen Kreises
1966–1970 Landtagsabgeordneter der CSU
1969 Teilnehmer des Europakongresses des Bundes der Vertriebenen (BdV)
1974 Wird mit dem Bayerischen Verdienstorden ausgezeichnet.

Hoffmann, Karl-Heinz
Geboren 1937
1974 Initiator der paramilitärischen Wehrsportgruppe (WSG) Hoffmann
1976 Gründet einen Freundeskreis zur Förderung der WSG Hoffmann. Diese beteiligt sich gemeinsam mit dem Hochschulring Tübinger Studenten (HTS) an Gewalttätigkeiten gegen Studenten der Tübinger Universität. Wegen verbotenen Uniformtragens wird Hoffmann zu einer Geldstrafe von 8000 DM verurteilt, deren Bezahlung Dr. Gerhard Frey übernimmt.
1977 Die WSG Hoffmann wird bei Veranstaltungen der Deutschen Volksunion (DVU) als Ordnungstrupp eingesetzt.
1978 Hoffmann errichtet für seine WSG ein neues Zentrum in der einstigen NSDAP-Gauführerschule Schloß Ermreuth und bildet eine eigene Jugendabteilung. In einem Manifest fordert er einen autoritären Führerstaat.
1979 Ab Januar erscheint seine Zweimonatsschrift *Kommando* (Untertitel »Zeitung der WSG für den europäischen Freiwilligen«), in der er dreisprachig (deutsch, englisch, französisch) für die WSG Hoffmann wirbt; in der ersten Ausgabe ist u. a. zu lesen: »Mitglied kann jeder europäische Mann werden, der unsere Zielsetzung, ein freies, brüderlich vereintes Europa, bejaht.« Ebenfalls im Januar verurteilt ihn die 13. Strafkammer beim Landgericht Nürnberg-Fürth wegen Verstoßes gegen das Waffengesetz, Vergehens gegen das Versammlungsgesetz und Widerstands gegen Vollzugsbeamte zu 1 Jahr Frei-

heitsstrafe, auf drei Jahre zur Bewährung ausgesetzt, und
3000 DM Geldstrafe.
1980 Im Januar wird die WSG Hoffmann verboten.
1981 Seit Jahresbeginn befindet sich Hoffmann in Untersuchungshaft; mit einigen Unterbrechungen verbleibt er
dort bis zur Prozeßeröffnung.
1984 Im September wird der Prozeß gegen ihn eröffnet;
er dauert 186 Verhandlungstage.
1986 Wird im Juli wegen Geldfälschung, Strafvereite-
lung, mehrerer Fälle von Freiheitsberaubung, Nötigung
und gefährlicher Körperverletzung, begangen an Mitgliedern der WSG, und wegen Verstößen gegen das
Waffen- und Sprengstoffgesetz zu 9 Jahren und 6 Monaten Haft verurteilt.
1988 Der Bundesgerichtshof in Karlsruhe bestätigt im
September das Urteil von 1986.
1989 entlassen.

Huisgen, Horst
Geboren 1913
Bis 1945
NSDAP-Ratsherr in Breslau, HJ-Funktionär, Jugendfüh-
rer des Deutschen Reiches für Schlesien
1941 Dezernent, Leiter des Landesjugend- und Sportam-
tes Schlesien
Ab 1945
1950 Hauptgeschäftsführer des FDP-Landesverbands
Niedersachsen. Zählt zum Gauleiter-Kreis Naumanns
und hält Kontakte zur Bruderschaft.

Jahn, Hans Edgar
Geboren 1914
Bis 1945
HJ-Funktionär, ab 1932 NSDAP-Mitglied, NS-Führungs-
offizier der Marine bei der Seekommandantur Wester-
land in Brunsbüttel
1943 Veröffentlicht das Buch *Der Steppensturm – Der
jüdisch-bolschewistische Imperialismus*, in dem er die
Bürger der Sowjetunion als »Bastarde zwischen Tier
und Mensch« beschreibt; u. a. ist dort zu lesen:

> Mit der Vernichtung des Bolschewismus wird der letzte große
> Versuch des Judentums nach Erringung der Weltherrschaft
> zerschlagen werden [...] Noch nach Jahrtausenden aber wird
> die Menschheit und vor allem die Jugend mit Achtung und
> Ehrfurcht seinen Namen nennen: Adolf Hitler.

Ab 1945

1951 Gründet die Arbeitsgemeinschaft demokratischer Kreise (AdK). Jahn, damals CDU-Sekretär und Kreistags-abgeordneter von Husum, vertritt seit Kriegsende wei-terhin – wenn auch in veränderter Diktion – die Idee von der geistigen Vorbereitung des Krieges gegen die UdSSR und wendet sich entschieden gegen jede Politik der Ver-ständigung.

1953 Erklärt im Februar in Königswinter:

> Bezüglich der Mitarbeit ehemaliger Soldaten ist es unerläß-
> lich, diese Fachmänner für die Vorbereitungsarbeiten mit her-
> anzuziehen, da deren Erfahrung von großer Wichtigkeit ist.
> Denn Kriege werden von Soldaten durchgeführt, und Kriege
> sind die Fortsetzung der Politik, die unfähig ist, andere Mittel
> anzuwenden.

Äußert im selben Jahr vor Offizieren der Bundeswehr in Hamburg: »Nur die Narren der deutschen Presse kön-nen selbst heute noch von Wiedervereinigungsverhand-lungen mit der Sowjetunion reden. Die Auseinanderset-zung mit der Sowjetunion ist unausbleiblich.« Bei einer anderen Gelegenheit, im Rahmen eines Schulungsvor-trags vor Bundeswehroffizieren, sagt er: »Eisenhower verhindert stets die Sprache der Waffen. Wie anders Truman in Korea. Waffen sind der einzige Weg im Um-gang mit der Sowjetunion.«

1965–1980 CDU-Bundestagsabgeordneter
1976–1988 Präsident der Pommerschen Abgeordneten-versammlung und Mitglied des Vorstands der Pommer-schen Landsmannschaft

Jochheim-Armin, Karl
Bis 1945
1924 Beitritt zum Jungstahlhelm und zur Brigade Ehr-hardt
1927 Mitglied der NSDAP
1944/1945 Untersturmführer der Waffen-SS
Ab 1945
1951 Mitgründer der Nationalen Jugend Deutschlands
1961 Gründer der Deutsch-Spanisch-Südamerikanischen Gemeinschaft
1968 Mitglied des Deutschen Blocks (DB) und Gründer der Sozialrevolutionären Nationalen Kampfgemeinschaft Deutschlands (NKD)

1969 Bemüht sich, verschiedene kleinere rechtsradikale Gruppierungen in einer Nationalen Front zu vereinigen.
1971 Gründer der Bürgerinitiative Neue Ordnung überall
1977 Verantwortlich für die Schriftenreihe *Das Reich* der Nationalen Front. Hält Verbindung zur österreichischen Volkssozialistischen Bewegung.
1978 Ressortleiter für Sozialpolitik der von Werner Kosbab redigierten Monatsschrift *Nationale Verantwortung*, herausgegeben von der Volkssozialistischen Deutschen Partei (VSDP)
1980 Gründer der Kampfeinheit Nationale Sozialisten (KNS)

Jordan, Dr. Pascual
1902–1980
Bis 1945
1929–1944 Professor für theoretische Physik an der Universität Rostock
1935 Schreibt in seinem Buch *Physikalisches Denken in der neuen Zeit*:

> Der Krieg ist das vornehmlichste Mittel zur Schaffung objektiver, historischer Tatbestände. – Das heißt, solcher Tatbestände, deren Tatsächlichkeit auch von widerstreitenden Nationen anerkannt werden muß. Und der Krieg bildet die objektive Probe für das Verhältnis der beiderseitigen Kräfte und Waffen.

1941 Veröffentlicht *Die Physik und das Geheimnis organischen Lebens*, wo es u.a. heißt:

> Der Nationalsozialismus hat nicht nur zwischen Nationalismus und Sozialismus [...] eine Synthese gefunden, er hat auch in den vielfältigen anderen Streitfragen, welche Deutschland zerrissen und zerspalteten, nicht einfach der einen oder der anderen der streitenden Parteien recht gegeben, sondern auf einer höheren Ebene neue, überraschende Lösungen gefunden [...] Dieser Krieg – was immer die andere Seite von seinem Ausgang sich erhoffen mag – hat eine Entscheidung schon endgültig vollzogen: der parlamentarisch-demokratische Gedanke lebt nicht mehr. Darüber gibt es keine ernsthafte Meinungsverschiedenheit. Es gibt vor dieser Tatsache nur noch den Unterschied freudiger oder erzwungener Anerkennung [...] Autoritäre und diktatorische Regierungsformen kennzeichnen die Zeit und drücken die überall zum Durchbruch gelangte Einsicht aus, daß die unerhörten Leistungen und Kräfte einer der Technik verfallenen Mensch-

heit nur dann in Ordnung gehalten werden können, wenn ein Führungswille von äußerster Stärke und Härte auf allen Gebieten unseres Lebens die losgelassenen Gewalten bändigt [...] Während ich diesen Abschnitt schreibe, mischt sich das Klappern der Schreibmaschine mit dem Knattern und Krachen leichter und schwerer Flak; unwillkürlich wandern ab und zu die Gedanken zu dem Feuerwerk da draußen, dessen in den Himmel aufsteigende Lichterreihen an perlenden Sekt erinnern – und warum sollten wir die Gedanken allzu fest halten im Bezirk wissenschaftlicher Arbeit? –, gerade heute, in Tagen und Jahren, die [...] in mitreißendem Rhythmus eines weltumspannenden Geschehens unser Denken, Fühlen und Handeln zu einer neuen Einheit führen [...]

Nicht jeder Nation ist ein Mann mit der Kraft eines Vulkans geschenkt.

Ab 1945
1957–1961 CDU-Bundestagsabgeordneter. Betätigt sich bei rechten Gruppierungen wie dem Deutschen Kreis 58 und Rettet die Freiheit. Das Wochenblatt *Rheinischer Merkur* schreibt im August 1957 über ihn:

Pascual Jordan ist nicht nur ein Wissenschaftler von unbestrittenem Rang, sondern auch ein Mann von klarer politischer Einsicht, die ihn gehindert hat, trotz aller persönlicher und fachlicher Bindungen an die 18 Professoren, die das Göttinger Manifest erlassen haben, in dieses Horn zu tuten.

Der Physiker Jordan hat sich dieses Lob vor allem durch seine Angriffe gegen jene 18 Göttinger Professoren verdient, die 1957 in ihrem »Göttinger Manifest« vor den Gefahren der Atomrüstung warnten. Jordan wetterte gegen »unpolitische Physiker, die glauben, dem schweren Problem der Verantwortung des Wissenschaftlers dadurch gerecht werden zu können, daß sie politische Richtlinien ausgeben«, und bagatellisierte die atomare Gefahr.
1959 Entwirft bei einem Stahlhelm-Treffen ein »Bild vom deutschen Haus«; dabei spricht er sich gegen jene Kräfte aus, die eine Entspannung befürworten, und verlangt, das »Bild des deutschen Soldaten« müsse »im Herzen des deutschen Volkes wiederauferstehen«. Des weiteren empfiehlt er den »Stahlhelm-Geist« als »die beste Medizin für das deutsche Volk«.

Jungbluth, Iwan
Bis 1945
Ministerialdirektor im Reichsministerium für Volksaufklärung und Propaganda

Ab 1945
1954 Gründet mit Erwin Schönborn die Deutsche Freiheits-Partei (DFP).

Kather, Dr. Linus
Geboren 1893
1945 Mitgründer der CDU in Hamburg und Mitglied der
Hamburger Bürgerschaft
1949–1957 Mitglied des Bundestags
1954 Übertritt zum Gesamtdeutschen Block/BHE (GB/
BHE)
1959 GB/BHE-Landesvorsitzender in Nordrhein-Westfalen
1961 Austritt aus der Gesamtdeutschen Partei (GDP),
hervorgegangen aus der Vereinigung des GB/BHE mit
der Deutschen Partei (DP) im April desselben Jahres
1968 Redner bei NPD-Veranstaltungen vor den Landtagswahlen in Baden-Württemberg
1969 NPD-Kandidat bei den Bundestagswahlen
1970 Mitgründer der nationalistischen Aktion Deutschland; beteiligt sich an der Aktion Widerstand.

Kaufmann, Erich
Geboren 1903
Bis 1945
Früh Mitglied der NSDAP, tritt der zum Strasser-Flügel
Zählende 1932 aus der Partei aus.
Ab 1945
1947 Mitgründer der Deutschen Partei (DP) in Hessen
1956 Mitgründer der Deutsch-Sozialen Union (DSU), die,
unter Mitwirkung Otto Strassers entstanden, sich als
Nachfolgeorganisation des im selben Jahr verbotenen
Bundes für Deutschlands Erneuerung versteht. Trennt
sich von der DSU und gründet mit politischen Freunden
die Partei für Einigkeit und Recht und Freiheit.
1962 Konstituiert gemeinsam mit Erwin Schönborn die
Freie Sozialistische Partei (FSP) als Nachfolgeorganisation der Freien Sozialistischen Volkspartei (FSVP), und
wird 1. Vorsitzender des Zentralbüros der Unabhängigen Arbeiterpartei (UAP).
1964 Ist maßgeblich an der Gründung der Deutsch-
Sozialistischen Partei (DSP) beteiligt, die gleich den vor-
genannten Gruppierungen auf den Thesen Otto Strassers basiert.

Kernmayr, Erich (alias Erich Kern)
Geboren 1906

Bis 1945

1931/1932 Mitglied der rechtsradikalen Jugendorganisation Sturmvolk in Graz

1934 Wegen illegaler nationalsozialistischer Tätigkeit in Österreich verhaftet

1936 Stellvertretender Chefredakteur der Wiener Redaktion der *Essener National-Zeitung,* die Hermann Göring nahesteht

1938 Chef vom Dienst der in Wien erscheinenden Zeitung *Deutscher Telegraf*

1939 Gaupresseamtsleiter in der Gauleitung Wien der NSDAP

1940 Leiter der Pressestelle des Gauleiters von Saarland/Lothringen, Josef Bürckel

1941 Eintritt in die SS-Division Das Reich, SS-Sturmbannführer

1942 Im Wiener Verlag für Jugend und Volk erscheint sein Buch *Fahne im Sturm.* Hier eine Leseprobe:

> Langsam, Schritt für Schritt, kommt das Auto heran. Die Hände der SA verkrampfen sich eisern ineinander. Starr blicken die Augen dem Manne entgegen, der aufrecht und tapfer hineinfährt in den größten Sieg seines reichen Lebens.
>
> Eine heiße Welle geht von uns weg und brandet an den Wagen heran. Und er spürt diese Welle und weiß in dieser Stunde um alles, um alles. Um unsere jahrelange Sehnsucht, um unsere rauschhafte Freude. Er weiß um jeden Augenblick in unser aller Leben. Blaß blickt er ins Wesenlose. Er scheint weit weg zu sein. Und doch war er uns noch nie so nahe.
>
> Unser Führer! – – –
>
> Die Fahnen auf den Giebeln und Dächern, die Fackeln in den Straßen berauschten ihn, und mit einem Male schrie er den Namen mit, den die Stadt zum Feldgeschrei in allen Straßen und auf allen Plätzen jauchzte: Hitler!
>
> Josef wußte wenig von dem Mann, der der Welt ein neues Antlitz geben wollte durch Deutschlands übergroßes Beispiel. Er wußte gar nichts vom Traum des ewigen Reiches und seiner Herrlichkeit. Aber nach wenigen Tagen schon wußte er um das große Geheimnis des Mannes, der für Millionen ein neues Leben formte.

Ab 1945

1946/1947 Gründet in Österreich den Gmundner Kreis, in dem er ehemalige führende SS- und NSDAP-Mitglieder versammelt.

1955 Redigiert das Verbandsblatt der Hilfsgemeinschaft auf Gegenseitigkeit der ehemaligen Angehörigen der Waffen-SS (HIAG), zu deren Initiatoren er gehört. Kernmayr, Herausgeber mehrerer rechtsradikaler Zeitungen, ist einer der führenden rechtsextremistischen Publizisten in der Bundesrepublik Deutschland; er hat nach Kriegsende eine Unmenge Bücher veröffentlicht, die der Rechtfertigung der NS-Verbrechen dienen. Auch gab es nach 1945 kaum eine Gründung rechtsradikaler Gruppen, an der er nicht direkt oder indirekt beteiligt war; besondere Unterstützung ließ er der Sozialistischen Reichspartei (SRP), der Deutschen Reichspartei (DRP) und der NPD angedeihen. Schließlich wurde er Gefolgsmann Dr. Gerhard Freys, des Verlegers der *Deutschen National-Zeitung.*

Kexel, Walther
1961–1987
1979 Mitglied der Pfadfindergruppe Ulrich von Hutten
1980 Stellvertretender Vorsitzender der Volkssozialistischen Bewegung Deutschlands/Partei der Arbeit (VSBD/PdA) in Hessen
1981 Vom Jugendschöffengericht Frankfurt wegen schweren Landfriedensbruchs in Verbindung mit schwerer Körperverletzung zu 2 Jahren Jugendstrafe mit Bewährung verurteilt
1983 Festnahme des nach England Ausgewichenen in London und Auslieferung an die Bundesrepublik Deutschland
1984 Anklage vor dem Oberlandesgericht Frankfurt gegen fünf Mitglieder der rechtsterroristischen Gruppe um Kexel und Odfried Hepp; sie werden beschuldigt, 1982 unter Kexels Rädelsführerschaft fünf bewaffnete Raubüberfälle mit einer Gesamtbeute von rund 630 000 DM und drei Mordanschläge auf Angehörige der US-Streitkräfte im Raum Frankfurt begangen zu haben.
1987 Wegen versuchter Gründung einer terroristischen Vereinigung, versuchten Mordes und anderer Delikte zu einer Freiheitsstrafe von 14 Jahren verurteilt, nimmt er das Urteil an und begeht kurz darauf im Gefängnis Selbstmord.

Klaas, Uwe
1969 NPD-Bundestagskandidat und Jugendreferent im NPD-Landesverband Nordrhein-Westfalen. Unterrichtet

in einer Realschule in Bergkamen Englisch, Geschichte und Sport.

1970 Mitglied des NPD-Bundesvorstands. Übertritt zur Deutsch-Sozialen Aktion (DSA), da ihm die NPD zu wenig radikal ist. Zählt zu den Hauptakteuren der Aktion Widerstand in Nordrhein-Westfalen. Wegen gefährlicher Körperverletzung und anderer Straftaten zu einer Freiheitsstrafe von 6 Monaten auf Bewährung verurteilt.

1971 Wegen gleicher Delikte zu einer Freiheitsstrafe von 9 Monaten mit Bewährung verurteilt. Demonstriert vor dem Haus des Ministerpräsidenten Heinz Kühn in Köln, das mit der Parole »Hier wohnt der rote Verräter Kühn« beschmiert worden ist. Wird im Februar als Realschullehrer ins Beamtenverhältnis auf Probe übernommen, obwohl dem Regierungspräsidium bekannt ist, daß die zuständige Staatsanwaltschaft in Köln gegen ihn ermittelt.

1976 Muß sich gemeinsam mit Willi Dau und Volker Lachenicht wegen Sachbeschädigung, Beleidigung und Widerstands gegen die Staatsgewalt vor der 1. Großen Strafkammer des Landgerichts Köln verantworten und wird im Oktober zu 6 Monaten Haft mit Bewährung verurteilt. Dessenungeachtet ist Klaas weiterhin im Bereich des Regierungspräsidiums Arnsberg als Realschullehrer tätig – desselben Regierungspräsidiums, das Ermittlungen durchführte, ob Schüler der DKP-Kinderorganisation Junge Pioniere angehörten.

Kliese, Erhard
1969 Bundestagskandidat der Unabhängigen Arbeiterpartei (UAP)
1970 1. Vorsitzender des Zentralbüros der UAP
1977 Zeichnet für Flugblätter der Blauen Adler-Jugend (BAJ) verantwortlich.
1978 1. Vorsitzender des Zentralbüros der UAP
1989 Vorsitzender der 1986 gegründeten Gruppe Die Deutschen

Knabe, Gerd
Bis 1945
Offizier der Waffen-SS
Ab 1945
1978–1988 Dreißig Jahre lang Leiter des rechtsradikalen Wanderkabaretts Zeitberichter, hält Knabe Vorführun-

gen u. a. beim Deutschen Kulturwerk Europäischen Geistes (DKEG), bei der NPD und der Gesellschaft für freie Publizistik (GfP) ab. Gemeinsame Schallplattenproduktionen mit dem Bund Heimattreuer Jugend (BHJ). Auftritt bei der Staats- und wirtschaftspolitischen Gesellschaft und der Deutschland-Stiftung in Bonn.

1979 Erteilt der CDU den Rat: »Nur mit einer Öffnung nach rechts, gleichgültig, in welcher Form, bietet sich die Chance, das Bonner Ruder wieder zu übernehmen. [...] Strauß und Dregger haben es kapiert. Prompt handelten sie sich die Bezeichnung Faschisten ein. Wir *Zeitrichter* [...] heißen deshalb beide Herren in unserem trauten Kreis sehr herzlich willkommen.«

Kosbab, Werner

1972 Gründer der Deutschen Aktionsgemeinschaft für Nationale Politik, die 1973 als Aktion Deutscher Sozialismus Propaganda betreibt

1974 Herausgeber der Monatsschrift *Nationale Verantwortung*, Initiator der Deutsch-Sozialistischen Volkspartei (DSVP)

1975 Mitglied der »Ständigen politischen Kommission« der Volkssozialistischen Bewegung Deutschlands / Partei der Arbeit (VSBD/PdA), Redakteur der von Erwin Schönborn herausgegebenen *Deutschen Freiheit*, des Organs des Kampfbundes Deutscher Soldaten (KDS). Hält Kontakte zur Kampfgruppe gegen Unmenschlichkeit (KgU). In rechtsradikalen Kreisen wird verbreitet, er arbeite mit US-amerikanischen Dienststellen zusammen.

1977 Organisationsleiter des 1. Euro-Forums

1978 Funktionär der Volkssozialistischen Deutschen Partei (VSDP), Schriftleiter der Vierteljahresschrift *Euro-Forum*. Zusammenarbeit mit Karl Jochheim-Armin und Friedhelm Busse.

Kosiek, Dr. Rolf

Geboren 1934

1968–1972 NPD-Landtagsabgeordneter in Baden-Württemberg

1971 Wissenschaftlicher Assistent am Physikalischen Institut der Universität Heidelberg, NPD-Kreisvorsitzender in Heidelberg

1972 Wiederwahl zum NPD-Kreisvorsitzenden, NPD-Bundestagskandidat in Heidelberg

1973 Mitglied des NPD-Bundesvorstands. Veröffentlicht das von rassistischen Phrasen strotzende Buch *Marxismus – ein Aberglaube*. Wird stellvertretender Vorsitzender der Deutschen Gesellschaft für Erbgesundheitspflege.

1974 Mitarbeiter der *Neuen Anthropologie*, eines Blattes, das der Gesellschaft für biologische Anthropologie, Eugenik und Verhaltensforschung nahesteht.

1976 Das von ihm veröffentlichte Buch *Das Volk in seiner Wirklichkeit* wird vom baden-württembergischen Kultusministerium mit dem Prädikat »verfassungsfeindlich« belegt. NPD-Bundestagskandidat.

1977 Stellvertretender NPD-Landesvorsitzender in Baden-Württemberg, Mitglied des NPD-Bundesvorstands

1978 Das Verwaltungsgericht Mannheim lehnt seine Klage wegen Nichtübernahme ins Beamtenverhältnis ab.

1979 Das Bundesverwaltungsgericht schließt sich der Ablehnung des Mannheimer Verwaltungsgerichts an, so daß Kosieks Einstellung an der Fachhochschule Nürtingen endgültig hinfällig wird.

1980 Nach verschiedenen Einsprüchen Kosieks kommt es zur endgültigen Kündigung und Nichtzulassung als Hochschullehrer. Erhält den von der Gesellschaft für freie Publizistik (GfP) verliehenen Förderpeis (Ulrich-von-Hutten-Medaille).

1987 Spricht auf dem Jahreskongreß der GfP.

Kraft, Waldemar
1898–1977
Bis 1945
1920–1939 Landwirtschaftsfunktionär und Vertreter der Interessen deutscher Bauern in Polen

1940–1945 Geschäftsführer der Reichsgesellschaft für Landbewirtschaftung in Berlin

1943 NSDAP-Mitglied, SS-Ehrenhauptsturmführer
Ab 1945
1949–1954 Sprecher der Landsmannschaft Warthe/Weichsel

1950 Gründer und bis 1954 Vorsitzender des BHE, MdL, Finanzminister und stellvertretender Ministerpräsident Schleswig-Holsteins

1950/1951 Hält als BHE-Vorsitzender Verbindung zu Naumanns Gauleiter-Kreis.

1953–1956 Bundestagsabgeordneter des Gesamtdeut-

schen Blocks/BHE (GB/BHE), Bundesminister für Sonderaufgaben
1955 Austritt aus dem GB/BHE
1956 Eintritt in die CDU
1956–1961 CDU-Bundestagsabgeordneter

Krebs, Fritz
Geboren 1894
Bis 1945
Mitglied der NSDAP, Leiter der Rechtsabteilung der Gauleitung Hessen, NSDAP-Kreisleiter, Landgerichtsrat
1933 Oberbürgermeister von Frankfurt/Main
Ab 1945
1952 Begrüßt bei einer Kundgebung der Deutschen Partei (DP) in Frankfurt die Anwesenden mit »Volksgenossen und Volksgenossinnen« und erklärt, die DP sei kein Sammelbecken alter Nazis; ihr gehörten lediglich ein Dutzend aufrechter Nationalsozialisten an.

Krüger, Dr. Gerhard
Geboren 1908
Bis 1945
1919 Mitglied des Freikorps Bund Oberland
1926 Mitglied der SA
1928 Beitritt zur NSDAP
1930 Mitglied der Deutschen Studentenschaft
1931–1933 Vorsitzender des Hauptausschusses der Deutschen Studentenschaft
1936 Referent in der NS-Reichsschrifttumsstelle zur Überwachung von Buchneuerscheinungen
1942 Mitarbeiter der kulturpolitischen Abteilung des Auswärtigen Amtes
Ab 1945
1949 Mitgründer und Vorstandsmitglied der Sozialistischen Reichspartei (SRP)
1954 Baut einen rechtsextremistischen Buchversand auf und wird Mitglied der Deutschen Reichspartei (DRP).
1961 Übertritt zur Deutschen Freiheits-Partei (DFP)

Kühne, Lothar
Geboren 1908
Bis 1945
1931 Beitritt zur NSDAP
1936 Referent im Stab von Rudolf Heß

1937 SS-Untersturmführer
1938 Im Büro von Reichsaußenminister Joachim von Ribbentrop tätig
Ab 1945
1949 Stellvertretender Vorsitzender des Landesverbands Niedersachsen der Deutschen Reichspartei (DRP)
1950 Vorstandsmitglied des FDP-Landesverbands Niedersachsen. Wird zu Naumanns Gauleiter-Kreis gezählt.

Kühnen, Michael
Geboren 1956
1977 Der Bundeswehrleutnant, führender Funktionär des Freizeitvereins Hansa, Mitgründer und »Führer« der Aktionsfront Nationaler Sozialisten (ANS), Herausgeber des Mitteilungsblattes *SA-Sturm*, herausragende Führungsfigur im rechtsradikalen Spektrum mit Verbindungen zur Wehrsportgruppe Hoffmann, ein Mann, der Adolf Hitler als sein größtes Vorbild ansieht, ist verantwortlich für neonazistische Schmierereien und Schlägereien mit Andersdenkenden in Hamburg. Wird im September gemeinsam mit Lutz Wegener und Tibor Schwarz wegen neonazistischer Propaganda festgenommen. Wegen Verletzung seiner Dienstpflicht und Gefährdung des Ansehens der Bundeswehr wird er aus dem Dienst entlassen.
1978 Gegen ihn laufen 17 Ermittlungsverfahren. Wird im Juli wegen Volksverhetzung zu 10 Monaten Freiheitsentzug mit Bewährung verurteilt. Die Bundesanwaltschaft erhebt im Dezember Anklage gegen ihn wegen Bildung einer terroristischen Vereinigung. Ebenfalls im Dezember wird er in Nürnberg zu 6 Monaten Haft ohne Bewährung verurteilt, weil er mit Gesinnungsfreunden auf dem ehemaligen Reichsparteitagsgelände in schwarzer Uniform und Hakenkreuz am Koppelschloß demonstriert hat.
1979 Veröffentlicht in seiner Schrift *Die zweite Revolution – Glaube und Kampf* folgendes Bekenntnis, das bezeichnend ist für die pseudoantikapitalistischen Tendenzen in bestimmten rechtsradikalen Gruppierungen:

Die Welt staunt: 35 Jahre nach der Zerschlagung des Großdeutschen Reiches, nach immer neuen Umerziehungswellen, nach dem Verbot der NSDAP, gibt es in Deutschland wieder junge Menschen, die hakenkreuzähnliche Armbinden tragen und mit schwarzen oder braunen Hemden, schwarzen Hosen und Knobelbechern auftreten [...] Ja, unseren jungen Kameraden geht es wohl wirklich zu gut in diesem System: Sie stammen fast durchweg aus Arbeiterfamilien, sind selber Lehrlinge mit wenig Geld, finden keine Lehrstellen, sind arbeitslos oder wegen ihrer Gesinnung entlassen! Vor allem aber: Sie sehen keine Aufstiegschance in einem System, in dem Herkunft und Vermögen mehr zählen als Leistung, in dem die Handarbeit geringgeachtet und ein Volksschüler wie der letzte Dreck behandelt wird. Sie haben ständig Krach zu Hause und werden von der Polizei gejagt, wenn sie ihre Parteikluft tragen. Sie sind mit 16 oder 17 Jahren schon häufiger festgenommen worden als der Durchschnittsspießer in seinem ganzen Leben [...] Sie sind mit ihrem Herzen dabei, mit ihrem jungen, glühenden Herzen; sie wollen ein besseres Deutschland; sie wollen eine Heimat, keine technokratisch gelenkte materialistische Betonwüste! Sie können es vielleicht nicht in Worte fassen, aber das ist das Schlüsselwort: *Heimat!* Und es gibt noch ein zweites: *Haß!* Haß auf die bürgerliche, verlogene Welt, die ihnen die Zukunft stiehlt; Haß auf die Staatsschützer, die Sechzehnjährige durch die Straßen deutscher Großstädte jagen; Haß auf die Feinde und Verräter, die Deutschland ausbeuten wie eine fremde Kolonie, weil sie nicht deutsch empfinden können!

Wird vom 3. Strafsenat des Oberlandesgerichts Celle im sogenannten Bückeburger Prozeß für schuldig befunden, NS-Propagandamittel, insbesondere gewaltverherrlichende, rassenhetzerische und den Staat verunglimpfende Kampfschriften, verbreitet sowie NS-Kennzeichen verwendet zu haben; das Urteil lautet auf 4 Jahre Freiheitsentzug.
1982 Aus der Haft entlassen, wird er im April wegen Verherrlichung des Nationalsozialismus zu einer neuerlichen Haftstrafe von 9 Monaten verurteilt.
1983 Wegen falscher uneidlicher Aussage in einem Prozeß gegen Gesinnungsfreunde vom Landgericht Braunschweig zu einer Freiheitsstrafe von 8 Monaten mit Bewährung verurteilt; die Bewährung wird widerrufen, nachdem er die Flucht ergriffen hat.
1985 Wird vom Landgericht Frankfurt wegen NS-Propaganda und Verherrlichung Adolf Hitlers sowie aufgrund seiner vielen Vorstrafen zu 3 Jahren und 4 Monaten Haft verurteilt.
1986 Innerhalb der Kühnen-Bewegung beginnt eine gegen Kühnen gerichtete »Anti-Homo-Kampagne«. Sie spaltet die Bewegung in eine von Jürgen Mosler ange-

führte Gruppe, die eine Säuberung der eigenen Reihen von Homosexuellen fordert, und die Anhängerschaft Kühnens, die von diesem aus der Haft gesteuert wird. Einigungsversuche scheitern, und der Streit verschärft sich, als die Gruppe um Mosler behauptet, Kühnen sei nicht nur homosexuell, sondern auch aidskrank.

1987 Der in der Justizvollzugsanstalt Butzbach inhaftierte Kühnen betreibt nach wie vor, weitgehend unbehelligt von den Behörden, neonazistische Propaganda. Mit einem »Brief aus der Haft«, abgedruckt in der illegal vertriebenen Publikation *Die Neue Front,* wendet er sich an seine Gesinnungskameraden. Es liege jetzt, so Kühnen, ein Jahrzehnt des politischen Kampfes gegen das NS-Verbot, für die Neugründung der NSDAP und damit für Deutschland hinter seiner Bewegung, welche – ein Zusammenschluß ehemaliger ANS/NA-Aktivisten und anderer Neonazis, die heute größtenteils der militanten Freiheitlichen Deutschen Arbeiterpartei (FAP) angehören – die »bekannteste Truppe im nationalsozialistischen Lager« und die »politische Vorhut auf dem Marsch in das Vierte Reich« sei. Ihr vergleichbar sei nur noch die Nationalsozialistische Deutsche Arbeiterpartei – Auslands- und Aufbauorganisation (NSDAP-AO); deren beide Teile bildeten die zwei Arme der nationalsozialistischen Bewegung, die AO den illegalen »im propagandistischen Untergrund«, die NSDAP den legalen »in aller Öffentlichkeit«. Wegen Verstoßes gegen das Vereinsgesetz muß sich Kühnen vor der Großen Strafkammer des Landgerichts Hamburg verantworten; ihm wird zur Last gelegt, als Ersatz für die verbotene ANS/NA 36 Leserkreise für die Verbreitung seiner Schriften gegründet zu haben. Das Verfahren wird unterbrochen, da das Gericht zu der Auffassung gelangt, es müsse vom Bundesverfassungsgericht erst geprüft werden, ob das Vereinsgesetz verfassungskonform sei; auch sei das ANS/NA-Verbot zum fraglichen Zeitpunkt noch nicht rechtskräftig gewesen. Kühnen kommt mit einer Haftstrafe von 2 Monaten davon, wegen Verstoßes gegen eine Bewährungsauflage.

1988 Taucht sofort nach seiner Haftentlassung Ende Februar bei Gesinnungsfreunden im hessischen Langen auf. Bereits im März hält er auf einer nicht angemeldeten Kundgebung in Hochheim (Main-Taunus-Kreis) eine Rede, die unter dem Motto steht: »Ich bin Nationalsozialist, ich bleibe Nationalsozialist.« Führt nach Informationen des Verfassungsschutzes in der Zeit vom 14. März bis 14. Mai rund 40 Veranstaltungen und Treffen mit Funktionären und Gleichgesinnten durch. Der Sprecher der Frankfurter Staatsanwaltschaft teilt mit, gegen Kühnen seien wegen seiner neonazistischen Propaganda erneut Ermittlungen eingeleitet worden. Im Mai wird er in München wegen einer Rede auf einer nicht genehmigten Kundgebung in Gewahrsam genommen. Im Juni sehen sich die zuständigen Behörden dazu veranlaßt, ihn zu verhaften. Im November wird er vom Amtsgericht München wegen Verstoßes gegen das Versammlungsgesetz zu einer Geldstrafe von 90 Tagessätzen zu je 10 DM verurteilt. Zu seiner Rechtfertigung erklärt er: »Während meiner Rede kam ein Polizist, hat ruhig zugehört und nichts unternommen. Das war für mich eine Bestätigung, daß nichts Verbotenes geschieht.« Der Polizist sagt als Zeuge aus, Kühnens Ausführungen seien »nicht zu beanstanden und auch Sicherheit und Ordnung nicht gefährdet gewesen«.

1989 Nach dem im Februar erfolgten Verbot der von ihm geführten Nationalen Sammlung (NS) gründet er als Ersatzorganisation die Initiative Volkswille.

Kunstmann, Dr. Heinrich
1900–1964
Bis 1945
Vor 1933 Mitglied der NSDAP
1919/1920 Freikorps-Mitglied
1933–1945 SA-Standartenführer
Ab 1945
1950 Mitglied der Deutschen Reichspartei (DRP) in Hamburg, Beziehungen zu Naumanns Gauleiter-Kreis
1955 Bekleidet mehrere Vorstandsämter in der DRP.
1958 Stellvertretender DRP-Vorsitzender
1959 Schreibt im DRP-Organ *Reichsruf*:

> Das Reich ist zusammengebrochen. Der NSDAP ist es nicht gelungen, das Reich vor seinen Feinden im Inneren und draußen zu bewahren [...]
>
> Der Auftrag zum Reich ist geblieben. Er ist sogar zwingender und größer geworden als je zuvor. Hier und nirgendwo anders liegt die Trennungslinie zwischen Bonn und den Reichstreuen [...]
>
> Diejenigen Deutschen, für welche die NSDAP damals zeitbedingtes Instrument im Kampf für die Behauptung von Volk

und Reich war, wissen sich unter dieser Verpflichtung zum Reich bis an ihr Lebensende. Sie sind auch heute zum Kampf gerufen, wie die inzwischen herangewachsenen Deutschen gleichen Charakters, welche die NSDAP nie kannten.

Die NSDAP als politische Organisation ist tot [. . .] Je härter und deutlicher dies gesagt und erkannt wird, um so heilsamer. Um so mehr wird das Feld frei zum Aufbruch der Reichstreuen. Diese sind fürwahr mit uns im Aufbruch.

1960 Vorsitzender der DRP
1961 Verläßt die DRP.
1962 Mitgründer und Vorsitzender der Deutschen Freiheits-Partei (DFP)

Lange, Dr. Heinz
Bis 1945
HJ-Gebietsführer im Sudetenland, Kompanieführer der Waffen-SS
Ab 1945
Landesvorsitzender der Deutschen Jungdemokraten in Nordrhein-Westfalen, FDP-Landtagsabgeordneter in Nordrhein-Westfalen, Mitglied des Sudetendeutschen Rats und der Bundesversammlung der Sudetendeutschen, Mitgründer und zeitweiliger Vorsitzender des Witikobundes

Lauck, Gary Rex
Geboren 1953 in Lincoln/Nebraska (USA)
1973 Verbreitet die nationalsozialistische Zeitung *NS-Kampfruf* in der Bundesrepublik Deutschland.
1974 Chef der NSDAP-Auslandsorganisation der USA. Referiert auf Veranstaltungen der neonazistischen Gruppe Deutsche Bürgerinitiative (DBI) und der Bürger- und Bauerninitiative (BBI) zum Thema »Warum Hitler in Amerika noch immer populär ist«. Ausweisungsbefehl der Hamburger Innenbehörde und Einreiseverbot für die Bundesrepublik Deutschland.
1976 Festnahme in Mainz wegen illegaler Einreise und Verbreitung von Kennzeichen verfassungswidriger Organisationen; bei seiner Festnahme hatte er 20 000 Hakenkreuzaufkleber mit den Aufschriften »NS-Verbot aufheben!« und »Kauft nicht bei Juden!« bei sich.
Lauck unterhält Verbindungen zu militanten neonazistischen Gruppen in mehreren europäischen Ländern und bemüht sich, in der Bundesrepublik NSDAP-Grup-

pen aufzubauen. In den USA führt er ein Versandunternehmen für Hakenkreuzaufkleber mit antisemitischen und nazistischen Parolen. Seine Gesinnungsfreunde in der Bundesrepublik beliefert er mit Flugblättern antisemitischen Inhalts, etwa des folgenden:

DER JUDEN-SONG
(Nach der Melodie: Die Vögel wollten Hochzeit halten)

1. In Buchenwald, in Buchenwald macht Adolf alle Juden kalt
(Refrain: Fiderallalla, Fiderallalla, Fiderallallallalla!)
2. Und auch im KZ Maidanek, da putzen wir die Juden weg!
3. Der Heinrich Himmler hielt sein Wort, schickt Juden in den Luftkurort!
4. So eine Gaskur im KZ, die finden alle Juden nett!
5. Zu Juden woll'n sozial wir sein, die Gaskur gibt's auf Krankenschein.
6. In Auschwitz weiß ein jedes Kind, daß tote Juden nützlich sind.
7. Die Kopfhaut einer Judenstirn, das gibt 'nen prima Lampenschirm!
8. Aus Knochenmehl und Judentran, da machen wir die Seife dann!
9. Das Goldgebiß vom Rabbi Katz, das gibt 'nen prima Zahnersatz!
10. Der Rabbi, dieses Judenschwein, der kommt dann in den Ofen rein!
11. Und hat er dort genug geschmort, dann fliegt er durch den Schornstein fort!
12. Den Schlackenrest, der dann verbleibt, als Dung man auf die Felder streut!
13. So nützlich noch verwerten wir, was früher war ein Judentier!
14. Und die Moral von der Geschicht: Wer Jud ist, überlebt es nicht!
15. In Auschwitz ist die Stimmung toll, die Öfen sind bald wieder voll!

Lembke, Heinz
1937–1981
1960 Bundesgeschäftsführer des neugegründeten (1962 verbotenen) Bundes Vaterländischer Jugend (BVJ)
1973 Gehört dem Verband der Reservisten der Deutschen Bundeswehr an.
1981 Wird festgenommen, nachdem in der Lüneburger Heide das größte Waffenlager seit 1945 entdeckt worden

ist, das sich rechtsradikalen Gruppen zuweisen läßt: 33 Erddepots, in denen u.a. große Mengen Sprengstoff und Munition gelagert sind. Ein Strafverfahren wird eingeleitet; Lembke, dem Kontakte zu Manfred Roeders Deutscher Aktionsgruppe (DA) nachgewiesen werden, begeht vor Beginn der Gerichtsverhandlung Selbstmord.

Lenz, Karl-Heinz
1979 Gründet gemeinsam mit Ernst Tag den Verein zur Förderung der Wiederherstellung der Einheit Deutschlands und des Deutschen Volkes in Frieden und Gleichheit vor allen Völkern – Vereinigtes Deutsches Reich (VDR).

Leuchtgens, Heinrich
1876–1959
1945 Gründet die National-Demokratische Partei (NDP), die nur in Hessen hervortritt und bis 1950 besteht.
1946–1948 NDP-Stadtrat in Friedberg
1948 Schließt sich der Nationalen Rechten an, die sich aus der Deutschen Konservativen Partei (DKP) und der Deutschen Rechtspartei (DRP) zusammensetzt.
1949 Kandidiert bei den Bundestagswahlen erfolgreich auf der Landesliste der hessischen FDP.
1950 Tritt im Bundestag zur Fraktion der Deutschen Partei (DP) über.
1953 Wird wegen politischer Meinungsverschiedenheiten aus der DP ausgeschlossen, bleibt aber als Fraktionsloser im Bundestag.
1954 Wird Vorsitzender der Monarchistischen Partei Deutschlands (MPD), die 1956 in der Volksbewegung für Kaiser und Reich (VKR) aufgeht.

Löbner, Herbert
1955 Versucht gemeinsam mit Mitgliedern der Deutschen Gemeinschaft (DG) und der Deutschen Reichspartei (DRP) eine Arbeitsgemeinschaft Nationaler Verbände Ostwestfalen zu gründen.
1958 Gründet mit Erika Felski die Gruppe Zusammen.
1959 Beteiligt sich an der Bildung der Notgemeinschaft der reichstreuen Verbände.
1960 Gründet gemeinsam mit Erika Felski einen Kreis unter der Bezeichnung Vorläufiger Ausschuß zur Aktivierung der vom Parteienstaat ausgeschlossenen Kräfte.
1961 Zusammen mit Karl-Heinz Priester gründet er die

Aktion 61, die sich als Sammlungsbewegung der »Reichstreuen« versteht.

Löwenthal, Gerhard
Geboren 1922
1945 Beim Rias Berlin tätig
1947 Mitglied der Paneuropa-Union
1954–1958 Stellvertretender Programmdirektor beim Sender Freies Berlin
1969–1987 Moderator des ZDF-Magazins
1972 Mitgründer der Internationalen Gesellschaft für Menschenrechte (IGFM)
1973 Mitgründer des Bundes Freies Deutschland (BFD), Mitglied der Freien Gesellschaft zur Förderung der Freundschaft mit den Völkern der Tschechoslowakei
1974 Stellvertretender Vorsitzender des BFD, Mitgründer der Konzentration Demokratischer Kräfte (KDK)
1975 Mitglied der Christlichen Gewerkschaften
1977 Vorsitzender der Deutschland-Stiftung, Mitgründer des Brüsewitz-Zentrums, Initiator der Sammlungsbewegung für eine freie deutsche Republik, gedacht als Vorläuferin für eine bundesweite CSU
1979 Ehrenmitglied des Hochschulrings Tübinger Studenten (HTS). Unterstützt die Bürgerinitiative für freiheitliche Ordnung und die Arbeitsgemeinschaft 13. August.
1981 Mitinitiator der im November gegründeten Konservativen Aktion

Lutz, Dr. Oskar
1902–1975
1950–1958 Mitarbeit im Bund der Heimatvertriebenen und Entrechteten (BHE) und zeitweilig Mitglied des niedersächsischen Landtags
1958/1959 Übertritt zur Deutschen Reichspartei (DRP) und Mitglied des DRP-Vorstands
1960 Stellvertretender DRP-Vorsitzender
1962 Mitgründer und stellvertretender Vorsitzender der Deutschen Freiheits-Partei (DFP), amtierender DFP-Vorsitzender
1965 Mitglied der Arbeitsgemeinschaft Unabhängiger Deutscher (AUD) und deren niedersächsischer Landesvorsitzender
1967 Austritt aus der AUD

Maier-Dorn, Emil
Geboren 1908
Bis 1945
1930 Mitglied der NSDAP
1932 Mitglied der SA
1934 Gauwart der Organisation Kraft durch Freude (KdF)
1936 Leiter der Gauschulungsburg Gau Schwaben
1937 Reichsschulungsleiter im Amt für Technik
Ab 1945
1958 Leiter der Abteilung Propaganda der Deutschen Reichspartei (DRP)
1962 Stellvertretender DRP-Bundesvorsitzender
1964 Wird in derselben Funktion wiedergewählt.
1967–1969 Referent für politische Bildung im NPD-Bezirksverband Schwaben, Mitglied des NPD-Bundesvorstands
1973–1975 Abermals Mitglied des NPD-Bundesvorstands

Manke, Alfred E.
Geboren 1929
1957 Mitglied des Deutschen Blocks (DB) in Niedersachsen
1965 Mitinitiator des Arbeitskreises Volkstreuer Verbände (AVV)
1967 Funktionär des DB, aktiv im Deutschen Kulturwerk Europäischen Geistes (DKEG)
1968 Mitgründer der Volkspolitischen Aktion (VOPA)
1969 Aus dem AVV entsteht die Gesamtdeutsche Aktion (GA), eine NPD-nahe Sammelbewegung.
1970 Die GA meldet sich als Verein an; laut Satzung verfolgt sie den Zweck, alle politischen Kräfte des deutschen Volkes zu aktivieren und zu koordinieren, die das Handeln der damaligen Bundesregierung im Zusammenhang mit dem Moskauer Vertrag mißbilligen. Bei der GA zählt Manke ebenso zu den führenden Aktivisten wie bei der im selben Jahr gegründeten Aktion Widerstand. Diese führt, in Kooperation mit der VOPA unter wesentlicher Beteiligung Mankes, Ende Oktober in Würzburg einen Widerstandskongreß durch, den die NPD maßgeblich fördert.
1972 NPD-Bundestagskandidat, ohne NPD-Mitglied zu sein
1973 Vizepräsident des DKEG
1974 Errichtet in Bassum ein Arbeitszentrum, dessen

Leiter er wird. Es soll vor allem der Schulung von Funktionären jener Gruppen und Verbände dienen, die dem AVV angeschlossen sind.

1975 Mitarbeiter der neonazistischen Jugendzeitschrift *Mut*
1976 Tätigkeit im Freundeskreis Nationaler Jugend
1979 Weiterhin Sprecher des AVV. Gründet nach Querelen innerhalb der DKEG die Konkurrenzgruppe Deutsche Kulturgemeinschaft (DKG).

Marx, Arndt-Heinz
Geboren 1957
1977/1978 Mitglied der Jungen Nationaldemokraten (JN)
1979 Gründungsmitglied der Hilfsorganisation für nationale politische Gefangene und deren Angehörige (HNG)
1981 Wird von der US Army zur Bewachung ihrer Francois-Kaserne eingestellt. Einen Monat nach Dienstantritt wird er in Frankfurt wegen Landfriedensbruchs zu 8 Monaten Haft und einer Geldstrafe von 2000 DM verurteilt. Die US-Behörden lassen sich jedoch weder dadurch noch durch die zahlreichen Besuche von Verfassungsschützern und die Durchsuchungen am Arbeitsplatz beirren, bei denen neonazistische Schriften gefunden werden. Vielmehr wird Marx nach einem halben Jahr aufgrund seiner korrekten Dienstleistung zum Büroangestellten in der Großauheimer Kaserne befördert; in dieser Vertrauensstellung ist er mitverantwortlich für den Fuhrpark-Materialnachschub.
1982 Im Oktober soll er gemeinsam mit Odfried Hepp an mehreren Bombenanschlägen auf US-amerikanische Einrichtungen beteiligt gewesen sein.
1983 Wird in der Großauheimer Kaserne von Beamten des Bundeskriminalamts wegen des Verdachts der Beteiligung an den Bombenanschlägen vom Oktober 1982 festgenommen. Auch dies ist für die US-Arbeitgeber noch kein ausreichender Entlassungsgrund. Erst nach weiteren Wochen verliert Marx aus Sicherheitsgründen seinen Arbeitsplatz. Im Kündigungsbrief heißt es u. a., er gehöre »einer neonazistischen faschistischen Organisation an, die die Regierungsform der Bundesrepublik Deutschland mit verfassungswidrigen Mitteln zu verändern sucht«.
1985 Wird im Januar als Mitangeklagter in einem Prozeß gegen Michael Kühnen wegen Verbreitung von NS-Pro-

paganda und Verwendung von Abzeichen verfassungsfeindlicher Organisationen zu einer Freiheitsstrafe von
2 Jahren und 6 Monaten verurteilt. In einem geheimen
Rundschreiben der NSDAP-AO wird »auf die ausdrück-
liche Bitte [...] Michael Kühnens« vor dem ehemaligen ANS/NA-Mitglied Arndt-Heinz Marx gewarnt. Drei
Gründe sind es, weshalb der einstige Kühnen-Vertraute
bei der NSDAP-AO in Ungnade gefallen ist:

1. Während seiner Dienstzeit als Mitglied der Organisations-
   leitung der ANS/NA Spendengelder unterschlagen zu haben, um damit seine abartigen Sexualpraktiken (Masochismus) finanzieren zu können.
2. Seine dienstliche Position spätestens seit Sommer 1983
   systematisch zu Hetze und Intrigen mißbraucht zu haben –
   z.T. aus persönlichen Haß- und Rachegefühlen, z.T. aber
   auch, um nach der zu erwartenden Festnahme von Kamerad Michael Kühnen die ANS/NA entweder zu übernehmen oder zu spalten. Aufgrund dieser Vorwürfe wurde
   Marx bereits im September 1983 aus der ANS/NA ausgeschlossen.
3. Seit Anfang 1985 sich dem System als Agent und Provoka-
   teur anzubieten, um damit Hafterleichterungen, vorzeitige
   Entlassung auf Bewährung und finanzielle Starthilfe für
   seine Spalterarbeit zu erreichen. Diesen Zielen dient auch
   die von ihm angeregte, anonym erscheinende Publikation
   Das Schwarze Korps, die ausschließlich das Ziel verfolgt,
   die Bewegung durch systematische Hetze gegen bewährte
   Kameraden zu schädigen.

Arndt-Heinz Marx ist deshalb als Parteischädling anzusehen.
Sowohl er wie der harte Kern seiner Anhänger sind nicht
mehr als Nationalsozialisten und Kameraden zu betrachten
und darum geächtet! Sie sind persönlich und politisch zu
isolieren.

Matthaei, Walter
Geboren 1916
Bis 1945
Referent in Rosenbergs Reichsministerium für die besetzten Ostgebiete
Ab 1945
Spitzenfunktionär des Jugendkorps Scharnhorst
1950 Mitgründer der Reichsjugend als Jugendorganisation der Sozialistischen Reichspartei (SRP)
1951 Mitgründer des Reichsordens, zu dessen Reichsjugendführer er sich ernennt
1952 Gründer der Wiking-Jugend (WJ)

1988 Unterstützt nach wie vor die WJ publizistisch und organisatorisch.

Meinberg, Wilhelm
1898–1973
Bis 1945
1919 Beitritt zum Völkischen Schutz- und Trutzbund
1923 Gründer einer Stahlhelm-Gruppe
1929 Führt seine Stahlhelm-Gruppe geschlossen in die SA über.
1929–1933 NSDAP-Abgeordneter des preußischen Landtags
1933–1936 Reichstagsabgeordneter der NSDAP, Mitglied des Preußischen Staatsrats und Reichsobmann des Reichsnährstands
1937 Auf Empfehlung Hermann Görings zum Direktor der Salzgitter-Werke ernannt
1941 Sonderbeauftragter für den Kohletransport. War Träger des Goldenen Parteiabzeichens und SA-Brigadeführer.
Ab 1945
Vor 1950 Vorstandsmitglied der Deutschen Rechtspartei (DRP)
1951–1960 Bundesvorsitzender der Deutschen Reichspartei (DRP)
1953 Kandidiert auf der DRP-Liste für den Bundestag. Mitgründer des Reichsblocks.

Meißner, Karl
Geboren 1920
Bis 1945
1937/1938 Truppführer beim Reichsarbeitsdienst
Ab 1945
1945 Parteisekretär der Liberaldemokratischen Partei in München (LPD)
1946 Mitglied zunächst einer freien Wählergemeinschaft, dann der Wirtschaftlichen Aufbauvereinigung (WAV), die er im bayerischen Landtag als Abgeordneter vertritt
1947 Wird aus der WAV ausgeschlossen und gründet den Deutschen Block (DB).
1953 Mitgründer der Nationalen Sammlung (NS), Dachorganisation einer Reihe rechtsradikaler Organisationen.
1958 Wegen Vergehens gegen das bayerische Gesetz gegen Rassenwahn und Völkerhaß sowie wegen Belei-

digung angeklagt, wird er freigesprochen, da das Gericht es nicht als erwiesen ansieht, daß er die Klägerin, die Gesellschaft für christlich-jüdische Zusammenarbeit, habe verächtlich machen wollen.
1960 Tritt als DB-Vorsitzender zurück.
1961 Austritt aus dem DB

Merkatz, Dr. Hans-Joachim von
1905–1982
Bis 1945
1934 Doktorarbeit über den »weltanschaulich-politischen Verfall der liberal-demokratischen Staatswesen«; u. a. heißt es dort:

> In dem weltanschaulich-politischen Verfall des liberal-demokratisch-parlamentarischen Staatswesens vollzieht sich eine Neugestaltung der politischen Einheit durch den revolutionären Durchbruch einer verantwortungsbewußten, kraftvollen Führerschicht zur Herrschaft. Der politische Ausdruck dieser kulturellen Gestaltung ist der Führerstaat [. . .] Der politische Ausdruck dieser inneren Bewegung ist der Nationalsozialismus geworden. Ihr Sieg ist der Sieg des opferfähigen Tatmenschen, ihre grundlegende Erkenntnis ist das Wesen der Volksgemeinschaft als Schicksalsgemeinschaft.

1935–1938 Referent am Kaiser-Wilhelm-Institut für ausländisches und Völkerrecht in Berlin
1938–1945 Generalsekretär des Ibero-Amerikanischen Instituts in Berlin
Ab 1945
1946 Rechtsberater des Direktoriums der Niedersächsischen Landespartei (NLP); Eintritt in die Deutsche Partei (DP)
1949 DP-Bundestagsabgeordneter mit der Wahrnehmung der Geschäfte des Staatssekretärs im Bundesministerium für Angelegenheiten des Bundesrats betraut
1952 Mitglied des DP-Direktoriums
1953–1955 Vorsitzender der DP-Fraktion im Bundestag
1955 Stellvertretender DP-Vorsitzender
1955–1962 Bundesminister für Angelegenheiten des Bundesrats
1956–1957 Zugleich Bundesjustizminister
1960 Übertritt zur CDU
1960–1961 Zusätzlich Bundesvertriebenenminister

1964–1968 Deutscher Vertreter im Exekutivrat der UNESCO
1967 Präsident der Paneuropa-Union
1968 Gehört dem Ehrenpräsidium der Deutschland-Stiftung an. War auch Mitglied der Abendländischen Akademie und Vorstandsmitglied der Deutschen Atlantischen Gesellschaft.

Middelhauve, Dr. Friedrich
1896–1966
Bis 1945
Mitglied der Deutschen Staatspartei
Ab 1945
1945–1946 FDP-Landesvorsitzender in Nordrhein-Westfalen
1947–1958 FDP-Landtagsabgeordneter in Nordrhein-Westfalen
1949–1950 FDP-Bundestagsabgeordneter
1950 Steht unter dem Einfluß von Naumanns Gauleiter-Kreis, was sich stark auf die FDP-Landesverbände Niedersachsen und Nordrhein-Westfalen auswirkt.
1952 Der FDP-Landesverband Nordrhein-Westfalen veröffentlicht sein »Deutsches Programm«, das durchaus nationalistische Tendenzen enthält, und in dem u. a. eine Wiedergutmachung der durch die Entnazifizierung entstandenen Schäden gefordert wird.
1953–1954 FDP-Bundestagsabgeordneter
1954–1956 Stellvertretender Ministerpräsident sowie Wirtschafts- und Verkehrsminister in Nordrhein-Westfalen

Mießner, Dr. Herwart
Geboren 1911
Bis 1945
1937 In der Reichsfinanzverwaltung tätig
Ab 1945
1946 Tätigkeit im Oberfinanzpräsidium in Hannover
1948 Eintritt in die Deutsche Rechtspartei (DRP)
1949 DRP-Bundestagsabgeordneter, Mitglied der Fraktion der Nationalen Rechten
1950 Initiator und Mitgründer der Deutschen Reichspartei (DRP). Schließt sich der FDP-Fraktion als Hospitant an.

Mörig, Gernot
Geboren 1954
1975–1979 Bundesführer des Bundes Heimattreuer Jugend (BHJ)
1976 Wird vom Deutschen Kulturwerk Europäischen Geistes (DKEG) mit dem Schiller-Jugendpreis ausgezeichnet.
1977 Führt Vortragsveranstaltungen des Aktionskreises für Politik (AfP) in Österreich durch.
1985 Leitet im Auftrag der vom DKEG abgespaltenen Deutschen Kulturgemeinschaft (DKG) Vortragsveranstaltungen, die sich auch als Norddeutsches Forum bezeichnen.

Mosler, Jürgen
Geboren 1955
1986 Mosler, bis zu deren Verbot Ende 1983 Mitglied der Aktionsfront Nationaler Sozialisten / Nationale Aktivisten (ANS/NA), ist Mitgründer der Gruppe Die Bewegung und Repräsentant der Europäischen Bewegung (EB), der Mitglieder aus Belgien, Frankreich und den Niederlanden angehören. Gegenspieler Michael Kühnens.

Mössle, Markus
Geboren 1962
1981–1984 Als Jurastudent in Heidelberg Mitglied der NPD
1983 Tritt den Jungen Nationaldemokraten (JN) bei und wird JN-Kreisvorsitzender. Zusammenarbeit mit der (im Dezember verbotenen) Aktion Ausländerrückführung – Volksbewegung gegen Überfremdung und Umweltzerstörung (AAR).
1984 Spitzenkandidat der Freiheitlichen Deutschen Arbeiterpartei (FAP) bei den Landtagswahlen in Baden-Württemberg; wegen Bankraubs inhaftiert
1985 Gründet gemeinsam mit Ernst Tag das Nationale Zentrum, das er mit der Beute aus Raubüberfällen finanziert.
1987 Im April wegen mehrerer Banküberfälle zu einer Gesamtfreiheitsstrafe von 9 Jahren und 6 Monaten rechtskräftig verurteilt.

Müller, Curt
Geboren 1930
1972 NPD-Bundestagskandidat
1974 Veranstaltet mit seiner Ehefrau Ursula Müller auf dem eigenen Grundstück in Mainz-Gonsenheim Sommer- und Wintersonnwendfeiern, die von Rechtsradikalen aus dem ganzen Bundesgebiet besucht werden. In der Müllerschen Gärtnerei wird ein Waffenlager ausgehoben; da Müller eine gültige Waffenkarte vorweisen kann, erhält er die beschlagnahmten Waffen zurück.
1978 Gründung der NS-Kampfgruppe Müller, die sich durch Nazi-Schmierereien und NS-Propaganda bemerkbar macht.
1980–1982 Müller läßt sich trotz Verbüßung einer mehrmonatigen Strafe nicht von seiner NS-Agitation abhalten; u.a. führt er zahlreiche Veranstaltungen der Aktionsfront Nationaler Sozialisten (ANS) auf seinem Gärtnereigelände in Mainz-Gonsenheim durch.
1982 Hält auf seinem Grundstück eine Sonnwendfeier ab, die von der Polizei aufgelöst wird. Zu einem konspirativen Treffen finden sich bei ihm Arndt-Heinz Marx, Thomas Brehl und Michael Kühnen ein; sie bereiten den Zusammenschluß der ANS mit den Nationalen Aktivisten (NA) zur ANS/NA vor, die, im Januar 1983 gegründet, im Dezember desselben Jahres vom Bundesinnenministerium verboten wird, weil Zweck und Tätigkeit auf eine Wiederherstellung von NSDAP und SA abzielen.
1983 Im Januar – zum 50. Jahrestag der Machtergreifung Hitlers – findet ein mehrtägiges Treffen Rechtsradikaler aus der Bundesrepublik Deutschland auf dem Anwesen Müllers statt.
1984 Wegen neonazistischer Umtriebe angeklagt und freigesprochen, da ihm, so die Begründung, nicht nachgewiesen werden konnte, daß er von dem auf seinem Grundstück gelagerten NS-Propagandamaterial gewußt habe
1985 Laut Verfassungsschutzbericht des Innenministeriums von Baden-Württemberg gewährt Müller führenden NS-Aktivisten aus dem ganzen Bundesgebiet Gastfreundschaft. Im April versammeln sich – unbehelligt von den Behörden – auf dem Müllerschen Anwesen 180 Mitglieder verschiedener neonazistischer Gruppen, um Adolf Hitlers 96. Geburtstag zu feiern.

1987 Müller muß sich wegen Verwendung von Kennzeichen verfassungswidriger Organisationen sowie versuchter Bedrohung und Nötigung von Zeugen gemeinsam mit seinem Gesinnungsfreund Jürgen Knopf vor dem
Schöffengericht Speyer verantworten. Dieses spricht
Müller mangels Beweisen vom Vorwurf der Verwendung verfassungswidriger Kennzeichen frei; die vormaligen Belastungszeugen können sich in der Verhandlung »an nichts mehr erinnern«.
1987 Auch in diesem Jahr dient Müllers Anwesen als
Treffpunkt und Anlaufstelle für in- und ausländische
Rechtsradikale.

Müller, Ursula
Geboren 1933
1984 Die Ehefrau des rechtsradikalen Aktivisten Curt
Müller, Vorsitzende der Deutschen Frauenfront (DFF)
mit Sitz in Mainz-Gonsenheim, die sich als Nachfolgeorganisation der NS-Frauenschaft versteht, wird wegen neonazistischer Umtriebe zu einer Geldstrafe von
1350 DM verurteilt.

Münch, Dr. Fritz
Geboren 1906
1956 Mitglied des Bremischen Verfassungsgerichtshofs
1970 Vizepräsident der rechtsgerichteten Deutschen
Akademie für Bildung und Kultur, Berater der Schlesischen Landsmannschaft; zusammen mit Dr. Herbert Böhme, dem Präsidenten des Deutschen Kulturwerks Europäischen Geistes (DKEG), und Bolko von Richthofen
Gründer der Deutschen Bürgergemeinschaft
1974 Wiederwahl zum Vizepräsidenten der Deutschen
Akademie für Bildung und Kultur. Der Universitätspro-
fessor Münch war außerdem mehrere Jahre lang Vorstandsmitglied der Deutschland-Stiftung und Autor des
von Kurt Ziesel herausgegebenen *Deutschland-Magazins.*

Münchow, Herbert
Bis 1945
1937 Mitglied der NSDAP, SA-Obersturmführer, HJ-Ge-
bietsführer von Berlin
Ab 1945
Reichsjugendführer der Deutschen Reichsjugend, Mit-

glied der Deutschen Konservativen Partei (DKP), der
Deutschen Reichspartei (DRP) und der Deutschen Partei (DP)

Mußgnug, Martin
Geboren 1936
1962 Während des Studiums (bis 1963) Mitglied des
Bundes Nationaler Studenten (BNS) und der Deutschen
Reichspartei (DRP), wird er in diesem Jahr stellvertretender Vorsitzender des DRP-Kreisverbandes Heidelberg-
Land.
1964 Mitgründer der Nationaldemokratischen Partei
Deutschlands (NPD)
1967 Stellvertretender NPD-Landesvorsitzender in Baden-Württemberg
1968 NPD-Landesvorsitzender in Baden-Württemberg
1968–1972 NPD-Abgeordneter im baden-württembergischen Landtag
1970 Stellvertretender NPD-Bundesvorsitzender
1971 NPD-Bundesvorsitzender
1972 NPD-Spitzenkandidat in Nordrhein-Westfalen bei
den Bundestagswahlen
1973 Wiederwahl als NPD-Bundesvorsitzender, ein Amt,
daß er auch 1988 noch bekleidet.
1987 Kann bei der Oberbürgermeisterwahl in Tuttlingen
als NPD-Kandidat, unterstützt von der Deutschen Volksunion – Liste D, 15 Prozent der Stimmen für sich verbuchen.

Nahrath, Raoul
1978 Löst seinen Vater Wolfgang Nahrath als Bundesführer der Wiking-Jugend (WJ) ab. Über die Aufgaben der
»volkstreuen Jugendpflege« äußert er sich u. a. wie folgt:

> Seit über dreißig Jahren wird uns von den Alliierten und von
> den Kommunisten die Kriegsschuld in die Schuhe geschoben.
> Wir sind der Meinung, daß wir niemals an einem großen Völ-
> kerringen die Schuld trugen [. . .] Wir als Jugendorganisation
> haben unseren Jugendlichen klarzumachen, daß ihre Väter
> und Großväter keine Verbrecher waren, genausowenig wie
> Rudolf Heß, der der größte Friedenskämpfer war und noch ist
> [. . .] Seit über dreißig Jahren betreibt die Wiking-Jugend volks-
> treue Jugendpflege, die sich richtungweisend auf den gesamt-
> nationalen Jugendsektor ausgewirkt hat. Wer volkstreu sein
> will, muß sich zwangsläufig in sein Volkstum hineinvertiefen.

Nahrath, Wolfgang
Geboren 1929
1971 Bundesführer der Wiking-Jugend (WJ)
1984 Erläßt einen Aufruf an die WJ-Mitglieder, in dem es
u. a. heißt:

> [...] daß die Zeit der ruhigen Entwicklung auch für die volks-
> treuen Jugendbünde vorbei ist. Wer sich nunmehr in dieser
> kämpferischen Gegenwart hinter den Rockschößen bürgerli-
> cher Betulichkeit verkriecht – und sich obendrein in läppi-
> scher Kritik ergeht –, dem werde ich in Zukunft in harter
> Offenheit den Spiegel vor das Gesicht halten [...] Die alte
> Taktik: »Angriff ist die beste Verteidigung« mußte allerdings
> dafür aus der Schublade gezogen werden. Das sollten sich
> diejenigen hinter die Ohren schreiben, die glauben, mit weib-
> licher Duldungstaktik dieses Problem lösen zu können. Ein-
> tausend Polizisten mit entsprechenden Geräten waren in
> Stuttgart aufgeboten, um zu verhindern, daß 300 entschlosse-
> ne junge volkstreue Männer bereit dazu waren, den roten
> Chaoten einen Denkzettel zu verpassen.

Naumann, Peter
Geboren 1957
1972 Vorsitzender der Jungen Nationaldemokraten (JN)
in Wiesbaden
1973 Mitglied des JN-Bundesvorstands
1976 Stellvertretender JN-Bundesvorsitzender
1982 Wird nach Mitteilung der Bundesanwaltschaft wegen Gründung einer terroristischen Vereinigung und
Durchführung dreier Sprengstoffanschläge angeklagt; seine Komplizen waren Odfried Hepp und Walter Kexel.
1983 Anklage wegen Planung eines Bombenanschlags
auf das Kriegsverbrechergefängnis in Berlin-Spandau,
in dem der Hitler-Stellvertreter Rudolf Heß einsitzt
1985 Gründet die Arbeitsgemeinschaft Nationaler Verbände – Völkischer Bund (ANV-VB), die es sich zur
Aufgabe gestellt hat, neben der Durchführung von Seminaren »Deutschland von fremdrassigen Einflüssen zu
befreien«. Der Generalbundesanwalt ermittelt gegen ihn
wegen des Verdachts, im November 1979 einen Spreng-
stoffanschlag auf die DDR-Grenzanlagen bei Fulda verübt zu haben; das Verfahren wird jedoch eingestellt.
1987 Wird im Oktober verhaftet wegen des Verdachts,
Sprengstoffanschläge auf DDR-Grenzanlagen sowie auf
Sende- und Strommasten in Südtirol beabsichtigt zu
haben.

1988 Im Oktober wird er vom Staatsschutzsenat des Oberlandesgerichts Frankfurt wegen versuchter Gründung einer terroristischen Vereinigung und wegen eines im August 1987 verübten Sprengstoffanschlags auf ein Mahnmal für italienische NS-Opfer in Rom zu 4 Jahren und 6 Monaten Haft verurteilt.

Naumann, Dr. Werner
Geboren 1909
Bis 1945
1928 Mitglied der NSDAP
1933 Wird SA-Brigadeführer in Stettin.
1938 Berufung als Ministerialdirektor und persönlicher Referent von Reichspropagandaminister Joseph Goebbels
1940 Beförderung zum SS-Hauptsturmführer
1942 Ministerialdirigent im Reichspropagandaministerium
1944 Ernennung zum Staatssekretär im Reichspropagandaministerium und Sonderbeauftragter für Volkssturmfragen
1945 In einer Rede im März in München sagt er:

> Für die Verteidigung sind immer wieder nur militärische Gesichtspunkte bestimmend: Jeder Erker, jeder Wald, jedes Tal, jeder Platz haben eine Festung zu sein! Wir brauchen Zeit, und unsere Feinde haben keine Zeit. Wenn der Führer am 24. Februar sagte, daß wir in diesem Jahr die historische Wende erzielen, dann ist das für uns eine Realität. Worauf sie sich bezieht, wissen wir nicht. Der Führer weiß es.

Als Sonderbeauftragter für Volkssturmfragen und Kommandeur der Berliner Volkssturmbataillone 550 und 552 schreibt er in der Berliner Notzeitung *Panzerbär*:

> Meine Landsleute, es würde Ihren Herzen gut tun, wenn Sie sehen könnten, wie unser heldischer Führer und unser ebenso tapferer Dr. Goebbels sich bemühen, einander in persönlicher Tapferkeit zu überbieten.

In Hitlers Testament wird er zum Nachfolger von Goebbels bestimmt.
Ab 1945
Bis 1949 Lebt unter falschem Namen in Süddeutschland.
1949/1950 Über Naumanns Auftauchen aus der Illegalität berichtet Adolf von Thadden in seinem 1984 erschienenen Buch *Die verfemte Rechte*:

Dabei führte ihn sein Weg zunächst zu dem Tübinger Rechtsanwalt Kurt-Georg Kiesinger, der inzwischen Bundestagsabgeordneter der CDU geworden war und während des Krieges als Mitarbeiter einer Nebenstelle des Auswärtigen Amtes angehört hatte. Aus dieser Zeit rührt die Bekanntschaft zwischen Dr. Naumann und Dr. Kiesinger. Das Ergebnis der Beratung der beiden Männer war, daß sich Dr. Naumann unter seinem richtigen Namen in Hessen anmeldete und dort auch ein Entnazifizierungsverfahren gegen sich selbst beantragte. Dieses Verfahren wurde einige Zeit später mit der Begründung eingestellt, daß Dr. Naumann seinen Wohnsitz nach Nordrhein-Westfalen verlegt habe. In Nordrhein-Westfalen aber war die Entnazifizierung schon von den Engländern eingestellt worden.

1950 Eintritt in die Import/Export-Firma Commibec in Düsseldorf; Inhaberin ist Slicky Lucht, Witwe des einstigen Leiters der Außenstelle der Wehrmachtspropaganda in Paris, Herbert Lucht, und Tochter eines rechtsradikalen belgischen Generals. Naumann gründet den sogenannten Gauleiter-Kreis, von dem aus Querverbindungen zur Deutschen Partei (DP), zur FDP und zu anderen Gruppen angestrebt und hergestellt werden.

Neubauer, Harald
Geboren 1951
1972 Austritt aus der NPD und Beitritt zur Aktion Neue Rechte (ANR)
1973 Landesbeauftragter der Deutschen Volksunion (DVU) in Hamburg
1975–1981 Mitglied der NPD und Pressesprecher des NPD-Bezirks Oberbayern
1975–1983 Verantwortlicher Redakteur des *Deutschen Anzeigers*, der in Dr. Gerhard Freys Verlag erscheint
1977 Referent bei überregionalen Veranstaltungen der DVU. Erklärt bei einer Kundgebung in Regensburg: »Jeder Kommunist ist ein geistiger Verbrecher und potentieller Mörder. Der Kommunismus darf nur so viel Spielraum haben wie ein Gehängter zwischen Hals und Strick.«
1978 Schreibt im *Deutschen Anzeiger* über eine Broschüre der Bundeszentrale für politische Bildung:

Ist es vielleicht eine unterschwellige Spielart des Antisemitismus, sich an der Sechs-Millionen-Summe zu berauschen? [...] Die Bundeszentrale [...] sieht ihre Aufgabe jedenfalls darin, eine Entlastung Deutschlands in dieser Frage zu verhindern. Sie gab jetzt eine vierzigseitige Broschüre heraus, die allein dem Zweck gewidmet ist, sich gegen neue Erkenntnisse zur NS-Judenverfolgung abzuschotten und an der antideutschen Greuelpropaganda kommagetreu festzuhalten. [...]

Die Bonner Bundeszentrale läßt nun zwei jüdische Geschichtsschreiber aus Südafrika zu Wort kommen [...] die sich mit der Harwood-Broschüre *Did Six Million Really Die?* (Starben wirklich sechs Millionen?) auseinandersetzen. [...] der heute in Frankreich lebende Jude George Wellers bekommt [...] Raum für ein breitangelegtes Zahlenspiel, mit dem Rassiner widerlegt werden soll.

1981 Austritt aus der NPD wegen politischer Meinungsverschiedenheiten

1983 Beitritt zur Partei Die Republikaner

1984 Pressereferent von Franz Handlos und Ekkehard Voigt

1985 Generalsekretär der Republikaner

1988 Im Mai Landesvorsitzender der Republikaner in Bayern und ab Juli Bundespressesprecher der Partei

Oberländer, Dr. Dr. Theodor

Geboren 1905

Bis 1945

1921/1922 Mitglied des Freikorps Oberland

1923 Teilnahme am Hitler-Putsch

1933 Eintritt in die NSDAP, Landesleiter des Verbands der Auslandsdeutschen in Ostpreußen

1934–1937 Reichsführer des Bundes Deutscher Osten, Professor in Danzig, Königsberg, Prag und Greifswald

1940–1943 Ostexperte bei der von der Wehrmacht aufgestellten Ukrainer-Einheit Nachtigall, mit der er 1941 am Einmarsch in Ostgalizien teilnimmt

Ab 1945

1948–1949 FDP-Mitglied, Aktivitäten in der Vertriebenenbewegung

1950 Landesvorsitzender des Bundes der Heimatvertriebenen und Entrechteten (BHE) in Bayern, Mitglied des bayerischen Landtags, Staatssekretär für Flüchtlingswesen

1952 Schreibt in der Zeitschrift *Die Stimme:*

Es ist unsere deutsche Aufgabe, daß wir aus der inneren Vertiefung das Herz Europas werden, das Herz West- und Osteuropas. Denn es gibt kein Westeuropa ohne Osteuropa, es gibt auch keine Heimkehr, ohne daß wir Ost-Mittel-Europa wiederbekommen, was ja nur über die Einheit Deutschlands in Freiheit geht [...] Nicht nur von Heimkehr reden, sondern auch vorbereiten.

1953 Bundestagsabgeordneter des Gesamtdeutschen Blocks/BHE (GB/BHE) und Bundesvertriebenenminister (bis 1960)
1954 Austritt aus dem GB/BHE, den er mit »politischen Spannungen und menschlichen Unzulänglichkeiten« begründet
1956 Eintritt in die CDU
1957–1961 CDU-Bundestagsabgeordneter
1960 Im Mai Rücktritt als Bundesvertriebenenminister, Mitgründer der rechtsradikalen Gesellschaft für freie Publizistik (GfP). In der DDR in Abwesenheit wegen Beteiligung an der Ermordung von Juden und Polen 1941 zu lebenslänglichem Zuchthaus verurteilt; in der Bundesrepublik Deutschland Einstellung der gerichtlichen Untersuchung durch die Staatsanwaltschaft.
1963–1965 CDU-Bundestagsabgeordneter

Ochensberger, Walter
Geboren 1942
Betreiber des Deutsch-Österreichischen Instituts für Zeitgeschichte (DÖTZ), Herausgeber der Zeitschrift *Sieg*, Gründer des Bundes Volkstreuer Jugend und Gründungsmitglied der Nationaldemokratischen Partei Österreichs – Vorarlberg sowie deren Landesvorsitzender
1979 Gründet die Zentralstelle für gegenseitige Nachrichtenübermittlung und den Nachrichten-Austausch-Dienst.
1988 Richtet als Unterabteilung des DÖTZ im Oktober die Zentrale Erfassungsstelle jüdischer Verbrechen ein.

Ostau, Joachim von
Geboren 1902
Bis 1945
1930 NSDAP-Mitglied und Gaureferent für politische Bildung in Westfalen
1937 Angehöriger des Rüstungskommandos Osnabrück
Ab 1945
1946 Mitgründer der Deutschen Aufbau-Partei (DAP)
1947 An führender Stelle in der Deutschen Rechtspartei (DRP) tätig; Mitgründer der Nationalen Einheitspartei

(NAP), die nach einigen Wochen von der Militärregierung verboten wird
1964 Mitgründer der Nationaldemokratischen Union (NDU) und als deren Vertreter Mitgründer der Nationaldemokratischen Partei Deutschlands (NPD)

Otte, Paul
Geboren 1925
1979 Der »Gaubeauftragte« der NSDAP-AO, deren Schriften er verbreitet, wird vom Landgericht Braunschweig zu 7 Monaten Freiheitsstrafe verurteilt. In seiner Wohnung hatte man Hakenkreuzplakate gefunden, u.a. mit der Aufschrift »Kampf den Judenparteien«; außerdem richtete er ein »historisches Tonbandarchiv« ein, in dem er auch das Horst-Wessel-Lied aufnahm.
1981 Im Februar wegen Rädelsführerschaft in einer terroristischen Vereinigung und anderer Delikte zu 5 Jahren und 6 Monaten Haft verurteilt.

Pape, Martin
Geboren 1927
1967 Landesleiter der Unabhängigen Arbeiterpartei (UAP) in Baden-Württemberg
1969 Wegen Passivität seines Amtes enthoben, gründet er die Sozial-Liberale Deutsche Partei (SLP) und bewirbt sich als Einzelkandidat bei den Bundestagswahlen.
1976 Kandidiert bei den Landtagswahlen in Baden-Württemberg.
1978 Gründet im März die Freiheitliche Deutsche Arbeiterpartei (FAP). Nach dem Verbot der Aktionsfront Nationaler Sozialisten / Nationale Aktivisten (ANS/NA) 1983 wird die FAP zu deren Hilfs- und Tarnorganisation. Formal bleibt Pape Vorsitzender der FAP, ohne jedoch in der Praxis Einfluß auf die militanten Aktivitäten Michael Kühnens und von dessen Gesinnungsgenossen nehmen zu können.
1988 Wird auf dem FAP-Bundesparteitag im November als FAP-Vorsitzender von Friedhelm Busse abgelöst.

Platzdasch, Ralf
1976 Mitglied des Vorstands der Vereinigung Verfassungstreuer Kräfte (VVK)
1977 Mitglied des Kampfbundes Deutscher Soldaten (KDS), Pressesprecher der Bürgerinitiative für die Todes-

strafe und gegen Pornographie und Sittenverfall, Leiter
der Geschäftsstelle Frankfurt der VVK, Redner bei einer
Veranstaltung des Komitees Neues Nationales Europa
1978 Pressesprecher der VVK
1979 Gründer der Bürgerinitiative Roswitha von Gandersheim. Platzdasch ist außerdem Inhaber des Verlags
Volk und Kosmos (VVK-Verlag) und Gründer des Nationalsozialistischen Schülerbundes.

Plöckinger, Manfred
1970 Plöckinger, NPD-Kreisvorsitzender, Landesvorsitzender der Deutschen Union (DU) und zum Führungskreis der Aktionsgemeinschaft 17. Juni zählend, ferner
u. a. in der Außerparlamentarischen Mitarbeit, der Deutschen Volksunion (DVU) und dem Zentrum 1871 engagiert, wird Vorsitzender der National-Liberalen Aktion
(NLA), einer Vorgängerin des CSU-Freundeskreises in
West-Berlin.
1971 Täuscht vier Tage vor den Landtagswahlen in
Schleswig-Holstein gemeinsam mit dem führenden
Rechtsradikalen Professor Berthold Rubin und dessen
Gesinnungsfreund Jürgen Rieger, Rechtsanwalt in Hamburg, eine Entführung vor, um »den Volkszorn auf die
Linken zu lenken« und damit die »Wahlaussichten der
CDU zu verstärken«. Originalzitat Plöckinger: »Wir sind
der Meinung, daß Franz Josef Strauß durchaus mit seinem Ausdruck, Deutschland ist ein Saustall geworden,
daß dieser Ausdruck richtig ist.«

Pöhlmann, Siegfried
1966–1970 NPD-Abgeordneter und -Fraktionsvorsitzender im bayerischen Landtag
1967–1970 Stellvertretender NPD-Bundesvorsitzender
1972 Tritt aus der NPD aus und gründet die Aktion Neue
Rechte (ANR), da ihm die NPD zu wenig aggressiv ist. Im
selben Jahr Beitritt zum Freiheitlichen Rat (FR).
1974 Von der ANR spaltet sich eine Gruppe ab, die sich
als Nationalrevolutionäre Aufbauorganisation (NRAO)
bezeichnet.

Prehl, Hagen
Geboren 1930
1980 Der Professor an der Fachhochschule Hagen zählt
zu den Mitgründern und Wortführern der NPD-nahen
Bürgerinitiative Ausländerstopp (BIA).

1982 Gegen ihn läuft ein Disziplinarverfahren wegen NPD-Mitgliedschaft und ausländerfeindlicher Aktivitäten.

1985 Wird nach einem Disziplinarverfahren des Verwaltungsgerichts Münster vom Dienst suspendiert. Der Entscheidung des Gerichts geht ein förmliches Untersuchungsverfahren voraus, das der frühere Wissenschaftsminister Nordrhein-Westfalens, Hans Schwier (SPD), eingeleitet hat. Nach eineinhalbjähriger Untersuchung ist die Behörde zu dem Ergebnis gekommen, Prehl habe sich nicht von Gruppen und Bestrebungen distanziert, welche die Verfassungsordnung bekämpfen und diffamieren.

Priem, Arnulf
Geboren 1948
1968 Wird von der Bundesregierung aus DDR-Strafhaft freigekauft. Avanciert zum Landtagskandidaten der NPD in Baden-Württemberg.

1971 Wird in Koblenz Mitglied der Deutschen Volksunion (DVU).

1974 Gründet die neonazistische Kampfgruppe Priem und läßt sie im Vereinsregister des Amtsgerichts Freiburg eintragen.

1978 Eintrag im Berliner Telefonbuch unter »Kampfgruppe«

1979 Muß sich im November vor dem Westberliner Landgericht wegen Hakenkreuzschmierereien und des Besitzes eines umfangreichen Lagers an neonazistischem Material und Waffen, darunter einem Maschinengewehr, verantworten. Nutzt die Verhandlung, um für das Programm seiner Kampfgruppe zu agitieren. Ungeachtet dieser und anderer Aktivitäten stellt die Strafkammer fest, daß dem »Angeklagten weder Gründung einer Organisation noch ihr Programm zur Last gelegt« werden könne. Das Gericht verurteilt ihn »aus erzieherischen Gesichtspunkten« zu eine Haftstrafe von 1 Jahr mit Bewährung.

1980 Veröffentlicht sein Kampfprogramm und fordert darin die »Sterilisation erbkranker Menschen«.

1981 Die Westberliner Staatsschutzkammer stellt ein wegen Volksverhetzung eingeleitetes Verfahren ein, da wegen des Revisionsantrages Priems die zur Bewährung ausgesetzte Strafe noch nicht rechtskräftig ist. Priem erscheint vor Gericht in einer Uniform ähnlich jener der

SS; die Arme sind mit SS-Runen und Hakenkreuzen tätowiert.

1982 Anklage in West-Berlin wegen wiederholten Waffenbesitzes und Verwendung von NS-Kennzeichen; die ausgesprochene Freiheitsstrafe von 1 Jahr wird zur Bewährung ausgesetzt.

1983 Wird nach erfolgreichem Revisionsantrag der Staatsanwaltschaft von der Moabiter Strafkammer zu 18 Monaten Haft ohne Bewährung verurteilt, da ihm seine zahlreichen Vorstrafen eine Warnung hätten sein müssen.

Priester, Karl-Heinz
1913–1960
Bis 1945
1932 Hauptamtlich für die Presseschulung der HJ Nassau-Süd verantwortlich
1935–1939 Funktionär der NS-Organisation Kraft durch Freude und HJ-Gebietsreferent
1944 Verbindungsoffizier der Waffen-SS
Ab 1945
1950 Mitgründer der Nationaldemokratischen Reichspartei (NDRP)
1952 Sprecher der Europäischen Sozialen Bewegung (ESB), Gründungsvorsitzender der Deutschen Sozialen Bewegung (DSB). Schließt sich der Deutschen Gemeinschaft (DG) an.
1953 Vorstandsmitglied der von ihm mit gegründeten Nationalen Sammlung (NS)
1960 Gründet die Sammlung der Reichstreuen.
1961 Gemeinsam mit Herbert Löbner, der seine Gruppe Zusammen einbringt, gründet er die Aktion 61, in der seine Sammlung der Reichstreuen aufgeht.

Prievenau, Markus
1982 Aktivist der Aktionsfront Nationaler Sozialisten (ANS)
1984 Vorsitzender der Freiheitlichen Deutschen Arbeiterpartei (FAP) in Bremen
1985 Erschießt bei Schießübungen einen Jagdpächter.
1986 Feuert in einem Homosexuellenlokal drei Schüsse aus einer Tränengaspistole. Wegen fahrlässiger Tötung, unerlaubten Führens einer Waffe und gefährlicher Körperverletzung wird er zu 6 Monaten Jugendstrafe auf Bewährung verurteilt.

Raeschke, Alfred
1951 Gründet die Arbeitsgemeinschaft Nie Vergessene Heimat (ANVH).
1954 Inspiriert die Bildung der Freien Wählergemeinschaft Berlin und der Republikanischen Partei Deutschlands (RPD).
1956 Steht in West-Berlin der Deutsch-Sozialen Union (DSU) nahe, die Thesen Otto Strassers vertritt.

Ramcke, Hermann Bernhard
1889–1968
Bis 1945
General der Fallschirmjäger
Ab 1945
1952 Vor Verbüßung der regulären Haftstrafe wird der wegen Kriegsverbrechen Verurteilte im Juli aus französischer Haft entlassen; Bundeskanzler Adenauer empfängt ihn und versichert, wie sehr er sich freue, ihn »wieder in Freiheit zu sehen«. Spricht im selben Monat vor 4000 ehemaligen Fallschirmjägern in Braunschweig. Im Oktober spricht er bei einem SS-Treffen in Verden an der Aller; der britische Resident-Offizier bedauert »außerordentlich«, an dem Treffen nicht teilnehmen zu können, da er »schon anderweitig disponiert« habe.
1953 Bei einem Treffen von 6500 ehemaligen Fallschirmjägern im Mai in Kassel kommt es zu Ovationen für Ramcke, dem vom hessischen Innenministerium untersagt worden ist, als Redner aufzutreten; das Verbot ist ergangen, weil man eine Gefährdung der verfassungsmäßigen Ordnung und des Gedankens der Völkerverständigung befürchtete.
1955 Nimmt im September an einem Fallschirmjägertreffen in Würzburg teil, bei dem das Horst-Wessel-Lied gesungen wird.

Reisz, Heinz
Geboren 1938
1956 Aktivist der Deutschen Reichspartei (DRP)
1964 Eintritt in die NPD, NPD-Landesbeauftragter für Propaganda in Hessen
1968 NPD-Stadtverordneter im südhessischen Langen
1987 Beitritt zur Freiheitlichen Deutschen Arbeiterpartei (FAP)
1988 Steht an der Spitze einer Liste, die sich als Auslän-

der raus – Nationale Sammlung bezeichnet und mit physischem und psychischem Terror Langen zur »ersten ausländerfreien Stadt« zu machen gedenkt.

Remer, *Otto Ernst*
Geboren 1912
Bis 1945
1944 Wird wegen besonderer Verdienste bei der Niederschlagung der Verschwörung des 20. Juli zum Generalmajor befördert.
Ab 1945
1949 In den ersten Nachkriegsjahren militärhistorischer Berater bei der US Army, ist er Mitgründer der Sozialistischen Reichspartei (SRP) und Mitglied des SRP-Parteivorstands. Beteiligt sich gemeinsam mit Joachim von Ostau an der Gründung der Gemeinschaft unabhängiger Deutscher (GUD).
1950 SRP-Landesvorsitzender in Schleswig-Holstein
1951 Wird auf Antrag der Bundesregierung im Mai vom Landgericht Verden wegen erwiesener übler Nachrede in zwei Fällen zu 4 Monaten Gefängnis verurteilt.
1952 Bei einem Verfahren wegen Beleidigung der Widerstandskämpfer des 20. Juli 1944 wird er zu einer Gefängnisstrafe von 3 Monaten verurteilt, die er jedoch aus gesundheitlichen Gründen nicht sofort antreten muß. Flieht nach Ägypten.
1954 Rückkehr in die Bundesrepublik Deutschland und neuerliches Gerichtsverfahren.
1962 Abermals Flucht ins Ausland
1963 Festnahme nach Einreise in die Bundesrepublik
1982 Gründet den Freundeskreis Ulrich von Hutten; dieser vertritt nationalistische und rassistische Forderungen, »die auf der Notwendigkeit einer neuen, gesunden Lebensordnung auf der Grundlage gewachsener Völker beruhen«. Im selben Jahr gründet er die Brigade Remer, die sich als Musterkampfgruppe betrachtet.
1983 Gründet Die Deutsche Freiheitsbewegung (DDF). Laut der von ihr herausgegebenen Monatsschrift *Der Bismarck-Deutsche* versteht sich diese nicht als Partei; vielmehr will sie

in Vorträgen und mit ihrem Schrifttum zu den wichtigsten Lebensfragen unseres Volkes und der Nation Stellung nehmen und einen Weg aufzeigen, der in erster Linie wieder deutschen Interessen dient. Darüber hinaus erfaßt sie, über

Parteigrenzen hinaus, das noch vorhandene nationale Potential, vor allem aber spricht sie die Jugend an, die wieder an ihr Vaterland glauben will, und motiviert und verpflichtet sie.

In einem Rundbrief erklärt Remer im Februar:

> Nicht die Herren von heute, sondern wir werden die Zukunft gestalten, da wir uns nicht mit den von den Siegern ins Leben gerufenen Teilstaaten, mit diesen Provisorien identifizieren [. . .] Der Sturm wird kommen, und wir und viele andere werden wieder auf den Barrikaden des Reiches stehen, und wir werden siegen.

1986 Das Amtsgericht Kaufbeuren verhängt gegen ihn im Juli wegen fortgesetzter Beleidigung und Verunglimpfung des Andenkens Verstorbener eine Freiheitsstrafe von 6 Monaten, die zur Bewährung ausgesetzt wird; nach Auffassung des Staatsanwalts Arno Kreetfeld ist Remers darum bemüht, das Gerede von der »Auschwitzlüge« aufrechtzuerhalten, indem er es »mit pseudowissenschaftlichem Brimborium« untermauert. Ein von dem Kemptener Gewerkschaftssekretär Rolf Bickelhaupt vor dem Amtsgericht Kaufbeuren gegen Remers angestrengtes weiteres Strafverfahren wegen beleidigender Äußerungen wird wegen »geringer Schuld« eingestellt. Otto Ernst Remer ist nicht nur ein hervorragendes Beispiel für die unbelehrbar Gebliebenen, sondern kann auch als typisch für jenen Personenkreis im rechtsradikalen Lager gelten, dessen organisierte Anhängerschaft zahlenmäßig zwar nicht sehr groß ist, der aber einen wichtigen Integrationsfaktor im neonazistischen Spektrum repräsentiert. Gerade für Jugendliche im rechtsextremistischen Dunstkreis bildet Remer ein Symbol für »unerschütterliche Treue zum Führer«. Trotz seines hohen Alters verbreitet er immer noch auf agitatorische Weise nationalsozialistisches Gedankengut. Rechtsextremisten verschiedenster Gruppierungen, aber auch Mitglieder der Freiheitlichen Deutschen Arbeiterpartei (FAP) und der Wiking-Jugend scharen sich um ihn.

Rheden, Hildegard von
Geboren 1895
Bis 1945
Führerin der niedersächsischen Landfrauen im NS-Reichsnährstand, Abteilungsleiterin für die deutsche Landfrauenarbeit im Reichsnährstand in Berlin

Ab 1945
1955–1959 Abgeordnete der Deutschen Reichspartei (DRP) im niedersächsischen Landtag, DRP-Frauenreferentin
1960/1961 DRP-Vorstandsmitglied

Richthofen, Bolko Freiherr von
1899–1983
Bis 1945
1918/1919 Freikorps-Mitglied
1921 Freiwilliger beim Selbstschutz der Oberschlesier
1932 Mitglied des Kampfbundes für deutsche Kultur
1933–1945 Mitglied der NSDAP, NS-Sonderführer und -Gruppenleiter, Mitarbeiter der Prüfstelle für NS-Schrifttum und des Instituts zum Studium der Judenfrage und des Ahnenerbes. In dem von ihm herausgegebenen Sammelband *Bolschewistische Wissenschaft und Kulturpolitik* findet sich folgende Äußerung:

> Was wagen die bolschewistischen Hetzer den Tatsachen entgegenzustellen? Daß wir in Deutschland das Schund- und Schmutzschrifttum von Juden und Judengenossen aus den Büchereien entfernt und die volksfremde jüdische Machtstellung an den deutschen Universitäten beseitigt haben, wird dem Nationalsozialismus als Verbrechen gegen Kultur und Wissenschaft angekreidet.

Ab 1945
CSU-Mitglied, Mitarbeit bei CSU-nahen Blättern und Zeitschriften der Landsmannschaften, Mitglied der Aktion Oder/Neiße (AKON), der Deutschland-Stiftung, des Deutschen Kulturwerks Europäischen Geistes (DKEG)
1964 Träger des Bundesverdienstkreuzes 1. Klasse
1976 Schreibt in einem Leserbrief an den *Spiegel*:

> Der deutsche Angriff gegen die Sowjetunion von 1941 richtete sich als völkerrechtlich statthafter Präventivkrieg gegen einen Nachbarn, dessen Führung fest entschlossen war, Deutschland auf alle Fälle zu einem ihr genehmen Zeitpunkt noch während des Zweiten Weltkrieges anzugreifen, worauf unter anderem die erkennbar gewordenen Vorbereitungen hinwiesen.

Rieger, Jürgen
Geboren 1945
1968 Aktivist der Aktion Oder/Neiße (AKON). Gibt rechtsextremistische Flugblätter heraus.

1969 Funktionär des Bundes Heimattreuer Jugend (BHJ)
1970 Mitgründer und Pressesprecher des CSU-Freundeskreises
1971 Beteiligt sich an der vorgetäuschten Entführung von Professor Berthold Rubin.
1972 Wird Vorsitzender der von ihm inspirierten Gesellschaft für biologische Anthropologie, Eugenik und Verhaltensforschung (GBA), die rein rassistische Auffassungen vertritt.
1974 Rechtsreferendar beim Oberlandesgericht Hamburg; Entlassung im November. Wegen zweimaliger Körperverletzung, begangen bei der Demonstration der Aktion W im Oktober 1970 in Würzburg, wird er zu einer Geldstrafe von 3500 DM verurteilt.
1982 Die Staatsanwaltschaft beim Landgericht Hamburg erhebt wegen Beleidigung und Verunglimpfung des Andenkens Verstorbener Anklage gegen ihn. Als Rechtsanwalt des ehemaligen Polizei- und SS-Führers von Warschau, Arpad Wigand, hat er zu dessen Verteidigung erklärt, Wigand habe nicht wehrlose Menschen erschießen lassen, wie der Staatsanwalt behaupte; die Tötungen seien deshalb nicht als verbrecherische Taten zu bewerten, weil das Getto nur aus hygienischen Gründen errichtet worden sei. Dementsprechend sei es notwendig gewesen, flüchtende Juden zu erschießen, weil sonst die Ausweitung der Seuche zu befürchten gewesen wäre.
1983 Im Januar verurteilt ihn die Große Strafkammer beim Landgericht Hamburg zu einer Geldstrafe von 8100 DM.
1986 In einem Revisionsverfahren, das sich auf das Urteil vom Januar 1983 bezieht, verurteilt ihn das Hamburger Landgericht wegen Beleidigung in Tateinheit mit der Verunglimpfung des Andenkens Verstorbener zu einer Geldstrafe von 8400 DM.
1987 Wird vom 5. Strafsenat des Bundesgerichtshofs in dem nach wie vor anhängigen Verfahren von 1983/1986 freigesprochen.
1988 Zeichnet für die vom Deutschen Rechtsschutzkreis/ Deutsche Rechtsschutzkasse (DRSK) herausgegebenen Mitteilungen *Recht und Justiz* verantwortlich. In seiner als jugendgefährdend indizierten Schrift *Rasse – ein Problem für uns!* heißt es u. a.:

Es ist unbestreitbar, daß einige Rassen mehr zu Verbrechen neigen als andere [...] Die verhängnisvollen Auswirkungen zwingen uns auch zu einem Überdenken der Europaidee [...]

Es kann festgestellt werden, welche Rasse für bestimmte Auf-
gaben besonders geeignet ist (die Weißen z. B. in Berufen, wo
Intelligenz verlangt wird, die Neger im Showbusiness). [...]
Geschichte ist eine Geschichte von Rassenkämpfen.

Riehs, Otto
1984 Das ehemalige Mitglied der Sozialistischen Reichspartei (SRP), der Deutschen Reichspartei (DRP) und der
NPD ist Spitzenkandidat der Freiheitlichen Deutschen
Arbeiterpartei (FAP) in Frankfurt bei den hessischen
Kommunalwahlen.
1986 Die Staatsschutzkammer des Landgerichts Frankfurt spricht ihn und seinen Mitangeklagten Peter Müller
vom Vorwurf der Herstellung von NS-Propagandamit-
teln frei. Den beiden war zur Last gelegt worden, im
Januar 1984 in Frankfurt die Gründungsversammlung
des als Nachfolgeorganisation der Aktionsfront Nationaler Sozialisten / Nationale Aktivisten (ANS/NA) dienenden Frankfurter Freundeskreis Germania abgehalten und
die – vermutlich von Michael Kühnen herausgegebene –
Druckschrift *Frankfurter Front* verbreitet zu haben.
1989 Von der FAP als Kandidat für die Europa-Wahlen
aufgestellt.

Roeder, Manfred
Geboren 1929
1971 Gründet die Deutsche Bürgerinitiative (DBI).
1972 Verfasser eines offenen Briefs an Bundeskanzler
Willy Brandt mit eindeutig neonazistischer Tendenz
1974 Mitarbeiter bei Thies Christophersens Zeitschrift
Die Bauernschaft
1975 Demonstriert im Januar in Frankfurt gemeinsam mit
Erwin Schönborns Frankfurter Kreis Deutscher Soldaten, der im April in Kampfbund Deutscher Soldaten
(KDS) umbenannt wird.
1977 Hält in Regensburg mit seinen Anhängern einen
»Reichstag« ab und demonstriert vor der Befreiungs-
halle in Kelheim. Im November wird er zu einer Haftstrafe von 3 Monaten verurteilt; das Gericht sieht es als
erwiesen an, daß er die Aufführung eines umgearbeite-
ten Nazipropagandastücks durch eine Uelzener Schüler-
gruppe gestört und sich des Widerstands gegen Polizei-
beamte in Tateinheit mit vorsätzlicher Körperverletzung
schuldig gemacht hat.

1978 Entzieht sich durch Flucht ins Ausland, zunächst in die Schweiz, dann nach Österreich, der Verbüßung seiner Haftstrafe. Steht auf der Liste gesuchter Terroristen der Bundesanwaltschaft in Karlsruhe. Gründet die Freiheitsbewegung Deutsches Reich (FDR) mit Schweizer Anschrift. Illegal in die Bundesrepublik eingereist, läßt er sich im Mai als Sprecher des »Reichstags« in Flensburg vom »letzten rechtmäßigen Staatsoberhaupt des Deutschen Reiches, Großadmiral Dönitz«, die »Reichsverweserschaft« übertragen. Im Juli schreibt er als Vorsitzender der FDR in einem Brief an General Pinochet: »Demokratisierung wäre der Untergang Chiles, so wie es für uns der Untergang Deutschlands war [...] Freiheiten, die zu Hitlers Zeiten selbstverständlich waren, werden heute im Namen der Demokratie abgeschafft.« Im 60. Brief, datiert vom »Ernting 1978«, preist er nochmals Hitler: »Hitlers Persönlichkeit wird noch leuchten, wenn man keinen der heutigen Politiker mehr kennt.«

1979 In der Schweiz wird er aufgrund einer Interpol-Fahndung festgenommen, aber nicht an die Bundesrepublik ausgeliefert. Christophersens Pamphlet *Die Auschwitz-Lüge* erscheint mit einem Vorwort Roeders.

1980 Roeders Deutsche Aktionsgruppe (DA) begeht mehrere Sprengstoffanschläge. Er selbst, heimlich in die Bundesrepublik zurückgekehrt, wird in Hannoversch Münden festgenommen.

1982 Wird mit zwei anderen DA-Mitgliedern wegen Rädelsführerschaft, Bildung einer terroristischen Vereinigung sowie Anstiftung zu sieben Brand- und Sprengstoffanschlägen zu 13 Jahren Haft verurteilt.

1983 Das von seiner Ehefrau Gertrud Roeder ins Leben gerufene Hilfswerk Manfred Roeder verbreitet die von Roeder im Gefängnis verfaßten NS-Propagandaschriften.

Rohwer, Uwe
1977 Ist verdächtig, an einem Überfall auf eine Filiale der Hamburger Stadtsparkasse beteiligt gewesen zu sein.

1978 Wegen des Verdachts der Beteiligung an einem Überfall auf das NATO-Depot Bergen-Hohne wird Haftbefehl gegen ihn erlassen.

1979 Wird vom 3. Strafsenat des Oberlandesgerichts Celle im sogenannten Bückeburger Prozeß wegen Bildung einer terroristischen Vereinigung und Durchführung von Gewalttaten zu einer Freiheitsstrafe von 9 Jahren verurteilt, weitere Mitangeklagte sind Lothar Schulte und Dieter Puls.

Rohwer war NPD-Kreisvorsitzender von Schleswig/Flensburg, Mitglied des Stahlhelms – Kampfbund für Europa und der Aktionsfront Nationaler Sozialisten im Freizeitverein Hansa sowie Landesvorsitzender der Wiking-Jugend (WJ) im Gau Nordmark (Schleswig-Holstein).

Rößler, Fritz (alias Franz Richter)
Geboren 1912
Bis 1945
1930 NSDAP-Mitglied
1935 Schulungsleiter der Gauschulungsburg Augustenburg, Gauhauptstellenleiter der NSDAP in Sachsen
1945 In der Reichspropagandaabteilung der NSDAP tätig
Ab 1945
Gibt sich als Dr. Franz Richter mit folgender Personalangabe aus: »geboren in Izmir/Türkei, Studium der Philologie in Prag, Studienrat im Sudetengau, 1940 bis 45 Soldat«.
1945 Eintritt in den niedersächsischen Schuldienst
1945 Wegen rechtsextremistischer Äußerungen aus dem Schuldienst entlassen. Mitglied der Deutschen Konservativen Partei – Deutsche Rechtspartei (DKP-DRP), für die er, unterstützt von der Sudetendeutschen Landsmannschaft, bei den Bundestagswahlen erfolgreich kandidiert.
1950 Mitgründer der Deutschen Reichspartei (DRP), Mitglied des DRP-Direktoriums. Ausschluß aus der DRP und Übertritt zur Sozialistischen Reichspartei (SRP). Nunmehr SRP-Bundestagsmitglied, fraktionslos.
1950/1951 Hospitant der Bundestagsfraktion der Wirtschaftlichen Aufbauvereinigung (WAV)
1951 Fraktionsloses Bundestagsmitglied
1952 Entlarvung des »Dr. Franz Richter« als Fritz Rößler, Verhaftung und danach Verurteilung zu 18 Monaten Gefängnis wegen Urkundenfälschung und anderer Delikte.
1953–1957 Betätigt sich auf internationalen faschistischen Kongressen. Die Aggressivität des rechtsradikalen Redners Rößler mögen folgende Beispiele belegen: »Man spricht doch heute immer so viel vom Jahr 1933. Ich weiß gar nicht, was da eigentlich geschehen ist. Letzten Endes ist es doch durch das ganze widerliche Thea-

ter von 1918 bis 1933 entstanden.« – »Bei den Tschechen und Polen sind anständige Menschen Ausnahmen.« – »Die heutigen politischen Führer der großen Parteien haben sich in die höchsten Ämter hineingeschlichen, um hier Verräter am deutschen Volk zu werden.«
1957 Tritt zum Islam über.

Rubin, Dr. Berthold
Geboren 1911
1963 Mitarbeiter der *Deutschen National-Zeitung*
1964 Gründet gemeinsam mit Dr. Linus Kather die Aktion Deutscher Osten (ADO). Festredner bei der Gründungsveranstaltung der NPD.
1970 Gründer der CSU-Freundeskreise. Diese verbreiten den Text eines Kampfliedes unter dem Titel »Die neue Macht am Rhein«; er lautet:

Es braust ein Ruf wie
               Donnerhall
Von München mit
            Trompetenschall:
»Nach Preußen hin, zum
          deutschen Rhein,
Denn Strauß wird Deutsch-
         lands Retter sein!«

Refrain: Lieb' Vaterland,
         magst ruhig sein,
Wenn CSU regiert am Rhein.

Durchs ganze Bayern
         zuckt es grell,
Franz Josefs Augen
         blitzen hell,
Der Bajuware, fromm
         und stark,
Ist national bis tief ins Mark.

Lieb' Vaterland …

Und wer sich ihm
         entgegenstellt,
Vom Ostwind aufgebläht,
         der fällt!

Der Strauß befiehlt, die
         Feme wacht,
Schlägt frei den Weg zu
         neuer Macht.

Lieb' Vaterland …

Hält Strauß die Macht in
         fester Hand,
Ist bald der rote Spuk
         verbannt,
Kommt Bürgersmann und
         Militär
Wie einstens wieder
         hoch zu Ehr'.

Lieb' Vaterland …

Drum schließt euch an,
         macht euch bereit,
Reißt euch am Gurt, knapp
         ist die Zeit,
Denn Deutschland darf nicht
         untergeh'n,
Soll neue Zukunft ihm
         erblüh'n.
Lieb' Vaterland …

Rubin propagiert ein »Viertes Reich« und bezeichnet den Bonner Staat als eine »weichgepolsterte Gummizelle«. Über die Ursachen des Zweiten Weltkriegs und die darin begangenen »Fehler« schreibt er:

daß man dabei Fehler machte, die bolschewistische Drachen-
saat im Keim auszuräuchern vergaß [...] Doch gilt die kunst-
volle Vernebelung der damaligen deutschen Schicksalslage,
die Denunziation des deutschen Versuchs, unter den Er-
stickungsanfällen des Würgegriffs einer Welt von Gegnern
Südrußland und Baltikum zwar nicht zu annektieren, wohl
aber zur Unterstützung der deutschen Kriegswirtschaft durch-
zuorganisieren [...]

1971 Vier Tage vor den Landtagswahlen in Schleswig-
Holstein täuscht er eine Entführung vor, um »den Volkszorn auf die Linken zu lenken«. Wegen Vortäuschung
einer Straftat wird er zu 6 Monaten Haft verurteilt.
1972 Mitinitiator des von Dr. Gerhard Frey gegründeten
Freiheitlichen Rats (FR)
1979 Unterzeichner eines Aufrufs der gleichfalls von
Frey initiierten Volksbewegung für Generalamnestie
(VOGA)
1987 Veröffentlicht im Freyschen DSZ-Verlag eine Broschüre mit dem Titel *War Deutschland allein schuld?*, die
den Beifall aller rechtsradikalen Kreise findet, so auch
der neonazistischen Monatshefte *Nation Europa*.

Rudel, Hans-Ulrich
1916–1982
Bis 1945
1936 Fahnenjunker der Luftwaffe und Offizier in der
Legion Condor, die als Freiwilligenverband im Spanischen Bürgerkrieg auf seiten Francos kämpft
1943/1944 Oberst und Gruppenkommandeur des Sturz-
kampfgeschwaders Immelmann; höchstdekorierter deutscher Teilnehmer des Zweiten Weltkriegs, einziger Träger des Goldenen Eichenlaubs mit Schwertern und
Brillanten zum Ritterkreuz
Ab 1945
1947 Flucht nach Argentinien unter dem Namen Emil
Meyer
1951 Kommt auf Einladung des FDP-Landesvorstands
von Nordrhein-Westfalen nach Deutschland. Veröffentlicht die Broschüre *Wir Frontsoldaten zur Wiederaufrüstung*, in der er zu folgenden Feststellungen gelangt:

Haben die Ereignisse bis auf den heutigen Tag nicht klar
bewiesen, daß von den Staatsmännern unserer Zeit nur das
deutsche Staatsoberhaupt Adolf Hitler die Weltsituation erkannt und entsprechend gehandelt hat? Der Angriff auf Ruß-

land war nicht nur eine Verteidigungsmaßnahme Deutschlands, er war eine Weltnotwendigkeit [...] Nicht nur ein Verteidigungskrieg, sondern ein Kreuzzug, nicht nur für Deutschland, sondern für Europa, darüber hinaus für die ganze Welt.

1952 Mitglied der Bruderschaft und des Führungsrings ehemaliger Soldaten.

1953 Spitzenkandidat der Landesliste Hamburg der Deutschen Reichspartei (DRP) bei den Bundestagswahlen. Das bayerische Innenministerium erläßt ein Rede- und Versammlungsverbot gegen ihn, da er das Gedankengut der verbotenen Sozialistischen Reichspartei (SRP) verbreite.

1955 In Zusammenhang mit dem Sturz des diktatorischen Regimes Juan Domingo Peróns im September beschäftigt sich die demokratische Presse Argentiniens auch mit den Umtrieben verschiedener Personen, die nach dem Zusammenbruch des Dritten Reichs in Argentinien Asyl suchten und in dem autoritär regierten Land eine politische Heimat fanden. Eine von ihnen ist Rudel, der kurz zuvor aus Argentinien nach Paraguay geflüchtet sein soll, laut anderen Angaben soll er in Argentinien verhaftet worden sein. Die Zeitung *Democracia* fordert eine Untersuchung darüber, ob es zutreffe, daß frühere deutsche Jagdflieger beim Staatsstreich Peróns auf dessen Seite gekämpft hätten; des weiteren verlangt das Blatt eine Aufklärung der zahlreichen Besuche deutscher Unterseeboote in Argentinien während des Zweiten Weltkriegs. Nach Mitteilung der argentinischen Untersuchungskommission hat eine Durchsuchung der Wohnung Rudels ergeben, daß dieser über mehrere Pässe verfügt und mit anderen in Argentinien lebenden Gesinnungsgenossen am Aufbau einer Zellenorganisation nationalsozialistischen Charakters in der Bundesrepublik Deutschland und unter Auslandsdeutschen beteiligt gewesen ist; die Mitglieder dieser Organisation hätten absolute Treue zum Schöpfer und Führer des Deutschen Reiches, Adolf Hitler, geschworen.

1956 Auf verschiedenen Kundgebungen rechtsradikaler Gruppen und Parteien entfaltet Rudel eine rege Vortragstätigkeit.

1959 Agitiert bei den Landtagswahlen in Rheinland-Pfalz für die DRP.

1978 Der Verlag der *Deutschen National-Zeitung* versen-

det von Rudel eigenhändig unterzeichnete Fotos mit dem Spruch: »Verloren ist nur, wer sich selbst aufgibt.«
1979/1980 Der vormalige Fliegeroberst, inzwischen zu einer Symbolfigur der neonazistischen Jugendgruppen geworden, ist unermüdlich bestrebt, rechtsradikale Gruppen und Parteien zu fördern und zu unterstützen.
1982 Bis zu seinem Tod in diesem Jahr hält er engste publizistische Kontakte zu Dr. Frey und erhält den Europäischen Friedenspreis der *Deutschen National-Zeitung* verliehen. Frey läßt es sich nicht nehmen, 1983 einen Ehrenbund Rudel ins Leben zu rufen, gedacht als »Gemeinschaft zum Schutz der Frontsoldaten«.

Sander, Dr. Hans Dietrich
Geboren 1928
1957 Redakteur bei der *Welt*.
1968 Gründet den *Politischen Zeitspiegel*, bleibt aber weiterhin Redakteur der *Welt*.
1982 Übernimmt die Chefredaktion der vom Verfassungsschutz als rechtsextremistisch eingestuften *Deutschen Monatsblätter*, die jedoch, im rechtsradikalen Türmer-Verlag erscheinend, zum Unterschied von anderen dort veröffentlichten Blättern einen allzu militanten Stil vermeiden und auch konservative Publizisten immer wieder für die Mitarbeit gewinnen.

Scharnowski, Ernst
Geboren 1896
1950–1952 SPD-Mitglied des Berliner Abgeordnetenhauses
1957–1961 SPD-Bundestagsabgeordneter
1960 DGB-Vorsitzender von West-Berlin. Gehört dem Berliner SPD-Landesvorstand an.
1961–1963 SPD-Mitglied des Berliner Abgeordnetenhauses
1973 Mitgründer und Vorsitzender des Bundes Freies Deutschland (BFD)

Scheel, Adolf Gustav
Geboren 1907
Bis 1945
1930–1935 NS-Studentenführer an der Universität Heidelberg

1934 Gaustudentenführer in Baden, Ehrensenator der Universität Heidelberg
1935 SS-Führer und Leiter einer Dienststelle des SS-Reichsführers
1936 Reichsstudentenführer des Deutschen Studentenbundes
1938 Mitglied des Reichstags
1941 Ernennung zum Gauleiter und Reichsstatthalter in Salzburg
1943 SS-Gruppenführer
Ab 1945
1950 Zählt zum Gauleiter-Kreis Naumanns.
1951 Gehört zum Führungskreis des Freikorps Deutschland.

Scherer, Johann Hermann
1982 Zeichnet verantwortlich für die Publikationen des neugegründeten Schutzbundes für das Deutsche Volk (SDV), so für ein Pamphlet mit dem Titel »Ausländer fordern den Vielvölkerstaat Bundesrepublik«; darin ist u. a. zu lesen:

> Das antideutsche Gebaren vieler deutscher Politiker und Behörden hat beängstigende Ausmaße angenommen.
> Gewisse Politiker, Gewerkschaftler, Kirchenvertreter, Meinungsmacher usw. lieben es, uns Deutsche bei jeder sich bietenden Gelegenheit als ausländerfeindlich zu beschimpfen. Daß sie damit die Ausländer gegen uns aufhetzen, kümmert sie nicht. Ausländerfeindlich? Warum wollen dann Millionen Ausländer unbedingt bei uns bleiben und noch weitere einreisen dürfen?
> Bundespräsident Weizsäcker hat es kürzlich fertiggebracht, wegen des Totschlags an einem jungen Türken in Hamburg das türkische Volk um »Vergebung« zu bitten. Eine unfaßbare Fehlleistung! Noch niemand ist auf den Gedanken gekommen, das deutsche Volk um Vergebung zu bitten, obwohl wir seit vielen Jahren unter einer überhöhten Gewaltkriminalität türkischer Straftäter zu leiden haben.

Schikora, Hans
Geboren 1912
1950 Eintritt in die Sozialistische Reichspartei (SRP)
1956 Mitglied der Deutschen Reichspartei (DRP)
1956–1958 Zweiter Landesvorsitzender der DRP in Rheinland-Pfalz
1958 Landesvorsitzender der DRP in Rheinland-Pfalz

1959–1963 DRP-Abgeordneter im rheinland-pfälzischen Landtag
1961 Austritt aus der DRP
1962 Landesvorsitzender der Deutschen Freiheits-Partei (DFP)

Schlüter, Leonhard
Geboren 1921
1947 Beitritt zur Deutschen Reichspartei (DRP)
1948/1949 DRP-Landesvorsitzender in Niedersachsen
1949 Verbot der politischen Betätigung durch die britische Besatzungsmacht. Nach den Bundestagswahlen Austritt aus der DRP.
1951 Vorsitzender der Nationalen Rechten in Niedersachsen, die zu den Landtagswahlen ein Bündnis mit der DRP eingeht. DRP-Abgeordneter im niedersächsischen Landtag.
1953 Übertritt zur FDP
1954 Stellvertretender Vorsitzender der FDP-Fraktion im niedersächsischen Landtag
1955 Vorsitzender der FDP-Landtagsfraktion. Als neuernannter Kultusminister in der von CDU, FDP und Deutscher Partei (DP) gebildeten Landesregierung Niedersachsens wird er nach wenigen Wochen unter dem Druck von Studenten und Professoren der Göttinger Universität seines Amtes enthoben. In der katholischen Wochenzeitung *Michael* war nach Schlüters Ernennung folgender Kommentar zu lesen:

> Die Regierungsbildung in Niedersachsen hat eine ganze Reihe Kuriosa aufzuweisen; grotesk aber ist der Vorschlag der FDP für das Amt des Kultusministers.
> Sagen wir es ganz deutlich und offen: der als Kultusminister vorgesehene Herr Schlüter verlegt Literatur, die offen oder doch in starken Andeutungen nazistisch ist, die dazu dient, Hitlers System zu entschuldigen und aus den »Entnazifizierungsgeschädigten« Märtyrer zu machen. Kaum in einem deutschen Verlag gibt es so geschickte und massive Rechtfertigungen für die Taten des NS-Regimes, so unverhüllte Angriffe gegen alles, was sich dem Nazismus entgegenstellte.
> Wir meinen, die CDU sollte – um ihrer Wähler willen und wegen ihres Ansehens als zweitgrößte Landespartei – alles versuchen, um die FDP von diesem Vorschlag abzubringen. Es gibt Grenzen, selbst für den schofelsten Kuhhandel! Oder haben wir, zehn Jahre danach, schon wieder alles vergessen?

Schönborn, Erwin
Geboren 1914
Bis 1945
Reichsarbeitsdienst-Oberfeldmeister und Adjutant beim
Generalarbeitsdienstführer im Gau Franken
Ab 1945
1951 Gründet eine Gesellschaft zur Förderung des Films
Unsterbliche Geliebte von Veit Harlan.
1952 Gründet die Arbeitsgemeinschaft Nation Europa,
als deren Vorsitzender er erklärt: »Wenn Hitler in wider-
wärtiger Weise mit Schmutz beworfen wird, dann ist es
unser Recht und unsere Verpflichtung, daß wir uns wie
ein Mann vor die Person stellen, die Deutschland von
1934 bis 1945 als Staatsoberhaupt und Oberster Kriegs-
herr repräsentierte.«
1953 Wird wegen der oben zitierten und anderer Äußerungen im Januar zu 5 Monaten Gefängnis ohne Bewährung verurteilt. Verbot der Arbeitsgemeinschaft Europa
durch den Berliner Senat.
1954 Sein Versuch, die Deutsche Freiheits-Partei (DFP)
in West-Berlin zu etablieren, scheitert, da der Senat die
Zustimmung versagt. Tritt der Deutschen Reichspartei
(DRP) bei, verläßt sie aber im selben Jahr wieder.
1956 Gründet das Komitee Freiheit für Dönitz und die
Deutsch-Arabische Gemeinschaft (DArG). Vorsitzender
des Gründungsausschusses der Landesgemeinschaft
Reichshauptstadt Berlin. Redner bei einer Veranstaltung
der DRP. Wird wegen Beleidigung des SPD-Vorsitzen-
den Erich Ollenhauer zu 1 Monat Gefängnis verurteilt.
1957 Bezeichnet in einer Rede Bundespräsident Dr. Eugen Gerstenmaier als »Landesverräter« und wird deshalb im September in Göttingen zu 8 Monaten Gefängnis
verurteilt. Mitglied des Nationalen Kameradschaftskrei-
ses (NKK).
1959 Zusammenschluß des NKK mit der Freien Sozialistischen Volkspartei (FSVP). Wird Ehrenvorsitzender der
Jungdeutschen Bewegung.
1961 Trennt sich von der FSVP und gründet die Freien
Sozialisten Deutschlands (FSD).
1962 Die FSD beteiligen sich unter dem Namen Freie
Sozialistische Partei (FSP) an den hessischen Landtagswahlen.
1964 Gründer der Nationaldemokratischen Wählervereinigung Frankfurt

1967 Gründet den Frankfurter Kreis Deutscher Soldaten.
1969 Zusammenarbeit mit den Rechtsextremisten Thies
Christophersen und Manfred Roeder
1977 Gründet die Aktionsgemeinschaft Nationales Europa (ANE) und die Gruppe Neues Nationales Europa
(NNE); diese plant die Abhaltung eines Auschwitz-Kon-
gresses in Nürnberg, bei dem der Nachweis erbracht
werden soll, daß in den KZ keine Verbrechen begangen
worden seien.
1978 Mitgründer der Bürgerinitiative gegen Terrorismus
und Fünf-Prozent-Klausel sowie der Bürgerinitiative für
Volksaufklärung
1979 Wird im Juni vom Landgericht Frankfurt von der
Anklage der Volksverhetzung freigesprochen. Grund für
das Verfahren war seine Behauptung: »Das *Tagebuch der
Anne Frank* ist eine Fälschung und das Protokoll einer
jüdischen, antideutschen Greuelpropaganda, um die
Lüge von den sechs Millionen vergasten Juden zu stützen und den Staat Israel zu finanzieren.« Die Staatsanwaltschaft hat 10 Monate Freiheitsstrafe ohne Bewährung gefordert. Das Gericht vertritt hingegen die
Meinung, Schönborns Äußerungen seien »vom Recht
auf freie Meinungsäußerung gedeckt« und enthielten
»keinen Angriff auf die Menschenwürde«. Durch das
Urteil fühlt Schönborn nicht nur sich rehabilitiert, sondern auch seine Agitation legalisiert. In einem Schreiben
beruft er sich auf die Seiten 10 und 11 des Urteils, wo es
heißt:

Hinsichtlich der Einstellung gegenüber jüdischen Mitbürgern
ist jedoch eine Identifizierung des Angeklagten mit der nationalsozialistischen Grundeinstellung nicht zu erkennen. Denn
einmal bestreitet der Angeklagte ja gerade die nationalsozialistische Grundeinstellung gegenüber den Juden zumindest in
ihrer letzten Konsequenz und behauptet, Pläne zur Ausrottung der Juden habe es nie gegeben. [...] Auch sind seine
Ziele nicht mit der nationalsozialistischen Grundeinstellung
vergleichbar. [...] Ihm geht es darum, das deutsche Volk von
dem Makel des Massenmordes zu befreien und zu rehabili-
tieren. Er will seiner Meinung zum Durchbruch verhelfen
und damit die Deutschen von dem Vorwurf des millionenfachen Mordes an jüdischen Menschen entlasten. [...] Seine
Ziele richten sich also nicht gegen die Juden als Menschen
und gleichberechtigte Mitbürger an sich und sind deshalb mit
der nationalsozialistischen Grundeinstellung gegenüber den
Juden nicht vergleichbar.

441

Schönborns Kommentar hierzu: »Dieser moderne National-Sozialismus, wie wir ihn nennen und wie er von mir persönlich und allen meinen engen politischen Freunden vertreten wird und wie er sich auch sowohl im Kampfbund Deutscher Soldaten und in der Aktionsgemeinschaft Nationales Europa zeigte, ist damit legalisiert worden.« In Fürth wird er wegen Versendung von Postkarten mit der Aufschrift »Ich Esel glaube, daß der Holocaust wirklich passiert ist« zu 5 Monaten Freiheitsstrafe, auf vier Jahre zur Bewährung ausgesetzt, und 1000 DM Geldstrafe verurteilt. Von einem anderen Gericht wird er zu einer Freiheitsstrafe von 8 Monaten ohne Bewährung verurteilt, weil er am 20. Juni 1978 in Hamburg zum Rassenhaß aufstachelnde Schriften verteilt und einen nicht genehmigten Umzug von Neonazis mit Eselsmasken geleitet hat; eines der damals mitgetragenen Plakate trug die Aufschrift: »Ich Esel glaube an die Vergasungslüge«.
1980 Gründet die National-Sozialistische Demokratische Arbeiter-Partei (NSDAP).
19821 Gründet den National-Deutschen Senat, eine Sammlungsgruppe, der angeblich 30 Organisationen angehören. Tritt eine wegen verleumderischer Äußerungen verhängte Haftstrafe an.
1984 Wird vom Schöffengericht Friedberg wegen des Versands von Flugblättern in denen er die Massenvernichtung der Juden als »größte Lüge der Weltgeschichte« bezeichnet hat, zu 10 Monaten Haft verurteilt.

Schönborn, Meinolf
Geboren 1956
1985 Beteiligt sich an der Konstituierung der militanten Nationalistischen Front (NF) in Bielefeld.
1986 Führender Funktionär der rechtsradikalen Splittergruppe Bürgerinitiative Deutsche Arbeiterpartei, die sich hauptsächlich in Bielefeld und Gütersloh betätigt.
1988 Die Große Strafkammer des Landgerichts Bielefeld verurteilt ihn im Juli wegen erwiesener Falschaussagen zu 12 Monaten Freiheitsstrafe, zur Bewährung ausgesetzt. Erstaunlicherweise erklärt das Gericht, man habe sich bei der Strafbemessung in keiner Weise für die politischen Aktivitäten des Angeklagten interessiert.

Schönhuber, Franz
Geboren 1923
Bis 1945
1942 Meldet sich freiwillig zur Waffen-SS.
Ab 1945
1953 Redakteur bei der linksstehenden *Deutschen Wo-che* in München
1970–1977 Vorsitzender des Bayerischen Journalisten-verbands
1970–1972 Kommentator der Münchener *Abendzeitung*
1972 Für drei Monate Chefredakteur der gleichfalls in München erscheinenden *tz*
1972–1982 Beim Bayerischen Rundfunk tätig; 1973/1974 zuständig für Öffentlichkeitsarbeit, 1975 Leiter der Haupt-abteilung Bayern / Information, wo er die Sendung *Jetzt red' i* verantwortet
1977–1982 Ehrenvorsitzender des Bayerischen Journali-stenverbands
1981 In der Ausgabe der *Nürnberger Nachrichten* vom 19./20. Dezember erscheint ein Brief des SPD-Stadtrats und 1. Vorsitzenden der Israelitischen Kultusgemeinde in Nürnberg, Arno S. Hamburger, in dem dieser sich gegen Schönhubers Buch *Ich war dabei* wendet, u. a. heißt es in dem Brief:

> Wie Sie bin ich Jahrgang 1923. Auch »ich war dabei«. Aller-dings nicht bei der Waffen-SS. Ich war dabei – bei den 100 000 jüdischen Bürgern in Deutschland, die mit der Machtergrei-fung durch die braune, in Ihrem Fall schwarze, Pest als Unter-menschen abqualifiziert wurden. [...]
> Herr Schönhuber, Sie beklagen in Ihrem Buch, daß heute Greise bei Gerichtsverfahren in den »Orkus« geworfen wer-den, nur weil sie der SS angehörten. Diese heutigen Greise haben in den Tagen ihrer Macht mit einer Fingerbewegung nach rechts oder links Männer, Frauen, Kinder, besonders auch Greise in den Tod geschickt! Ihr Mitleid ist bezeichnend!

1983 Initiator und Mitgründer der Partei Die Republika-ner. Kolumnist der *Sudetendeutschen Zeitung*.
1988 Wird im Juni vom Bundesparteitag der Republika-ner als Bundesvorsitzender wiedergewählt. Im Novem-ber erreicht sein Buch *Ich war dabei* die 11. Auflage.

Schultz, Klaus
Geboren 1930
1950 Aktivist der Deutschen Reichspartei (DRP)
1966 NPD-Funktionär

1988 Sprecher der Bürgerinitiative Ausländerstopp (BIA) und Initiator einer Unterschriftenaktion unter dem Motto »Kein Wahlrecht für Ausländer«

Schütz, Waldemar
Geboren 1913
Bis 1945
1929 Mitglied der HJ
1934–1937 Journalist
1937/1938 Ordensjunker der NSDAP
1939 Eintritt in die Waffen-SS, wo er es bis zum Hauptsturmführer der Leibstandarte Adolf Hitler bringt
Ab 1945
1950 Gründer des Plesse-Verlags und der Göttinger Verlagsanstalt
1955–1959 Abgeordneter der Deutschen Reichspartei (DRP) im niedersächsischen Landtag, Verleger des DRP-Organs *Reichsruf*, Mitglied des DRP-Vorstands und Inhaber zahlreicher weiterer Parteifunktionen
1955–1964 Mitglied der DRP-Leitung
1959 Mitgründer und Mitherausgeber der *Deutschen Wochenzeitung*
1964 Mitglied des NPD-Präsidiums, Verleger des NPD-Organs *Deutsche Nachrichten* und Chef des National-Verlags der NPD
1967–1970 NPD-Abgeordneter im niedersächsischen Landtag
1985 Gibt die *Deutsche Wochenzeitung* an seinen rechtsradikalen Verlegerkollegen Dr. Gerhard Frey ab, der damit sein Zeitungsimperium, in dem die *Deutsche National-Zeitung* und der *Deutsche Anzeiger* erscheinen, um ein weiteres einschlägiges Blatt verstärken kann.

Schützinger, Jürgen
Geboren 1953
1970 Eintritt in den Polizeidienst des Landes Baden-Württemberg
1976 Aufgrund seiner Aktivitäten in der NPD aus dem Polizeidienst entlassen
1978 NPD-Landesvorsitzender in Baden-Württemberg
1979 Das Verwaltungsgericht Sigmaringen weist im Mai die Klage des Polzeimeisters Schützinger wegen seiner Entlassung aus dem Beamtenverhältnis auf Probe ab und bestätigt damit die Entscheidung der Behörde.

1980 NPD-Stadtrat in Villingen-Schwenningen
1981 Stellvertretender Vorsitzender und Bundesgeschäftsführer der NPD
1987 Bei den baden-württembergischen Kommunalwahlen verbucht er in Villingen-Schwenningen 6,6 Prozent
der Stimmen für sich und die NPD.
1988 Der Stadtrat von Villingen-Schwenningen schlägt
ihn im August einstimmig für den Schöffenwahlaus-
schuß der Stadt vor.

Seebohm, Dr. Hans-Christoph
1903–1967
1946 Tritt in das Direktorium der Niedersächsischen
Landespartei (NLP) ein. Mitglied des niedersächsischen
Landtags.
1946/1947 Niedersächsischer Minister für Aufbau und
Arbeit
1947/1948 Niedersächsischer Minister für Arbeit, Aufbau und Gesundheit
1947–1955 Zweiter Vorsitzender der Deutschen Partei
(DP)
1948/1949 Mitglied des Parlamentarischen Rats
1949–1967 DP-Bundestagsabgeordneter
1949–1966 Bundesverkehrsminister, bis 1961 als DP-,
danach als CDU-Vertreter
1951 Die drei alliierten Hochkommissare protestieren
gegen die nationalistische Grundsatzrede, die er auf dem
Parteitag der DP in Kassel gehalten hat und in der er
versicherte: »Wir neigen uns in Ehrfurcht vor jedem
Symbol unseres Volkes – ich sage ausdrücklich: vor jedem –, unter dem deutsche Menschen ihr Leben für ihr
Vaterland geopfert haben.«
1954 Bei einer DP-Kundgebung im Berliner Sportpalast
kommt es zu extremistischen Ausschreitungen. Der damalige Chefredakteur der *Allgemeinen Wochenzeitung
der Juden* sieht sich am 3. Dezember veranlaßt, an Bundeskanzler Dr. Konrad Adenauer einen offenen Brief zu
richten; darin heißt es:

> Es waren Vorgänge, die sich durch nichts unterschieden von
> den Geschehnissen, die ich in den letzten Monaten des Jah-
> res 1932 erlebt habe.
> Und ein Sprecher auf dieser Kundgebung war ein Minister
> Ihres Kabinetts, der Bundesminister Dr. Seebohm. Die Partei,
> die ihn in Ihr Kabinett entsandt hat, gehört zu den Koalitions-
> parteien der Bundesregierung.

Ich brauche Ihnen nicht zu sagen, wie genau man die politische Entwicklung der Bundesrepublik in der ganzen Welt verfolgt. Die jüdische Welt hat erkannt, mit welchem Ernst Sie an den Aufbau eines demokratischen Deutschlands gegangen sind, und Sie haben in wenigen Jahren für dieses Deutschland wieder ein Vertrauen errungen, das im Jahre 1945 nicht für möglich gehalten worden war. Der Bundespräsident, Sie und die ernstzunehmenden demokratischen Parteien in Deutschland sind es, auf die man draußen in der Welt hofft. Man weiß – und das hat man mir in Israel immer wieder gesagt –, daß Sie gegen die Feinde der Demokratie noch werden kämpfen müssen, man weiß, daß Sie den ernsten Willen haben – und Sie haben das vor wenigen Wochen noch sehr deutlich zum Ausdruck gebracht –, diesen Kampf zu führen und Menschen, die Schuld an dem großen europäischen Unglück tragen, fernzuhalten von der politischen Arbeit im Bundesgebiet.

Die Vorfälle in Berlin, die in Anwesenheit Dr. Seebohms tattfanden, Vorfälle, bei denen sich die Saalordner der DP wie die uns bekannten braunen Horden benahmen, zeigen uns, daß man scheinbar die Zeit für gekommen hält, unter dem Schutz der DP wieder marschieren zu dürfen. Dr. Seebohm, sehr geehrter Herr Bundeskanzler, ist Mitglied Ihres Kabinetts, seine Partei gehört Ihrer Koalitionsregierung an.

Juden im Ausland und besonders in Israel stellen die Frage: Wird die Bundesregierung fertig werden mit denen, die Europa sagen, aber Deutschland meinen, mit denen, deren Ansprachen begleitet sein müssen von Militärmusik, der ersten Strophe des Deutschlandliedes, Paradeemärschen und »Saalschutz«?

Gerade der für die Bundesrepublik erfolgreiche Ausgang der Wahlen in Hessen und Bayern beweist, daß die Mehrheit der Bevölkerung der Bundesrepublik nicht gewillt ist, sich in der demokratischen Aufbauarbeit stören zu lassen. In der Welt aber beginnt man wieder Vergleiche zu ziehen zwischen der Zeit vor 1933 und heute.

Die für das demokratische Deutschland neu gewonnenen Freunde in Israel haben den Kopf geschüttelt, als sie von dem Berliner Skandal Kenntnis erhielten. Und sie werden zurückkehren zu der Gruppe der Skeptiker, denen das Vertrauen zu Deutschland fehlt [...] Ziehen Sie zusammen mit den vorhandenen wirklich demokratischen Kräften im Bundesgebiet ohne Unterschied der Partei die Konsequenzen gegenüber den Unbelehrbaren!

1955 Polemisiert im März gegen gewerkschaftliche Streiks und spricht sich gegen die angeblich aggressiven Absichten der Gewerkschaften aus, die den Streik auch im »politischen Raum« anwendeten und deshalb »revo-

lutionär« seien; des weiteren meint er bei dieser Gelegenheit, die Aufstellung von Streitkräften sei »nicht nur
unter außenpolitischen Aspekten, sondern auch aus
Gründen der Innenpolitik notwendig«, da ein Staat ohne
Armee »allen Kräften im Staate ausgeliefert« sei.
1957 Im Februar erklärt er bei einer Ansprache in Lüneburg: »Die einzige Sicherheit, nach der Wiedervereinigung nicht dem Bolschewismus anheimzufallen, ist eine
gesunde Landwirtschaft und ein gesunder Mittelstand,
nicht aber eine hochverdienende Arbeiterschaft.«
1959 Sprecher der Sudetendeutschen Landsmannschaft
1967 Schatzmeister der CDU

Seetzen, Walter
Geboren 1916
1947–1963 Vorstandsmitglied der Deutschen Rechtspartei (DRP), später der Deutschen Reichspartei (DRP)
1967 Organisationsleiter der NPD
1979–1988 NPD-Generalsekretär
1988 Verlagsleiter des NPD-Funktionärsorgans Deutsche
Stimme

Seiboth, Frank
Geboren 1912
Bis 1945
1934 Mitglied der Sudetendeutschen Partei
1939 SS-Hauptsturmführer, Schulungsleiter der NSDAP-
Gauleitung in Reichenberg
AB 1945
1948 Mitarbeit in der Vertriebenenbewegung
1949–1952 Kreisvorsitzender, ab 1950 stellvertretender
Landesvorsitzender des Zentralverbands der vertriebenen Deutschen (ZDV) in Hessen
1951–1953 Chefredakteur des Wegweisers für Heimat-
vertriebene
1952 Beitritt zum Gesamtdeutschen Block / Bund der
Heimatvertriebenen und Entrechteten (GB/BHE)
1953 Landesobmann der Sudetendeutschen Landsmannschaft
1953–1957 GB/BHE-Bundestagsabgeordneter
1954 Im Bundesvorstand des GB/BHE
1958–1961 Bundesvorsitzender des GB/BHE
1958–1966 GB/BHE-Abgeordneter im hessischen Landtag

1961 Nach Gründung der Gesamtdeutschen Partei (GDP) einer von deren beiden Bundesvorsitzenden
1967 Übertritt zur SPD, Staatssekretär im hessischen Landwirtschaftsministerium (bis 1975)

Stäglich, Dr. Werner
Bis 1945
Finanzgerichtsrat, Ordonnanzoffizier im Stab einer Flakabteilung, die einige Monate bei Auschwitz zum Schutz der Industrieanlagen sowie der Arbeits- und Konzentrationslager stationiert war. Sein Kommentar über seinen damaligen Wissensstand:

> In dieser Zeit sah ich im sogenannten Stammlager von Auschwitz ordnungsgemäße Quartiere und sanitäre Einrichtungen sowie Internierte, die gut genährt waren und weder den Eindruck machten, daß sie besonders demoralisiert waren oder Furcht hatten – geschweige denn Furcht vor dem Tod. Darüber hinaus bemerkte ich niemals Mißhandlungen von Internierten noch irgendein Anzeichen – wie z. B. Rauchwolken oder Gestank brennender Leichen – von Massentötungen menschlicher Wesen.

Ab 1945
1972 Mitglied des NPD-Landesvorstands in Hamburg
1974 Disziplinarverfahren gegen den als Richter Tätigen wegen seiner Veröffentlichungen in einer rechtsextremistischen Zeitschrift
1975 Wird aufgrund eines Urteils des Oberlandesgerichts Hamburg in den Ruhestand versetzt, seine Pension auf fünf Jahre um ein Fünftel gekürzt.
1978 Schreibt in einem Brief an das Internationale Rote Kreuz:

> Was berechtigt Sie ferner, deutsche Konzentrationslager ohne weiteres als Vernichtungslager zu bezeichnen? Woher nehmen Sie Ihr Wissen, daß dort angeblich ein planmäßiger Völkermord stattfand? Die Feststellungen in der von Ihnen selbst erwähnten Dokumentation Ihrer Organisation *Die Tätigkeit des IRK zugunsten der in den deutschen Konzentrationslagern inhaftierten Zivilpersonen (1939–1945)* beweisen doch eher das Gegenteil! Diese Dokumentation zeigt übrigens an mehreren Stellen, daß die deutschen Lager vorbildlich eingerichtet waren.
>
> Das IRK sollte wirklich seinem Ansehen zuliebe seine Einstellung zur zionistischen Greuelpropaganda möglichst revidieren.

1979 Im Tübinger Grabert-Verlag erscheint sein Buch *Der Auschwitz-Mythos,* in dem er die Existenz der Konzentrationslager bestreitet (erschien später als *Anti-Holocaust-Dokumentation*); u.a. schreibt er drain: »Meine Nachforschungen haben zu dem sicherlich nicht überraschenden Ergebnis geführt, daß bis zum heutigen Tag auch nicht ein einziges Dokument vorgewiesen werden konnte, das den ›Holocaust‹ in den sogenannten ›Todesfabriken von Auschwitz‹ erhärtet.«

1980 Das Landesgericht Stuttgart ordnet die Beschlagnahme des Buches an.

1983 Der Bundesgerichtshof bestätigt die Anordnung des Landgerichts Stuttgart, Stägliches Buch *Der Auschwitz-Mythos* wegen Volksverhetzung und Aufstachelung zum Rassenhaß einzuziehen und unbrauchbar zu machen. Ungeachtet der sehr spät erfolgten gerichtlichen Maßnahmen findet das Pamphlet teilweise über Dänemark, Frankreich und die USA in der Bundesrepublik Verbreitung.

1985 Das Buch wird weiter verbreitet; durch Bestellung über eine Postfachadresse in Esbjerg/Dänemark ist es in der Bundesrepublik problemlos zu erhalten.

1987 Nachdem die Universität Göttingen die Entscheidung getroffen hat, Stäglich wegen Unwürdigkeit seinen Doktorgrad zu entziehen, wendet sich dieser an das Bundesverwaltungsgericht in Berlin. Es weist seine Beschwerde zurück und bestätigt die Göttinger Entscheidung als rechtens und rechtskräftig.

Stempel, Karl Günther
Geboren 1917
Bis 1945
1934 Eintritt in die SS. In seinem Lebenslauf schreibt er:

Mein Wunsch zur SS war schon bestimmt seit der Zeit vor der Machtübernahme, durch den regen Verkehr mit SS-Kameraden, durch die ich im Januar 33 auch Gelegenheit hatte, mich bei Besetzung des Gewerkschaftshauses an den Nachtwachen mit der Waffe zu beteiligen. Seit Ostern 1936 wohne ich in München und besuche hier das Wilhelms-Gymnasium, auf dem ich Ostern abschließen werde. In dieser Zeit fand ich kameradschaftliche Aufnahme im SS-Mannschaftshaus, wo ich 8 Monate bleiben durfte und wo ich durch Schulung und Mitarbeit viel gelernt habe.

1937 Mitglied der NSDAP

Ab 1945

1972 Der Richter am Bayerischen Obersten Landesgericht wird Präsident des Deutschen Kulturwerks Europäischen Geistes (DKEG). Laut Verfassungsschutzbericht 1970 ist das DKEG die zahlenmäßig stärkste rechtsradikale Gruppierung nach der NPD, und etwa 30 Prozent seiner Funktionäre sind NPD-Mitglieder.

1974 Präsident der rechtsgerichteten Akademie für Bildung und Kultur

1977 Im November lehnt es das zuständige Dienstgericht für Richter in München ab, wegen seiner neonazistischen Betätigung ein förmliches Disziplinarverfahren gegen ihn einzuleiten; eine Beschwerde der Generalstaatsanwaltschaft bleibt unbeachtet.

Stenuf, Ludwig

1977–1979 Mitgründer des Neuen Nationalen Europa (NNE), das maßgeblich von dem militanten Rechtsradikalen Erwin Schönborn getragen wird. Gehört ferner dem Deutschen Arbeitskreis, dem Arbeitskreis Stabiles Geld, dem Arbeitskreis aus gesundheitlicher Not an und unterzeichnet einen Spendenaufruf des Hamburger Freizeitvereins Hansa.

1978 Nimmt am Deutschen Umwelttreffen 78 in Treisdorf teil.

1981 Gründet die revanchistische Gruppierung Volksbund Deutsches Reich. In einem Flugblatt vertritt er die Auffassung, daß das Deutsche Reich de jure fortbestehe und nur die Wehrmacht kapituliert habe.

Strasser, Otto

1897–1974

Bis 1945

1925 Mitglied der NSDAP

1926 Übernimmt die Führung in dem von seinem Bruder Gregor Strasser gegründeten Kampf-Verlag.

1930 Tritt aus der NSDAP aus und gründet die Kampfgemeinschaft revolutionärer Nationalsozialisten.

1933 Die als Schwarze Front bekannte Kampfgemeinschaft wird verboten, Strasser emigriert nach Wien.

1934 Wird von der Hitler-Regierung ausgebürgert; übersiedelt nach Prag, von wo aus er das Dritte Reich mit Hilfe eines schwarzen Senders und seines Kampforgans *Schwarze Front* bekämpft.

1938 Gelangt auf Umwegen in die USA.
1943 Landet als Staatenloser in Kanada.
Ab 1945
1949/1950 Der SPD-Bundestagsabgeordnete Dr. Adolf Arndt setzt sich für die Wiedereinbürgerung Strassers ein, die diesem von der damaligen Bundesregierung jedoch verwehrt wird.
1955 Kommt nach über 20jähriger Abwesenheit nach Deutschland zurück.
1956 Zählt zu den Mitgründern der Deutsch-Sozialen Union (DSU). Strasser, der ernsthaft bestrebt war, eine Synthese nationaler und sozialer Wertvorstellungen zu finden, und als Verfechter eines antifaschistischen Nationalsozialismus gelten kann, ließ sich nach seiner Rückkehr, ob gewollt oder ob ungewollt, von verschiedenen ominösen Tischgesellschaften mißbrauchen, die vorgaben, in seinem Namen zu agieren, beziehungsweise sein Programm zu vertreten.

Strauß, Wolfgang
Geboren 1931
1962 Mitgründer der Unabhängigen Arbeiterpartei (UAP)
1966–1969 Mitglied der NPD
1969 Eintritt in die Blaue Adler-Jugend (BAJ), die Jugendorganisation der UAP. Redaktionsmitglied der *Reichsarbeiter-Zeitung*.
1970 Mitglied des UAP-Zentralbüros
1972/1973 BAJ-Bundesvorsitzender
1973 Redakteur und Mitarbeiter der von der Aktion Neue Rechte (ANR) herausgegebenen *Neuen Zeit*
1974 Stellvertretender Vorsitzender des UAP-Zentralbüros
1977 Übertritt zu der Gruppierung Sache des Volkes – Nationalrevolutionäre Aufbauorganisation (SdV-NRAO)

Tag, Ernst
Geboren 1946
1979 Gründet den Verein zur Förderung der Wiederherstellung der Einheit Deutschlands und des Deutschen Volkes in Frieden und Gleichheit vor allen Völkern – Vereinigtes Deutsches Reich (VDR).
1980 Gründet die Grüne Aktion Deutschland (GAD).
1981 Gründet das Volksbegehren / Bürgerinitiative gegen Pornographie und Sittenverfall.

1982 Gründet die Nationale Sozialistische Jugend.

1983 Gründet die Nationale Sozialistische Ortsgruppe Ludwigshafen.

1984 Gründet den Bundesrepublikanisch-Jüdischen Wiedergutmachungs-Club (WC). Wird wegen Verbreitung von NS-Propaganda beziehungsweise der Verwendung von Kennzeichen verfassungswidriger Organisationen zu 10 Monaten Gefängnis auf Bewährung verurteilt.

1985 Errichtet im pfälzischen Weidenthal das Hauptquartier der Nationalsozialistischen Bewegung, als deren Ziel er angibt:

> eine Gruppe von Volksgenossen zusammenzufügen, die dann auf Grund ihrer Fähigkeiten und der dargebotenen Willens- und Geisteskonzentration ausstrahlen in das deutsche Volk und ganz Europa [...] Ihr Ziel wird sein, eine nationalsozialistische Bewegung unter Beachtung der grund- und strafrechtlichen Bestimmungen der BRD ins Leben zu rufen [...] Was geschaffen werden muß, ist eine Elite des deutschen Volkes, unbeugsam im Kampf, unerschütterlich im Glauben, unanfechtbar gegenüber allen Verlockungen und Widrigkeiten.

1986 Gründet die Aktion Sauberes Deutschland (ASD). Wegen Aufstachelung zum Rassenhaß, Volksverhetzung und Beleidigung in 20 Fällen wird er vom Landgericht Gießen zu 6 Monaten Haft – wiederum auf Bewährung – und einer Geldbuße von 2000 DM verurteilt.

1987 Die Staatsanwaltschaft Gießen ermittelt gegen ihn wegen des Verdachts der Hehlerei und Verstoßes gegen das Waffengesetz. Gründet als Konkurrenz zu Michael Kühnens Hilfsorganisation für nationale politische Gefangene und deren Angehörige (HNG) das Internationale Hilfskomitee für nationale politische Verfolgte und deren Angehörige (IHV). Benennt nach dem Tod von Rudolf Heß sein Hauptquartier um in Rudolf-Heß-Haus.

1988 Das Landgericht Gießen verurteilt ihn im März wegen Beihilfe zu schwerer räuberischer Erpressung, Hehlerei und Verstoßes gegen das Waffengesetz zu einer Freiheitsstraße von 5 Jahren; das Gericht sieht es als erwiesen an, daß er sein als Nationales Zentrum bezeichnetes Anwesen in Weidenthal mit Geldern aus Bankrauben, durchgeführt von dem NS-Aktivisten Markus Mössle, finanziert und diesem dafür eine Maschinenpistole zur Verfügung gestellt hat. Im selben Jahr kann man Tags Agitationszentrum unter der Telefonnummer 063 29/14 31 anwählen; nach dem Abspielen der ersten Strophe des Deutschlandlieds ist folgender Text zu hören:

Hier spricht die Stimme Deutschlands aus dem Zentrum Rudolf-Heß-Haus. Kontakt kann am Samstag zwischen 12 und 13 Uhr aufgenommen werden. Wir suchen jugendliche deutsche Volksgenossen für Aufgaben und Freizeitgestaltung nach deutscher Art. Schriften können unter der nachfolgenden Anschrift angefordert werden: Aktion Sauberes Deutschland, Postfach 14 oder Hirschgasse 12, 6739 Weidenthal/Pfalz.

Taubert, Dr. Eberhard
Bis 1945
1933 Ministerialrat im Goebbelsschen Reichspropagandaministerium
1938 Richter am Ersten Senat des Volksgerichtshofs. Er ist für mehrere Todesurteile mitverantwortlich.
1939/1940 Verantwortlich für die nationalsozialistische Propaganda in den besetzten Ostgebieten.
Ab 1945
1950 Vorsitzender und stellvertretender Vorsitzender des Volksbundes für Frieden und Freiheit (VFF) und Herausgeber eines Anti-Komintern-Dienstes in Bad Godesberg.
1955 Ein hoher Beamter des Bundesministeriums für gesamtdeutsche Fragen erklärt: »Taubert ist der Mann, den wir brauchen.«
1972 Organisiert im Auftrag des VFF eine Anzeigenkampagne gegen die sozial-liberale Koalition.
1980 Mitarbeiter der Psychologischen Verteidigungs-Akademie der Bundeswehr; deren Leitender Wissenschaftlicher Direktor, Kurt Klein, rechtfertigt in einem Leserbrief an den Spiegel Tauberts Engagement im Dritten Reich damit, daß dieser »an erster Stelle leidenschaftlicher Antikommunist« gewesen sei und »von hier aus den Weg zum Nationalsozialismus und Antisemitismus fand«.

Thadden, Adolf von
Geboren 1921
Bis 1945
1939 Mitglied der NSDAP
Ab 1945
1946 Flucht aus polnischer Haft. In Göttingen zeitweilig bei der britischen Property Control tätig, die beschlagnahmtes deutsches Vermögen verwaltet.

1947 Eintritt in die Deutsche Rechtspartei (DRP) – später Deutsche Konservative Partei – Deutsche Rechtspartei (DKP-DRP) – und Mitglied von deren niedersächsischem Landesvorstand

1948 Wird Ratsherr der DKP-DRP in Göttingen.

1949 Nach den Wahlen zum ersten Bundestag im August zieht er als niedersächsischer Abgeordneter der DKP-DRP ins Bonner Parlament ein. Unter seiner maßgeblichen Mitwirkung hat sich die Partei u. a. folgende Ziele gesetzt:

Wiederherstellung des Deutschen Reiches innerhalb der Grenzen von 1937.
Errichtung eines Rechtsstaates bei Ablehnung jeglicher Diktatur.
Freie Marktwirtschaft.
Trennung von Kirche und Staat.
Errichtung einer Präsidialdemokratie.

1952/1953 Stellvertretender Oberbürgermeister von Göttingen als Repräsentant der im Januar 1950 gegründeten Deutschen Reichspartei (DRP), in der die DKP-DRP aufgegangen ist

1953 Mitglied des DRP-Direktoriums. Versucht gemeinsam mit dem ehemaligen Staatssekretär im Goebbelsschen Reichspropagandaministerium, Dr. Werner Naumann, dem NS-Schriftsteller Hans Grimm und Fliegeroberst a. D. Hans-Ulrich Rudel zu den Bundestagswahlen eine »Nationale Rechte« zu bilden.

1955–1959 DRP-Abgeordneter im niedersächsischen Landtag

1959/1960 Landesvorsitzender der DRP in Niedersachsen und Chefredakteur des DRP-Organs *Reichsruf*

1961–1964 DRP-Bundesvorsitzender

1964 Mitgründer und stellvertretender Vorsitzender der NPD

1966 Stellvertretender NPD-Bundesvorsitzender

1967–1970 NPD-Landtagsabgeordneter in Niedersachsen

1967–1971 NPD-Bundesvorsitzender

1971 Aufgrund von Querelen Ausscheiden aus dem NPD-Vorstand

1975 Austritt aus der NPD

1979 Gibt der Zeitschrift *konkret* ein Interview, das in deren Oktober-Ausgabe erscheint. Hier ein Auszug:

Frage: »Herr von Thadden, glauben Sie, daß eine von Strauß geführte Bundesregierung die Programmpunkte, auf die Ihre NPD damals abgezielt hat, verwirklichen würde? Wir denken an die Themen wie Volksgemeinschaft, Offenhalten der Ostfrage, an Politik der Stärke gegen den Osten.«
Von Thadden: »Ja, ohne Zweifel. Für alle genannten Punkte gilt: Nur die Antwort von Strauß ist interessant. Und die wird natürlich immer eher in der Richtung liegen, wie ich mir das vorstellen würde.«
Frage: »Gibt es eigentlich gravierende Unterschiede zwischen der NPD von früher und der CSU von heute?«
Von Thadden: »Es gibt natürlich viele Punkte, in denen sich die CSU im Lauf der Zeit immer mehr – und das ist ja auch der permanente Vorhalt der ganzen linken Abteilung – Positionen angenähert hat, die damals die NPD und ich vertreten haben. Das ist ganz klar. Die ganze Links-Entwicklung war ja nur möglich, weil man 1969 die NPD niederkämpfte.«

1988 Erhält im Oktober von der rechtsradikalen Gesellschaft für freie Publizistik (GfP) die Hutten-Medaille.

Thielen, Friedrich (Fritz)
Geboren 1916
1946 Mitgründer der CDU in Bremen
1947–1958 CDU-Abgeordneter in der Bremischen Bürgerschaft
1958–1961 Mitglied des Deutschen Partei (DP)
1961/1962 Gehört der Gesamtdeutschen Partei (GDP) zu.
1962–1964 Vorsitzender der DP
1964–1967 Nach Übertritt zur NPD deren Bundesvorsitzender
1967 Tritt aus der NPD aus und gründet die Nationale Volkspartei Deutschlands (NVP). DP-Vorsitzender in Bremen

Voigt, Ekkehard
Geboren 1939
1964 Beitritt zur CSU
1979 Landesvorsitzender des Wehrpolitischen Arbeitskreises der CSU
1982 Mitglied des CSU-Landesvorstands
1983 Austritt aus der CSU. Gründet mit Franz Handlos und Franz Schönhuber die Partei der Republikaner.
1985 Verläßt im Juni die Republikaner wegen ihrer rechtsextremistischen Tendenzen und gründet die Bayerischen Republikaner.
1986 Beitritt zur FDP

Vorsatz, Karl-Heinz
Geboren 1928
1986 Das Mitglied des NPD-Bundesvorstands ist Mitunterzeichner des Gründungsaufrufs für die von der Deutschen Volksunion und der NPD inspirierte Deutsche Volksliste.
1987 Wird vom Amtsgericht Stuttgart wegen böswilliger Hetze gegen Asylbewerber zu einer Geldstrafe von 4500 DM verurteilt. In dem von ihm redigierten NPD-Funktionärsorgan *Deutsche Stimme* war ein Bild mit fünf Asylbewerbern erschienen mit dem Begleittext: »Sie fallen in unser Land ein. Sie rauben und vergewaltigen. Sie zerstören unsere Jugend mit Rauschgift. Aber sie nennen sich Asylanten – und werden von den Opfern bezahlt. Solch einen Wahnsinn gibt es nur bei uns. Merke: Ist es auch Wahnsinn, hat es doch Methode.«
1988 Chefredakteur der *Deutschen Stimme*

Waldburg zu Zeil und Trauchburg, Georg Fürst von
Geboren 1928
1953 Eigentümer des rund 10000 Hektar umfassenden Land- und Forstbesitzes der Familie in Baden-Württemberg und Bayern; dazu gehört das Renaissanceschloß Zeil bei Leutkirch, ein schloßeigener Flugplatz, das Fürstlich Waldburg-Zeilsche Elektrizitätswerk, die Eisen-Fuchs GmbH in Stuttgart, mehrere Hotels und Kureinrichtungen, deren Verwaltung durch die Fürstlich Waldburg-Zeilsche Hauptverwaltung erfolgt und ein Vermögen von etwa DM 800 Millionen repräsentiert
1957 Stellvertretender Vorsitzender der Abendländischen Aktion beziehungsweise der Abendländischen Akademie. Einer der Initiatoren und Finanziers sowie Vizepräsident des Centre Européen de Documentation et d'Information (CEDI, Europäisches Dokumentations- und Informationszentrum) in Madrid, Dachorganisation verschiedener abendländisch-reaktionärer Vereinigungen in den westeuropäischen Staaten.
1958 Inhaber des Verlags Neues Abendland in München und Herausgeber des Organs der Abendländischen Akademie, *Neues Abendland*
1964 Aufbau eines eigenen Pressekonzerns im süddeutschen Raum, Teilhaber der Augsburger Druck- und Verlagshaus GmbH, Mitgesellschafter der *Schwäbischen Zeitung* in Leutkirch

456

1968 Gesellschafter der Allgäuer Zeitungs-Verlags-GmbH in Kempten

Walendy, Udo
Geboren 1927
1956/1957 Angestellter im Britischen Hauptquartier in Mönchengladbach
1958 Lehrbeauftragter im Generalsekretariat des Deutschen Roten Kreuzes
1959/1960 Leitet die Volkshochschule Herford.
1963 Gründet den Verlag für Volkskunde und Zeitgeschichtsforschung und veröffentlicht das Buch *Wahrheit für Deutschland – Die Schuldfrage des 2. Weltkrieges.*
1964 Bundestagskandidat der NPD und Mitglied des NPD-Bundesvorstands
1978 Das Jugendamt der Stadt Hamm beantragt die Aufnahme der 1970 erschienenen Taschenbuchausgabe von Walendys Buch in die Liste der jugendgefährdenden Schriften, weil darin die angebliche politische Zweckbehauptung von Deutschlands Schuld am Zweiten Weltkrieg widerlegt werden solle, was jedoch den historischen Tatsachen widerspreche; dem unkundigen Leser könne das Bild von der Wirklichkeit verfälscht, somit Jugendliche sozialethisch und in der Entwicklung gefährdet werden.
1978/1979 Das Buch *Die Auschwitz-Lüge* von Thies Christophersen, das er vom Kritik-Verlag übernommen hat, wird im Juli von der 4. Großen Strafkammer des Landgerichts Bielefeld wegen Volksverhetzung und Aufstachelung zum Rassenhaß gerichtlich eingezogen, die erfolgte Beschlagnahme von 200 Exemplaren bestätigt.
1981 Das Verwaltungsgericht Köln weist eine Klage Walendys gegen den Beschluß des Landgerichts Bielefeld ab.
1984 Das Oberverwaltungsgericht in Münster verwirft die durch das Bielefelder Landgericht ausgesprochene Indizierung, weil das Gericht nicht von einem »zutreffenden und vollständig ermittelten Sachverhalt« ausgegangen und deshalb der »Wahrheitsgehalt nicht ohne weiteres zu verneinen« sei. Die Bundesprüfstelle macht den Münsteraner Richtern diese Haltung zum Vorwurf, da die Frage der Schuld an der Entstehung des Zweiten Weltkriegs »keineswegs ungeklärt« sei, sondern »als offenkundige Tatsache die Deutschen trifft«; des weiteren

457

vertritt sie die Ansicht, Walendys Behauptungen, wonach »die friedliebende und ehrenhafte Hitler-Regierung von Kriegsschuld frei« ist und »die am Kriegsausbruch schuldigen anderen Regierungen zu einem wesentlichen Teil für die massenhafte Ermordung von Juden während des Krieges verantwortlich« sind, seien unwissenschaftlich und falsch.

Wegener, Lutz

1977 Wegener, Sprecher des Freizeitvereins Hansa, Mitgründer einer NSDAP Gau Hamburg, Mitglied der Wehrsportgruppe Theorie und Training der Wiking-Jugend (WJ), die Kader für eine terroristische Werwolf-Untergrundarmee schaffen will, wird zusammen mit Michael Kühnen und Tibor Schwarz von der Hamburger Polizei wegen neonazistischer Propaganda vorübergehend festgenommen.

1978 Wegen Schändung der KZ-Gedenkstätte Bergen-Belsen zu Gefängnis mit Bewährung verurteilt. Wird der Beteiligung an einem im Februar verübten Überfall auf ein NATO-Depot in Bergen-Hohne verdächtigt. Im Juli leitet die Bundesanwaltschaft gegen ihn ein Ermittlungsverfahren ein wegen Bildung einer terroristischen Vereinigung.

1980 Im Bückeburger Prozeß gegen Nazi-Terroristen wird er vom 3. Strafsenat des Oberlandesgerichts Celle wegen schweren Raubes, schwerer Körperverletzung, räuberischer Erpressung und mehrfacher Vergehen gegen das Waffengesetz sowie Mitgliedschaft in einer terroristischen Vereinigung zu einer Jugendstrafe von 8 Jahren verurteilt.

Westarp, Wolf Graf von

Geboren 1910

Bis 1945

1930 Mitglied der HJ

1933 Mitglied der SS

Ab 1945

1945/1946 Mitglied der Deutschen Konservativen Partei – Deutsche Rechtspartei (DKP-DRP)

1946 Ausschluß aus der DKP-DRP. Mitglied der CDU. Pressechef des niedersächsischen CDU-Landesvorsitzenden.

1949 Mitbegründer der Sozialistischen Rechtspartei (SRP) und Mitglied des SRP-Vorstands
1951 SRP-Abgeordneter im niedersächsischen Landtag
1951/1952 Erst stellvertretender Vorsitzender, dann Vorsitzender der SRP-Landtagsfraktion
1952 Ausschluß aus der SRP

Windisch, Konrad
1950 Funktionär des Bundes Heimattreuer Jugend (BHJ)
1955 Gründer der Arbeitsgemeinschaft nationaler Jugendbünde Österreichs (ANJÖ)
1956 Herausgeber der Kampfschrift der nationalen Jugend *Der Trommler*
1958 Erster Sprecher des Kameradschaftsrings Nationaler Jugendverbände (KNJ), eines Dachverbands deutscher und europäischer nationalistischer Jugendgruppen
1959 Verhaftung wegen der Veröffentlichung neonazistischer Artikel
1960 Verurteilung zu 9 Monaten Haft wegen neonazistischer Veröffentlichungen
1963–1978 Schriftleiter der rechtsradikalen *Kommentare zum Zeitgeschehen*
1972 Teilnehmer und Initiator des von der Zeitschrift *Nation Europa* veranstalteten 1. Nationaleuropäischen Jugendkongresses in München; er sollte der Bildung einer faschistischen Jugendinternationale dienen.
1976 Erhält den Schlesischen Kulturpreis der Jugend 1976.

Winter, Franz-Florian
Geboren 1923
Bis 1945
Meldet sich zu einer Fliegerstaffel und wird im April 1945 bei Magdeburg abgeschossen.
Ab 1945
1955 Beitritt zur CSU
1956 Austritt aus der CSU
1960 Beitritt zur Deutschen Partei (DP)
1964 Austritt aus der DP
1964/1965 Beitritt zur NPD, NPD-Landesvorsitzender in Bayern und stellvertretender NPD-Bundesvorsitzender
1966 Niederlegung aller Parteiämter und Austritt aus der NPD, da er nicht mitverantwortlich sein will dafür, »daß unsere Nation noch einmal von gottlosen Fanatikern

beherrscht und ins Unglück gestürzt wird, in ein Unglück, das in seinen Ausmaßen 1933–1945 noch bei weitem übertreffen müßte« (Franz-Florian Winter *Ich glaubte an die NPD*, Mainz 1968)

Wintzek, Bernhard-Christian
Geboren 1943
1965 Initiator des Arbeitskreises Volkstreuer Verbände (AVV), aus dem sich 1970 die Aktion Widerstand entwickelt. In diesem Jahr erscheint erstmals ein Blättchen unter dem Namen *Mut*.
1969 Gründet die Gesamtdeutsche Aktion (GA), die sich 1970 ins Vereinsregister eintragen läßt.
1970 Redner auf der Kundgebung der Aktion Widerstand in Würzburg, bei der es zu schweren Ausschreitungen gegen Gegendemonstranten kommt
1972 NPD-Bundestagskandidat in Niedersachsen, Mitorganisator des 1. Nationaleuropäischen Jugendkongresses der Zeitschrift *Nation Europa* in München
1979 Die Monatszeitschrift *Mut* wird von der Bundesprüfstelle für jugendgefährdete Schriften wegen Rassenhasses auf den Index gesetzt. Wintzek gründet einen eigenen Förderkreis unter dem Namen Mut – Solidargemeinschaft zur geistigen Erneuerung Deutschlands.
1979–1989 Erscheint im Impressum von *Mut* als Verleger und Redakteur. Es gelingt ihm und seinen Freunden, das Monatsblatt, das bis 1984 in den Verfassungsschutzberichten als rechtsextremistisches Druckerzeugnis genannt ist, zu »entnazifizieren«, ohne grundsätzlich seine politische Linie zu verändern, und konservative Politiker wie Hans Maier sowie Schriftsteller wie Gerd-Klaus Kaltenbrunner als Mitarbeiter zu gewinnen. Selbst Bundeskanzler Kohl läßt es sich nicht nehmen, für eine Materialsendung des Mut-Verlags ein Dankschreiben zu senden.
1989 Gewinnt im März Bundesverteidigungsminister Rupert Scholz als Interviewpartner für *Mut* (Aufl. 35 000).

Worch, Christian
Geboren 1956
1978 Überfällt mit Gesinnungsgenossen eine Veranstaltung der Sozialistischen Deutschen Arbeiterjugend in Hannover; die später ausgesprochene Haftstrafe lautet auf 8 Monate mit Bewährung.

1979 Stellvertreter Michael Kühnens bei der Aktionsfront Nationaler Sozialisten/Nationale Aktivisten (ANS/NA)
Ab 1983 Wird nach dem Verbot der ANS/NA Funktionär der Freiheitlichen Deutschen Arbeiterpartei (FAP) und nimmt später eine Führungsrolle in der Bewegung ein.

Worch, Ursula
Geboren 1964
1985 Die Ehefrau des rechtsradikalen Aktivisten Christian Worch wird mit der Schriftleitung der *Deutschen Frauenfront* betraut, Mitteilungsblatt der gleichnamigen Organisation.

Wübbels, Wilhelm
Geboren 1924
Bis 1945
Untersturmführer in der SS-Leibstandarte Adolf Hitlers
Ab 1945
1975 Gründer der NSDAP-Gruppe Bocholt
1977 Zeichnet als »Reichsführer der NSDAP« und Parteisekretär der NSDAP-AO für das Flugblatt einer »NSDAP-Ortsgruppe Berlin« verantwortlich. Darin spricht ein »Reichs-Rechtsnotstandsgericht« der NSDAP in der »Reichshauptstadt Berlin« gegen neunzehn »Ehrlose«, unter ihnen die RAF-Mitglieder Baader, Raspe, Croissant und Ensslin sowie Horst Mahler und Fritz Teufel, das »Todesurteil« und erklärt sie für »vogelfrei nach deutschem Recht«. Für die Tötung oder Ergreifung der genannten »Volksschädlinge« setzt die »Reichsführung der NSDAP« eine Belohnung von 100000 DM aus.

Ziesel, Kurt
Geboren 1911
Bis 1945
1931 Eintritt in die NSDAP
1931–1933 Redakteur der nationalsozialistischen *Deutsch-Österreichischen Tageszeitung* in Wien, Volontär beim *Völkischen Beobachter* in München, Redakteur bei der *Westfälischen Landeszeitung Rote Erde*. Schreibt für die *Münchner Neuesten Nachrichten*, die *NSZ-Rheinfront*, den Stuttgarter *NS-Kurier* und die HJ-Zeitung *Wille zur Macht*.
1934 Berichtet von seinen Beobachtungen in Prag: »500000 Juden und Tschechen! Im Straßenverkehr der

inneren Stadt [...] sieht man fast nur Juden, heute frecher, unverschämter, anmaßender und zynischer denn je geworden.«

1938 Veröffentlicht das Buch *Stimme der Ostmark.*

1939 Wiener Mitarbeiter des NSDAP-Organs *Hakenkreuzbanner.* Schreibt für die NS-Kulturzeitschrift *Die Pause.* Veröffentlicht den Band *Heimkehr ins Reich. Großdeutsche Dichtung aus Ostmark und Sudetenland.*

1940 Es erscheinen seine Bücher *Die Ostmark erzählt* sowie *Krieg und Dichtung. Soldaten werden Dichter, Dichter werden Soldaten. Ein Volksbuch.*

1941 Autor des Buches *Unsere Kinder. Erlebtes am Rande des Krieges.* Unter der Rubrik »Kriegsberichte« schreibt er in der *Berliner Zeitschrift der Leihbücherei* u. a.:

Im Jahre 1931 begann so mit 20 Jahren meine Tätigkeit als Schriftleiter am damaligen Hauptblatt der NSDAP in Wien und führte mich dann im Jahre 1933 auf der Flucht vor den Schergen des Dollfußsystems nach München, Königsberg, Dortmund und Hamburg [...] Und als des Führers Tat auch die Ostmark heimbrachte ins Reich, trieb mich die Sehnsucht nach Landschaft und Menschen in die Heimat zurück.

1943 In der *Berliner Börsen-Zeitung* heißt es aus der Feder Ziesels im November u. a.:

Ein Blick und wir wissen, wo unser Volk steht. Es steht, umflammt vom Feuer des Schicksals, bewußt und stolz, mit jener germanischen Schicksalswilligkeit und Kampfesfreude, die kein Abenteuer sucht, sondern der höchste Ausdruck menschlicher und nationaler Verantwortung ist.

1944 Mitarbeiter der NSDAP-Gauzeitung *Westdeutscher Beobachter* in Köln. Über die Widerstandskämpfer des 20. Juli äußert er sich im *Völkischen Beobachter* in Wien wie folgt:

[...] so sind wir zu einer Schicksalsgemeinschaft im schönsten und wahrsten Sinne des Wortes geworden [...] An welchem Abgrund menschlicher Verworfenheit oder geistiger Umnachtung müssen jene Ehrgeizlinge gestanden haben, als sie, wider den Geist des ganzen Volkes sündigend, die Hand gegen den Führer erhoben [...] Jeder, der sich wider den Geist des Krieges versündigt, muß vernichtet werden.

Ab 1945

1958 Mitglied des Deutschen Kreises 58. In seinem Buch *Das verlorene Gewissen* erinnert er sich an seine Überle-

gungen im Angesicht des von Hitler ausgelösten Zweiten Weltkriegs; u. a. ist da zu lesen:

> 1938 kehrte ich nach Österreich zurück und begann dort
> vorwiegend meiner künstlerischen Arbeit zu leben. Der
> Kriegsausbruch und die Einberufung zum Heer – ich diente
> zuerst bei der Panzerwaffe – verliehen unseren inneren Kon-
> flikten eine tragische Note. Es war unmöglich, in Kriegszeiten
> sich seinem Vaterland zu versagen, es war schließlich eine
> Situation wie in Etzels Halle, aus der es keinen Ausweg gab,
> keine Desertation, keinen Landesverrat, keinen Pakt mit dem
> Feinde. Es gab nur noch die Möglichkeit, in dieser Halle der
> Verzweiflung seine Pflicht zu tun, weiterhin alles zu tun, um
> das Gute und Anständige zu bewahren, den Menschen zu
> helfen, wo immer man stand, mit Taten und Worten, als
> Soldat und als Schriftsteller, sich zu weigern, mehr zu tun, als
> das Gewissen ertrug, und auch jetzt, soweit es einem möglich
> war, der Wahrheit zu dienen. Welche Risiken das in sich barg,
> habe ich mehrfach am eigenen Leibe gespürt.

1959 Mitinitiator des Komitees zum Schutz der Bürger
gegen Diffamierung durch die Linkspresse
1960 Gründungsmitglied der Gesellschaft für freie Publizistik (GfP)
1966 Mitgründer der Deutschland-Stiftung, deren Geschäftsführer er wird
1967 Herausgeber und Autor des *Deutschland-Magazins*
1970 Im *Deutschland-Magazin* äußert er sich zu Willy
Brandts Warschauer Kniefall folgendermaßen:

> Seinerzeit schrieb die – freilich schon gleichgeschaltete –
> Presse des Dritten Reiches über den Kniefall Chamberlains
> vor dem braunen Diktator ebenso begeistert, wie ein Großteil
> der – zwar noch nicht gleichgeschalteten, wohl aber gleichge-
> sinnten – bundesrepublikanischen Presse über den von Wil-
> ly Brandt vor Willi Stoph [...]
> Wie weit die Analogie zwischen den NS-Hofberichten für
> Hitler und denen für Willi Stoph bereits geht, läßt sich an
> Beispielen demonstrieren, die erheiternd wirken müßten,
> wenn sie nicht so traurig wären.

1971 Das Wirken der von der Koalition aus SPD und
FDP getragenen Bundesregierung rückt er in die Nähe
des Landesverrats, wenn er im *Deutschland-Magazin*
schreibt:

> [...] daß in Bonn nicht mehr deutsche, sondern sowjetische
> Politik gemacht wird, erweist sich immer mehr als erschrek-
> kende Realität [...]

Wir müssen angesichts der zweijährigen Erfahrungen mit der sozialistisch-liberalen Bundesregierung davon ausgehen, daß die verantwortlichen Männer in Bonn auch weiterhin mit gezielten Täuschungsmanövern die Öffentlichkeit über ihr Zusammenspiel mit den Sowjets irreführen [...]

Stillschweigend – und nur durch einen Zufall an das Licht der Öffentlichkeit gelangt – sind neue »Sprachregelungen« der Bundesregierung geschaffen worden, durch die in verfassungswidriger Weise das Grundgesetz unterlaufen und offensichtlich ein weiterer Zoll für den Eintritt in das sozialistische Europa unter sowjetischer Hegemonie entrichtet wird [...]

1972 Zu einer Abrechnung mit den »sogenannten Intellektuellen« gerät ihm ein Artikel im *Deutschland-Magazin*, der sich mit der politisch-gesellschaftlichen Situation in den ersten Jahren der Bundesrepublik befaßt; u. a. bemerkt er:

In diesen Jahrzehnten gab es im deutschen Volk nur eine Gruppe von Menschen, die sich in Gegensatz zu der überwältigenden Mehrheit der Bevölkerung stellte: die sogenannten Intellektuellen in allen Bereichen der Literatur, der Kunst, der Publizistik, der Wissenschaft.

Sie hatten schon einmal in der Weimarer Republik wesentlich dazu beigetragen, durch ihre systematische Hetze gegen den eigenen Staat und seine lebenswichtigen Interessen, durch die Verhöhnung und Lächerlichmachung aller den Menschen notwendigen Werte jenes Klima zu schaffen, in dem Hitler und der Nationalsozialismus ernten konnten. Im Dritten Reich hatte die Mehrheit dieser Intellektuellen, soweit sie nicht emigrierten oder schwiegen, sich mit den Machthabern des Dritten Reiches arrangiert.

Nach 1945 spielten sie sich zum größten Teil, ohne jeden Anspruch, als Widerstandskämpfer und Verfolgte auf, ernannten sich zu Sittenrichtern der Nation und begannen vom Tag Null an mit jener zweiten totalitären Macht zu paktieren und deren Ideologie, vielfach als sozialistische oder marxistische Phrasen reaktionärster Art aus dem 19. Jahrhundert getarnt, zu vertreten, jener Macht, die im Widerspiel und als Gegenbild des Faschismus mit durchaus gleichem verbrecherischen Hintergrund diesem Jahrhundert ihren zerstörerischen Stempel aufdrückt.

1983 Die Zeitschrift *konkret* berichtet in ihrer Mai-Ausgabe über einen Prozeß, den Ziesel angestrengt hat:

Kurt Ziesel, Schriftleiter des *Deutschland-Magazins* und als solcher im Kanzleramt Gesprächspartner von Helmut Kohl, hat beim Landgericht München I gegen *konkret* und den Autor Michael Schilling eine einstweilige Verfügung erwirkt. Darin wird uns verboten, zu behaupten und/oder zu verbreiten, »die Anzeige des Kurt Ziesel gegen seine ehemalige Köchin sei bei der Gestapo erfolgt«.

In seinem Antrag hatte Ziesels Anwalt Günter Ossmann, der auch Franz Josef Strauß vertritt, verlangt: Es solle *konkret* die Behauptung verboten werden, »Kurt Ziesel habe seine Köchin wegen defätistischer Äußerungen bei der Gestapo denunziert«. Das erschien angesichts der Tatsachen selbst dem Gericht zuviel. Denn Kurt Ziesel hatte am 6. August 1943 an das Amtsgericht in Hainfeld geschrieben: »Ich erstatte in folgender Angelegenheit Anzeige und stelle Antrag auf Strafverfolgung, bzw. Aburteilung durch das Sondergericht: Die bei mir als Köchin beschäftigte Therese Kassis« habe »staatsfeindliche Äußerungen« getan, diese verrieten eine »Gesinnung [. . .] die für das Konzentrationslager reif ist«. Deshalb fordere er »exemplarische Bestrafung«. Es sei »notwendig, [. . .] daß die Heimat rücksichtslos gegen solche gesinnungslosen Elemente einschreitet«.

Ziesel hat also seine Köchin beim Amtsgericht denunziert, nur die Aburteilung vor einem Sondergericht und nur die Verbringung in ein Konzentrationslager verlangt. *konkret* bedauert, in einem Land zu leben, dessen Kanzler einen solchen Mann empfängt und dessen Richter sich um seine Ehre sorgen, anstatt ihn wegen Mißbrauchs der Rechtspflege zu belangen – etwa mit dem Hinweis, er solle doch täglich mit zwanzig Vaterunser dafür danken, daß er nicht am Nachmittag des 8. Mai 1945 an den nächsterreichbaren Baum geknüpft wurde.

Zoglmann, Siegfried
Geboren 1913
Bis 1945
1928 Führend in der sudetendeutschen Jugendbewegung tätig
1934 Mitglied der NSDAP und HJ-Bannführer. Später Leiter der Auslandspressestelle der Reichsjugendführung und Obergebietsführer Böhmen und Mähren der HJ.
1939 Abteilungsleiter beim Reichsprotektor Böhmen und Mähren
1942 Meldet sich freiwillig zur Waffen-SS.
Ab 1945
1945 Mitglied der nordrhein-westfälischen FDP und der Sudetendeutschen Landsmannschaft
1949 Mitgründer des Witikobundes

1951 Hält Kontakt zu Naumanns Gauleiter-Kreis.

1954–1958 FDP-Abgeordneter im nordrhein-westfälischen Landtag

1957–1976 FDP-Bundestagsabgeordneter

1961 Parlamentarischer Geschäftsführer der FDP

1963–1968 Stellvertretender Vorsitzender der FDP-Bundestagsfraktion

1970 Austritt aus der FDP. Mitglied der CSU-Landesgruppe im Bundestag. Gründet die National-Liberale Aktion (NLA).

1971–1974 Vorsitzender der Deutschen Union (DU)

1974 Übertritt zur CSU

Quellen

Bamberg, Hans-Dieter, *Die Deutschland-Stiftung* e. V. Meisen-
heim/Glan 1978

Bayerisches Staatsministerium des Innern *Verfassungsschutzbericht. 1986, 1987.* München 1987 f.

Benz, Wolfgang (Hg.) *Rechtsradikalismus: Randerscheinung oder
Renaissance?* Frankfurt/Main 1980

– (Hg.) *Rechtsextremismus in der Bundesrepublik.* Frankfurt/
Main 1984

Bergschicker, Heinz *Deutsche Chronik 1933–1945.* Berlin 1981

Bessel-Lorck, Lorenz/Sippel, Heinrich/Götz, Wolfgang *National
oder radikal.* Mainz 1966

Der Bundesminister des Inneren *Verfassungsschutzbericht.
1982–1988.* Bonn 1983 ff.

Celovsky, Boris *Das Münchner Abkommen 1938.* Stuttgart
1958

Deutscher Gewerkschaftsbund, Bundesvorstand (Hg.) *50 Jahre
Machtergreifung.* Düsseldorf 1982

Dudek, Peter/Jaschke, Hans-Gerd *Die Deutsche National-Zeitung.*
München 1981

– *Entstehung und Entwicklung des Rechtsextremismus in der Bundesrepublik.* 2 Bde. Opladen 1984

Detta, Georg von *Gerhard Frey ohne Maske.* Nürnberg 1988

Feit, Margret *Die »Neue Rechte« in der Bundesrepublik.*
Frankfurt/Main 1987

Flach, Werner/Konschil, Christa *Kreuzritter in Trachten.* Leipzig/
Jena/Berlin 1984

Frederik, Hans (Hg.) *NPD – Gefahr von rechts?* München- Inning
1966

– (Hg.) *Die Rechtsradikalen.* München-Inning o. J.

gestern und heute. Sonderreihe 21–30. München 1966

das beste aus »gestern und heute«. Hefte 1–12. München 1965

gestern und heute. Hefte 1–8. München 1966

Herde, Georg/Stolze, Alexa *Die Sudetendeutsche Landsmannschaft.* Köln 1987

Hessischer Minister des Innern *Verfassungsschutz in Hessen.
1986, 1987.* Wiesbaden 1987 f.

Hirsch, Kurt *Die Blutlinie.* Frankfurt/Main 1960

– *Signale von rechts.* München 1967

– (Hg.) *Deutschlandpläne.* München 1967

– *Kommen die Nazis wieder?* München 1967

– *CSU-Freundeskreis – Partisanen der Demokratie?* München 1970

– *Die heimatlose Rechte.* München 1979

Hofer, Walther (Hg.) *Der Nationalsozialismus. Dokumente 1933–1945.* Frankfurt/Main 1957

Huhn, Anne/Meyer, Alwin *Einst kommt der Tag der Rache.* Freiburg/Br. 1986

Der Innenminister des Landes Nordrhein-Westfalen *Verfassungsschutzbericht. 1986, 1987.* Düsseldorf 1987 f.

Innenministerium Baden-Württemberg *Verfassungsschutzbericht. 1986, 1987.* Stuttgart 1987 f.

Jenke, Manfred *Verschwörung von rechts?* Berlin 1961

Jung, Harald/Spoo Eckart (Hg.) *Das Rechtskartell. Reaktion in der Bundesrepublik.* München 1971

Klepsch, Egon/Müller, Günther/Wildenmann, Rudolf *Die Bundestagswahl 1965.* München 1965

Kuby, Erich (Hg.) *Das Ende des Schreckens.* München o.J.

Kühnl, Reinhard/ Rilling, Rainer/Sager, Christine *Die NPD. Struktur, Ideologie und Funktion einer neofaschistischen Partei.* Frankfurt/Main 1969

Lehmann, Hans Georg *Chronik der Bundesrepublik Deutschland.* München 1983

Lersch, Paul (Hg.) *Die verkannte Gefahr.* Hamburg 1981

Meyer, Alwin/Rabe, Karl-Klaus *Phantomdemokraten oder Die alltägliche Gegenwart der Vergangenheit.* Reinbek 1979

– (Hg.) *Einschlägige Beziehungen von Unionspolitikern.* Bornheim-Merten 1980

– *Unsere Stunde wird kommen.* Bornheim-Merten 1983

Ohly, Hans *Der Bund der Vertriebenen – Stoßtrupp der Unversöhnlichkeit.* München 1970

Olzog, Günter/Liese, Hans-J. *Die politischen Parteien.* München 1985

Opitz, Reinhard *Faschismus und Neofaschismus.* Frankfurt/Main 1984

Paul, Gerhard/Schoßig, Bernhard (Hg.) *Jugend und Neofaschismus.* Frankfurt/Main 1979

Pomorin, Jürgen/Junge, Reinhard *Vorwärts, wir marschieren zurück. Die Neonazis.* Teil II. Dortmund 1979

Pressedienst Demokratische Initiative *Bericht über neonazistische Aktivitäten.* München 1977–1979

– *Die Deutschland-Stiftung.* München o.J.

– *Bund Freies Deutschland.* München o.J.

– *Rechtsradikale Jugend-Organisationen.* München 1979

– *Die Union und der Neonazismus.* München 1980

– *Die Volkssozialistische Bewegung Deutschlands – Sammelbekken militanter Rechtsradikaler.* München 1981

Rabe, Karl-Klaus (Hg.) *Rechtsextreme Jugendliche.* Bornheim-Merten 1980

Schneider, Rudolf *Die SS ist ihr Vorbild.* Frankfurt/Main 1981

Sozialdemokratischer Pressedienst *Blick nach rechts*. Bonn 1980–1988

Staatsverlag der DDR *Braunbuch*. Berlin 1968

Stockhorst *Fünftausend Köpfe*. Velbert/Kettwig 1967

Stöss, Richard *Parteienhandbuch*. 4 Bde. Opladen 1986

Thadden, Adolf von *Die verfemte Rechte*. Preußisch-Oldendorf 1984

Vereinigung der Verfolgten des Naziregimes – Bund der Antifaschisten, Präsidium (Hg.) *Neofaschismus in der Bundesrepublik*. Frankfurt/Main 1986

Winter, Franz-Florian *Ich glaubte an die NPD*. Mainz 1968

Personenregister

Seitenzahlen, die auf eigene Kurzbiographien im Kapitel »Der Personenkreis« (S. 340–466) verweisen, sind kursiv gesetzt.

474

ERICH KUBY

Deutsche Schatten-spiele

Dazu Interviews zur nationalen Frage mit:

Rudolf Augstein · Egon Bahr
Willy Brandt · Günter Gaus
Walther Leisler Kiep
Hans-Ulrich Klose
Elisabeth Noelle-Neumann
Otto Schily · Jürgen Schmude
Franz Josef Strauß
Horst Teltschik

KNESEBECK & SCHULER

368 Seiten, gebunden DM 38,–
ISBN 3-926901-12-8